● 高等职业院校“双高计划”建设教材
● 高等职业教育“十四五”规划教材

旅行社经营与管理实务

张静岩　贺小群◎主　编
宫春颖　武　刚　张天竹　郭　彧◎副主编

中国铁道出版社有限公司
CHINA RAILWAY PUBLISHING HOUSE CO., LTD.

内容简介

本书按照《国家职业教育改革实施方案》所提出的新型教材建设指导思想，对旅游新形式、新业态进行了吸收，将旅行社业新的发展业态融入教材编写。全书主要包括旅行社的设立、旅游产品设计与开发、旅游产品销售、旅行社计划与调度、旅游服务质量监督及突发事故处理、旅行社人力资源管理、旅行社财务管理及风险管控、旅行社信息技术运用、旅行社发展趋势等九个模块内容。

本书为新型活页式教材，突出与行业的灵活对接；将九个模块内容分为必修与选修，突出旅行社主要岗位和重点工作；设置26个项目，注重学生业务能力提升；融入课程思政，培养社会主义旅游事业建设者和接班人。

本书适合作为高等职业院校旅游和酒店管理专业学生的教材，也适合作为旅行社经营者和酒店经营者的参考书。

图书在版编目（CIP）数据

旅行社经营与管理实务 / 张静岩，贺小群主编 .—北京 ：中国铁道出版社有限公司，2022.8

高等职业教育“十四五”规划教材

ISBN 978-7-113-29379-6

Ⅰ.①旅… Ⅱ.①张… ②贺… Ⅲ.①旅行社－企业经营管理－高等职业教育－教材 Ⅳ.① F590.654

中国版本图书馆 CIP 数据核字（2022）第 114870 号

书　　名：旅行社经营与管理实务
作　　者：张静岩　贺小群

策　　划：潘星泉　　编辑部电话：（010）51873090
责任编辑：潘星泉　包　宁
封面设计：曾　程
责任校对：孙　玫
责任印制：樊启鹏

出版发行：中国铁道出版社有限公司（100054，北京市西城区右安门西街 8 号）
网　　址：http://www.tdpress.com/51eds/
印　　刷：北京联兴盛业印刷股份有限公司
版　　次：2022 年 8 月第 1 版　2022 年 8 月第 1 次印刷
开　　本：787 mm×1 092 mm　1/16　印张：22　字数：655 千
书　　号：ISBN 978-7-113-29379-6
定　　价：76.00 元

前　言

随着中国经济的稳定发展，旅游业在国民经济中发挥着越来越重要的作用。“十四五”期间，作为旅游业重要组成部分的旅行社业，迎来经济发展新的机遇，要实现现代旅游业向智能旅游业的转变，要迎接信息化大数据、价格与品质、销售与服务、传统产品与旅游定制等多项市场挑战。加之疫情的影响，人们的出游方式、消费理念都发生了改变。新的发展时期对旅行社业提出新要求、带来新机遇和新挑战。

为适应新时期旅游业发展变化对人才的需求，结合职业教育“三教”改革思想，我们与企业共同编写了本教材。与同类教材相比，本教材具有如下特点:

（1）**融入新业态发展内容，体现教材的时代性。**因信息技术、国家发展理念、新冠肺炎疫情等因素，旅行社业出现了新的业态发展趋势，很多旅行社在常规业务的基础上，对传统业务进行了调整，对旅游新形式进行了吸收，以保证旅行社能够持续、健康发展，本书将新的发展业态融入教材编写中，实现教学内容与业界发展的紧密对接。

（2）**设计成活页式教材，方便及时补充、调整课程内容。**本课程为旅游管理专业核心课程，在教学中突出理论联系实际，强调学生实践能力的锻炼。本书设计成活页式教材，第一可以灵活插入业界信息，第二可以灵活插入教师上课内容，第三可以灵活变换学生实践任务，弥补传统教材更新和补充新内容要换版本的问题，能够时刻保持与行业的紧密对接，便于教师开展个性化教学。同时，学生利用活页式教材进行学习也方便将知识学习、知识点回顾、任务实施过程、实践知识拓展等融为一体，容纳了学生本课程学习的所有过程和成果体现，方便学生复习、使用、保存。

（3）**必修模块与选修模块灵活化设计，突出旅行社重点工作。**本书在编写过程中，剖析了旅行社的实际工作内容，设置了9个模块，分别为旅行社的设立、旅游产品设计与开发、旅游产品销售、旅行社计划与调度、旅游服务质量监督及突发事故处理、旅行社人力资源管理、旅行社财务管理及风险管控、旅行社信息技术运用、旅行社发展趋势。同时根据模块内容在旅行社工作中的重要性，分为6个必修模块和3个选修模块，突出了旅行社工作重点，授课教师也可以根据实际需要进行灵活选取。

（4）**采用项目式教学，突出课程的实践性。**本书在9个模块基础上，设置了26个项目，突出了理论与实践相结合的课程性质，使学生在完成具体项目过程中，学习到必要的知识，掌握旅行社业务的具体操作技能。

（5）课程思政融入教材。本课程以培养旅行社业高素质技能型人才为教学目标，在培养学生业务素质的同时，注重对学生思想素质的提升，每个训练项目下设素质目标，旨在树立学生爱岗敬业、规范经营、以游客为中心、以中国旅游业发展为己任的职业素质。

本书由张静岩（黑龙江农业工程职业学院）、贺小群（黑龙江农业工程职业学院）任主编，官春颖（黑龙江农业工程职业学院）、武刚（黑龙江财经学院）、张天竹（黑龙江农业工程职业学院）、郭彧（黑龙江农业工程职业学院）任副主编，全书由冯爱玲（哈尔滨观光国旅海漠分公司）主审。具体分工为：张静岩编写模块四项目二、项目三；贺小群编写模块三、模块四项目一；官春颖编写模块一、模块二；武刚编写模块七、模块八；张天竹编写模块六、模块九；郭彧编写模块五。张静岩负责全书统稿和校对工作。冯爱玲对全书进行专业审查工作。

本书在编写过程中，得到了旅行社行业专家的支持与协助，在此感谢哈尔滨观光国旅海漠分公司副总经理冯爱玲女士、玉屏旅游（北京）集团有限公司哈尔滨分公司大区经理樊彦超女士，两位专家的参与，使本书的内容更加丰富、实用。

在本书编写过程中，参考和借鉴了许多专家的相关著作、各院校的网络精品课程、知名旅游网站及其他科研成果，在此，谨向相关作者表示敬意和衷心的感谢！

本书在编写上力求做到内容丰富、条理清晰，但由于编者水平有限，难免有疏漏和欠妥之处，真诚地希望得到各位专家、同行和读者的批评与指正。

编　者

2022年4月

目　录

模块一 旅行社的设立

项目一　旅行社的筹建

知识目标： 了解旅行社的基本类型；
把握旅行社设立过程注意事项；
掌握旅行社设立材料的撰写要求。

能力目标： 能够按照标准完成旅行社申报材料的撰写；
能够独立完成旅行社申办流程。

素质目标： 培养学生规范经营、守法意识，以及做事严谨、独立思考的业务素质。

任务书

旅行社设立筹备任务单

<table>
<tr><td>专业班组</td><td></td><td>组长</td><td></td><td>完成日期</td><td></td></tr>
<tr><td colspan="6">任务描述：创业记——小鑫想要创立自己的旅行社
小鑫是一名旅游管理专业的学生，毕业后顺利进入了中国国际旅行社，他吃苦耐劳，努力求索，经过了三年的职场打拼，他积累了广泛的资源，并成为旅行社行业内精英。在从事旅行社相关工作过程中他发现这不仅是一份谋求生存的职业，更是极具挑战又丰富多彩的事业，从最初对旅行社行业的兴趣变成了对于旅游理想的一种追求，因此他想尝试更多的挑战，成立一家属于自己的旅行社。
经过向旅游主管部门的咨询和对旅游市场的考察，小鑫前期的准备任务如下，请同学们根据情境进行模拟分组，帮助小鑫完成任务，从而全面掌握旅行社设立的流程及工作实施细节</td></tr>
<tr><td colspan="6">任务清单：
1. 确立旅行社名称、设计标识（logo）、经营范围
2. 思考旅行社的设立方式和筹资方案
3. 根据旅行社所在城市选择一处经营场所，提供照片和详细说明
4. 正确填写旅行社设立申请书
5. 草拟一份旅行社可行性研究报告
6. 绘制旅行社申办流程图</td></tr>
</table>

任务分组

旅行社设立任务分配表

筹委会名称		组长		指导教师	
小组成员					
任务分工					

获取资讯

- 引导问题1：请根据任务分配绘制旅行社申办流程图。

- **引导问题2：** 旅行社设立需要哪些条件？

- **引导问题3：** 对目前市场上的旅行社类型进行简单分析。

- **引导问题4：** 旅行社经营场所选择前应该考虑哪些要素？

- **引导问题5：** 旅行社设立资金筹备方式有哪些？

工作计划

旅行社设立工作方案

任务	工作内容	提交结果	合作方式
1	旅行社名称拟定、经营范围确立	讨论汇总	小组例会
2	企业文化logo设计	旅行社logo及文字说明	团体或分配
3	旅行社筹资方式及额度	讨论汇总	小组例会
4	旅行社选址	提交调研报告	团体或分配
5	旅行社可行性研究报告	撰写完整可行性研究报告	团体或分配
6	旅行社申办流程	绘制旅行社申办流程图	团体或分配
7	旅行社设立筹备情况汇报	汇报演说	团体或分配

进行决策

（1）各组组长首先根据任务决定团队分工安排。

（2）各组按照工作进度安排例会时间，进行事务性讨论和阶段性汇报。

（3）可以通过互联网、实地考察、专家访谈等方式进行业务信息搜集和决策咨询。

工作实施

以工作汇报和情景表演的形式，按照本组设定的工作计划完成任务书模块中的任务，并将成果向大家做汇报总结。

评价反馈

学生自我检视表

任务	完成情况	未完成内容	未按时完成原因
获取资讯模块下的引导问题是否认真完成			
引导问题涉及的知识是否完全掌握			
项目中所涉及的基本技能是否完全掌握			
实施过程中交代的任务是否按时完成			
项目实施过程中涉及的材料上交是否及时			
项目完成过程中是否有创新点			
收获：			
备注：本自我检视表，主要目的是总结、回顾本项目知识，了解同学们对知识的了解、掌握和运用情况。同学们根据个人学习实际情况如实填写，可起到查缺补漏，完全掌握和熟练运用本项目知识的学习目标。此环节与引导问题填写也可按学生填写表格和引导问题完成情况、查缺补漏的实际行动进行打分			

学生评价表

<table>
<tr><td>班级</td><td></td><td>组别</td><td></td><td>任务名称</td><td colspan="2"></td></tr>
<tr><td>评价指标</td><td colspan="5">评价标准</td><td>分值</td></tr>
<tr><td>参与状态</td><td colspan="5">不迟到、不早退，不无故缺课；
与老师、同学之间是否互相尊重、理解、平等；
与老师、同学之间是否能够保持多向、丰富、恰当的信息交流；
遵守团队纪律，认真倾听团队成员意见，积极协作分享；
善于多角度思考问题，能主动提出有价值的问题，发表个人见解；
探究学习、自主学习，不流于形式，做到有效学习</td><td>20</td></tr>
<tr><td>信息咨询</td><td colspan="5">能有效利用教材、网络资源查找有效信息；能够认真研讨信息内容进行知识转化，转化成自己的认知；能将学到的理论知识应用于实际工作中</td><td>10</td></tr>
<tr><td>感知工作</td><td colspan="5">熟悉自己的工作岗位，认同工作的价值；在工作中获得满足感</td><td>10</td></tr>
<tr><td>工作方法</td><td colspan="5">工作计划、工作方法符合规范要求；获得了进一步发展的能力</td><td>10</td></tr>
<tr><td>工作过程</td><td colspan="5">遵守团队纪律，工作过程中符合旅行社员工规范要求；平时上课的出勤情况和每天完成工作任务情况；善于多角度思考问题，能主动发现、提出有价值的问题</td><td>15</td></tr>
<tr><td>任务完成</td><td colspan="5">较好地掌握了专业知识点；具有较强的信息分析能力和理解能力；具有较为全面严谨的思维能力并能条理明晰地表述成文，按时按质完成工作任务</td><td>25</td></tr>
<tr><td>思维状态</td><td colspan="5">能发现问题、提出问题、分析问题、解决问题、创新问题</td><td>10</td></tr>
</table>

<table>
<tr><td colspan="10">互评打分</td></tr>
<tr><td>评价人</td><td colspan="2">被评价人</td><td>参与状态（20分）</td><td>信息咨询（10分）</td><td>感知工作（10分）</td><td>工作方法（10分）</td><td>工作过程（15分）</td><td>任务完成（25分）</td><td>思维状态（10分）</td></tr>
<tr><td rowspan="4">学生A</td><td>学生B</td><td rowspan="4">（30%）</td><td></td><td></td><td></td><td></td><td></td><td></td><td></td></tr>
<tr><td>学生C</td><td></td><td></td><td></td><td></td><td></td><td></td><td></td></tr>
<tr><td>学生D</td><td></td><td></td><td></td><td></td><td></td><td></td><td></td></tr>
<tr><td>学生E</td><td></td><td></td><td></td><td></td><td></td><td></td><td></td></tr>
<tr><td colspan="2">授课教师</td><td>（70%）</td><td></td><td></td><td></td><td></td><td></td><td></td><td></td></tr>
<tr><td colspan="10">最后总分：</td></tr>
<tr><td colspan="10">备注：本评价表用于评价学生任务完成情况，学生互评占30%，教师评价占70%</td></tr>
</table>

团队评价表

班级		组别		任务名称	

评价指标		评价标准	分值
团队表现		团队成员不迟到、不早退，不无故缺课，工作的状态积极，按时完成工作任务	5
		团队成员遵守团队纪律，团队成员之间互相尊重、认真倾听、协作分享	5
		团队成员善于多角度思考问题，能主动提出有价值的问题，发表个人见解	5
		团队成员能够认真倾听其他组同学工作汇报，虚心好学，乐于思考，提出合理的建议	5
任务描述、接受任务		对任务的理解正确，工作思路清晰	5
任务分析、分工情况		能够对任务内容进行全面、具体分析，小组成员分工明确	5
制订计划		计划内容全面，具有条理性，制订的内容符合工作要求	5
计划实施	任务成果验收	旅行社名称正确、有文化内涵	6
		旅行社经营范围选择目标清晰	6
		筹资方式合理可行	6
		旅行社选址符合企业定位	6
		绘制旅行社申办流程图	6
		企业LOGO设计新颖有创意	6
		可行性研究报告全面准确	6
	任务成果汇报	汇报思路清晰，语言表述流畅	6
		旅行社设立各项资料呈现清晰	6
		汇报过程井然有序，礼仪规范，表述有感染力	6
创新点		能发现问题、提出问题、分析问题、解决问题、创新问题	5

互评打分

评价组	被评价组		团队表现（20分）	任务描述、接受任务（5分）	任务分析、分工情况（5分）	制订计划（5分）	计划实施（60分）	创新点（5分）
第1组	第2组	30%						
	第3组							
	第4组							
	第5组							
教师评价		70%						

最后总分：

简要评述：

备注：本评价表用于小组完成任务情况评价，小组互评占30%，教师评价占70%

项目相关知识点

一、旅行社的含义

旅行社是指依法设立并具有法人资格，从事招徕、接待旅游者，组织旅游活动，实行独立核算的企业。旅行社是旅游业发展中最活跃、最积极、最核心的因素，在旅游业发展中处于龙头、枢纽和集聚地位，也是串联旅游业各大要素的桥梁和纽带。

二、旅行社的类型

由于不同国家和地区的旅行社行业发展水平和经营环境不同，使世界各国、各地区旅行社在分工体系和分类制度上都存在着较大的差距。目前世界范围内主要存在着三种分工体系：即由市场经济体制的内生力量，经过自发演进而形成的垂直分工体系；在政府行政管理部门主导下分割而形成的水平分工体系；以及市场因素和政府主导共同作用而形成的混合分工体系。不同国家和地区旅行社分工体系方面的差异，决定了旅行社分类制度方面的区别。

（一）垂直分工旅行社

垂直分工旅行社是指那些在时间上先后承接，并具有互补关系的旅行社结构。这种类型的旅行社主要流行于以欧美为代表的旅游发达国家。垂直分工旅行社主要分为旅游批发商和旅游代理商。

1. 旅游批发商

旅游批发商是一种从事旅游产品的生产、组织、宣传和推销旅行团业务的旅行社组织。他们与交通部门、饭店、餐厅等旅游服务部门签订合同，并根据旅游者的实际需求，设计、组合出若干不同日程、项目和包价等级的包价旅游线路或者包价度假集合产品，并将其刊登在宣传册和移动平台端，然后交给旅游零售商去推销。他们一般不直接向公众出售旅游产品。这类旅行社实力雄厚，有着广泛的社会关系和资源优势。

2. 旅游代理商

旅游代理商是直接向个人或者社会团体宣传和推销旅游产品，具有招徕旅游者并提供接待服务的旅行社，旅游代理商收入全部来自销售佣金。随着旅行社功能的日益完善和市场需求的多样化，一部分旅游代理商也对产品进行重新整合和包装，分化出一批兼具经营业务体系的旅行社，其对旅游者决策影响巨大。

（二）混合分工旅行社

以日本为代表的旅行社一般采用混合分工体系。日本的旅行业过去一直采取一般旅行业、国内旅行业和旅行业代理店的混合分工体系，如右图所示。1996年4月，日本开始实施新的《旅行业法》，新法以旅行业是否从事包价旅游业务为主要标准对旅行业的分类进行了调整。根据新的《旅行业法》，日本的旅行社可划分为三类：

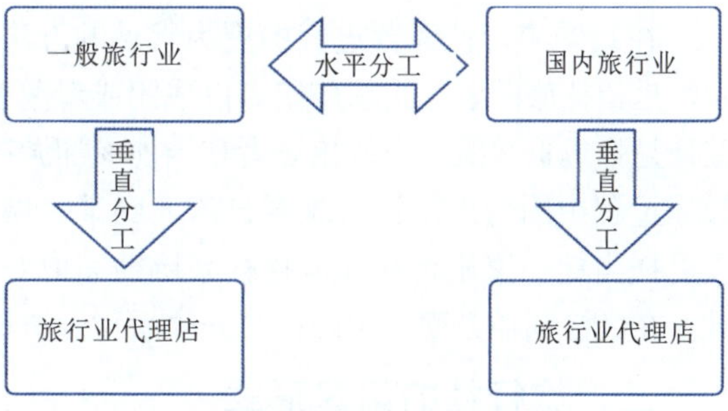

混合分工示意图

1. 一般旅行业

一般旅行业可从事国际旅游、国内旅游和出国旅行三种业务，主要开展对外旅行业务。

2. 国内旅行业

国内旅行业可从事国内旅行（包括部分接待外国人的日本国内旅行）业务。

3. 旅行业代理店

旅行业代理店依照注册登记所批准的业务范围，可作为一般旅行业的代理店，从事其相同的业务，也可作为国内旅行业的代理店，从事与其相同的业务。

日本关于一类、二类旅行社的划分属于典型的水平分工体系，而一类、二类与三类旅行社之间又是垂直分工体系。日本这三类旅行社通过政府整合和市场调节双重作用，保证了旅游市场利益的平衡和自身利益的最大化。

（三）水平分工旅行社

水平分工旅行社以我国旅行社为代表，其主要特点是各旅行社在同一操作层面上，并且根据操作的不同特点进行分类。目前，我国的旅行社有国际旅行社和国内旅行社、外商投资旅行社三种形式。

1. 国际旅行社

国际旅行社的经营范围包括入境旅游业务、出境旅游业务和国内旅游业务。

2. 国内旅行社[①]

国内旅行社的经营范围限于国内旅游业务，包括招徕、组织、接待我国旅游者在国内旅游，为其安排食、住、行、游、购、娱以及提供导游等相关服务；为我国旅游者提供代订交通客票、代订住宿、行李代办等服务。

3. 外商投资旅行社

根据《旅行社管理条例》规定，外商投资旅行社包括中外合资经营旅行社、中外合作经营旅行社和外商独资旅行社。中外合资经营旅行社，是指外国的服务提供者依照中国的法律、法规的规定，在中国境内与中国合营者共同投资开办的合资经营的旅行社；中外合作经营旅行社是指外国的服务提供者依照中国的法律、法规的规定，在中国境内同中国的合作者以合作企业合同为基础而共同开办的旅行社；外商独资旅行社，是指外国的服务提供者依照中国的法律、法规的规定，在中国境内设立的全部资本由外国个人、公司、企业和其他经济组织投资的旅行社。外商投资旅行社可以经营入境旅游业务和境内旅游业务，但不得经营中国公民出国旅游业务以及中国其他地区的人赴香港特别行政区、澳门特别行政区和台湾地区旅游的业务，但是国务院决定或者我国签署的自由贸易协定和内地与香港、澳门关于建立更紧密经贸关系的安排另有规定的除外。

在我国旅行社经营过程中更为常见的方法是根据业务特点，划分为组团社和地接社。组团社是招徕旅游者、组织旅游者以成团或者散客的形式去异地参观游览等活动的旅行社，而地接社是指负责组织、安排旅游者在当地参加游览等活动并提供地方导游服务的旅行社。在具体操作过程中因为组团社很难亲自深入到某一城市或者地区为旅游者安排一切旅游事宜，而必须委托当地一家旅行社即地接社来协助完成对旅游者的接待，这是两者存在与合作的客观基础。在经济利益方面，组团社“先收后付”，地接社则大部分采用“先垫后收”的结算形式。

三、旅行社的组建形式

旅行社属于企业范畴，它必须依法成立并具有法人资格。

---

① 《旅行社管理条例》第二条所称国内旅游业务，是指旅行社招徕、组织和接待中国内地居民在境内旅游的业务。

（一）国有独资公司

国有独资公司是指国家单独出资、由国务院或者地方人民政府授权本级人民政府国有资产监督管理机构履行出资人职责的有限责任公司。国有独资公司符合有限责任公司的一般特征：股东以其出资额为限对公司承担责任，公司以其全部法人财产对公司的债务承担责任。但同时，国有独资公司是一种特殊的有限责任公司，其特殊表现为该有限责任公司的股东只有一个，就是国家。

（二）股份有限公司

股份有限公司是指公司资本为股份所组成的公司，股东以其认购的股份为限对公司承担责任的企业法人。设立股份有限公司，应当有2人以上200人以下为发起人，注册资本的最低限额为500万元。由于所有股份公司均须是负担有限责任的有限公司（但并非所有有限公司都是股份公司），所以一般合称“股份有限公司”。组织机构由三部分组成：

（1）股东大会及其选出的董事会是公司的决策机构。

（2）总经理及其助手组成公司的执行机构。

（3）监事会是公司的监督机构。

（三）有限责任公司

有限责任公司又称有限公司，有限责任公司指根据《中华人民共和国公司登记管理条例》规定登记注册，由2个以上、50 个以下的股东共同出资，每个股东以其所认缴的出资额对公司承担有限责任。公司以其全部资产对其债务承担责任的经济组织。有限责任公司包括国有独资公司以及其他有限责任公司。

（四）股份合作公司

股份合作公司是指以合作制为基础，由企业职工共同出资入股，吸收一定比例的社会资产投资组建，实行自主经营，自负盈亏，共同劳动，民主管理，按劳分配与按股分红相结合的一种集体经济组织。股份合作制企业是依法设立的、企业职工共同出资、共同劳动、民主管理、按劳分配和按股分红相结合的企业法人。其中，劳动合作是基础，董事长为企业的法定代表人。由董事会聘任总经理负责企业的日常经营管理。全部资产归股份持有者所有。

（五）中外合资公司

中外合资公司指外国公司、企业和其他经济组织或个人，按照平等互利的原则经中国政府批准，在中华人民共和国境内，同中国的公司、企业或其他经济组织共同投资、共同经营、共担风险、共负盈亏而从事某种经营活动的企业。它的组织形式为有限责任公司。

四、旅行社设立的条件

根据《旅行社条例》及《旅行社条例实施细则》中的规定，申请设立旅行社，经营国内旅游业务和入境旅游业务的，应当具备下列条件：

（一）固定的营业场所

建立旅行社需要有固定的营业场所，这种场所可以是旅行社拥有产权的营业用房，也可以是旅行社长期租用他人的场所，租期不少于 1 年。作为旅行社固定的营业机构，场所面积不能过小，一般来讲旅行社的场所不能低于 30 m^2。

（二）必要的营业设施

旅行社经营必要的设施包括：2 部以上的直线固定电话、传真机、复印机，具备与旅游行政管理部门及其他旅游经营者联网条件的计算机。

（三）相应的资金

设立旅行社的资金要求如下：

1. 注册资本

旅行社建立时需要对资本进行注册。《旅行社条例》规定经营国内旅游业务和入境旅游业务注册资本不少于30万元。旅行社取得经营许可满两年，且未因侵害旅游者合法权益受到行政机关罚款以上处罚的，可以申请经营出境旅游业务，出境旅行社注册资本要达到150万元。

2. 质量保证金

经营国内旅游业务和入境旅游业务的旅行社，应当存入质量保证金20万元；经营出境旅游业务的旅行社，应当增存质量保证金120万元。质量保证金的利息属于旅行社所有。

旅行社每设立一个经营国内旅游业务和入境旅游业务的分社，应当向其质量保证金账户增存5万元；每设立一个经营出境旅游业务的分社，应当向其质量保证金账户增存30万元。

旅行社应自取得旅行社业务经营许可证之日起3个工作日内，在国务院旅游主管部门指定的银行开设专门的质量保证金账户，存入质量保证金，或者向做出许可的旅游主管部门提交依法取得的担保额度不低于相应质量保证金数额的银行担保。

（四）具有从业资格的经营人员

有经培训并持有省、自治区、直辖市旅游行政管理部门颁发的资格证书的经营人员：

（1）持有《旅行社经理任职资格证书》的总经理、副总经理或部门经理一名。

（2）拥有相关从业经历的业务主任或业务主管1～3名。

（3）取得会计师或助理会计师职称的专职财会人员。

（五）设立审批程序所需资料

（1）旅行社设立申请书。

（2）旅行社设立可行性报告。

（3）旅行社章程。

（4）旅行社从业人员履历表及资格证书。

（5）银行及会计师事务所出具的验资报告。

（6）经营场所及设备证明。

五、旅行社设立的流程

（一）前期布局

1. 前期市场调研

全国及本地区旅游业的发展水平和发展趋势对旅行社的设立有重要影响。了解旅游业的大环境，必须了解国家有关的政策与法规，调查本地旅行社的经营动态、主营线路、竞争优势、产品特色、价格策略、目标群体，做到“知己知彼”。从而找准有别于他人，有利于自身发展的市场定位和细分，这样才能保证旅行社前期运作的成功。

2. 建立协作网络

旅行社需要向旅游者提供含“食、宿、行、游、购、娱”在内的众多服务。旅行社本身并无法提供如此庞大繁杂的服务，联络宾馆、交通等相关行业、相关部门，使之成为合作伙伴，从而形成一张庞大的协作关系网络。协作关系网络是任何一家旅行社开展业务的前提和保障，也是衡量旅行社实力的一个关键因素。

3．梳理客源

客源是旅行社的生命线，客源组织情况将最终决定旅行社的经营状况。旅行社创立者的人际关系是保证旅行社前期顺利发展的重要因素。在这一阶段要根据不同人际关系特点进行梳理整合，确立旅行社未来市场定位。

（二）实施准备

1．命名选址及LOGO设计

旅行社命名不仅是一个标签，更要体现企业文化内涵，同时还要具备一定的辨识性，不能与他人重名，故提前斟酌是有必要的；旅行社的经营场所有两种情况，一是申办人自有场所，二是租借场所。在申办时应向旅游主管部门提供产权证明或使用证明，租期不得少于1年。旅行社应该按照有利于自身发展壮大的原则选择经营场所。例如，旅行社的营业场所位置应尽可能接近市场，写字楼的办公室空间形象应当与企业所要树立的形象相匹配；旅行社的营业场所应考虑顾客前来的便利程度，最好是在底楼，方便客人进入；具体周边环境是否卫生、安全；公交线路，客人前来会不会被绿地阻断，停车是否便利；门面设计是否醒目，方便顾客寻找；有足够的停车场地，以方便公众停留。

在所有事项准备就绪后还应该考虑为旅行社设计一个LOGO。LOGO是商标的标识，包括文字、图形、字母、数字、三维标志和颜色组合，以及上述要素的组合。旅行社在设计LOGO标识时要考虑旅行社的发展定位、市场细分、价值理念、良好意愿等因素，LOGO 标识应设计的朗朗上口、大气、生动，令人过目不忘。

2．招聘员工

旅行社是劳动密集型产业，也是智慧密集型企业，这些特点就注定旅行社竞争的核心因素是人力资源。所以招聘得力员工是企业成立之初要慎重考虑的要素，可以根据预先设想的规模组建管理层班子，如副总经理、部门经理、导游员、普通员工、财务人员、人力资源部人员等。一般先设立人力资源部，由人力资源部负责其他人员的招聘及人员的培训工作。之后根据人员配备和企业规模进行办公设施、办公用品的配置，办公设施和办公用品的购置要做好财产的清点、存档和标号工作，务必从一开始就成为一个财务管理清晰的旅行社。

3．资金筹措

开办旅行社所需资金由创办费和营业费两部分组成。创办费是旅行社设立之初必须支付的各种费用，如申请营业许可证费用、咨询费、质量保证金、注册资本金、营业场所租金等。营业费是旅行社开张后与业务经营有关的各项支出，如流动资金、旅行社责任险、工资、各类耗材费等。

（三）组织申办

在准备工作完成后，创建旅行社就进入了申办阶段，在申办时应当向相关部门提交有关的书面材料，提出申请营业许可及开设质量保证金账户，具体申办流程如下图所示。

旅行社申办流程

1．准备书面材料

申请设立国内旅行社应当向省、自治区、直辖市旅游主管部门或者其委托的设区的市级旅游主管部门提交有关的书面材料，具体内容如下：

（1）设立申请书。设立申请书的内容包括申请设立的旅行社的中英文名称及英文缩写、企业形式、出资人、出资额和出资方式，申请人、申请的时间等，如下图所示。

<table>
<tr><td>旅行社名称</td><td colspan="3"></td></tr>
<tr><td>英文名称</td><td colspan="3"></td></tr>
<tr><td>经营场所</td><td colspan="3"></td></tr>
<tr><td>经营业务</td><td colspan="3"></td></tr>
<tr><td>企业形式</td><td colspan="3"></td></tr>
<tr><td>注册资本：（万元）</td><td></td><td>邮编</td><td></td></tr>
</table>

出资情况：

出资人	证件号码	出资额（万元）	持股比例（%）	出资方式

依照《旅行社条例》及《旅行社条例实施细则》申请设立旅行社，提交的全部材料真实有效。谨此对真实性承担责任。

申请人：（全体出资人签字盖章）　　　　申请时间：

旅行社设立申请书

（2）法定代表人履历表及身份证明。按要求如实填写履历表（见下图），并将能证明自己任职情况及身份的证明复印件附在材料后。

<table>
<tr><td>姓名</td><td></td><td>性别</td><td></td><td>出生年月</td><td>年　月</td><td rowspan="5">（贴照片）</td></tr>
<tr><td>民族</td><td></td><td>文化程度</td><td></td><td>专业</td><td></td></tr>
<tr><td colspan="2">参加工作时间</td><td colspan="4">年　月</td></tr>
<tr><td colspan="2">从事的主要工作</td><td colspan="4"></td></tr>
<tr><td>职称</td><td></td><td colspan="2">证书名称及号码</td><td colspan="2"></td></tr>
<tr><td colspan="2">身份证号码</td><td colspan="2"></td><td>联系电话</td><td colspan="2"></td></tr>
<tr><td rowspan="2">从事旅游业概况</td><td colspan="2">起止年月</td><td colspan="2">工作单位</td><td colspan="2">职务</td></tr>
<tr><td colspan="2"></td><td colspan="2"></td><td colspan="2"></td></tr>
</table>

法定代表人履历表

（3）项目可行性研究报告。项目可行性研究报告是企业从事建设项目投资活动之前，对旅行社项目背景、产品市场分析情况、旅行社组织计划和人员安排、经营条件、财务资金条件、项目影响因素进行具体调查、研究、分析，确定有利和不利的因素，分析项目必要性、项目是否可行，评估项目社会效益和经济效益，为项目投资主体提供决策支持意见或申请项目主管部门批复的文件。

可行性研究报告范文

（4）旅行社章程。旅行社章程是规定旅行社的性质、宗旨、任务、成员机构、活动规则与要求的文体，具有法规性和约束力。旅行社章程是用以规定公司法人的权利和义务以及调整公司内外关系的基本法律文件。它向社会公开申明其经营宗旨、资金状况、股东结构、经营规模、经营范围、组织形式和组织机构、议事规则、股东的权利和义务、公司的内部管理原则和公司发展方向等公司基本事务，是公司一切行为的基本准则，也是规范公司决策和经营管理的法律依据，具体内容见下表。

旅行社章程实例

旅行社章程一览表

序号	章程内容概要
一	旅行社名称和经营场所
二	旅行社经营范围
三	旅行社股东姓名、出资方式及出资额度
四	旅行社股东权利及义务
五	旅行社股东的机构及其产生办法、职权、议事规则
六	旅行社法定代表人
七	旅行社利润分配和财务情况
八	旅行社的解散事由与清算办法
九	旅行社基本管理章程和规范守则
十	其他相关条例及附加守则

（5）验资证明。旅行社属于低投入、高风险行业，国家法律为了保证旅游者的权益不至于受到损害，在资金方面，对旅行社申办者做出了明确规定。为此，申请设立旅行社者必须请求具备法定验资机构对旅行社的注册资本金和质量保证金进行审验，以检验注册资本金和质量保证金的真实，一般注册资本金不少于30万元，质量保证金根据经营业务范围而定，并且由审验机构出具验资证明。在我国，法定的验资机构包括经国务院金融主管部门审批设立的各商业银行、会计师事务所、审计师事务所或律师事务所等。验资结束，申办人将验资证明或验资报告书送交受理申请的旅游主管部门。

2．申请营业执照

营业执照是法律主体进行市场交易主体资格的法定证明，旅行社作为旅游产品业务交易主体首先需要向工商管理部门申请营业执照，申请营业执照需要具备以下条件：

（1）设立申请书；

（2）设立旅行社可行性研究报告；

（3）旅行社章程；

（4）旅行社经理、副经理履历表和《旅行社条例》第六条第三项规定的资格证书；

（5）开户银行出具的资金信用证明，注册会计师及其会计师事务所或者审计师事务所出具的验资报告；

（6）经营场所证明；

（7）经营设备情况证明。

3. 申请经营许可

经营许可证是法律规定的某些行业必须经过许可，由主管部门办理的许可经营的证明，旅行社经营属于行业准入制，因此需要携带企业营业执照、旅行社设立申请书、注册资本金验资证明以及经营场所和经营设备证明向旅游主管部门申请经营许可。

知识拓展

一、历史上的旅行社

纵观世界旅游业发展史，不难看出旅游业发展实际上是人类社会发展的一个缩影，它是社会生产力发展到一定阶段的产物，是在旅游活动日益商品化的基础上产生的。可以说旅行社是人类活动发展到一定阶段的必然结果。

（一）国际早期知名旅行社

世界最早的旅行社出现在19世纪中叶的西欧和北美地区，当时工业革命已经在这些地区获得了重大进展，使得经济结构和社会结构发生了巨大变化，这一切加速了城市化的进程，改变了一部分人的生活方式，由此旅游逐渐成为一部分人经常性的活动，为旅游业的发展提供了大量的客源。另外，工业革命促进了科学技术的进步，蒸汽机车和轮船的相继出现，提高了运输能力，使大规模的人员流动成为可能，在这种背景下，1845年英国的托马斯·库克在莱斯特成立了世界上第一家旅行社。托马斯·库克也成为世界上第一位专职的旅行代理商。

托马斯·库克之后，为了适应人们不断增长的旅游需求，旅行社在世界各地迅速发展起来。经营快递业务的美国运通公司在1891年推出第一张旅行支票，公司以其良好的信誉为支票做担保，保证持票者不受任何损失，公司不靠发行旅行支票手续费营利，而是靠每年数十亿美元的浮存进行投资，同年运通公司建立了欧洲部，并于1895年在巴黎建立了第一家分公司，随后在伦敦、利物浦、汉堡、不莱梅等城市建立了分公司。随着运通公司各地分支机构网的建立和发展，旅游者对其服务需求也日益增长，除了兑换旅行支票外还要求其提供列车时刻、相关饭店及游览活动的信息，在巨大利润的吸引下美国运通于1915年设立了旅行部。目前，美国运通已经成为全球旅游集团，在全球130多个国家和地区共设立1 700多个办事处，世界500强企业中70%都与其建立了商务旅行的业务关系。旅行社的发展和普及，为人们的旅行提供了众多的方便，这又进一步促进了旅游业的发展。由于受到两次世界大战及世界经济危机的影响，全球旅行社业的发展在这一时期经历了几起几落的变化。第二次世界大战之后，相对稳定的世界局势和快速增长的世界经济使得旅游业迅速崛起，旅行社业得到了空前大发展。

【补充资料】

世界上第一家旅行社

托马斯·库克（Thomas Cook），1808年11月22日出生于英格兰墨尔本，是现代旅游的创始人，“近代旅游业之父”。他是第一个组织团队旅游的人，也组织了世界上第一例环球旅游团，编写并出版了世界上第一本面向团队游客的旅游指南——《利物浦之行指南》，创造性地推出了最早具有旅行支票雏形的旅游代金券。1841年7月5日，托马斯·库克包租了一列火车，将多达570人的游行者从英国中部地区的莱斯特送往拉巴夫勒参加禁酒大会。往返行程11英里，团体收费每人一先令，免费提供带火腿肉的午餐及小吃，还有一个唱赞美诗的乐队跟随。这次活动在旅游发展史上占有重要的地位，托马斯·库克组织的这次活动被公认为是世界第一次商业性旅游活动，因此，他本人也就成为旅行社代理业务的创始人。它是人类第一次利用火车组织的团体旅游，它是近代旅游活动的开端。1845年，托马斯·库克开始尝试从事具有商业性的旅游组团业务代理，在伦敦设立了自己的办公室，成为世界上第一位专职的旅行代理商，同年夏天，首次出于商业赢利目的，他组织了一次真正意义上的团体消遣旅游。这次团体旅游是从莱斯特出发途中经过若干地点停留访问，最终目的地是英格兰西部的海港城市利物浦。全程历时为期一周，共350人参加，并编发了导游手册——《利物浦之行手册》分发给旅游者，这是世界上第一本旅游指南。他亲自考察路线，安排吃住等事宜，同时也出售旅行指南、行李箱、望远镜和鞋等，可以说，一百多年前托马斯·库克的业务已经和今天的旅行社差不多了。

（二）中国的旅行社

清末，为了寻求富国强兵之道，清政府派出了大批官方留学生。为了寻求真理，一些有识之士和革命先行者如严复、孙中山等人也多次到西方国家考察和游历，国际往来逐渐频繁起来。进入20世纪，一些外国旅行社也乘机进入中国市场设立代办机构，总揽中国各项旅游业务，这一被动局面到1923年才有所改变。

1923年，陈光甫在上海商业储蓄银行设立旅行部，为中国人办理各项旅游业务，经过努力该部于1927年6月宣告独立，正式命名为中国旅行社（现为香港中国旅行社股份有限公司），这是我国历史上最早一家由中国人开设的旅行社。与此同时全国各地先后出现了不少类似的旅游企业。1949年，中华人民共和国成立之后，我国旅游事业有了进一步发展，1949年，“华侨服务社”在厦门正式营业，1954年4月5日，中国国际旅行社在北京诞生，其后又在各地设立分社，主要负责接待外宾工作。中国共产党第十一届三中全会后，我国实行对外开放政策，吸引了大批海外游客涌入我国，1980年6月，中国青年旅行社总社成立，到1988年底全国形成了以国旅、中旅、青旅为主要框架的近1 600家旅行社体系。旅行社队伍的壮大也促进了中国旅游事业的发展，二者相辅相成。截至2021年，我国旅行社数量为42 432家，且仍处于增长态势。当前，我国旅行社规模排名前5的是中国国际旅行社总社、中国旅行社总社、上海春秋国旅、中青旅控股股份有限公司、中国康辉旅行社有限责任公司。

【补充资料】

中国第一家旅行社

陈光甫，江苏镇江人，其早年曾当过报关行学徒，后赴美留学，回国后于1915年创办了上海商业储蓄银行（以下简称上海银行），并逐渐成为国内知名的银行家。作为一个银行家，陈光甫萌生自办旅行社的念头，这不是突发奇想而是经过深思熟虑的。首先，在民国初年，外国人在中国开设的旅行机构主要是英国通济隆公司和美国运通公司，这两家在我国上海、香港等地均设有分支机构，主要有代售车船票等业务并自主发行旅行支票（即所谓“通天单”）。可当时的国人却没人想到要与他们竞争，为国家收回利权。其次，当时外国人来中国旅游缺乏相应的接待，如美国总统轮船公司发起环游全球的活动，其中一站就在上海。当时参加这一活动的人很多，其中不乏美国的富商巨绅、名流学者。可是，轮船公司安排在上海的时间非常短促，游客上岸后参观的地方也不多。更糟的是，当时也没有什么真正意义上的导游，结果一些略通英语的人便把这些业务揽了下来，由他们陪着这些外宾各处观光。对此现象，陈光甫颇为不满。因为在他看来，这些所谓“导游”所导引的地方往往不能代表中国文化或风景名胜，即使有一些可以代表中国民间的古朴风物，但时间如此匆促，解说又如此蹩脚，外国友人一时半会恐怕也无法领略中国文化。试想，外国人不远万里来到中国，匆匆而来、匆匆而去，其接受的东西本就有限甚至被误导，回国后难免会信口宣扬，说这就是他所亲历目睹的中国，这可能会使更多的人对中国产生错误认识。有鉴于此，陈光甫决心要创办一家中国人自己的旅行机构，既可以服务于国人，同时也要与洋人的旅行机构一争长短。1923年8月1日，陈光甫创办的旅行社宣告成立，这就是上海银行旅行部。但是作为中国第一家旅行社，它并不是独立机构而是设在了银行下面。

【补充资料】

登高临远　海纳百川
——中国康辉旅行社有限责任公司

康辉寓意“健康、辉煌、快乐、光明、向上”，词义富有民族特色，欢乐吉祥。其蕴涵三层含义：一是预示着企业发展前途光明；二是通过企业发展，造福国家、社会和大众；三是给忙碌的您愉悦身心、放松心情，畅游世界。

康辉标志形似梅花，其意为：

（1）梅花代表康辉坚定不移的发展道路；

（2）梅花变形为人手相连，象征康辉崇尚团结、合作的精神；

（3）梅花变形似五洲，象征康辉事业前途广阔，遍布五洲；

（4）CCT为中国康辉旅行社有限责任公司英文China Comfort Travel缩写；

（5）上下半弧，分别代表天与地，象征康辉具天地之灵气，事业日新；

（6）深绿色为企业标准色，取海之碧绿，象征和平，体现康辉在天地之间传播生命之绿，点缀生活。

二、如何给旅行社起名

根据《中华人民共和国公司法》、国家工商行政管理局《企业名称登记管理规定》等有关法律规定和海外旅行社命名惯例，旅行社企业名称一般应由以下四部分组成：地名、字号、行业名称、企业组织形式。例如：北京市（地名）××（字号）旅行社（行业名称）有限公司（企业组织形式）。

企业名称的四个要素中，行政区划、行业、组织形式三个要素属于共有的要素，而字号是可以独占的要素。在同一登记主管机关辖区内，企业名称中的行政区划、行业、组织形式三个要素在所有同行业企业名称中都可能完全相同，唯独字号不得相同。所以字号是企业名称中的一个核心要素，是企业名称中最显著和最重要的组成部分。

字号必须由两个以上的汉字组成，最低不得少于两个，上限没有限制，可以是三个汉字，也可以是五个汉字。字号只是一种符号，本质上只起到识别的作用，因此可以是任何文字的组合，可以没有任何含意。但由于中国文字有其特殊性，每个字都有其字义，所以许多人喜欢选择使用有含意的字词做字号，字号作为名称的核心部分具有以下属性：

（一）区别性

字号具有区别性。字号能够使人们把此企业与彼企业区别开来。《企业名称登记管理规定》规定，企业只准使用一个名称，在登记主管机关辖区内不得与已登记注册的同行业企业名称相同或近似。不得相同或近似实际上主要指的就是字号不得相同或近似。因为，在同一个行政区域内设立的企业，都可以冠以同一个行政区划。企业在同一个领域内从事某一项经营活动都可以使用同一行业用语表述。

（二）显著性

字号具有显著性。企业名称中给人印象最深的是字号，由于字号具有显著性的特征，投资人设立企业时对使用什么样的企业名称应着重考虑选择字号，登记主管机关审查企业名称时重点也是字号。投资人在选择字号时，应突出其显著性。

（三）表意性

字号具有表意性。字号作为一种标识，本身不需要有任何意义，它只不过是一种文字的组合，任何一个汉字都可以与另一个汉字组合成字号。但由于汉字具有表意性，不同的汉字组合可以表达出不同的含意。如表示美好愿望，常使用“福瑞”“新兴”等字号。有些文字的组合可以表示一种文化背景，如“大东亚”带有殖民文化色彩。由于汉字本身的这些特点，登记主管机关在审查字号时，对使用具有不良文化的字号应不予核准。

（四）经济价值

字号具有一定的经济价值。企业在经济活动中向社会提供优质商品或服务，经过不断的努力，得到消费者的认可，使其具有了良好的商业信誉。这种良好的商业信誉，使社会公众愿意购买该企业的产品或接受该企业提供的服务。由于企业名称是企业的标识，企业名称代表着某个企业或企业的产品或服务。企业良好的商业信誉给企业带来的经济效益无形地转移到企业名称上，使企业名称具有了一定的价值，成为一种独立的财产。这种价值使企业名称作为无形资产可以转让。企业名称中最显著的部分是字号，最有价值的也是字号。

（五）独占性

字号的独占性受登记主管机关辖区和行业的限制。企业名称经登记主管机关核准，就可以被企业占有、使用或转让。因此给旅行社起名的过程中可以依据以上属性组合成更适合自己企业的名称。同时也要熟悉相关法律法规的具体要求，避免侵权或违规。

依据《旅行社条例》和《旅行社条例实施细则》规定：

（1）旅行社申请许可的企业名称中含有“中国国际旅行社”“中国旅行社”“中国青年旅行社”等知名旅行社企业字号，但与该字号所有者没有投资关系的，应当提交该字号所有者同意使用的证明文书。

（2）旅行社分社的名称应当由设立旅行社名称、分社所在地地名、“分社”或“分公司”等字样构成，旅行社服务网点名称应当由设立旅行社名称、服务网点所在地地名和“门市部”三部分构成。

三、旅行社质量保证金的使用

旅行社质量保证金是指由旅行社缴纳，旅游主管部门管理，用于保障旅游者权益的专用款项。旅游主管部门对质量保证金实行“统一制度、统一标准、分级管理”的原则：国家旅游行政管理机关统一制定保证金的制度、标准和具体办法；各级旅游行政管理机关在规定的权限内，依据有关法规、规章和程序，作出支付保证金金额的决定。

有下列情形之一的，旅游主管部门可以使用旅行社的质量保证金：

（1）旅行社违反旅游合同约定，侵害旅游者合法权益，经旅游主管部门查证属实。

（2）旅行社因解散、破产或者其他原因造成旅游者预交旅游费用损失的。

（3）人民法院判决、裁定及其他生效法律文书认定旅行社损害旅游者合法权益，旅行社拒绝或者无力赔偿的，人民法院可以从旅行社的质量保证金账户上划拨赔偿款。

（4）旅行社在旅游主管部门使用质量保证金赔偿旅游者的损失或者依法减少质量保证金后，因侵害旅游者合法权益受到行政机关罚款以上处罚的，应当在收到旅游主管部门补交质量保证金的通知之日起5个工作日内补足质量保证金。

（5）旅行社不再从事旅游业务的，凭旅游主管部门出具的凭证，向银行取回质量保证金及利息。

项目二　旅行社的组织结构设置

学习目标： 掌握旅行社各部门工作内容，并能够根据各部门职能特点构建旅行社组织机构，明确主要工作人员的基本职能。

知识目标： 旅行社组织机构的原则；

掌握旅行社组织机构基本职能；

掌握常见旅行社组织结构的特点及适用对象。

能力目标： 能够根据旅行社实际情况设计组织结构模型。

素质目标： 培养学生善于思、敏于行，开拓创新的业务素质。

任务书

旅行社组织结构设计任务书

专业班组		组长		完成日期	

任务描述：旅行社发展记——构建旅行社组织结构

小鑫经过艰苦的创业和不懈努力使企业从最初的单一产品经营的"鑫鑫旅行社"到上市旅游企业集团"恒鑫"，公司的发展也见证了中国旅行社行业的变化，请针对下表中不同时期不同规模的旅行社特点为其设计相应的组织结构，绘制组织结构图并通过说明会方式对各部门职能及人员配置做详细说明。

（一）鑫鑫旅行社

企业名称	鑫鑫旅行社	注册资金	30.00万元
经营状态	在营	成立日期	1982年6月1日
企业信用代码	911177889912345Q	企业类型	有限责任公司
成立地点	哈尔滨	登记机关	哈尔滨市场监督管理局
经营范围	国内旅游、入境旅游	企业规模	8～20人

（二）众鑫国际旅行社

企业名称	众鑫国际旅行社	注册资金	300.00万元
经营状态	在营	成立日期	1999年6月1日
企业信用代码	966666889912345Q	企业类型	有限责任公司
成立地点	上海	登记机关	长宁区市场监督管理局
经营范围	国内旅游、出境旅游	企业规模	80～100人

（三）恒鑫国际旅游集团			
企业名称	恒鑫国际旅游集团	注册资金	3 000.00万元
经营状态	在营	成立日期	2000年6月1日
企业信用代码	988888889912345Q	企业类型	有限责任公司
成立地点	北京	登记机关	海淀区市场监督管理局
经营范围	国内旅游、出入境旅游	企业类型	300～1 000人
任务要求： 1. 旅行社组织结构设计符合所选择旅行社类型； 2. 组织结构图思路清晰，部门职能明确； 3. 旅行社组织结构设计可行性强，符合市场旅行社基本运营规律； 4. 有创新性思维			

获取资讯

- **引导问题1：**旅行社有哪些基本的组织机构？

____

____

____

- **引导问题2：**旅行社各组织的基本职能是什么？

____

____

____

- **引导问题3：**旅行社的组织机构设置的类型有哪些种类？

____

____

____

- **引导问题4：**常见的旅行社组织机构设置的结构有什么特点？

____

____

____

工作计划

旅行社组织机构设计工作方案

步骤	工作内容	参考工作方式	负责人
1	熟悉旅行社类型特点	市场调研+互联网	
2	熟悉旅行社基本职能	分工后集中汇总	
3	构思旅行社组织机构	典型旅行社机构参照	
4	绘制旅行社组织机构设计图	手绘+软件	
5	组织机构说明会	参照旅行社说明会程序	

进行决策

（1）各组根据旅行社组织机构设计工作方案基本任务进行规划。
（2）结合成员优势能力进行任务分工。
（3）团结协作，优势合作，群策群力。

工作实施

组队→分配任务→调研→汇总资料→头脑风暴→绘制图形→汇报演说。

评价反馈

学生自我检视表

<table>
<tr><th>任务</th><th>完成情况</th><th>未完成内容</th><th>未按时完成原因</th></tr>
<tr><td>获取资讯模块下的引导问题是否认真完成</td><td></td><td></td><td></td></tr>
<tr><td>引导问题涉及的知识是否完全掌握</td><td></td><td></td><td></td></tr>
<tr><td>项目中所涉及的基本技能是否完全掌握</td><td></td><td></td><td></td></tr>
<tr><td>实施过程中交代的任务是否按时完成</td><td></td><td></td><td></td></tr>
<tr><td>项目实施过程中涉及的材料上交是否及时</td><td></td><td></td><td></td></tr>
<tr><td>项目完成过程中是否有创新点</td><td></td><td></td><td></td></tr>
<tr><td colspan="4">收获：</td></tr>
<tr><td colspan="4">备注：本自我检视表，主要目的是总结、回顾本项目知识，了解同学们对知识的了解、掌握和运用情况。同学们根据个人学习实际情况如实填写，可起到查缺补漏，完全掌握和熟练运用本项目知识的学习目标。此环节与引导问题填写也可按学生填写表格和引导问题完成情况、查缺补漏的实际行动进行打分</td></tr>
</table>

学生评价表

<table>
<tr><td colspan="2">班级</td><td colspan="2"></td><td>组别</td><td colspan="2"></td><td colspan="2">任务名称</td><td></td></tr>
<tr><td colspan="2">评价指标</td><td colspan="7">评价标准</td><td>分值</td></tr>
<tr><td colspan="2">参与状态</td><td colspan="7">不迟到、不早退，不无故缺课；
与老师、同学之间是否互相尊重、理解、平等；
与老师、同学之间是否能够保持多向、丰富、恰当的信息交流；
遵守团队纪律，认真倾听团队成员意见，积极协作分享；
善于多角度思考问题，能主动提出有价值的问题，发表个人见解；
探究学习、自主学习，不流于形式，做到有效学习</td><td>20</td></tr>
<tr><td colspan="2">信息咨询</td><td colspan="7">能有效利用教材、网络资源查找有效信息；能够认真研讨信息内容进行知识转化，转化成自己的认知；能将学到的理论知识应用于实际工作中</td><td>10</td></tr>
<tr><td colspan="2">感知工作</td><td colspan="7">熟悉自己的工作岗位，认同工作的价值；在工作中获得满足感</td><td>10</td></tr>
<tr><td colspan="2">工作方法</td><td colspan="7">工作计划、工作方法符合规范要求；获得了进一步发展的能力</td><td>10</td></tr>
<tr><td colspan="2">工作过程</td><td colspan="7">遵守团队纪律，工作过程中符合旅行社员工规范要求；平时上课的出勤情况和每天完成工作任务情况；善于多角度思考问题，能主动发现、提出有价值的问题</td><td>15</td></tr>
<tr><td colspan="2">任务完成</td><td colspan="7">较好地掌握了专业知识点；具有较强的信息分析能力和理解能力；具有较为全面严谨的思维能力并能条理明晰地表述成文，按时按质完成工作任务</td><td>25</td></tr>
<tr><td colspan="2">思维状态</td><td colspan="7">能发现问题、提出问题、分析问题、解决问题、创新问题</td><td>10</td></tr>
<tr><td colspan="10">互评打分</td></tr>
<tr><td>评价人</td><td colspan="2">被评价人</td><td>参与状态（20分）</td><td>信息咨询（10分）</td><td>感知工作（10分）</td><td>工作方法（10分）</td><td>工作过程（15分）</td><td>任务完成（25分）</td><td>思维状态（10分）</td></tr>
<tr><td rowspan="4">学生A</td><td>学生B</td><td rowspan="4">（30％）</td><td></td><td></td><td></td><td></td><td></td><td></td><td></td></tr>
<tr><td>学生C</td><td></td><td></td><td></td><td></td><td></td><td></td><td></td></tr>
<tr><td>学生D</td><td></td><td></td><td></td><td></td><td></td><td></td><td></td></tr>
<tr><td>学生E</td><td></td><td></td><td></td><td></td><td></td><td></td><td></td></tr>
<tr><td colspan="2">授课教师</td><td>（70％）</td><td></td><td></td><td></td><td></td><td></td><td></td><td></td></tr>
<tr><td colspan="10">最后总分：</td></tr>
<tr><td colspan="10">备注：本评价表用于评价学生任务完成情况，学生互评占30%，教师评价占70%</td></tr>
</table>

团队评价表

班级		组别		任务名称	

评价指标		评价标准	分值
团队表现		团队成员不迟到、不早退，不无故缺课，工作的状态积极，按时完成工作任务	5
		团队成员遵守团队纪律，团队成员之间互相尊重、认真倾听、协作分享	5
		团队成员善于多角度思考问题，能主动提出有价值的问题，发表个人见解	5
		团队成员能够认真倾听其他组同学工作汇报，虚心好学，乐于思考，提出合理的建议	5
任务描述、接受任务		对任务的理解正确，工作思路清晰	5
任务分析、分工情况		能够对任务内容进行全面、具体分析，小组成员分工明确	5
制订计划		计划内容全面，具有条理性，制订的内容符合工作要求	5
计划实施	组织机构构思	不同阶段旅行社发展定位清晰	6
		绘制组织机构图框架	6
		明确组织机构内部职能之间的关联	6
		清楚阐述各部门职能	6
		组织机构人员配置合理	6
		阐述组织机构优势	6
		组织机构形式符合旅行社类型需要	6
	说明汇报	汇报结果有依据	6
		汇报过程生动流畅，思路清晰	6
		组织机构设计可行性强，符合旅行社需求	6
创新点		该组能发现问题、提出问题、分析问题、解决问题、创新问题	5

互评打分

评价组	被评价组		团队表现（20分）	任务描述、接受任务（5分）	任务分析、分工情况（5分）	制订计划（5分）	计划实施（60分）	创新点（5分）
第1组	第2组	30%						
	第3组							
	第4组							
	第5组							
教师评价		70%						

最后总分：

简要评述：

备注：本评价表用于小组完成任务情况评价，小组间互评占30%，教师评价占70%

项目相关知识点

一、旅行社组织结构的含义

组织结构是组织中正式确定的，使工作任务得以分解、组合和协调的框架体系。

旅行社的组织结构设计就是指在旅行社根据经营类型和部门职能需求对构成组织的各要素进行排列组合，明确管理层次，分清各部门、各岗位之间的职责和相互协作关系，以确保旅行社既定战略发展目标的实现。

二、旅行社组织结构的作用

旅行社企业的组织结构设计，是旅行社企业的一项重要的、基本的组织战略工作，是企业履行其职能的基础，旅行社企业的组织结构体现了人们在工作中的相互关系，还反映了企业不同层次、不同部门、不同岗位职责与权利的规定，同时也为各部门、各环节之间的沟通与协作提供了框架。合适的组织结构模式能够提高工作效率从而确保旅行社既定战略发展目标的实现。

三、旅行社的基本部门设置与岗位要求

各旅行社的组织结构虽有不同，但基本功能和业务分工相差不多，旅行社内部组织设置大致可分为两大板块：一是管理部门，以企业管理及各方协调为主；二是业务部门，主要从事各项业务工作。两大板块互有交叉，不能截然分离。

（一）管理部门

1．行政办公室

行政办公室职能及岗位要求见下表。

行政办公室职能及岗位要求

一级职能	二级职能	三级职能
行政事务管理	1．内部协调、沟通事务	（1）贯彻执行旅行社的质量方针、目标采取有效措施确保质量管理体系在本部门持续有效运行。 （2）负责公司本部的行政管理和日常事务，当好领导的参谋，协助领导搞好各部门之间的综合协调，加强对各项工作的督促和检查，建立并完善各项规章制度，促进公司各项工作的规范化管理。 （3）负责公司内外沟通联系，及上传下达工作。 （4）负责公司内外来往文电的处理工作，负责对会议、文件决定的事项进行跟踪、检查与落实
	2．接待、活动、会议的组织管理	（1）负责接待来访人员，并对来访事宜做出解答和处理意见。 （2）负责公司大型活动的策划和组织。 （3）负责公司会议的筹备、组织和记录
	3．后勤保障管理	（1）定期开展企业文化娱乐活动，落实职工福利事宜。 （2）负责旅行社的办公环境建设和环境卫生、电、水及接待设施的维修和更新。 （3）负责购置、保管、收发办公用品及旅游纪念品。 （4）对公司行政财产物资进行登记、造册、定期盘点。 （5）根据公司日常工作需要，提供其他必要的后勤保障服务
	4．文书、档案管理	（1）公司印章、证书和相关资质文件的管理。 （2）公司文件、制度的审核、印发及存档。 （3）公司往来文件、受控文件和文书的管理

2．财务部

财务部职能及岗位要求见下表。

财务部职能及岗位要求

一级职能	二级职能	三级职能
财务管理	1. 财务预算管理	（1）制定和修订旅行社财务预算与核算管理制度。 （2）编制旅行社年度、季度、月度财务计划。 （3）汇总各部门预算，组织编制及审核旅行社财务预算。 （4）组织实施旅行社财务预算计划
	2. 融资管理	（1）制定和修订旅行社筹资管理制度。 （2）根据旅行社董事会及总经理的指示，做好资金筹资、供应与使用管理工作。 （3）与有关金融机构保持联系，积极开拓融资渠道，为公司建立有效的融资途径
	3. 日常会计核算管理	（1）制定和修订旅行社日常会计核算管理制度。 （2）组织进行会计核算和账务处理。 （3）准确编制、及时上报会计报表。 （4）对旅行社的账目进行管理。 （5）旅行社团费的收取与管理。 （6）旅行社各项费用的支出管理
	4. 财务分析管理	（1）定期进行旅行社财务综合分析和预测。 （2）针对出现的财务问题，向相关领导提出财务控制措施和建议。 （3）对旅行社新的业务项目进行财务预测与分析
	5. 财务监督与管理	（1）制定和修订旅行社财务监督管理制度。 （2）执行相关财务制度。 （3）监督各项财务收支。 （4）对违反财务纪律的事件及时进行处理，发现重大问题及时上报旅行社，并提出处理意见
	6. 税务管理	（1）制定和修订旅行社财务部门税务管理相关制度。 （2）及时了解、掌握国家有关税务政策。 （3）执行旅行社的报税工作。 （4）协调好与税务部门的关系
	7. 财务审计	（1）制定旅行社内部审计管理制度。 （2）制订旅行社年度审计工作计划。 （3）对旅行社经营成果的真实性、准确性、合规合法性进行审计。 （4）对旅行社集团公司及各分支机构的财务收支情况进行审计。 （5）对旅行社严重违反财务纪律或严重损坏企业利益及集团中重大的、有倾向性的财务问题进行专案审计。 （6）配合审计机关进行外部审计

3．人力资源部

人力资源部职能及岗位要求见下表。

人力资源部职能及岗位要求

一级职能	二级职能	三级职能
人力资源管理与开发	1．人力资源管理制度建设	（1）针对旅行社实际情况，编制人力资源管理的各项规章制度及员工日常行为规范，经领导审批后实施。 （2）定期对人力资源管理制度的执行情况进行监督、检查。 （3）根据公司的发展状况对人力资源制度及员工日常行为规范进行修改和完善
	2．人力资源规划	（1）根据旅行社总体业务发展状况及各分支机构的实际业务状况，编制旅行社整体人力资源规划，报领导审批后执行。 （2）定期或不定期对人力资源规划进行修改
	3．员工招聘	（1）根据公司及各下属机构分公司员工需求情况，编制员工需求计划。 （2）依照员工需求计划及岗位职责，编写招聘信息，并选择恰当的招聘方式进行招聘工作。 （3）对应聘人员进行初试筛选。 （4）与用人部门共同组织复试并确认录用对象。 （5）为录用员工办理入职手续
	4．员工日常管理	（1）组织、指导旅行社和部门、各分支机构编写职位说明书并审核。 （2）根据国家劳动部门的规定，结合公司实际情况，制定统一的劳动合同文本，并组织员工签订及续签。 （3）办理员工调配、任免、晋升、奖惩的相关手续。 （4）对各类员工档案进行综合管理。 （5）办理人事档案调转手续。 （6）协同法律顾问处理有关劳动纠纷，进行员工关系管理
	5．员工培训	（1）根据各部门、各分支机构提交的员工年度培训计划，编制旅行社年度培训计划，报领导审批后执行。 （2）培训费用预算及费用申请。 （3）根据培训计划，组织员工进行相应培训。 （4）培训结束后对参加培训的员工进行培训效果跟踪与评估
	6．绩效考核	（1）根据各部门职能分解和各岗位的职位说明书，组织实施绩效考核。 （2）配合相关部门，依据年度经营目标计划对中层以上干部实施考核。 （3）按照公司的组织任命程序，组织实施干部晋升考核
	7．薪酬与福利管理	（1）根据国家的相关规定，结合旅行社实际情况，制定公司薪酬福利政策，报领导审批后执行。 （2）进行旅行社的薪酬福利体系设计，报领导审批后执行。 （3）制定员工工资计发程序与手续。 （4）对员工进行考勤管理。 （5）编制员工工资表

（二）业务部门

业务部门是旅行社的重要部门，利益和风险集为一体，具有旅游服务及产品采购、产品制作、产品销售、产品运作、质量处理等职能。大、中型旅行社分工较细，小型旅行社往往合而为一，业务职能基本一致。

1. 外联销售部

外联部可以按市场划分为国际部、国内部、出境部、散客部等；也可按语种划分为日本部、美国部、韩国部等。具体职能及岗位要求见下表。

外联销售部职能及岗位要求

一级职能	二级职能	三级职能
旅行社产品销售管理	1. 信息收集	（1）收集所获得的旅游市场信息。 （2）收集竞争对手的旅游线路开发、宣传情况信息。 （3）为制订新旅游线路、修改完善已有的旅游线路提供依据
	2. 旅行社产品销售	（1）寻找新旅游中间商或游客。 （2）开拓更多与客户合作的领域。 （3）向旅游中间商传递公司的相关信息。 （4）根据客户需求向旅游中间商或游客提供报价。 （5）与客户进行价格谈判。 （6）与旅游中间商或游客签订合同或协议
	3. 客户关系管理	（1）制定与修订客户管理制度。 （2）建立客户档案。 （3）沟通、协调好与旅游中间商或游客的关系。 （4）沟通、协调好与旅游中间商和旅行社的关系。 （5）沟通、协调好与旅行社和游客的关系
	4. 内部管理	（1）合理调配部门员工的工作。 （2）定期对员工进行业务培训与考核工作

2. 计调部

计调部是围绕旅游业务调度开展业务的。该部门承担着外联和接待部门之间的工作环节，即将外联部销售成功的产品进行具体落实、安排确定的环节，再由接待部具体实施。计调部职能及岗位要求见下表。

计调部职能及岗位要求

一级职能	二级职能	三级职能
旅游业务计调	1.接待工作	（1）组团工作接待。 （2）客户接待
	2. 制订、安排接待计划	（1）制订接待计划。 （2）发送接待计划（向相关单位发送计划）。 （3）下达计划（向相关计调人员、导游员下达接待计划）
	3. 协调关系	（1）协调旅行社与旅游中间商的关系。 （2）协调旅行社与旅游服务供应商的关系。 （3）协调导游关系

续表

一级职能	二级职能	三级职能
旅游业务计调	4. 签证办理	（1）核实游客的身份资料。 （2）为旅行社的游客办理签证业务。 （3）协调好旅行社与各出境游地大使馆／领事馆的关系
	5. 预订管理	（1）酒店预订管理。 （2）票务预订管理。 （3）车辆预订管理。 （4）其他旅行社预订管理
	6. 信息收集与内部统计	（1）收集整理旅游业的各种信息。 （2）收集旅游团的反馈信息。 （3）统计旅游业务月报、季报表
	7. 内部管理	（1）合理调配部门员工的工作。 （2）定期对员工进行业务培训和考核

3. 接待部

接待部的职能范围围绕着导游服务工作展开。在很多旅行社将散客服务、门市服务放入接待部。该部门直接对客户服务，对旅行社的形象和品牌传播有很重要的作用。接待部的职能及岗位要求见下表。

接待部的职能及岗位要求

一级职能	二级职能	三级职能
旅游接待管理	1. 导游管理	（1）制定与编制导游管理制度。 （2）内部导游管理。 （3）外聘导游管理
	2. 导游服务	（1）全陪服务管理。 （2）地陪服务管理。 （3）领队服务管理
	3. 关系协调	（1）协调接待部与旅行社其他各部门的关系。 （2）协调导游与旅行社其他各部门的关系
	4. 内部管理	（1）合理调配部门员工的工作。 （2）定期对员工进行业务培训与考核工作

四、常见旅行社的组织结构

旅行社规模大小不一，大型旅行社在国内各地及海外均有分公司或附属相关产业，人员过万，小型旅行社规模较小，甚至有的旅行社人数不足十人。小型旅行社组织结构简单，分工比较粗，员工一人身兼数职，内、外旅行社业务甚至行政管理工作都要做。大型旅行社规模越大组织结构越复杂，主要通过充分发挥组织功能提供对客服务。但是旅行社规模无论大小，都是高度专业化的组织，为了确保旅行社计划目标的顺利实现，使整个旅行社业务经营能顺利进行，就必须有一个完整的内部管理体系。从目前我国旅行社组织机构设置来看，基本模式有直线制、职能分配制和市场部门制三种：

（一）直线制

直线制是按照分工原则进行设计的。旅行社中承担不同职能的员工和部门各自分工，在总经理的领导下统一协作。这种结构安排能充分发挥专业人员的专业知识，提高管理的专业化，同时便于进行日常管理和业务协调工作。直线制组织结构图如下图所示。直线制组织结构的特点、优缺点以及适用范围见下表。

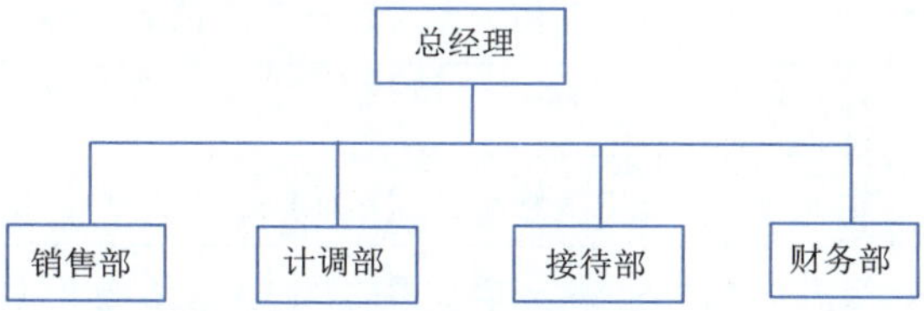

直线制组织结构图

直线制组织结构形式解析表

项 目	具 体 内 容
特点	企业的各部门按照业务进行划分，实行专业化分工由总经理对各部门进行统一管理，高度集权
优点	结构简单，权力集中，指挥与命令统一，效率高
缺点	对外界环境的变化反应较慢，可能引起高层决策堆积，层级负荷加重
	可能导致部门间缺少横向协调，组织目标的实现效率低，缺乏创新能力
适用范围	小型的产品单一、业务范围窄的旅行社

（二）职能分配型

职能分配型又称按职能设置部门，是一种比较常见的旅行社组织结构模式。旅行社的业务部门和管理部门按照内部生产过程划分和设立，形成专业化职能组织。旅行社的业务部门一般有外联部、计调部、接待部、综合业务部等；管理部门一般有办公室、人力资源部、财务部等。职能分配制通常设立若干职能管理部门，为旅行社经营管理提供决策咨询与监督指导。一般而言，职能部门不拥有对业务部门直接指挥的权力。职能分配制组织结构图如下图所示，职能分配型组织结构的特点、优缺点及适用范围见下表。

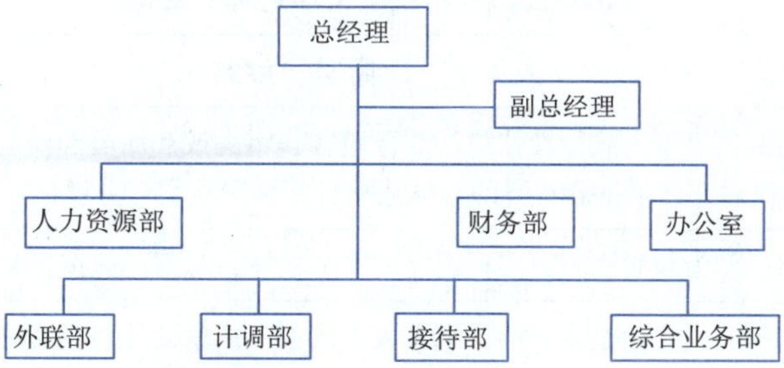

职能分配制组织结构图

职能分配制组织结构形式解析表

项 目	具 体 内 容
特点	各部门直接向总经理负责，是高度集权的组织结构形式
优点	权力高度集中统一，企业高层领导拥有全部权限，尤其是经营决策与指挥权
	部门之间分工明确，各部门按事务集中方式划分，上下级实行单线从属形式管理
	组织结构稳定，符合专业化协作原则
缺点	其权势管理，不能很好地发挥中层管理者的积极性，削弱旅行社实现整体目标的能力
	强调集中领导，组织系统的适应性较差，不能及时，灵活地应付新情况
适用范围	大中型旅行社；拥有多种旅游产品、业务范围较广的旅行社

（三）市场部门制

市场部门制又称按语种和地区设部门，是指旅行社划分成与每个细分市场相对应的部门，它是在“集中决策，分散经营”原则的指导下建立的一种分权式的多分支单位组织结构形式。旅行社按地区、市场等因素，成立若干个地区部门，每一地区部门都有销售、计调、接待等功能，并保留办公室、财务、人力资源等职能部门。市场部门制组织结构如下图所示，市场部门制组织结构的特点、优缺点及适用范围见下表。

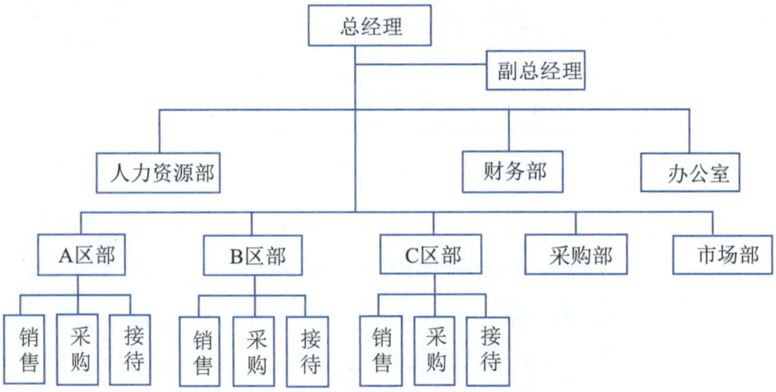

市场部门制组织结构

市场部门制组织结构形式解析表

项 目	具 体 内 容
特点	在总经理的领导下，旅行社按旅游服务范围、市场或产品类别设立事业部，各事业部有相对的责任和权利，并依据旅行社的整体战略方针和决策实行分权化独立经营
	各市场部门作为利润中心，实行独立的财务核算，总部一般按其盈利额决定对其的奖惩
	各市场部门的独立性是相对的，它在人事政策、形象设计、投资决策等方面没有自主权
优点	各市场部门独立经营，调动了各经营部门的积极性，使统一管理与专业化分工有机结合，提高了经营管理的灵活性和适应性
	总经理可以从具体的经营管理事务中解脱出来，将对各个部门的经营管理重点放在事前的决策和事后的考核上，从而使企业的最高领导层成为强有力的决策机构
	各部门实行专业化，发挥各自优势，整体与局部效益都很显著

续表

项 目	具 体 内 容
缺点	集权和分权的程度有时难以把握，处理不好会削弱统一性，协调难度大
	管理成本高
适用范围	大型旅游集团公司、综合旅游企业等

知识拓展

一、旅行社组织机构设计原则

不同类型的旅行社，由于其经营目标、业务范围、管理体制等不同，其内部组织结构并无统一模式，但其各部门的设置应以适应旅行社业务的开展和组织的发展为前提。同时，旅行社的组织结构设计应该是一个变化的过程，它要根据企业发展的需要、旅游市场等的变化而不断地对组织结构进行优化和变革，进而提高旅行社的运行效率和经济效益。旅行社在进行组织结构设计和选择时应该遵循以下原则。

（一）目的性原则

组织结构设计要为组织的发展服务，各职能部门的设立应以有效完成组织的发展战略目标和经营活动为目的。当组织的发展战略变化时，就需要对组织结构进行调整和重新设计。

（二）适应性原则

旅行社的组织结构设计应结合组织所处的外部环境和内部条件进行， 应与当地的政治、经济及社会制度保持同步。另外，旅行社的组织结构设计应与其所在行业密切相关，为了便于业务的联系与开展，其组织结构要与其他旅行社具有一定的相似性。

（三）明确性原则

基于旅游服务的繁杂、工作事务的琐碎，旅行社在进行组织结构设计时，应清晰界定各层级的关系，明确各部门、各岗位的具体职责，避免出现“多头领导”的情况。只有这样才有利于各项业务活动的开展和服务质量及工作效率的提高。

（四）完整性原则

组织是一个有机整体，旅行社组织结构设计应以保证组织结构的系统性和完整性为原则，从而确保旅行社整体的顺利运转；同时处理好内部协作与外部沟通的关系。

（五）以流程为中心原则

旅行社的组织结构设计还应考虑以流程为中心的原则。在旅行社的主导业务运行过程中，旅行社产品设计、推广、旅游客户开发，行程计划调控，组团接团，导游服务等各个环节是一个有机整体，具有明确的顺序，因此，旅行社在进行组织结构设计之前，首先应该明确自身主导业务流程，在对主导业务流程进行分析的基础上考虑组织结构设计方案。

旅行社在设计组织机构时，应视旅行社的具体情况而定，并在适应环境变化的过程中不断调整和完善。采用什么形式的组织结构，关键看是否有利于旅行社业务的拓展，是否有利于旅行社发挥出最大的效能和实现旅行社的目标和任务。

二、旅行社组织机构设计创新

旅行社组织机构创新是在根本意义上对工作程序作重新思考与重新设计，以实现在重要的业绩衡量标准（如成本、质量、服务和速度等）方面的质的飞跃。旅行社组织机构重新设计的核心思想是：顾客是变革的着眼点，按照组织目标设计工作程序，整合工作程序，把权利与责任下放，组织重构，以支持一线员工的工作。

旅行社组织机构设计创新的最根本、最核心的因素，其实就是“工作程序整合”，也就是对工作程序的整理和组合。

（1）对分工进行整合。把许多详细划分的工作单位组合成一个大的复杂的工作单元，减少产品和工作程序组成部分的数目。

（2）对任务进行整合。允许员工从事工作程序中多个环节的工作，并允许他们之间进行协调，而不是分更细。

（3）对知识进行整合。员工必须对工作程序的各个环节有着更多的了解，而不是只了解自身所从事的工作，他们还应该能够成功地和在任何环节上工作的员工进行协调。旅行社可以对员工进行多元化教育和培训。

模块二 旅游产品设计与开发

项目一　旅游线路设计

学习目标： 掌握旅游线路开发设计流程和技巧。

知识目标： 掌握旅游线路基本类型及特点；

灵活把握旅游线路设计注意事项。

能力目标： 能够根据市场要求独立设计常规类型旅游线路。

素质目标： 培养学生耐心、细致的观察力；

培养吃苦耐劳、勤奋求索的业务素质；

鼓励线路产品开拓的创新精神。

任务书

旅游线路行程开发设计任务单

专业班组		组长		完成日期	
任务描述： 冬季假期即将到来，哈尔滨众鑫旅行社接到老客户广州南湖国旅总经理打来的邀单电话，作为组团社南湖国旅计划今年主推东三省冰雪童话之旅，力邀众鑫为其打造全新东三省冰雪旅游线路，要求线路在满足不同年龄需求的基础上能够有所创新和突破，在这个冬季更好地抢占广州旅游市场。假若你是众鑫旅行社线路开发中心的员工，你将如何完成此项工作呢？可参考以下任务点和问题提示进行组队模拟					
任务提示： 1. 结合南湖国旅具体要求，对广州旅游受众做市场调研 2. 根据东北三省旅游交通地理环境绘制拓扑结构图，确定旅游线路节点 3. 根据主题选择特色旅游资源项目 4. 优化资源配置，合理组织语言，形成旅游线路产品 5. 分组进行旅游线路行程展示					
任务清单： 1. 市场调研报告一份 2. 旅游线路行程拓扑图一份 3. 旅游线路特色资源介绍表一份 4. 旅游线路展示发言稿 5. 旅游线路展示PPT					

任务分组

学生任务分配表

专业班组		组长		指导教师	
小组成员					
任务分工					

获取资讯

● 引导问题1：以广州旅游客源市场为例绘制产品设计前调研内容分析思维导图？

● 引导问题2：根据实际需求确定东北线路开发大交通方式选择规划。

● 引导问题3：根据东北三省旅游交通情况绘制拓扑结构图。

● 引导问题4：旅游线路设计时要注意哪些原则？

工作计划

线路设计工作方案

步骤	工作内容	工作方式	负责人
1	确立主题	例会讨论	
2	绘制图谱	小组协作	
3	选择节点	任务分配	
4	资源整合	小组协作	
5	线路展示	小组协作	

进行决策

（1）各组派代表阐述本小组调研结果并通过例会讨论方式确立主题。

（2）各组根据汇报内容完善自己的线路行程。

（3）结合教师指导的建议，优化旅游线路方案。

工作实施

以旅游线路设计工作方案步骤为依据，采用汇报方式以组为单位进行阶段性展示和过程互动，充分利用互联网手段有效搜集信息，进行资源整合。

评价反馈

学生自我检视表

任务	完成情况	未完成内容	未按时完成原因
获取资讯模块下的引导问题是否认真完成			
引导问题涉及的知识是否完全掌握			
项目中所涉及的基本技能是否完全掌握			
实施过程中交代的任务是否按时完成			
项目实施过程中涉及的材料上交是否及时			
项目完成过程中是否有创新点			
收获：			
备注：本自我检视表，主要目的是总结、回顾本项目知识，了解同学们对知识的了解、掌握和运用情况。同学们根据个人学习实际情况如实填写，可起到查缺补漏，完全掌握和熟练运用本项目知识的学习目标。此环节与引导问题填写也可按学生填写表格和引导问题完成情况、查缺补漏的实际行动进行打分			

学生评价表

班级		组别		任务名称	

评价指标	评价标准	分值
参与状态	不迟到、不早退，不无故缺课； 与老师、同学之间是否互相尊重、理解、平等； 与老师、同学之间是否能够保持多向、丰富、恰当的信息交流； 遵守团队纪律，认真倾听团队成员意见，积极协作分享； 善于多角度思考问题，能主动提出有价值的问题，发表个人见解； 探究学习、自主学习，不流于形式，做到有效学习	20
信息咨询	能有效利用教材、网络资源查找有效信息；能够认真研讨信息内容进行知识转化，转化成自己的认知；能将学到的理论知识应用于实际工作中	10
感知工作	熟悉自己的工作岗位，认同工作的价值；在工作中获得满足感	10
工作方法	工作计划、工作方法符合规范要求；获得了进一步发展的能力	10
工作过程	遵守团队纪律，工作过程中符合旅行社员工规范要求；平时上课的出勤情况和每天完成工作任务情况；善于多角度思考问题，能主动发现、提出有价值的问题	15
任务完成	较好地掌握了专业知识点；具有较强的信息分析能力和理解能力；具有较为全面严谨的思维能力并能条理明晰地表述成文，按时按质完成工作任务	25
思维状态	能发现问题、提出问题、分析问题、解决问题、创新问题	10

互评打分

评价人	被评价人		参与状态（20分）	信息咨询（10分）	感知工作（10分）	工作方法（10分）	工作过程（15分）	任务完成（25分）	思维状态（10分）
学生A	学生B	（30%）							
	学生C								
	学生D								
	学生E								
授课教师		（70%）							

最后总分：

备注：本评价表用于评价学生任务完成情况，学生互评占30%，教师评价占70%

团队评价表

班级		组别		任务名称	

评价指标		评价标准	分值
团队表现		团队成员不迟到、不早退，不无故缺课，工作的状态积极，按时完成工作任务	5
		团队成员遵守团队纪律，团队成员之间互相尊重、认真倾听、协作分享	5
		团队成员善于多角度思考问题，能主动提出有价值的问题，发表个人见解	5
		团队成员能够认真倾听其他组同学工作汇报，虚心好学，乐于思考，提出合理的建议	5
任务描述、接受任务		对任务的理解正确，工作思路清晰	5
任务分析、分工情况		能够对任务内容进行全面、具体分析，小组成员分工明确	5
制订计划		计划内容全面，具有条理性，制订的内容符合工作要求	5
计划实施	市场调研	市场细分全面，调研数据真实有效	6
		旅游需求把握准确，阐述清晰	6
		旅游线路主题鲜明突出	6
	行程设计	旅游线路拓扑结构图清晰完整	6
		旅游线路节点分布合理，安排科学	6
		食、住、行、游、购、娱活动安排可行性强	6
		行程安排安全有保障	6
	线路展示	语言流畅，内容丰富	6
		节点设计合理，特色突出，经济安全符合市场需求	6
		主题鲜明，有创新设计	6
创新点		能发现问题、提出问题、分析问题、解决问题、创新问题	5

互评打分

评价组	被评价组		团队表现（20分）	任务描述、接受任务（5分）	任务分析、分工情况（5分）	制订计划（5分）	计划实施（60分）	创新点（5分）
第1组	第2组	30%						
	第3组							
	第4组							
	第5组							
教师评价		70%						

最后总分：

简要评述：

备注：本评价表用于小组完成任务情况评价，小组互评占30%，教师评价占70%

项目相关知识点

随着全域旅游建设的不断深入，旅游者对旅游线路设计的要求也在不断提高，如何更好地满足游客需求，进一步整合各种要素资源，为旅游市场提供优质的线路产品，就成为旅游企业亟待解决的新问题。

一、旅游线路的含义

旅游线路是旅行社产品的具体表现形式，其按照一定的原则，配置整合旅游资源、旅游设施和旅游服务，并以一定的主题、内容、价格和形式表现出来。

旅游线路开发设计是对旅行社经营实践的科学总结。它不仅是一门科学，而且是一门艺术。它告诉我们如何在科学的经营理念指导下，对各旅游景点、设施进行人性化的组合，让旅游者高兴而来，满意而归。

二、旅游线路开发前期调研

旅游线路设计的出发点就是市场调研。通过对游客消费行为和产品市场环境的调查。旅行社可得到有关游客和旅游中间商的需求、竞争对手的产品和其他相关信息，通过对相关信息的分析和研究，激发有关新产品的设计灵感和创意。同时，市场调查也是保证新产品贴近和符合市场需求的前提。市场调研可以从以下几个方面开展：

（一）了解旅游者的需求

旅游者是旅行社的最终消费者，也最有话语权，对旅游者建议书和投诉的分析以及组织游客讨论，可以获得大量的一手资料，以促进新产品创意的产生。同时在旅游者接待过程中可以发放调研问卷来进行量化分析，一般数据比较真实可靠，对旅游线路的设计提供有价值的素材和依据。

<table>
<tr><th colspan="3">××旅行社调查问卷表</th></tr>
<tr><td>游客姓名：</td><td>性别：</td><td>年龄：</td></tr>
<tr><td colspan="2">旅游者来源：</td><td></td></tr>
<tr><td colspan="3">出游目的：1. 休闲度假；2. 观光；3. 探亲访友；4. 研学；5. 奖励；6. 其他</td></tr>
<tr><td colspan="2">喜欢哪些城市：</td><td>喜欢哪些景区：</td></tr>
<tr><td colspan="3">对旅行社线路的建议：</td></tr>
</table>

许多游客远游到异国他乡，也许一辈子只有一次机会。旅游者珍惜这样的机会，旅行社也应该从旅游者求知、求新、求美的心理角度考虑而珍惜这样的机会，从而开发出适销对路的旅游线路。

（二）了解竞争对手

旅行社要随时观察竞争对手的产品情况，分析其销售情况以及游客对其产品的评价。好的竞争对手会让人成长，他像一面镜子可以看到自己的优势和弱点，所以分析竞争对手失败与成功的原因，通常可以激发新的创意。

（三）把控旅游线路市场开发设计原则

旅游线路设计原则与基本特点

线路设计原则	基本特点
游客需求为中心原则	旅游线路设计的关键是适应市场需求，具体而言，必须最大限度地满足旅游者的需求
特色创新原则	旅游线路的特色是产品的灵魂
生态效应原则	人类认识自然、重新审视自我行为的必然结果，体现了可持续发展的思想
推陈出新原则	旅游市场在日新月异地发展，游客的需求与品位也在不断地变化、提高，结合调研实际不断推陈出新
机动安排原则	在旅游线路的设计中，应充分考虑旅游者的心理与精力，将游客的心理、兴致与景观特色分布结合起来，注意高潮景点在线路上的分布与布局

三、旅游线路开发设计核心元素

旅游线路设计过程是一个分析市场需求，选择、采购、组合、优化各种旅游产品的过程。旅游线路设计水平的高低直接关系到促销销售的结果，因此，在一些比较大的旅行社往往专门成立了旅游线路设计中心，一般的旅行社则是由计调或者销售部门来参与完成。优秀的旅游线路开发人员，必须具有构想各项复杂旅游线路、安排各种细节事项的能力；具有策划未来、预测旅游市场消费变化，协助旅游者获得旅游乐趣、经验和便利条件的能力。此外，还需要精通旅游法、旅游心理、旅游常识、了解旅游方式的利弊、熟知旅游费用的预算方法、善于运用各种先进的方法和手段等。一款旅游线路设计的成功与否，是看它能否走向市场被旅游消费者所接受。因此旅游线路设计需要遵循一定的原则，主要围绕以下几个核心元素进行。

（一）市场元素

游客的需求量就是旅行社的经济效益，市场原则就是要求旅行社开发新的旅游产品之前要做旅游市场细分，线路设计适应国内外旅游业发展趋势和旅游者需求。同时能够把握社会热点，引导旅游潮流。如何把握需求呢？虽然每个游客的需求都有所不同，但其中也有相对稳定的因素。大多数游客的需求如下：

（1）为自己换一个环境，减轻压力、舒缓身心。

（2）他乡增长见识，开阔眼界，感受不同的风土人情。

（3）最大化做到物美价廉。

（4）有效地利用时间，不能过于劳累。

【案例分析】

这团太累了

新浪网曾报道“欧洲十一国十四天”游，游客回来后愤怒地反映：“这团真是太累了，早上还在奥地利，白天横穿瑞士，黄昏时就到了意大利，每天疲劳奔波，车上时间比地上时间还多，由于时间有限，便减少一些景点或改参观为‘外观’。如卢浮宫、凡尔赛宫等巴黎市最能体现欧洲文化精髓的景点，都不能入内参观游览。到了卢浮宫就在广场外‘到此一拍’，便匆匆赶上车，至于卢浮宫博物馆内的蒙娜丽莎真品和40万件艺术收藏精品就更看不到了。”请问以上案例中的描述违背了旅游线路设计中的哪些原则？暴露出了哪些问题？

（二）经济元素

经济原则就是旅行社在设计旅游线路时，应强调成本控制，并获得相应效益。例如，通过充分发挥协作网络的作用，降低采购价格，这样既可以降低产品的直观价格也可便于销售，同时还可以保障旅行社企业的利益最大化。此外旅游线路总体结构应尽可能保证旅行社接待能力和实际接待量的均衡，减少因接待能力闲置造成的经济损失。

（三）节点合理元素

旅行社在设计旅游线路时，应慎重选择构成旅游线路的各个旅游节点，并对其进行科学的优化组合，具体来说在旅游线路设计过程中应注意以下几点：

1. 不走回头路

重复同一旅游点，一是造成时间、金钱上的浪费；二是指旅游者满足效应递减，降低了旅游者猎奇心理的程度。因此，不是迫不得已应尽量避免重复经过同一旅游点，保证旅游者的需求效应和满足程度。例如，从北京入境，游览上海、苏州、杭州、福州、泉州，然后从厦门出境的海外旅游者编排线路时，如果按北京—上海—苏州—杭州—上海—福州—厦门—泉州—厦门线路设计，就形成了重复出入上海和厦门两个旅游地区的线路。这样既浪费时间、增加费用又使得旅游者感到疲惫。如果改为按北京—杭州—苏州—上海—福州—泉州—厦门线路节点安排就会使线路更顺畅，避免了线路的重复，同时又节省了时间节约了费用。可见，科学安排日程，会收到事半功倍的效果，从而争取更多的客户。

2. 节点间距离适中

各节点间的距离不宜太远，以免在旅途中耗费大量的时间和金钱，同时也令旅游者舟车劳顿，降低产品的吸引力。一般来说，城市间交通耗费的时间不宜超过全部旅游时间的1/3。例如，江南水乡十日游这一旅游产品是在长江三角洲地区沿长江和古运河城市间进行的，主要途经江苏省的南京、扬州、镇江、常州、无锡、苏州和浙江省的嘉兴、杭州及绍兴等城市。这条线路旅游城市相距很近，景点集中，交通方便，能在很短的时间内集中游览美丽如画的江南风光，体察水乡风土民情。

3. 顺序科学

游览顺序应该由一般的旅游点逐步过渡到吸引力较大的旅游点，使旅游者感到高潮迭起。例如，康西草原、龙庆峡、八达岭二日游的日程安排是：第一天直抵康西草原，第二天早晨乘中巴去龙庆峡游览，午饭后再乘中巴抵达八达岭，游长城后，再乘坐长途汽车进京。这一线路的第一站康西草原是一处融山、水、草原为一体的天然草场风景区，住宿于蒙古包或仿清小楼、民族式家庭小院，品尝蒙古特色的烤全羊、手扒肉、宫廷活鱼等。第二站龙庆峡，它蓄水成湖，是以划船登山为主要内容的旅游区，素有“小三峡”“小漓江”之美誉。最后一站游览雄伟壮观、举世闻名的八达岭长城，使旅游达到高潮。这一旅游线路的设计优于逆向设计。又如“福建主要城市游”，就基本上按照由福州—泉州—石狮—厦门自北向南的顺序展开。这种以空间为顺序的安排方式有利于降低成本。

（四）主题突出元素

设计出的旅游产品要主题突出、特色鲜明，这样才能吸引游客的眼球。因此。在设计中要注意对资源的深入挖据，并且配有食、住、行、游、购、娱等设施和服务。

四川十大红色旅游线路主题		
1	追寻伟人足迹，感受改革新貌	成都—资阳乐至—仪陇—广安
2	红岩精神寻踪，伟人故里思源	成都—华蓥山旅游区—小平故里—重庆城
3	川陕缅英烈，巴山耀华夏	重庆（成都或西安）—巴中—川陕苏区—恩阳
4	剑门雄关险，嘉陵山水奇	成都—剑门关—昭化古城—旺苍—苍溪—阆中
5	蜀道风云，灾后新貌	成都—剑门关—昭化古城—白龙湖—青川县
6	雪山草地，长征丰碑	成都—小金—两河口—马尔康—刷经寺—红原
7	强渡大渡河，飞越泸定桥	成都—石棉安顺场—磨西—泸定桥—岚安乡
8	四渡赤水，醉美川南	成都—泸州—古蔺—贵州赤水—黄荆老林
9	金沙水拍云崖暖，情深意长大凉山	成都—西昌—冕宁—会理—昆明
10	纪念抗战胜利，重走史迪威公路	成都—峨眉山市—金口河—乐西公路—石棉—汉源

四、绘制旅游线路拓扑图

旅游线路拓扑是按照网络结构理论将现实中某个地域的旅游线路抽象化为由节点和通道构成的网络结构图。拓扑图是一旅游线路设计前实用性非常强的构思环节，往往考虑旅游目的地交通和地理环境因素，需要学生认真观察，仔细还原，通过城市间交通、线路空间位置，进一步思考旅游线路的特色、组合方法、开发方向等相关问题。

四川省十大红色主题精品旅游线路

（一）单线拓扑结构

单线拓扑结构是指以若干重要的旅游城市（镇）为枢纽连接其他旅游目的地，几个枢纽旅游城市间有线路直接相连，该线路拓扑结构一般常出现于旅游大区。

（二）星状拓扑结构

以一个旅游城市为核心，其他所有目的地都与之连接，形成一个发散系统，其特点是有明显的集散地，便于服务设施集中和发挥规模效益。

单线拓扑结构

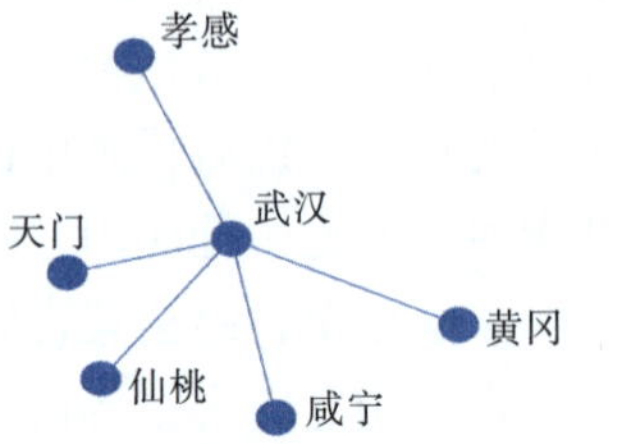

星状拓扑结构

（三）环状拓扑结构

环状拓扑结构是指由若干节点通过点到点的交通线路首尾相连形成一个闭合的环，旅游流在每个节点都只有两个方向，任何两个节点之间都有两条道路因此当节点一侧发生阻塞时，仍然可以由该节点另一侧到达其余各节点。

（四）网状拓扑结构

网状拓扑结构存在两个以上的环路。通常是在交通通达性较好的区域或者范围较大的景区才会出现这种结构。

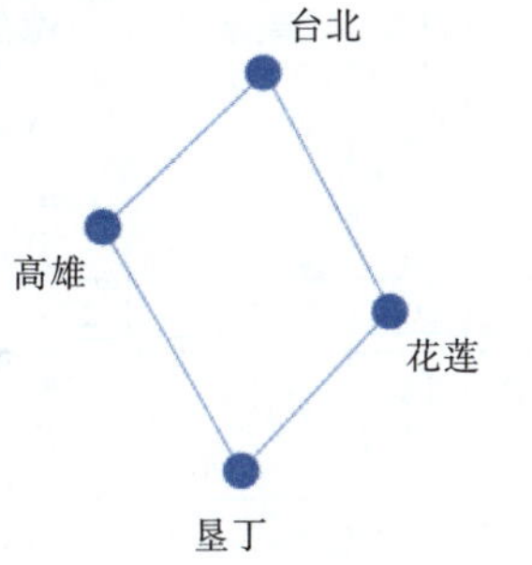

环状拓扑结构

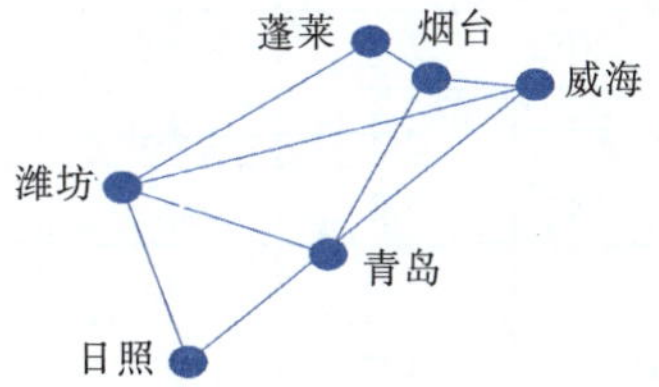

网状拓扑结构

五、旅游线路行程设计实操分解

在确定市场需求和地理交通环境后，便可以开始着手设计旅游线路了，旅游线路设计的过程需要参与人员细心严谨，对于食、住、行、游、购、娱各个细节进行反复核查，仔细校对，只有这样设计出的旅游线路才有吸引力，后续操作可行性强。旅游线路设计具体流程如图所示。

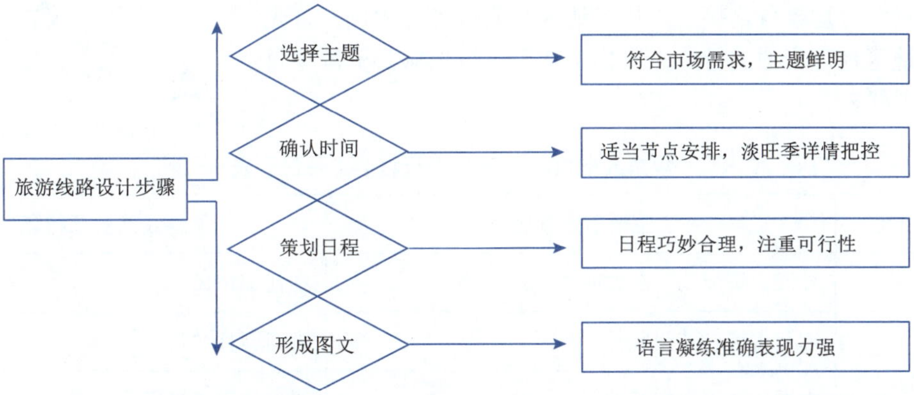

旅游线路设计步骤

（一）确定旅游线路主题

一款旅游线路，主题则是它的灵魂。旅行社应通过充分的市场调查和预测，设计旅游线路的主题及名称。线路的名称则是围绕着主题，对线路的性质、内容和设计思路等方面的高度概括，整体设计应考虑多方面因素，坚持体现简约、突出主题、富有吸引力和时代感强等原则。如“厦一站幸福”，这一主题名称表明了此线路行程是面向情侣、夫妻和亲子的旅行产品。在领略美景的同时，又能增进双方的感情。

（二）确定旅游时间

中国古老智慧中做事讲究“天时地利人和”，时间的准确把握是旅游活动顺利进行的关键因素，旅游活动本身有淡旺季之分，这种时机的不同除了会影响接待成本，也会影响感官体验和出行安全，如西藏旅游、极地探险等特殊气候条件地区会严格按照适宜出团时间来确定线路实施；对于普通景点也要选择景色绝佳的时机进行策划，比如日本的樱花一定要在春节进行，日本的相关旅游部门会根据具体开放时间进行预报，浙江钱塘江观潮也有观赏最佳时刻。因此旅游线路要根据主题而选择最佳时间进行安排。

观潮地点	潮涌时间	高潮位	涌高	观赏等级	潮涌时间	高潮位	涌高	观赏等级
大江东八工段（盐官）	07:13	/	0.0	一级	19:28	/	0.0	一级
萧山观潮城	09:00	3.2	0.0	一级	21:00	3.2	0.0	一级
下沙大桥	09:22	3.1	0.0	一级	21:19	3.1	0.0	一级
七堡	10:08	3.1	0.0	一级	21:58	3.1	0.0	一级
三堡	10:25	3.0	0.0	一级	22:14	3.0	0.0	一级
城市阳台	10:32	3.0	0.0	一级	22:21	3.0	0.0	一级
南星桥	10:49	3.0	0.0	一级	22:38	3.0	0.0	一级
九溪	11:10	2.9	0.0	一级	22:58	2.9	0.0	一级

中国钱塘江观潮时刻表

（三）策划旅游日程

确定好主题和时间就要着手进行日程的安排，遵循科学合理的旅游线路设计原则进行整体策划和节点选择，这就要求操作人员对旅游目的地地理环境和社会状况有着深度了解，将特色旅游资源合理整合连接。以华东地区经典观光游为例，首先对华东地区地理交通进行节点安排，然后对特色旅游资源项目进行整理列表。

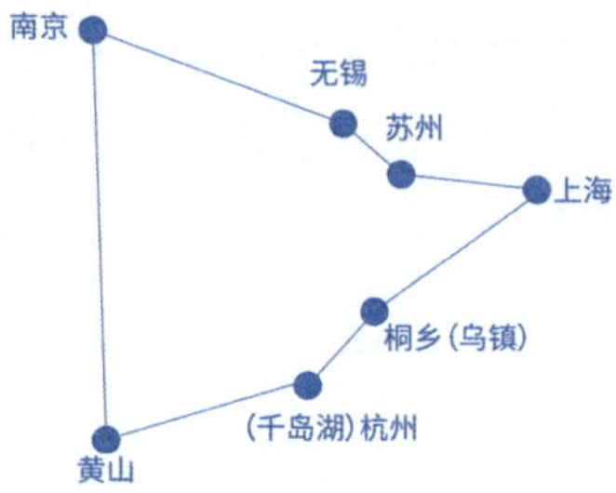

华东地区经典观光游

华东五市+黄山+千岛湖行程节点资源列表

节点名称	主要节点景区	旅游线路资源特色
上海	外滩、黄浦江、东方明珠、南京路	现代都市风光
苏州	苏州古城、苏州园林	古典园林文化
无锡	太湖、三国影视基地	娱乐休闲旅游资源
南京	雨花台、玄武湖、总统府	红色教育旅游资源
黄山	黄山风景区	山岳风光旅游资源
杭州	西湖风景区、千岛湖	休闲观光旅游、娱乐疗养旅游
桐乡	乌镇旅游风景区	江南水乡文化

华东五市+黄山、千岛湖双飞八日观光游

Day1：哈尔滨乘飞机赴国际化大都市——上海，车游人民广场，赏百年外滩夜色，夜色下的南京路、南浦大桥、世纪大道外景，登88层【金贸大厦】340米高空旋转观光厅，乘【黄浦江豪华游轮】观黄浦江两岸灯火辉煌的景观。

Day2：早餐后乘车赴东方水城——苏州，游览“苏州四大园林”之一——【狮子林】，之后参观【枫桥景区】感受张继《枫桥夜泊》描写的空灵而阔大的意境，参观太湖珍珠馆，赠送游览“老苏州的缩影、吴文化的代表”【七里山塘景区】，下午前往“中国第一水乡”——【周庄】，欣赏双桥、张厅、沈厅。晚餐后乘船游览苏州古城，观二十座不同风格的苏州桥梁以及乾隆六下江南的御码头等。

Day3：早餐后乘车前往太湖明珠城市——无锡，抵达后游览中央电视台外景基地——【三国城】和【水浒城】风景名胜区，观大型真人仿古表演——三英战吕布、乘仿古战船畅游太湖。后游览【鼋头渚】，车赴古都——南京，抵达后车游或远观南京长江大桥，后俯瞰长江，漫步夫子庙秦淮风光带可品尝南京小吃，之后夜游大明王府乾隆行宫——【瞻园】。

Day4：早餐后赠送游览【雨花台风景区】，观看六朝雨花凝天地神韵，后车游金陵第一湖——“玄武湖”外景，后游览明朝初年王府——【总统府】，感受国内独一无二且厚重的历史文化氛围。后乘车赴“天下第一奇山”——【黄山】。

Day5：早餐后上黄山，游览黄山景区：始信峰、西海景区、北海景区、猴子观海、梦笔生花、排云海、清凉台、远眺天都峰、游览世界奇松——迎客松玉屏峰、观莲花峰、百步云梯、一线天、天海、光明顶、飞来石等，领略奇伟俏丽、灵秀多姿的黄山风采。

Day6：早餐后赴“天下第一秀水”——【千岛湖】，畅游四岛一湖心，体验绝佳生态环境，是中国首批国家级风景名胜区之一，也是中国面积最大的森林公园。后乘车赴人间天堂——杭州，晚餐后欣赏大型古装表演。

Day7：早餐后乘船游览“半为西湖半为绸”——【西湖】，远观三潭印月、城隍阁、雷锋塔、苏堤、白堤、湖心亭、阮公墩，观看大型丝绸时装表演，品中国四大名茶——龙井茶。赠送游览苏东坡纪念馆，欣赏西湖十景之一——【花港观鱼】（或曲院风荷或柳浪闻莺），远观六合塔，中途品养颜精品——杭白菊。

Day8：早餐后游览中国最后枕水人家、茅盾故居——【乌镇】。后乘车赴上海，抵达后入住酒店。

Day9：早餐后乘坐旅游巴士赴浦东国际机场，返回哈尔滨。

（四）形成图文产品

旅游线路设计完成后形成直观产品形式主要有以下几种：一种是以文档形式为载体的文字行程单，可打印也可以印制成纸质材料作为组团社与地接社沟通联络的媒介载体；另一种形式可以形成网络文案推广到旅行社网站主页链接或者旅游App平台上，直接面向旅游消费者，作为产品宣传和推广的一部分。旅游线路设计不仅是量的整合，更是质的提升，最终产品无论是简单文字还是宣传海报都是旅行社整体形象的代言，因此在文字和设计上要求更加生动直观，素材多元。

旅游线路产品海报

成都、九寨、黄龙双飞五日童话之旅

第1天：出发地—成都（今日自由活动）晚上酒店入住【成都欢迎您】

抵达酒店后，建议您根据到达时间的早晚安排你的游览行程。自由活动推荐：

（1）早班抵达成都：可自行前往洋溢着成都市井特有的喧嚣和随意的【锦里】、逛逛热闹的【春熙路】。

（2）中午抵达成都：您可以前往【宽窄巷子】，它是成都唯一遗留下来的清朝古街道，来这里，喝茶、吃火锅，感受成都的闲生活、慢生活和新生活。

傍晚抵达成都：您可以前往成都附近的酒吧，体验成都的夜生活，晚上的成都灯火辉煌，您可以边品美酒，与朋友谈天说地，边欣赏美景。

第2天：成都—九寨沟

到酒店用过早餐后集合出发，成都双流机场—九寨沟景区（航班3U8199，06:10起飞，飞行时间约40 min），接机后，乘车前往游览九寨沟（门票、观光车票含，游览时间约6 h），进入景区后乘坐观光车，游览世界遗产、世界级风景区、树正沟等景点（游览九寨沟震后开放景点），按约定时间出沟在停车场集合；出沟后前往天空营地体验特色烧烤，之后入住九寨沟酒店。

第3天：九寨沟—黄龙风景区—川主寺

早上酒店用早餐，再次呼吸九寨沟的新鲜空气，按规定时间从酒店出发；途中游览甘海子、川主寺红军纪念碑，后前往【黄龙风景区】。可乘坐索道上黄龙景区（游览时间5～6 h，黄龙索道费用自理，上行80元/人，下行 40元/人）；著名景点有迎宾彩池、洗身洞、金沙铺地、五彩池等。按约定时间出景区在停车场集合；川主寺享用嘉绒鑫宫火锅，之后入住川主寺酒店。

第4天：川主寺酒店—九黄机场—成都—熊猫基地—都江堰—成都

早餐后前往九黄机场（航班3U8200，07:50出发），成都大熊猫繁育研究基地位于成都市北郊，距市区约10 km，建设模拟大熊猫野外生活环境，建有湖泊、溪流、竹林、草坪等。可近距离观看大熊猫的生活状态。午餐后前往都江堰风景区：都江堰鱼嘴分水堤、安澜索桥、伏龙观、宝瓶口、飞沙堰（游览时间约3 h），晚约18:30抵达成都，入住酒店。

第5天：成都—双流国际机场—返回温暖的家

早餐后根据返程交通时间自由活动，也可为家人购买当地旅游纪念品，后返回温暖的家。

旅游线路网站推广行程

知识拓展

一、旅游线路的特点

旅行社行业是服务性行业，而旅游线路是旅行社产品的核心部分，因此旅游线路具备旅行社一般服务产品的特征同时也有其自身特点。

（一）高度组合性

旅游线路的高度组合性是旅游线路最基本的属性，它不仅表现为满足消费者食、住、行、游、购、娱等方面需求的特点，就单方面要素也是涵盖了不同方向的内容。例如，哈尔滨+大连+山东半岛“一飞一船一卧”八日游，其中哈尔滨到大连飞机，大连到山东半岛轮船，从山东返程卧铺，一条线路因具体要求不同仅在交通上就涵盖了海陆空不同层次的交通模式。其他要素中关于饮食文化，地理历史及现代城市社会因素的影响更是包罗万象，需要根据消费者实际需要和市场动态进行层层梳理，精准把关才能够将相关工作做得游刃有余。

（二）易受影响性

由于旅行社线路所涉及的元素是由多个行业向消费者提供的产品和服务所组成的综合体，因而在产品的生产和消费过程中存在许多影响因素。在线路设计运作过程中，每一个影响因素的变化都会或多或少、或直接或间接地影响到旅行社线路生产和实现。如景点整修，饭店客满等就会对旅游产品的顺利实现造成影响。同样，在旅游活动中自然因素、社会因素、政治因素、经济因素的变化也都会影响旅行社线路的生产和消费。

（三）季节变化性

旅游的季节变化性主要指旅游目的地在一年里接待的游客人数会随季节而出现波动的现象。游客的流向、流量集中于一年中相对较短时段的趋势。一年中接待旅游人数明显较多的时期称为旺季，旅游业因受到自然、社会、突发事件等因素的制约，呈现出明显的季节变化性特征。这种季节性特征在旅游资源、旅游活动以及整个旅游业中都有体现，并被称为旅游中最容易理解却最难以解决的问题，因此这种季节性在旅游线路的开发设计和实现过程中也是表现最明显的一种特性，特别是因为淡旺季旅游交通、景区门票以及市场需求的差异性导致旅游线路报价不同程度的浮动。例如，拉萨布达拉宫门票旺季为200元/人，淡季为100元/人，相当于打5折。此外，九寨沟淡季票价为80元/人，相比旺季价220元/人，票价下降63%。淡季黄龙票价将从200元/人下调为60元/人，降幅高达70%。而旺季门票为150元/人的新疆喀纳斯景区淡季实行免票政策。

（四）不可存储性

不可存储性是指旅游线路的生产与实现同时进行，在既定旅游线路出炉后必须由相关企业一线服务人员及旅游者共同参与才能够体验到旅游线路的精彩与品质，这与工业企业产品先生产存储再流通有着明显区别。这个特性就决定了旅游者在购买线路产品之前必定心存疑虑，将信将疑地接受旅行社的介绍与宣传，忐忑不安地开始他们的游览行程。他们会在旅行进行中直至结束后，一直在对其亲身体验的各种服务项目做出评价。如果旅游者在旅游消费过程中获得的是低质的服务，那么，无论旅行社当初把自己的产品宣传得怎样天花乱坠，非但不能改变给旅游者留下的恶劣印象，反而对旅行社产生极大的反感，认为正是旅行社的虚假广告欺骗了他们，使得他们浪费了宝贵的时间、金钱和体力。此外，旅游者本能地会将他们不愉快的旅游经历传播给他们的亲朋好友，对该旅行社产品起到不利的“反宣传作用”。所以保证旅游线路的高质量应该是一个动态过程。

项目二　旅游线路报价

学习目标

知识目标：旅游线路产品的计价流程；
旅游线路的报价类型；
旅游线路价格构成项目；
分项报价应注意的问题。

能力目标：掌握旅游线路总体报价计算步骤；
能够依据市场需求完成旅游线路报价并完成检查验收；
独立完成旅游线路总体及分项报价。

素质目标：培养学生严谨认真的职业习惯、一丝不苟的工作作风。

任务书

旅游线路分项报价训练任务单

<table>
<tr><td>专业班组</td><td></td><td>组长</td><td></td><td>完成日期</td><td></td></tr>
<tr><td colspan="6">任务导入：作为一名资深组团社计调，每天都会接到许多地接社发来的报价。地接报价看起来是很简单的一件事，但里面的水准还是大有文章的。如今，地接社报价形式花样繁多，但基本内容无外乎是这样的：先是线路名称，后是行程安排，接着是接待标准，最后会附上一些说明，基本上是人力不可抗因素、自费景点以及补充房差等。对于这些地接报价通常的做法是看一看价格，浏览一下行程，权当参考而已，不到万般无奈或万分紧急时一般不予合作。很简单，地接报价单可以说是地接社的一个“窗口”，正如人与人见面的第一印象，报价单是否详尽，最能充分说明地接社的工作细致程度，而旅游接待的细致与否也基本上由此可见一斑。一个不能把报价单做得极为细致的地接社，又何谈细致的接待呢</td></tr>
<tr><td colspan="6">任务描述：南京众鑫国旅为了迎接黄金周的到来，打算推出一系列跨省短途旅游线路，山东省旅游资源丰富，依山靠海，风景秀丽，人文深厚。故南京众鑫国旅委托青岛纵横国旅为其打造三条黄金周短线，并给予详细分项报价单</td></tr>
<tr><td colspan="6">线路一：青岛—崂山双飞三日游
第一天：南京乘CA84155（8：05—9：40）赴黄海之滨——青岛，游览青岛的象征——栈桥（约30 min）、远观小青岛，乘船海上观光，游览万国建筑博览会——八大关，远观花石楼，漫步八大关，赏岛城夏景，游览东海路雕塑一条街、五四广场，参观青岛奥帆中心，可自费参观青岛啤酒博物馆（50元/人门票自理），免费品尝新鲜酿造的青岛啤酒。
宿：青岛北海饭店（含中晚餐）
第二天：早餐后汽车（约1 h）赴近海名山——崂山（55元/人或70元/人），换乘环保车（30元/人），远观石老人，近观青蛙石，游览龙潭瀑、八水河、中国第二大道教丛林——崂山太清宫（20元/人门票，游览时间1 h），汽车返回青岛（车行约1 h），入住酒店。
宿：青岛北海饭店（含中晚餐）。
第三天：早餐后自由活动，乘CA8416（16：35—17：55）返回南京，结束愉快旅程</td></tr>
</table>

线路二：南京—青岛—崂山—威海—烟台双飞四日游 第一天：南京乘CA84155（8：05—9：40）赴黄海之滨——青岛，游览青岛近代历史的见证——栈桥，远观小青岛，乘船海上观光，游览万国建筑博览会——八大关，远观花石楼，漫步八大关，赏岛城夏景。中午船歌鱼水饺用餐，用餐后前往崂山（行程约1 h）仰口风景区远眺黄海，游览狮子峰、仙桃石、寿字峰等知名景观。后乘车返回青岛。 宿：青岛凯越大酒店。 第二天：乘车前往“花园城市”——威海，路程约240 km，车程约3 h，抵达后游览爱伦湾海洋牧场，午餐后前往刘公岛，岛上有刘公岛国家森林公园、刘公岛博览园、刘公岛鲸馆、旗顶山炮台等。游客可以选择乘坐观光车，或者选择乘坐环岛游船的方式，领略整个刘公岛的全貌。后乘车前往烟台。 宿：烟台皇冠假日酒店。 第三天：早餐后乘车前往“人间仙境”——蓬莱，登蓬莱阁，赏仙山美景，游览田横山文化公园，后返回烟台市区。 宿：烟台皇冠假日酒店。 第四天：早餐后乘坐CA4727（8：05—9：40）返回南京温暖的家
线路三：南京—济南—泰山—曲阜休闲三日游 第一天：南京乘坐高铁G204（7：16—10：25）抵达济南，前往济南的一条复古商业街——宽厚里，这里有小资情调的咖啡店，又有老济南的传统名吃，享受惬意休闲时光。午餐后游览趵突泉、黑虎泉、解放阁、李清照纪念堂、济南明府古城，大明湖风景区等。近距离体验泉城美景，后乘车赴泰安（行车约100 min） 宿：泰安宝盛大酒店。 第二天：早餐后乘车前往五岳之首——泰山，云步桥、十八盘、升仙坊、碧霞祠，抵达南天门。（也可选择乘坐缆车）到达泰山极顶——玉皇顶，沿途欣赏泰山秀丽风光，观瞻摩崖石刻，穿越古今先贤，追思历史盛况。后乘车赴圣人故里——山东曲阜（车行1 h）。 宿：曲阜香格里拉大酒店。 第三天：早餐后游览明故城墙，走过护城河的石桥，仰望绿色琉璃瓦的角楼，后走进圣人故里：孔府、孔庙、孔林，感受宏伟庞大古代建筑群和东方圣城的巍峨。后乘坐G1251高铁（15：37—18：14）抵达南京南站，结束愉快旅程
任务要求： 1. 分别对以上线路给出分项报价； 2. 报价含大、小交通、行程景点第一门票、餐、宿及导游服务费； 3. 报价准确详细，餐标要求A（团标）、B（特色餐）两套标准附具体菜单

任务分组

学生任务分配表

专业班组		组长		指导教师	
小组成员					
任务分工					

获取资讯

- 引导问题1：简述旅游线路具体报价方式有哪几种。

- 引导问题2：旅游线路报价构成一般包括哪些项目内容？

- 引导问题3：旅游线路大交通报价时需要注意哪些问题？

引导问题4：导游服务费的报价方法有哪几种？

- 引导问题5：旅游景点门票价格会有哪些波动？

工作计划

旅游线路报价工作方案重点列表

序号	线路报价	工作方式	负责人
1	大交通时刻表整理	分工协作	
2	旅游节点之间距离预测	分工协作	
3	旅游景点特色及门票	分工协作	
4	酒店住宿位置及价格	分工协作	
5	餐标核定及菜谱准备	分工协作	
6	整体报价与市场供需对照	小组例会讨论	

进行决策

（1）各组根据具体任务分配进行合理分工。

（2）线路报价过程要求小组成员之间随时保持沟通，整体联动。

（3）各组对其他组的汇报内容提出自己不同的观点和看法。

工作实施

以工作汇报和情景表演的形式，按照本组设定的线路报价工作方案，向大家汇报三条线路分项报价的具体内容和标准。

评价反馈

学生自我检视表

任务	完成情况	未完成内容	未按时完成原因
获取资讯模块下的引导问题是否认真完成			
引导问题涉及的知识是否完全掌握			
项目中所涉及的基本技能是否完全掌握			
实施过程中交代的任务是否按时完成			
项目实施过程中涉及的材料上交是否及时			
项目完成过程中是否有创新点			
收获：			
备注：本自我检视表，主要目的是总结、回顾本项目知识，了解同学们对知识的了解、掌握和运用情况。同学们根据个人学习实际情况如实填写，可起到查缺补漏，完全掌握和熟练运用本项目知识的学习目标。此环节与引导问题填写也可按学生填写表格和引导问题完成情况、查缺补漏的实际行动进行打分			

学生评价表

班级		组别		任务名称	

评价指标	评价标准	分值
参与状态	不迟到、不早退，不无故缺课； 与老师、同学之间是否互相尊重、理解、平等； 与老师、同学之间是否能够保持多向、丰富、恰当的信息交流； 遵守团队纪律，认真倾听团队成员意见，积极协作分享； 善于多角度思考问题，能主动提出有价值的问题，发表个人见解； 探究学习、自主学习，不流于形式，做到有效学习	20
信息咨询	能有效利用教材、网络资源查找有效信息；能够认真研讨信息内容进行知识转化，转化成自己的认知；能将学到的理论知识应用于实际工作中	10
感知工作	熟悉自己的工作岗位，认同工作的价值；在工作中获得满足感	10
工作方法	工作计划、工作方法符合规范要求；获得了进一步发展的能力	10
工作过程	遵守团队纪律，工作过程中符合旅行社员工规范要求；平时上课的出勤情况和每天完成工作任务情况；善于多角度思考问题，能主动发现、提出有价值的问题	15
任务完成	较好地掌握了专业知识点；具有较强的信息分析能力和理解能力；具有较为全面严谨的思维能力并能条理明晰地表述成文，按时按质完成工作任务	25
思维状态	能发现问题、提出问题、分析问题、解决问题、创新问题	10

互评打分

评价人	被评价人		参与状态（20分）	信息咨询（10分）	感知工作（10分）	工作方法（10分）	工作过程（15分）	任务完成（25分）	思维状态（10分）
学生A	学生B	（30%）							
	学生C								
	学生D								
	学生E								
授课教师		（70%）							

最后总分：

备注：本评价表用于评价学生任务完成情况，学生互评占30%，教师评价占70%

团队评价表

<table>
<tr><td>班级</td><td></td><td>组别</td><td></td><td>任务名称</td><td></td></tr>
</table>

<table>
<tr><th colspan="2">评价指标</th><th>评价标准</th><th>分值</th></tr>
<tr><td colspan="2" rowspan="4">团队表现</td><td>团队成员不迟到、不早退，不无故缺课，工作的状态积极，按时完成工作任务</td><td>5</td></tr>
<tr><td>团队成员遵守团队纪律，团队成员之间互相尊重、认真倾听、协作分享</td><td>5</td></tr>
<tr><td>团队成员善于多角度思考问题，能主动提出有价值的问题，发表个人见解</td><td>5</td></tr>
<tr><td>团队成员能够认真倾听其他组同学工作汇报，虚心好学，乐于思考，提出合理的建议</td><td>5</td></tr>
<tr><td colspan="2">任务描述、接受任务</td><td>对任务的理解正确，工作思路清晰</td><td>5</td></tr>
<tr><td colspan="2">任务分析、分工情况</td><td>能够对任务内容进行全面、具体分析，小组成员分工明确</td><td>5</td></tr>
<tr><td colspan="2">制订计划</td><td>计划内容全面，具有条理性，制订的内容符合工作要求</td><td>5</td></tr>
<tr><td rowspan="10">计划实施</td><td rowspan="6">分项报价</td><td>城际节点交通价格是否准确合理</td><td>6</td></tr>
<tr><td>餐标是否符合市场要求</td><td>6</td></tr>
<tr><td>菜品报价与质量是否相符，是否提供特色菜单</td><td>6</td></tr>
<tr><td>景点门票报价是否准确</td><td>6</td></tr>
<tr><td>酒店是否按照线路行程标准报价</td><td>6</td></tr>
<tr><td>导游服务费用报价是否合理</td><td>6</td></tr>
<tr><td rowspan="4">报价展示</td><td>进行旅游线路报价介绍时重点突出，礼貌规范</td><td>6</td></tr>
<tr><td>展示PPT，语言精练、生动、流畅</td><td>6</td></tr>
<tr><td>团队协作沟通好，展示环节连接流畅有序</td><td>6</td></tr>
<tr><td>旅游线路报价针对性强，有实效，一目了然</td><td>6</td></tr>
<tr><td colspan="2">创新点</td><td>能发现问题、提出问题、分析问题、解决问题、创新问题</td><td>5</td></tr>
</table>

<table>
<tr><th colspan="9">互评打分</th></tr>
<tr><th>评价组</th><th colspan="2">被评价组</th><th>团队表现（20分）</th><th>任务描述、接受任务（5分）</th><th>任务分析、分工情况（5分）</th><th>制订计划（5分）</th><th>计划实施（60分）</th><th>创新点（5分）</th></tr>
<tr><td rowspan="4">第1组</td><td>第2组</td><td rowspan="4">30%</td><td></td><td></td><td></td><td></td><td></td><td></td></tr>
<tr><td>第3组</td><td></td><td></td><td></td><td></td><td></td><td></td></tr>
<tr><td>第4组</td><td></td><td></td><td></td><td></td><td></td><td></td></tr>
<tr><td>第5组</td><td></td><td></td><td></td><td></td><td></td><td></td></tr>
<tr><td colspan="2">教师评价</td><td>70%</td><td></td><td></td><td></td><td></td><td></td><td></td></tr>
<tr><td colspan="9">最后总分：</td></tr>
<tr><td colspan="9">简要评述：</td></tr>
<tr><td colspan="9">备注：本评价表用于小组完成任务情况评价，小组互评占30%，教师评价占70%</td></tr>
</table>

项目相关知识点

旅游线路成形之后便是推向市场进行实施的阶段，作为一种商品，其价格是价值的直接体现，合理的报价是旅游线路能否顺利进入市场，有效实施的前提和基础。旅游线路报价是将旅游线路产品的内容结合价格以信息的形式传播给旅游者或中间商的过程，合理的报价一方面体现旅游线路产品内在价值，一方面保证各方利益均衡，因此旅游线路的科学报价是旅游线路产品的重要组成部分，也是旅行社主体业务之一。

一、旅游线路价格构成项目

旅游线路价格构成项目

项目名称	具体费用说明
交通费用	大交通费用（客源地—旅游目的地）+接待交通（旅游目的地交通）
住宿费	住宿费用（酒店级别和房型不同有所差异）
餐食费	团餐+特色餐
游览费用	各节点旅游景区门票及游览过程中发生的费用
综合服务费用	依据团型所产生的人力服务费（导游、全陪、领队、行李员等）
保险费用	旅游线路实施所涉及的人身意外险、旅行社责任险等
税金费用	根据国家相关规定所产生的税费
旅行社利润	旅游线路产品价值实现所产生的合理报酬

二、旅游线路报价分类

目前，旅游市场上的报价类型可概括为以下三方面：

（一）按照旅行社经营业务类型分类

依据旅行社基本业务类型可分为组团社报价和地接社报价，组团社是指旅游客源地负责招徕组织旅游者进行旅游活动的旅行社，组团社的旅游线路报价构成主要包含城市间大交通费+地接社接待费用+综合服务费+保险费用+经营利润等，往往以整体型报价附加线路产品价格说明的方式呈现给旅游者。负责旅游目的地接待游览服务的旅行社简称地接社，其线路价格一部分面向旅游者的散客或散拼组团，一方面面向其合作的组团社，无论是哪种报价其与组团社区别往往不包含大交通费用，即线路发生价格主要局限在旅游目的地。

（二）按照旅游线路报价详略分类

根据旅游线路报价的具体程度可以简单分为产品总体报价和分项报价，总体报价是将分项旅游线路报价总计后加上旅行社综合利润而形成的线路总价，例如，北京经典双飞六日游总体报价1 888元/人。总体报价一般面向旅游消费者进行产品咨询和产品在挂网线路推广中使用，使得旅游消费者对产品线路价值有一个整体了解和比较。分项报价是顺应市场要求而产生的一种报价方式，也是目前地接社经常采用的一种方式，它详细列出分项费用，透明度高，便于组团社和旅游者了解费用的组成以维护其利益。地接社的分项报价主要包括以下内容：一日三餐的收费以及风味餐费；游客所住酒店费用；汽车、轮船、内河航运等交通费；景点门票及娱乐节目、导游服务费以及其他费用等。分项报价具体详细，能够使旅游消费者更加明确旅游线路产品的具体价值和质量。

（三）依据旅游线路参与者年龄分类

在旅游活动进行过程中，游览和交通等费用构成会因旅游者职业和年龄有不同优惠政策，特别是成年和儿童的相关政策分类较为具体，为了便于操作和旅游消费者选择，旅行社在设计旅游线路和具体报价时会搭配价格说明表分类提供咨询信息。例如，以下广州+珠海长隆6日5晚跟团游给出旅游线路总体报价为3 257元，便于旅游者阅读旅游线路，明确线路中产生的各项费用（如下表）。

广州+珠海长隆线路总体报价后的费用说明列表

类型	成人【年龄：12周岁及以上】	儿童【年龄：2～12周岁（不含）】
大交通	机票：往返经济舱机票（已含机场建设费、燃油附加税）	机票：往返经济舱机票（已含机场建设费、燃油附加税）
住宿	酒店标准2人间（行程所列酒店住宿费用）	酒店标准2人间（行程所列酒店），儿童不占床（与成人共用床铺）。但是若您为1大1小出行，为避免打搅您和同房客人的休息，则儿童必须占床，请您选择1间房或补房差
餐食	成人包含8次：5早餐 2午餐 1晚餐	儿童包含3次：2午餐 1晚餐
门票及地面项目	行程中所列景点首道大门票，自由活动期间除外。门票注意事项： （1）请提前选择第二天游玩的园区，若未备注，则默认安排【野生动物世界】，出行当天不可临时更改，请知悉谅解。 （2）持军官证、学生证、老人证等证件的游客按团队票接待，不享受现场的景区门票优惠政策	因景区儿童标准不一样，儿童价不含景区门票费用，如产生儿童门票费用，游客可自行到景区购买门票或由服务人员代为购买
地面交通	随团游览期间用车费用	随团游览期间用车费用
随团服务人员	当地普通话导游服务，团队出行人数6人以下安排司机兼导游	当地普通话导游服务，团队出行人数6人以下安排司机兼导游
自理费用补充说明	超重行李的托运费、保管费；酒店内洗衣、理发、电话、传真、收费电视、饮品、烟酒等个人消费；自由活动期间的用车服务；提供导游服务的产品在自由活动期间无陪同服务；当地参加的自费以及“费用包含”中不包含的其他项目	

三、分项报价应注意的问题

随着互联网的普及和旅游市场操作日益透明化，分项报价成为旅游线路产品的主要报价方式，分项价格计算纷繁复杂，在线路报价设计时应在以下细节多加注意：

（一）餐费

注明每餐的标准和次数，以及是否有风味餐和风味餐的价格。一般VIP旅游线路会要求有AB两套标准餐标并附注菜单和特色介绍，方便组团社和旅游消费者更好选择旅游线路。

（二）住宿费

需注明每晚的住宿酒店价格，以及是否包含早餐；最好注明酒店的名称。

（三）旅游车费

注明旅游车的正座数和整车的费用，并按照预报的人数计算出每个人的价格。同时还要考虑所用车型和具体车况，比如同样规模团队需要豪华空调旅游大巴和一般旅游巴士价格是有差异的。

（四）景点门票费

景点上标明价格，包括对内、对外价格，以及景区中需自费的小景点的票价，是否有优惠，还要标明景点游览时间，至于具体的游览路线也最好要有体现。而像上海东方明珠、海南博鳌水城这样的观外景的景点也要注明景点价格。具体票价还要考虑旅游淡旺季和当地自然和社会突发情况所带来的价格变化，比如随时关注景区定价变动。

我国部分景区淡旺季价格比较一览表

景区名称	旺季价格（元）	淡季价格（元）
八达岭长城	40	35
布达拉宫	200	100
九寨沟	169	80
黄龙景区	200	60
武当山风景区	130	65
黄山风景区	190	150
九华山风景区	160	140
滕王阁	50	45
大唐芙蓉园	120	90

（五）导游服务费

导游服务费主要根据团型不同会配备不同导游，跨境导服费：领队+全陪+地陪；跨省导服费：全陪+地陪；省内地接则只需考虑地接导游服务费。一般按照每人每天乘以总天数计算，但在个别商务团或者系列团中有涉及半天，或者零散送团接团业务为了方便结算有的旅行社也会按照整团报价。

（六）其他费用

其他费用项目往往非常规报价项目必含，但因为旅游活动拥有诸多不可确定性，在旅游线路报价中应根据旅游线路行程做周全考虑，将细节因素提前备案，如需要给客人提供矿泉水、会议室、纪念品发放等费用都要考虑到线路报价中，以免遗漏造成损失。

（七）标准承诺

作为地接社报价单，建议引入承诺制，尤其是组团社关心的旅游质量的承诺，如进店不超过1个、无强制消费等。

四、旅游线路报价的原则

（一）报价合理

地接社进行线路报价时，对旅行社的成本及利润应进行合理计算。

（二）报价及时准确

地接社报价应及时、准确。不宜反复修正报价，一旦确定价格，原则上组团社都不会同意临时修改，如果出现报价与实际接待价倒挂，地接社就只能自行承担损失。

案例：

一言既出，驷马难追

哈尔滨某旅行社计调小王，做计价业务快半年了，聪明伶俐、一学就会的她进步飞快，师傅老李对她很满意。小王也觉得自己可以出师了，小型团队或零星散客的计价师傅都让她独立操作。在此之前每次算完价格师傅都会认真审核，确认无误后才会发给客户。适逢年末，计价高峰如约而至，期间所有的业务人员都在埋头苦干，忙的不亦乐乎。刚刚开始独立操作的小王也不例外。为了能够多出活，小王也顾不得师傅教的流程了，怎么快就怎么来，效率倒是蛮高的，一大摞的报价都如期完成了，大家总算能缓口气了。

小王报价后好几个团队都进行了预定，小王很是高兴，忙把好消息告诉了师傅，可是当师傅看过小王的报价后，原本喜悦的脸上忽然阴云密布。师傅指出小王的报价有漏项，所以直观价格显得那么诱人。她在附加费用中少算了风味餐、索道费用。因为忙小王没有按师傅所教的流程，一步步地计价、审核，仅根据客户的行程进行核算。行程中的需求很分散，有很多还隐藏在字里行间，很容易被忽略。如果能按照“计价表”中的内容逐一校对，就不容易漏项。小王觉得自己对计价的内容和项目已经很熟悉，甚至可以“倒背如流”，用不用“计价表”都无关紧要了。其实不然，人们往往对越是熟悉的东西，越容易忘记和忽略。

少算的这几项金额加起来也不少，核算后，该团亏损。这是小王始料不及的，高兴的心情也因此烟消云散。一言既出，驷马难追!该团的价格只好如此了，只能赔本赚教训了。根据公司规定，小王承担了部分经济损失。

（三）地接社报价应具有一定的灵活性

如针对接待难易程度和季节差异给出不同报价。例如，国内部分景区、购物点、自费项目点会按照客人数量给予地接社一定佣金，地接社在报价时同样可以给予长期合作的组团社一些让利，使得组团社降低参团价格，吸引更多客源。

五、旅游线路报价训练

要想做好旅游线路报价不能一蹴而就，需要平时多积累，同时可以针对特定主题线路产品进行强化训练。

计价强化训练项目（一）

训练项目名称	搜集交通价格
实训目的	熟悉从本地到全国主要旅游目的地的交通价格

实训要求	1. 收集本地到主要旅游目的地的火车、高铁价格； 2. 收集本地到主要旅游目的地的飞机票价格； 3. 收集本地到主要旅游目的地的旅游大巴价格
实训地点	不限
实训成果	初步掌握本地到全国旅游目的地的基本交通价格

计价强化训练项目（二）

训练项目名称	价格信息搜集
实训目的	通过信息搜集，让学生熟悉当地主要旅游景点门票的价格、各级别酒店价格、常用旅行社用车价格
实训要求	1. 分小组进行，分工明确 2. 注重团队的合作和工作的有效性 3. 注重信息收集的准确性
实训地点	各旅游景点、酒店、旅行社、车队
实训成果	价格信息列表

计价强化训练项目（三）

训练项目名称	快速计价
实训目的	让学生熟悉计价的构成要素，并能快速计价
实训要求	1. 学生应熟悉当地酒店、交通、景点等旅游要素价格及淡旺季变化 2. 要求学生反应迅速，快速计价 3. 可采用情境模拟法
实训地点	不限
实训成果	能够准确、快速计价

知识拓展

案例：

以下是齐齐哈尔×××旅行社给哈尔滨×××国际旅行社的报价传真：

收件方：哈尔滨×××国际旅行社
收件人：赵某某
发件人：王某某　1315182510×　　发件日期：　202×/4/3
首先感谢您的支持与信任，您咨询答复如下：

齐齐哈尔市段地接报价列项：

一、日程安排

7/4：哈尔滨/齐齐哈尔

晚接站T507，19:25到站，晚餐后，入住宾馆。　　　　宿：齐齐哈尔

8/4：齐齐哈尔/满洲里

早餐后，BUS赴扎龙自然保护区（60元）（国道，30 km，行车约40 min）——欣赏丹顶鹤的曼妙舞姿，扎龙自然保护区位于齐齐哈尔市区东南27 km处，面积2 100 km^2。原始自然生态保护如初，有水禽天然乐园之称，其中尤以珍禽丹顶鹤闻名于世。抵达后观芦苇荡风光，可自费乘快艇游览芦苇荡风光（费用自理）；登望鹤楼用高倍望远镜（费用自理）寻觅野生丹顶鹤的足迹；于观鹤区观丹顶鹤的仙姿及各种珍禽；之后返回市区。午餐后，参观齐齐哈尔博物馆（二楼展厅），博物馆是省内地市级最大的博物馆之一，整体风格为仿古式，馆内文物5 000多件，是一座以地方历史与艺术为主，系统展示齐齐哈尔悠久历史的综合性博物馆。游览嫩江公园、防洪纪念堂，卜奎大街，党政办公中心外观，和平广场。晚餐后，送N57（2156/0830）次赴满洲里。

二、分项报价（16+1）

房：三星或准三：120元/间×8间=960元　　　　陪同房70/间×1间=70元

餐费：20元/人×2正×16人=640元（10人/桌、8菜1汤或自定餐标；用餐如果有变更，需提前4小时以上通知我社，否则会有损失，不便之处请多谅解）

用车：700元/车（33座金龙）

导服：50元/团（路上不跟段陪）

门票：54元/人×16人=864元（折扣后）

城交：N57次硬卧：110元/张×17张=1 870元（按票面结算）

合计：5 154元

大庆段地接报价列项：

一、行程报价：

15/4：漠河/大庆/牡丹江

中午12:22接团，午餐后，参观铁人纪念馆、大庆三大广场，晚餐后，送N54次火车赴牡丹江。

二、分项报价

餐费：20元/人×2正×16人=640元（10人/桌、8菜1汤或自定餐标；用餐如果有变更，需提前4小时以上通知我社，否则会有损失，不便之处请多谅解）

用车：600元/车（33座金龙）

门票：无

订票费：

硬卧：20元/张×17张=340元

城交：N54次硬卧88元/张×17张=1 496元（按票面结算）

合计：3 896元

合计：9 050元

备注：请在团队抵达前预付80%团款，余款在团队离开前结清，多谢！

交通银行太平洋卡：12345678900××　某某

若出现自然单间请补足房差　感谢信任，祝合作愉快！

盖　章

项目三 旅游线路定制服务

学习目标

知识目标： 掌握旅行社定制服务的内涵；
旅游线路定制服务的优势。

能力目标： 学会根据市场需求为旅游者设计定制化旅游线路；
能够保持敏锐的洞察力和捕捉热点旅游项目创意的反应力。

素质目标： 培养学生钻研、探究、敬业、专注的职业素养和对旅游事业的热爱。

任务书

旅游线路定制服务任务单

<table>
<tr><td>专业班组</td><td></td><td>组长</td><td></td><td>指导教师</td><td></td></tr>
<tr><td colspan="6">任务描述：“悠游乾坤”是众鑫国际旅行社有限公司旗下高端定制品牌，专业定制服务旅行机构之一，是中国奥迪车友俱乐部、GUCCI古驰中国、碧桂园高端业主指定旅行服务提供商，至今已为成千上万的人士和家庭提供了私人定制旅行服务。乾坤创始团队曾到全球42国实地考察，收藏了一手独特资源，为客户设计最佳旅行方案。每位客户均由两位工作人员专属服务，行前18项旅行细节准备，全球24小时随呼随应。多年的专注，“悠游乾坤”熟悉了高端旅行家的品味，懂得如何定制每一次的美好旅行，也立志成为每一位客户的终身旅行管家。近期，“悠游乾坤”团队又接到了来自不同地区的三份旅游订单，请选择其中一单作为旅游线路产品定制服务首秀展示给大家</td></tr>
<tr><td colspan="6">订单一：杨女士是某私立小学校长，联系众鑫旅游，希望给本届毕业生一次难忘的毕业典礼，经过校方与家长沟通达成一致，在毕业季组织小学五年级毕业生参加一次沙漠研学旅游，时长10天，在行程中不仅对沙漠地理人文环境有基本的认知，还要在行程中设计团队协作课程，提升学生们团队精神和吃苦耐劳的品质。希望众鑫国旅为此届毕业生打造一条沙漠研学旅游线路。
订单二：LUCY夫妇是一对初到中国北京定居的法国游客，他们热爱中国文化，对中国向往已久，初到中国想挖掘中国的宝藏城市，首先想更深入地了解定居地北京，请为他们设置一条8天北京文化深度体验行程，要求围绕北京的古老与现代文化内核为核心，打造慢节奏，深体验的度假旅居旅游线路行程。
订单三：李总是一家知名企业总裁，年轻时曾下乡当过知青，对中国农村有着深厚的情怀，因此公司年终奖励旅游主题选择中毫不犹豫地选择了乡村旅游类型，李总认为乡村自然风光和悠闲氛围是近年来旅游热点聚焦，能够驱除大城市喧嚣，激发人们自然属性，更好地放松身心，同时乡村淳朴的民风气息也适合员工增强团队意识，彼此亲和利于增强各部门沟通。希望众鑫国旅为其公司定制一条乡村旅游产品线路</td></tr>
<tr><td colspan="6">定制服务承诺：
·任意城市+任意时间+任意游玩方式；
·24小时咨询在线；
·详细分项报价，让您知道每一笔钱的去向；
·创意设计，专业打造；
·服务热情，耐心细致；
·打造有主题、有深度的个性化旅行</td></tr>
</table>

任务要求：

1. 主题突出，符合定制要求；
2. 线路完整，特色鲜明，有创新点；
3. 给出分项报价，报价合理，分项详细

学生任务分配表

专业班组		组长		指导教师	
小组成员					
任务分工					

获取资讯

● **引导问题1：**旅游线路定制服务的核心元素是什么？

● **引导问题2：**定制线路服务有哪些优势？

- **引导问题3：** 旅游线路定制服务需要与旅游者沟通哪些问题？

任务书订单一分析：

- **引导问题1：** 什么是研学旅游？

- **引导问题2：** 请列表给出此任务单中研学旅游受众对象、出游时间、具体目的地设计？

- **引导问题3：** 沙漠研学旅游行程中的核心课程设计如何确定？

- **引导问题4：** 研学旅游行程安全保障需要注意哪些问题？

任务书订单二分析：

- **引导问题1：** 什么是深度旅居度假旅游线路？

- **引导问题2：** 请根据北京文化背景元素提炼创意主题？

- **引导问题3：** 旅居度假受众的个性化需求特点有哪些？

- **引导问题4：** 如何突出旅居度假旅游线路的体验性？

任务书订单三分析：

- **引导问题1：** 乡村旅游线路有哪些特点？乡村旅游线路设计主题如何提炼？

- **引导问题2：** 乡村旅游体验性旅游活动如何设计？

- **引导问题3：** 奖励旅游与乡村旅游线路如何完美结合？

工作计划

定制服务工作方案

步骤	工作内容	工作方式	负责人
1	梳理客户需求信息	客户沟通	
2	根据需求和标准确立主题	头脑风暴	
3	确定线路关键节点	讨论确认	
4	整理特色旅游资源	广泛搜集	
5	设计配套个性化活动	头脑风暴	
6	形成线路说明及报价	汇报	

进行决策

（1）各组根据所选任务单进行分工协作。

（2）各组通过定制服务工作方案需要进行具体操作。

（3）各组选派代表进行成果汇报。

工作实施

以工作汇报和情景表演的形式，向大家展示定制服务旅游线路最终产品说明。

评价反馈

学生自我检视表

任务	完成情况	未完成内容	未按时完成原因
获取资讯模块下的引导问题是否认真完成			
引导问题涉及的知识是否完全掌握			
项目中所涉及的基本技能是否完全掌握			
实施过程中交代的任务是否按时完成			
项目实施过程中涉及的材料上交是否及时			
项目完成过程中是否有创新点			
收获：			
备注：本自我检视表，主要目的是总结、回顾本项目知识，了解同学们对知识的了解、掌握和运用情况。同学们根据个人学习实际情况如实填写，可起到查缺补漏，完全掌握和熟练运用本项目知识的学习目标。此环节与引导问题填写也可按学生填写表格和引导问题完成情况、查缺补漏的实际行动进行打分			

学生评价表

班级		组别		任务名称	

评价指标	评价标准	分值
参与状态	不迟到、不早退，不无故缺课； 与老师、同学之间是否互相尊重、理解、平等； 与老师、同学之间是否能够保持多向、丰富、恰当的信息交流； 遵守团队纪律，认真倾听团队成员意见，积极协作分享； 善于多角度思考问题，能主动提出有价值的问题，发表个人见解； 探究学习、自主学习，不流于形式，做到有效学习	20
信息咨询	能有效利用教材、网络资源查找有效信息；能够认真研讨信息内容进行知识转化，转化成自己的认知；能将学到的理论知识应用于实际工作中	10
感知工作	熟悉自己的工作岗位，认同工作的价值；在工作中获得满足感	10
工作方法	工作计划、工作方法符合规范要求；获得了进一步发展的能力	10
工作过程	遵守团队纪律，工作过程中符合旅行社员工规范要求；平时上课的出勤情况和每天完成工作任务情况；善于多角度思考问题，能主动发现、提出有价值的问题	15
任务完成	较好地掌握了专业知识点；具有较强的信息分析能力和理解能力；具有较为全面严谨的思维能力并能条理明晰地表述成文，按时按质完成工作任务	25
思维状态	能发现问题、提出问题、分析问题、解决问题、创新问题	10

互评打分

评价人	被评价人		参与状态（20分）	信息咨询（10分）	感知工作（10分）	工作方法（10分）	工作过程（15分）	任务完成（25分）	思维状态（10分）
学生A	学生B	（30 %）							
	学生C								
	学生D								
	学生E								
授课教师		（70 %）							

最后总分：

备注：本评价表用于评价学生任务完成情况，学生互评占30%，教师评价占70%

团队评价表

班级		组别		任务名称	

评价指标		评价标准	分值
团队表现		团队成员不迟到、不早退，不无故缺课，工作的状态积极，按时完成工作任务	5
		团队成员遵守团队纪律，团队成员之间互相尊重、认真倾听、协作分享	5
		团队成员善于多角度思考问题，能主动提出有价值的问题，发表个人见解	5
		团队成员能够认真倾听其他组同学工作汇报，虚心好学，乐于思考，提出合理的建议	5
任务描述、接受任务		对任务的理解正确，工作思路清晰	5
任务分析、分工情况		能够对任务内容进行全面、具体分析，小组成员分工明确	5
制订计划		计划内容全面，具有条理性，制订的内容符合工作要求	5
计划实施	旅游线路定制过程	客户需求信息掌握是否全面	6
		与客户沟通礼貌、顺畅、有效	6
		旅游线路主题特色鲜明	6
		旅游线路内容符合需求标准	6
		旅游线路节点、时间合理具体	6
		旅游线路分项报价	6
		旅游线路设计新颖有创新点	6
	旅游线路成果展示	进行旅游线路介绍时重点突出，礼貌规范	6
		线路产品报价科学合理	6
		定制服务可行性强，能够付诸实践	6
创新点		能发现问题、提出问题、分析问题、解决问题、创新问题	5

互评打分

评价组	被评价组		团队表现（20分）	任务描述、接受任务（5分）	任务分析、分工情况（5分）	制订计划（5分）	计划实施（60分）	创新点（5分）
第1组	第2组	30%						
	第3组							
	第4组							
	第5组							
教师评价		70%						

最后总分：

简要评述：

备注：本评价表用于小组完成任务情况评价，小组互评占30%，教师评价占70%

项目相关知识点

旅行社服务的对象始终是以团队为主的旅游者，旅游者的需求是旅行社生存和发展的生命土壤。随着体验经济时代的到来，旅游者对体验产生了强烈的需求，而这种体验性的关键特征就是“独特性”，面对着需求越来越高的旅游者，为了顺应旅游业发展趋势，塑造旅游产品的独特性，从而在日益激烈的竞争中占据有利空间，旅行社定制化服务成为新的旅游服务业务纷纷扎根于各大旅行社。

一、旅游线路定制服务的内涵

定制旅游兴起于欧美发达国家，现已经引入中国，处于发展阶段。其含义是指根据旅游者的需求，以旅游者为主导进行旅游行动流程的设计。通俗地说就是根据旅游者的喜好和需求定制行程的旅行方式，能够给旅游者带来最个性化的服务。

早期的定制游对游客有较高的要求，一般需要游客对旅行目的地有一定的了解和认识，并自行提出初步的旅行方案。目前欧美主流的创意定制游则更加注重享受。游客并不需要对目的地有太多的了解，甚至可以不明确目的地，创意定制的服务机构了解游客的个体特征，如兴趣爱好，出行人的情况和预算，即可为出行人创造出一系列极具特色的创意行程。比如针对喜欢冒险的游客，设计出007新邦德角色真实体验之旅；针对单身出行的男女，设计推出莎翁式英伦浪漫交友之旅；针对全家出行的群体，设计出爸爸去哪儿之英国站的亲子行程。

定制旅游共有三个层次的产品。最早出现的定制旅游，是旅行社提供的单团产品，相对于系列团产品具有一定的灵活性，属于传统的团队定制游产品。第二种定制旅游是针对小众高端市场的“奢华”定制旅游，携程旗下的鸿鹄逸游是典型代表。第三种定制旅游是基于大众市场的定制旅游，依托于信息技术，既能满足旅游者的个性化需求，又能有效控制成本，可以将其定义为大规模定制旅游产品。

二、定制旅游服务的优势

（一）定制旅游服务更舒适

随着消费水平的提升，以及国人旅游体验的不断积累，人们对于旅游品质的需求正在逐步提升，价格已经不再是游客选择出游产品的唯一标准，服务与性价比对于游客的影响力增加，普通团队旅游无法满足游客个性化需求和慢节奏的活动内容，而自助游的游客除了出游前费心费力，旅游过程中神经也会绷得比较紧，操心票务、行程衔接等。在此情境下，定制旅游很好地弥补了二者的不足，越来越受到欢迎。

（二）定制旅游服务更安全

定制旅游服务的内容往往经过精心策划，食住行游购娱等活动安排更为合理有序，因此，在出行过程中会减少因团队操作纰漏而导致的不安全因素，也会因为其接待质量保障而更好地提升出游的安全性。

（三）定制旅游更经济

虽然整体来看定制旅游相对费用会高于普通团队旅游方式，但是从整体性价比来看定制旅游操作一般为专业旅行社，实力雄厚，经验丰富、有专业操作能力，批量采购优势等原因比自助游从零开始的攻略出游会获得更多的价格优势，而所设计出来的旅游产品在线路、细节、服务上都更贴近于客户要求，价格也更加科学合理。

三、如何做好旅游线路定制服务

（一）回归核心价值

无论是传统的观光旅游产品，还是形式多样的定制服务旅游线路，顾客购买的核心产品都是愉悦，定制服务线路产品因需求不同丰富各异，但就产品的核心价值上并没有区别，根据现代营销学之父利特勒的观点，需要是人与生俱来的，只不过由于文化、个性、民族等原因而表现为不同的欲望，而欲望由于购买能力的限制表现为不同的需求。所以购买旅行社产品的核心价值都是愉悦，只是因为个体因素及购买能力的差异而选择不同的旅行社产品。因此旅游线路定制服务必须强化产品核心价值的回归，以满足游客的基本利益要求为核心。

（二）细致的客户分析

旅游者生活背景、年龄特点、文化价值观的不同导致需求差异性明显，在与客户沟通过程中要细致到位，避免遗漏信息，同时针对旅游者需求方向的不同，根据旅游线路产品特点加以合理引导和专业化定制，从而为其设计出真正符合客户需求的旅游线路产品。

（三）建立特色旅游资源数据库

旅游特色资源是旅游线路产品设计的基础，定制服务项目就是根据客户需求将特色旅游资源进行组合设计，所以定制服务人员对于旅游资源的积累和了解应更为丰富和深入，只有这样才能在共性中萌生个性，产品设计巧妙科学，抓住客户购买心理。

（四）定制服务跟踪与售后

由于旅游线路产品的时效性，在线路产品设计后需要专人对各个衔接节点和环节随时跟踪，监督实施，避免变化因素带来的阻碍，促进线路设计有效实现盈利，在定制服务后期应定时回访，建立档案，使定制服务客户成为旅行社企业忠诚客源。

四、项目任务定制服务素材分析

（一）研学旅游线路

研学旅游线路是旅游与教育的有机结合产物，是研学旅行的系统策划与凝练。研学旅游是近年来出现的新词，由我国古代游学、近代修学旅行演变发展而来。春秋战国时期，我国便有游学之风，后人更总结出了“读万卷书，行万里路”。改革开放之后，国外又传入修学之风，通过交换学习环境，融入当地风土人情。结合现代教育理念来看，边走边学、边学边悟对于开阔视野、增长见识具有重要作用。探索研学旅行的发展，对我国推进教育改革，促进下一代素质提升和成长，促进教育与旅游产业跨界融合发展，都具有现实意义。研学旅游线路目前也被各大旅行社作为重点开发项目，研学旅游线路的设计基于研学课程研发的基础之上，线路以研学课程为核心要素，有主题、有意义、帮助受众群体达到预期的教育目标。

案例：

激情燃烧的岁月——研学旅游线路设计

主题方向：红色革命传统

活动时间：4天3晚，长沙出发

适应学段：初、高中

对应教材：《历史》《政治》《语文》《思想政治》等

知识点：

（1）井冈山革命斗争的历史；

（2）井冈山革命斗争精神；

（3）井冈山革命斗争的历史意义。

研学旅行目的：

（1）体验红军生活，传承井冈山红色革命传统斗争精神；

（2）重温红色历史，坚定理想信念，缅怀烈士，珍惜当下来之不易的幸福生活；

（3）学会将学到的艰苦奋斗、实事求是、敢于创新的井冈山精神运用到现实生活。

学习基地简介：井冈山风景旅游区，国家AAAAA级旅游景区，国家级重点风景名胜区，国家级自然保护区，中国文明风景旅游区，中国重点文物保护单位，全国红色旅游景区，中国百家爱国主义教育示范基地，中国十佳优秀社会教育基地，中国优秀旅游城市，世界生物圈保护区，世界遗产预备名录。

课程内容：

第一阶段：革命摇篮

抵达井冈山风景旅游区，前往井冈山革命烈士陵园向烈士献花圈，参观碑林、纪念碑、雕塑园，走进井冈山革命博物馆，通过红军时期遗留下来的文物，重温革命摇篮的红色历史。

第二阶段：致敬红军

通过三湾改编、井冈山练兵、自做红军餐、重走红军路、学唱红军歌，全方位体验红军当年的艰苦生活，用实际行动向红军革命前辈致敬，珍惜来之不易的幸福生活。

第三阶段：激情岁月

现场体验士兵突击、黄洋界保卫战，模拟编织担架、伤员救护等场景，通过参观黄洋界保卫战旧址和茅坪八角楼，重现当年战斗的激烈和艰难，感受激情燃烧的岁月，学习实事求是、敢于创新的井冈山精神。

（二）旅居度假旅游线路

经济和文明的高度发展搭配上日益快捷的交通设施，使得现代社会人们的生活节奏也变得快速方便，但随之而来的工作生活压力也增加了。于是旅居度假旅游这种利用假期进行休养生息，融入向往已久的生活环境的旅居方式越来越受到大众旅游者的喜爱。旅居度假旅游者到达目的地后，一般活动范围不大，但在该地停留时间较长，而且如果感觉该地理想的话，重复游览可能性较高。旅居度假旅游线路要求度假区具备环境质量好、区位条件优越、良好的住宿设施和健身娱乐设施、服务水平高。对旅行社来说旅居度假旅游线路的定制服务能更好地挖掘文化内涵，设计主题，往往创作空间更广阔。

（三）乡村旅游

乡村旅游是以旅游度假为宗旨，以村庄野外为空间，以人文无干扰、生态无破坏、游聚野趣为特色的旅游形式。目前，市场上主要有三种类型，分别为都市依托型、景区依托型、独具特色型，见下表。

乡村旅游线路类型特征

类型名称	都市依托型	景区依托型	独具特色型
总体特征	以都市为依托，以农村、农园为特色，自然性、科学性较突出	以景观资源为依托，强调乡村文化品味	以民俗、乡村文化、自然的乡村景观为依托，资源禀赋独特，强特稀缺性资源的体验
功能	作为城市居民的第二个家，从吃、住、游、购、娱等方面满足游客周末休闲度假的需求	以风土民情、地域文化、农业特色鲜明的旅游项目、餐饮和娱乐活动为主。多为大型景区辅助旅游产品	因资源独具特色而吸引众多的国内外旅游者，给予人们与众不同的旅游体验
开发条件	依托城市，交通便利，乡村植被景观保存较好，与城市反差较大	拥有独特的景观资源或者是浓郁的乡村和民族特色，与景区能够形成资源差异互补	拥有的自然资源、文化资源在全国具有稀缺性，独一无二，并在全国具有较高的知名度
客源市场	以散客和自驾车为主，具有稳定的城区客源市场，重游率高，停留时间较长，形成品牌效应	以旅游团队为主，重游率低，范围较广，停留时间较短	来自全国各地乃至世界各地的旅游者，重品质，能够形成品牌效应
典型案例	成都农家乐 北京京郊农家乐	贵州天龙屯堡 桂林的龙脊梯田	日本合掌树 江苏兴化垛田

乡村旅游早年盛行于欧洲，在法国发展乡村旅游被作为第二次世界大战后稳定农村经济的一项措施来对待，在德国乡村旅游被作为开发和扶持边远落后地区的措施来对待。近年来我国也大力发展乡村旅游，绿水青山就是金山银山，它不仅应和人们追求大自然乐趣的旅游动机，也为城乡互动文化交融提供了良好平台。

知识拓展

一、旅游线路定制服务品牌化拓展

旅行社定制服务是目前旅行社增强其竞争力的有效手段，同时也是树立品牌化旅游产品的前提条件，只有塑造个性，凸显品质才能立于不败之地，在此各国均通过自身政策推动或市场调节，为旅游线路品牌化搭建平台。

【补充资料】

日本柯南小镇

强大的IP运营能力，书籍、壁画、电影、动漫等文化要素，从无到有打造文旅类小镇。

作为《名侦探柯南》作者青山刚昌的出生地，柯南的影响遍布北荣町的大街小巷：柯南大道、柯南大桥，连路标、指示牌、浮雕铜像、井盖也以柯南为主题。

1. 研发系列化的文创主题纪念品、商品

小镇上有一家柯南侦探社，是柯南纪念品商店，可供游客购买柯南周边的各种商品，商店里的糖果、手机链、帽子、T恤全都以柯南为主题，有许多限量商品只在北荣町才能买到。

2. 赋予小镇对外窗口以鲜明的主题印象

让游客一到达小镇就如同走进了柯南世界。火车站内的楼梯可以看到柯南的画像，售票处、候车室、储存柜，到处可以看到柯南的画像，车站外的自动贩卖机和站牌也配有柯南的形象，JR铁道公司运行在鸟取车站至米子车站之间的列车取名为“名侦探列车”。另外，位于鸟取市西北约7 km的鸟取机场，也在2014年正式改名为“柯南机场”，机场内布满柯南动漫相关装饰，例如，在取行李处贴有少年侦探团的壁画。

3. 策划以小镇核心文创为主题的文化展馆

2007年3月18日，以“柯南之父”青山刚昌的动漫作品为主题的博物馆“清山刚昌故馆”在北荣町开放。以《名侦探柯南》作为中心，铺设出青山刚昌绚丽的作品世界。每年约有13万以上的游客前来参观购物。

4. 清晰、主题化的旅游线路系统

在北荣町城区，围绕柯南主题打造了一道、一桥、一馆、一社，串起了整个小镇的旅游线路。

5. 将文创文化融入居民生活

北荣町一直以柯南为荣，当地政府在居民卡、簿的证明书上面都采用柯南的形象设计。柯南不仅是小镇旅游设施打造的主题，更融入了小镇每个居民的生活中。

6. 坚持多元化产业发展

北荣町除了围绕柯南IP打造小镇外，农业也是政府较为重视的产业之一，北荣町在城区外围有13个观光农园，游客可以从每年的1月到12月采摘西瓜、苹果、草莓、栗子、葡萄等不同农产品。政府通过农业振兴计划规划不同农作物产区，鼓励当地农民发展多元产业，增强产业活力。

《中国国家旅游线路方案》首推的12条国家旅游线路见下表，其推广目的是形成若干具有统一、清晰、明确形象的国家旅游线路品牌，并作为中国国家旅游总体形象的有力支撑。通过国家旅游线路进一步加强国际国内宣传促销和市场推广，引导海内外游客旅游流向，打造一批旅游热点线路、热点地区和热点产品，形成若干新的旅游消费热点。

品牌的背后是文化。品牌文化是文化物质在品牌中的沉积，在精品旅游线路品牌形成过程中可以增加新的产品项目，即品牌的延伸。比如旅游文创作品，它既是旅游线路的衍生物，也是品牌文化的载体元素，通过物化后的元素帮助旅游者留住美好记忆。

12条国家旅游线路

序号	品牌线路名称	序号	品牌线路名称
1	丝绸之路	7	红军长征
2	香格里拉	8	松花江鸭绿江
3	长江三峡	9	黄河文明
4	青藏铁路	10	长江中下游
5	万里长城	11	京西沪桂广
6	京杭大运河	12	滨海度假

二、高端旅游线路定制产品分享

飞机舱等：　国际航段全程公务舱

顶级邮轮：　南极洲·直飞南极邮轮之旅

全球第一家直飞南极的邮轮公司Antarctica XXI海洋新星号Ocean Nova

中美洲·加勒比海邮轮之旅

全球顶级邮轮公司大洋邮轮Oceania Cruise蔚蓝海岸号Riviera

顶级酒店：　全世界最顶级的酒店The best hotels in the world：

巴黎四季酒店、布拉格四季酒店、墨西哥四季酒店、安曼四季酒店、悉尼四季酒店、曼谷四季酒店、艾尔斯岩Longitude131*、Huka Lodgo顶级庄园、马德里威斯汀皇宫酒店The Westin Palaco、复活节岛HotelLa Posada de Mike Rapu、死海Kempinski Hotel ishtar、芬兰北极光玻璃屋Kakslauttanon Glass lgioo、阿根廷Avear Palace Hotel、巴西里约HotelCapacabana Palace、伊瓜苏Hotel Das Cataratas Iguazu、库斯科Hotel Monasterio、利马JW Marriot Hotel Lima、不丹Amankora安曼酒店。

世界之最：　一次造访南极、北极两大极圈神；秘纳斯卡线、复活节岛。

千载盛会：　2016年巴西狂欢节

绝世景点：　【大洋洲·自然探奇之旅】

澳大利亚艾尔斯岩、悉尼歌剧院、悉尼大桥。

【南美洲·复活节岛+南极洲·直飞南极之旅】

复活节岛巨石像、南极冰山群岛探索。

【南美洲·伊瓜苏瀑布+巴西狂欢节+布宜诺斯艾利斯】

南美伊瓜苏瀑布、巴西狂欢节。

【南美洲·亚马逊河+马丘比丘+纳斯卡之旅】

亚马孙河丛林探险、印加失落之城马丘比丘、神秘纳斯卡线。

【中美洲·墨西哥+古巴·哈瓦那之旅】

海明威故居、切格瓦拉革命广场、世界文化遗产迪奥狄华肯古文明。

【迈阿密+加勒比海，大洋邮轮Oceania Cruise·蔚蓝海岸号Riviera】

美国迈阿密、菲利普斯堡—荷属圣马丁、卡斯特里—圣卢西亚、古斯塔维亚—圣巴特、圣约翰—安提瓜、圣胡安—波多黎各、拿骚—巴哈马国。

【欧洲米其林之旅+北极极光】

巴黎米其林三星餐厅主厨料理、北极极光、芬兰极光玻璃屋。

【布拉格+加纳利群岛+北非之旅】

布拉格建筑艺术之都、特内里费岛、卡萨布兰卡、哈布斯堡王朝建筑群

【中东传奇之旅+快乐王国不丹】

佩特拉玫瑰城、死海、不丹虎穴寺、祈楚寺。

美食飨宴：　全程酒店内早餐。铁塔米其林餐厅、巴黎米其林三星主厨晚宴、北欧芬兰料理、悉尼三顶厨师帽法式晚宴、艾尔斯岩天籁烛光晚宴、高卓农家BBQ、巴西窑烤、阿根廷炭烤牛排+探戈歌舞Show、迈阿密石蟹餐、西班牙烤乳猪、不丹风味餐、The Copacabana Palace意式晚餐、利马La Rosa Nautica玫瑰餐厅海鲜风味餐、亚马逊河鲜鱼料理。

模块三 旅游产品销售

项目一　选择目标市场

学习目标

知识目标：掌握目标市场选择的模式；

熟悉旅游市场细分的方法。

能力目标：掌握旅行社选择目标市场的具体操作步骤。

素质目标：培养学生认真工作的态度。

任务书

选择目标市场任务单

专业班组		组长		完成日期	
任务描述：“十一”假期即将到来，哈尔滨某旅行社召开国庆市场分析会，会上经理要求找出今年国庆游的热点，确定目标市场进行旅游产品销售。作为旅游产品销售人员，请你完成此项工作					
完成内容：					

任务分组

学生任务分配表

专业班组		组长		指导教师	
小组成员					
任务分工					

获取资讯

● 引导问题1：写出目标市场选择的操作步骤。

● 引导问题2：市场细分有哪些标准？

● 引导问题3：旅游市场细分的方法有哪些？

- **引导问题4：** 选择目标市场的原则有哪些？

- **引导问题5：** 旅游企业选择目标市场时应用策略有哪些？

工作计划

选择目标市场工作方案

步 骤	工作内容	工作方式	负责人
1			
2			
3			
4			
5			
6			

进行决策

（1）各组派代表阐述本小组团队组织情况及相应的目标市场。

（2）各组对其他组的汇报内容提出自己不同的观点和看法。

（3）结合大家的建议，选出最优方案。

工作实施

以工作汇报和情景表演的形式，按照本组设定的目标市场选择流程，向大家一一展示选择目标市场的各个环节。

评价反馈

学生自我检视表

任务	完成情况	未完成内容	未按时完成原因
获取资讯模块下的引导问题是否认真完成			
引导问题涉及的知识是否完全掌握			
项目中所涉及的基本技能是否完全掌握			
实施过程中交代的任务是否按时完成			
项目实施过程中涉及的材料上交是否及时			
项目完成过程中是否有创新点			
收获：			
备注：本自我检视表，主要目的是总结、回顾本项目知识，了解同学们对知识的了解、掌握和运用情况。同学们根据个人学习实际情况如实填写，可起到查缺补漏，完全掌握和熟练运用本项目知识的学习目标。此环节与引导问题填写也可按学生填写表格和引导问题完成情况、查缺补漏的实际行动进行打分			

学生评价表

班级		组别		任务名称	

评价指标	评价标准	分值
参与状态	不迟到、不早退，不无故缺课； 与老师、同学之间是否互相尊重、理解、平等； 与老师、同学之间是否能够保持多向、丰富、恰当的信息交流； 遵守团队纪律，认真倾听团队成员意见，积极协作分享； 善于多角度思考问题，能主动提出有价值的问题，发表个人见解； 探究学习、自主学习，不流于形式，做到有效学习	20
信息咨询	能有效利用教材、网络资源查找有效信息；能够认真研讨信息内容进行知识转化，转化成自己的认知；能将学到的理论知识应用于实际工作中	10
感知工作	熟悉自己的工作岗位，认同工作的价值；在工作中获得满足感	10
工作方法	工作计划、工作方法符合规范要求；获得了进一步发展的能力	10
工作过程	遵守团队纪律，工作过程中符合旅行社员工规范要求；平时上课的出勤情况和每天完成工作任务情况；善于多角度思考问题，能主动发现、提出有价值的问题	15
任务完成	较好地掌握了专业知识点；具有较强的信息分析能力和理解能力；具有较为全面严谨的思维能力并能条理明晰地表述成文，按时按质完成工作任务	25
思维状态	能发现问题、提出问题、分析问题、解决问题、创新问题	10

互评打分

评价人	被评价人		参与状态（20分）	信息咨询（10分）	感知工作（10分）	工作方法（10分）	工作过程（15分）	任务完成（25分）	思维状态（10分）
学生A	学生B	（30%）							
	学生C								
	学生D								
	学生E								
授课教师		（70%）							

最后总分：

备注：本评价表用于评价学生任务完成情况，学生互评占30%，教师评价占70%

团队评价表

班级		组别		任务名称	

评价指标	评价标准	分值
团队表现	团队成员不迟到、不早退，不无故缺课，工作的状态积极，按时完成工作任务	5
	团队成员遵守团队纪律，团队成员之间互相尊重、认真倾听、协作分享	5
	团队成员善于多角度思考问题，能主动提出有价值的问题，发表个人见解	5
	团队成员能够认真倾听其他组同学工作汇报，虚心好学，乐于思考，提出合理化建议	5
任务描述、接受任务	对任务的理解正确，工作思路清晰	5
任务分析、分工情况	能够对任务内容进行全面、具体分析，小组成员分工明确	5
制订计划	计划内容全面，具有条理性，制订的内容符合工作要求	5
计划实施	选择目标市场工作业务流程掌握情况全面	15
	市场细分工作有效、合理	15
	市场定位准确	15
	选择目标市场模式得当，有理有据	15
创新点	能发现问题、提出问题、分析问题、解决问题、创新问题	5

互评打分

评价组	被评价组		团队表现（20分）	任务描述、接受任务（5分）	任务分析、分工情况（5分）	制订计划（5分）	计划实施（60分）	创新点（5分）
第1组	第2组	30%						
	第3组							
	第4组							
	第5组							
教师评价		70%						

最后总分：

简要评述：

备注：本评价表用于小组完成任务情况评价，小组互评占30%，教师评价占70%

项目相关知识点

一、旅游市场细分的概念

市场细分是指旅行社外联人员在对旅游市场进行调研的基础上，根据旅游消费者的需求特点、购买行为、购买习惯的差异性，将整体旅游市场划分为若干个需求与愿望有差异的旅游消费群的过程。划分后的每一个旅游消费群就是一个细分市场。

二、旅游市场细分的方法

旅游市场细分的依据是旅游者需求的差异性。从旅游业的具体情况来看，旅游者需求的差异性可以表现在很多方面。根据市场营销学的一般原理，可按照旅游者的特点、地理区域、心理因素及购买行为四方面对旅游者市场进行细分。

（一）按旅游者的特点进行市场细分

旅游者的特点可以表现在很多方面，如年龄、性别、职业、受教育程度、社会阶层、种族、宗教、收入、国籍、血缘关系等。这种细分方法较为常用，因为这些指标与旅游者的欲望、偏好、出游频率等直接相关，而且旅游者的特点比其他因素更容易测量。因此，对旅游企业而言，这些指标是非常重要的细分依据。

1. 按年龄细分市场

人们在不同年龄阶段，由于生理、性格、爱好的变化，对旅游产品的需求往往有很大的差别。因此，可按年龄范围细分出许多各具特色的旅游者市场，如儿童旅游市场、青年旅游市场、中年旅游市场、老年旅游市场等。

2. 按性别细分市场

在对产品的需求、购买行为、购买动机、购买角色方面，两性之间有很大的差别，如参加探险旅游的多为男性，而女性外出旅游时则更注重人身财产安全。公务旅游以男性为主，家庭旅游时间和旅游目的地的选择也一般由男性决定，在购物方面女性通常有较大的发言权。在购买旅游产品时，男性通常对价格反应较迟钝，而女性则较敏感。

3. 按收入细分市场

人们收入水平的不同，不仅决定其购买旅游产品的性质，还会影响其购买行为和购买习惯。如收入高的人往往喜欢到高档饭店消费，往往愿意选择豪华型旅游；收入低的人往往在普通饭店消费，更愿意选择经济型旅游。

4. 按职业及受教育程度细分市场

从事不同职业的人由于职业特点及收入的不同，其消费需求差异很大。旅游者受教育程度的不同，其兴趣、生活方式、文化素养、价值观念，审美偏好等方面都会有所不同，会引起对旅游产品的需求，购买行为及购买习惯的差异。

（二）按地理区域进行市场细分

所谓按地理区域进行市场细分，是指企业按照旅游者所在的地理位置细分旅游市场，以便企业从地域的角度研究各细分市场的特征。如按区域、国家或地区、城市、乡村、气候、空间距离等，将旅游市场分为不同的细分市场。其主要理论依据是：处于不同地理位置的旅游者，对企业的产品各有不同的需要和偏好，对企业所采取的市场营销战略、市场营销策略也各有不同的反应。如我国北方旅游者冬天喜欢去三亚，南方旅游者冬天喜欢来东北，旅行社应该“因人而异”提供不同类型的产品。按地理区域进行市场细分有三种具体形式：

1. 按主要地区细分市场

世界旅游组织将国际旅游市场划分为六大区域，即欧洲区、美洲区、东亚及太平洋区、南亚区、中东区，非洲区。近30年来，旅游业发展和增长最快的地区是东亚及太平洋地区。

2. 按国家（或地区）细分市场

这是旅游业最常用的一个细分标准。通过把旅游者按其国别（或地区）划分，有利于旅游地或旅游业了解主要客源国（或地区）市场情况，从而针对特定客源国（或地区）市场的需求特性，制定相应的市场营销策略，以收到良好的市场营销效果。

3. 按气候细分市场

各地气候不同会影响旅游产品的消费，影响旅游者的流向。如在冬季对于我国的国内旅游市场，南方旅游者外出旅游的热点常常是北京、哈尔滨等地，而许多北方旅游者则把海南、广西、云南等地作为外出旅游的首选。从国际旅游市场看，凡气候寒冷、缺少阳光地区的旅游者一般趋向于到阳光充足的温暖地区旅游，这也是地中海地区、加勒比海地区旅游业发达的主要原因。

根据气候特点的不同，可以把旅游市场细分为热带旅游区、亚热带旅游区、温带旅游区、寒带旅游区等。

（三）按心理因素进行市场细分

按心理因素细分，就是按照旅游者的生活方式、态度、个性等心理因素细分旅游市场。旅游者的欲望、需要和购买行为，不仅受到人口的社会统计特征影响，而且受心理因素影响。企业可根据此将旅游市场细分为不同的子市场。其细分方法主要有：

1. 按生活方式细分市场

生活方式是人们生活和花费时间及金钱的模式，是影响旅游者的欲望和需要的一个重要因素。目前，越来越多的企业按照旅游者的不同生活方式来细分旅游市场，并且针对生活方式不同的旅游者群体来设计不同的产品和安排市场营销组合。例如，家庭观念强的旅游者，外出旅行时更多是家庭旅游；事业心强的旅游者外出旅游则以公务旅游、修学旅游为主，对于生活方式不同的旅游者群，不仅设计的产品不同，而且产品价格、经销方式、广告宣传等也应有所不同。

企业可以通过“AIO尺度”测量旅游者的生活方式，即：活动（Activity），如旅游者的工作、业余消遣、休假、购物、体育、款待客人等活动；兴趣（Interest），如旅游者对食品、娱乐、服装式样等的兴趣；意见（Opinion），如旅游者对自己、对社会问题的意见，及对相关经济、产品、文化、教育、将来等问题的意见。

2. 按态度细分市场

按态度细分市场是指根据旅游者对企业及其商品的态度进行分类并采取相应的营销措施。如对待“我曾听说过某品牌，但我并不真正了解它”之类持中间态度的旅游者，应通过提供详细资料，大力开展有说服力的促销活动；对待“某品牌是市场上最好的产品”之类持积极态度的旅游者，应利用持续的促销活动和与旅游者签订合同的办法加以巩固；对“某品牌比另外某品牌差”之类持消极态度的旅游者，要改变其态度是较困难的，应把促销工作做细，并改进产品质量，提高企业形象。

（四）按购买行为进行市场细分

根据旅游者对产品的理解、态度、购买过程及方式等方面的不同，把整体旅游市场细分成不同的群体，具体有下列分法：

1. 按购买目的细分市场

按一般旅游者外出旅游的目的细分市场，大体上可划分为：度假旅游、观光旅游、公务会议旅游、奖励旅游、探亲访友、购物旅游、美食旅游、探险旅游、体育保健旅游等。这些细分市场，由于旅游者购买目的不同，对旅游产品的需求特点也有差异。

2. 按旅游者寻求的利益细分市场

一般来说，旅游者购买某种产品，都是在寻求某种特殊的利益，因此企业可以根据旅游者对所购产品追求的不同利益细分市场。旅游企业在采用这种方法时，首先要断定旅游者对旅游产品所追求的主要利益是什么，追求这些利益的人是什么类型的人，各种旅游产品提供了什么利益，然后根据这些信息采取相应的市场营销策略。例如，一部分商务旅游者往往把豪华舒适的设备设施、周到完美的服务作为利益标准；而另一部分商务旅游者则把快捷高效的服务作为利益标准；还有一部分商务旅游者利用从出差包干费中赚取“节余归己”的报销差额作为利益标准，只有了解旅游者寻求的核心利益，企业才能通过为旅游者提供最大的利益实现营销目标。

3. 按经历情况细分市场

经历情况是指旅游者从前是否消费过某种产品或服务的经历。按这种标准，旅游市场可细分为潜在使用者、初次使用者和经常使用者市场。如第一次购买旅游产品的客人、旅行社的回头客等。

4. 按购买过程及方式细分市场

按购买过程及方式细分市场即根据旅游者购买、使用产品的过程及方式的不同来细分市场。例如，旅游企业往往根据旅游者外出旅游的过程和方式把旅游者划分为团体客人和散客。在旅游接待中，团体客人和散客对旅游方式，旅游产品与服务等方面的要求有很大差别。

5. 按购买时机细分市场

按购买时机细分市场是指按旅游者购买和使用产品的特定时机细分市场。例如，某些产品和服务项目主要适用于某个特定时机，诸如五一节、国庆节、春节、寒暑假等。企业可以把特定时机的市场需求作为服务目标，如旅行社可以专为某种时机提供某些旅游服务等。

6. 按旅游者忠诚程度细分市场

旅游者忠诚程度是指一个旅游者购买某一品牌商品的一种持续信仰和约束的程度。旅游企业发现并保持这类顾客是十分重要的，并应该为他们提供更好的服务。旅游企业通过给坚定的顾客某种形式的回报来鼓励培养旅游者对本企业的忠诚。

旅游市场细分的目的，就是要寻找那些忠实于本企业产品、购买频率及规模程度都很高的顾客作为本企业的目标市场。

三、旅游市场细分的原则

为保证旅游市场细分工作的有效性，企业必须对市场细分的方法及细分后的市场进行评估，确保各细分市场具有以下特点：

（一）可衡量性

是指企业在进行市场细分时所选择的细分标准必须是可以识别和度量的，亦即细分出来的市场不仅范围明确，而且对其容量大小也能大致作出判断。细分标准要具有客观性，如按年龄、性别、收入、受教育程度、地理位置、民族等标准，就易于确定企业的目标市场。

（二）规模性

即细分出来的市场，其容量或规模要大到足以使企业获利。进行市场细分时，旅游企业必须要考虑细分市场上顾客的数量，以及其购买能力和购买产品的频率。如果细分市场的规模过小，市场容量太小，细分工作烦琐，成本耗费大，获利小，就不值得去细分。

（三）可进入性

指细分出来的市场应是旅游企业营销活动能够抵达的，亦即是通过努力能够使产品进入并对旅游者施加影响的市场。一方面，有关产品的信息能够通过一定媒体顺利传递给该市场的大多数旅游者；另一方面，该企业在一定时期内有可能将产品通过一定的分销渠道运送到该市场。否则，该细分市场的价值就不大。

（四）独特性

它是指市场细分的结果应能凸显出各细分市场需求方面的特点。这些特点的差异将使细分出来的市场对企业市场营销组合有独特的反应。即通过某种特定方法细分出来的各个细分市场，其成员对企业市场营销组合的反应必须是不同的。如果各个细分市场在需求方面不存在差异，它们对市场营销组合的反应都是相同的那就没有必要，也不存在要在不同的细分市场中实施不同的市场营销组合，只要采用合适的营销方法即可。

四、选择目标市场的原则

（一）目标市场要具备一定的规模和发展潜力

市场规模的具体测度指标为人口数量和出游率的乘积。出游率指外出旅游人数占人口总数的比例。如果市场规模过小，旅行社进入后得不偿失，这样的目标市场就没有选择和开发的价值。另外，旅行社销售部门在考虑某一目标市场时除了分析当前市场规模外，还要考虑未来增长趋势、竞争对手强弱以及该市场能否容纳这么多竞争者等因素。

（二）目标市场要可开拓、能获利

目标市场必须是可开拓、能获利的。有的细分市场可能具有理想的规模和发展特征，然而从企业获利的角度来看，却未必适合作为本旅行社销售的对象，因此，要警惕市场中可能存在的几种威胁：

（1）所选目标市场存在激烈竞争的威胁。如果某个目标市场中竞争对手如林，或者该市场处于衰退前的稳定期（或者已经进入衰退期），而旅游产品的供应能力还不断扩大，则常常会导致盲目的价格战，旅行社进入该市场将会付出高昂的代价。

（2）新竞争者的威胁。如果企业选定的细分市场具有理想的发展条件，并且进入容易，就会不断引来新的竞争者，这将使企业难以获得满意的预期利益。

（3）替代旅游产品的威胁。如果某细分市场存在替代旅游产品或潜在替代旅游产品，就会抑制现有旅游产品的销售，从而影响利润。

具有上述威胁的市场均不适宜作为目标市场，旅行社在选择时要特别予以注意。

（三）目标市场与旅行社的能力相匹配

选择目标市场时，务必考虑旅行社企业自身的主、客观条件。旅行社只有在业务经营范围和人、财、物、技术等方面的能力与所选定的目标市场相匹配、相一致的情况下进入该市场，才具有竞争优势。

五、选择目标市场的步骤

第一，区分内外。即先将客源市场区分为区域内客源市场和区域外客源市场。

第二，区内排序。综合运用入选条件和测量指标对区域内客源市场进行排序。

第三，区外排序。综合运用入选条件和测量指标对区域外客源市场进行排序。

第四，实证分析。运用旅行社历年来接待目标市场旅游者人次、旅游者的平均停留天数和人均消费额等指标，对区域内外客源市场的可进入顺序再进行一次排序。

第五，差异分析。将上述两次排列顺序作一对比，发现差异，分析原因，确定目标市场。

六、选择目标市场的模式

（一）差异性目标市场模式

1．单一市场集中化模式

单一市场集中化模式指旅行社外联部门仅选择单个细分市场推出一种旅游产品集中营销。该模式常被中小旅行社或旅行社成立初期所采用。这种模式有利于清楚了解细分市场需求，设计出优质的旅游产品，能在短时间内占领市场，但是对该市场的依赖性太强，风险较大。

2．产品专门化模式

产品专门化模式是指外联部门集中推出一种产品，实行专业化经营，向各细分市场同时销售该产品。该模式可以分散市场风险，有利于企业充分利用资源优势。

3．市场专门化模式

市场专门化模式是指针对某一细分市场，为满足特定顾客群的需求而提供各种有针对性的旅游服务。该模式有利于旅行社与顾客建立良好的互动关系，树立企业信誉，减少经营风险。

4．选择性专门化模式

选择性专门化模式是指选择若干细分市场进行营销推广，所选的各细分市场均能盈利，富有经营价值。该模式有利于旅行社分散经营风险，即使某个细分市场失去价值，企业仍然可以在其他细分市场获利。

5．市场全面覆盖模式

市场全面覆盖模式是指旅行社推出多种产品，全方位进入各个细分市场。这是企业为了在市场上占据领导地位甚至力争垄断全部市场而采取的方法，通常为拥有资金、人才等优势的大企业所采用。

（二）无差异性目标市场模式

实行该种模式的旅游企业是把整个旅游市场作为一个大目标，针对旅游者的共同需要，制订统一的外联销售计划，以实现开拓市场、扩大销售的目的。采用这一策略的旅游企业一般实力强大，具有广泛而可靠的销售渠道，形成了统一的宣传内容和方式。在旅游行业中，一些具有垄断性资源的旅行社推出新的旅游产品时，常采用这种模式。这种模式的优点是平均成本低，不需要进行市场细分，可节约大量的调研、开发和广告费用，规模效应显著。但是这种模式不能为旅游消费者提供差异性的、有针对性的产品。

七、影响目标市场选择的因素

（一）旅行社实力

若旅行社的资源和销售能力十分强大，有能力占领更大的市场，就可以采用市场全面覆盖模式；反之，如果旅行社资源有限，实力不强，无力兼顾整体市场或者更多的细分市场，就应考虑采用单一市场集中化模式或者市场专门化模式。

（二）旅游产品特性

如果旅行社提供的产品与其他旅行社提供的产品具有较多的相似性，则适宜采取无差异性外联销售模式；反之，如果其产品是多样化的，与其他旅行社的产品相比差异性显著，则应该考虑采用市场全面覆盖模式或者专门化模式。

（三）市场特性

市场特性主要是指市场的同质性，即细分市场之间旅游消费者需求特征的相似程度。若需求比较接近，对产品的兴趣爱好大致相同，则应采取无差异性的模式；反之则应考虑差异性的模式。

（四）旅游产品生命周期

旅游产品所处生命周期不同，旅行社采取的外联销售模式也不同。当旅行社推出新产品时，因竞争者相对较少，旅游消费者对该产品了解的程度有限，故宜采用无差异性模式；当旅游产品进入生命周期中的成长后期和成熟期时，投入市场的品种增加，市场竞争加剧，旅行社为了在角逐中战胜竞争对手，需要延长产品的生命周期，宜采用差异性的模式；而当旅游产品进入衰退期，旅行社为了维持一定的市场份额，常常采用产品、市场专门化的模式。

（五）市场竞争情况

考察市场竞争情况，应从两方面着手：一是考察竞争者的数量和市场竞争的激烈程度。当竞争者众多时，为了在不同的旅游消费群体中树立旅行社的形象，增强旅游产品的竞争力，往往采用产品、市场专门化模式；反之，竞争者数量不多时，可以采用无差异性模式。二是考察竞争者的目标市场策略。如果竞争者采用无差异性的模式，本旅行社若同时采用该种方式则势必处于弱势，而如果采用差异性模式，则有可能取得胜利。

知识拓展

一、市场细分的作用

（一）有助于发现最有利的市场机会，拓展新市场，提高市场占有率

通过对市场进行细分，可以更充分地了解不同旅游者及旅游者群体的需要，可以对每个细分市场的购买潜力、满足程度、竞争情况等进行分析比较，找出有利于本企业的市场机会，以便及时做出销售决策，掌握市场主动权，提高市场占有率。

（二）有利于满足旅游者的个性需求

旅游者的需求是千差万别的，并且是不断变化的。如果始终将旅游市场作为一个整体看待，那么一定会有很多需求被忽视。在细分后的市场中，信息的了解和反馈会变得更加便捷。一旦消费者的需求发生变化，旅行社可以迅速调整营销策略，制定新的市场对策以满足旅游者的需求。

（三）有利于发挥旅行社资源价值，避免盲目性

通过市场细分，选择适合自己的细分市场，可避免销售的盲目性，集合自己的人、财、物等资源，及时、准确地规划和调整旅游产品结构、价格、销售渠道，取得局部市场上的优势，达到降低销售成本、扩大市场份额、提高经济效益的目的。

二、市场细分的程序

销售市场细分一般按照如下程序进行：

第一，选择市场范围。即选择与确定营销区域和旅游消费者类型。旅行社在选定旅游产品市场范围时，并非以旅游产品本身特性来确定市场范围，而是以旅游需求为标准，需求市场范围越大，商机就越大，旅行社营销成功的机会也就越多。

第二，把握需求。在确定市场范围以后，旅行社应该尽可能通过调查收集资料，充分了解和把握确定的市场范围中现存的和潜在的旅游需求，包括旅游者的旅游目的、生活习惯、消费档次、出游时机等，并一一列出、归类，以便决定采取何种细分市场的变量组合。

第三，分析可能存在的细分市场，进行初步细分。主要依据旅游者的地区分布、组成结构、心理需求和购买行为等因素来细分，同时根据旅行社经营的经验做出估计和判断。

第四，整理、筛选相关信息，确定细分市场时应考虑的因素。通过调研活动，剔除各细分市场之间相同或者相似的一些旅游需求，并比较各细分市场，确定各需求因素的重要程度，再结合旅行社实际情况，放弃不适宜开拓的细分市场，筛选出最能发挥旅行社优势的细分市场。

第五，进一步分析和整合市场。销售人员应深入分析各细分市场的需求，了解该市场中消费者的购买动机、购买行为等是否符合旅行社的实际情况，以便对各个细分市场进行必要的合并或进一步细分，从而形成更权威的目标市场报告。

细分市场时还应注意以下几个问题：

（1）市场细分不是越细越好，要考虑到细分后市场的规模、发展潜力和获利能力，使企业有利可图。

（2）正确把握“反细分化”策略。即当发现由于细分过度带来不利影响时，要通过过滤某些细分市场，或把现存的几个旅游细分市场整合在一起，减少细分市场的数目，实现反细分化，扩大旅游产品适销范围，降低营销费用，提升市场竞争力。

项目二　分析定价策略

学习目标

知识目标： 掌握旅游产品定价策略；
熟悉旅游产品的定价方法。

能力目标： 能针对情况选择合适的价格策略。

素质目标： 培养学生诚信经营的意识。

任　务　书

分析定价策略任务单

专业班组		组长		完成日期	
任务描述： 分析本市3～4家旅行社相同的线路但不同价的原因，并通过这些原因推测各旅行社的定价策略。					
任务实施：					

任务分组

学生任务分配表

专业班组		组长		指导教师	
小组成员					
任务分工					

获取资讯

- **引导问题1：**旅游产品价格组成包括哪些内容？

- **引导问题2：**旅游产品定价策略有哪些？

- **引导问题3：**如何选择产品定价策略？

工作计划

分析定价策略工作方案

步骤	工作内容	工作方式	负责人
1			
2			
3			
4			
5			
6			

进行决策

（1）各组派代表阐述本小组团队组织情况及相应的结论。

（2）各组对其他组的汇报内容提出自己不同的观点和看法。

（3）结合大家的建议，选出最优方案。

工作实施

以工作汇报的形式，向大家一一展示本组得出的结论。

评价反馈

学生自我检视表

任务	完成情况	未完成内容	未按时完成原因
获取资讯模块下的引导问题是否认真完成			
引导问题涉及的知识是否完全掌握			
项目中所涉及的基本技能是否完全掌握			
实施过程中交代的任务是否按时完成			
项目实施过程中涉及的材料上交是否及时			
项目完成过程中是否有创新点			
收获：			
备注：本自我检视表，主要目的是总结、回顾本项目知识，了解同学们对知识的了解、掌握和运用情况。同学们根据个人学习实际情况如实填写，可起到查缺补漏，完全掌握和熟练运用本项目知识的学习目标。此环节与引导问题填写也可按学生填写表格和引导问题完成情况、查缺补漏的实际行动进行打分			

学生评价表

班级		组别		任务名称	

评价指标	评价标准	分值
参与状态	不迟到、不早退，不无故缺课； 与老师、同学之间是否互相尊重、理解、平等； 与老师、同学之间是否能够保持多向、丰富、恰当的信息交流； 遵守团队纪律，认真倾听团队成员意见，积极协作分享； 善于多角度思考问题，能主动提出有价值的问题，发表个人见解； 探究学习、自主学习，不流于形式，做到有效学习	20
信息咨询	能有效利用教材、网络资源查找有效信息；能够认真研讨信息内容进行知识转化，转化成自己的认知；能将学到的理论知识应用于实际工作中	10
感知工作	熟悉自己的工作岗位，认同工作的价值；在工作中获得满足感	10
工作方法	工作计划、工作方法符合规范要求；获得了进一步发展的能力	10
工作过程	遵守团队纪律，工作过程中符合旅行社员工规范要求；平时上课的出勤情况和每天完成工作任务情况；善于多角度思考问题，能主动发现、提出有价值的问题	15
任务完成	较好地掌握了专业知识点；具有较强的信息分析能力和理解能力；具有较为全面严谨的思维能力并能条理明晰地表述成文，按时按质完成工作任务	25
思维状态	能发现问题、提出问题、分析问题、解决问题、创新问题	10

互评打分

评价人	被评价人		参与状态（20分）	信息咨询（10分）	感知工作（10分）	工作方法（10分）	工作过程（15分）	任务完成（25分）	思维状态（10分）
学生A	学生B	（30%）							
	学生C								
	学生D								
	学生E								
授课教师		（70%）							

最后总分：

备注：本评价表用于评价学生任务完成情况，学生互评占30%，教师评价占70%

团队评价表

班级		组别		任务名称	

评价指标	评价标准	分值
团队表现	团队成员不迟到、不早退，不无故缺课，工作的状态积极，按时完成工作任务	5
	团队成员遵守团队纪律，团队成员之间互相尊重、认真倾听、协作分享	5
	团队成员善于多角度思考问题，能主动提出有价值的问题，发表个人见解	5
	团队成员能够认真倾听其他组同学工作汇报，虚心好学，乐于思考，提出合理化建议	5
任务描述、接受任务	对任务的理解正确，工作思路清晰	5
任务分析、分工情况	能够对任务内容进行全面、具体分析，小组成员分工明确	5
制订计划	计划内容全面，具有条理性，制订的内容符合工作要求	5
计划实施	选取旅游线路数量符合要求	12
	旅游线路选择正确，具有代表性	12
	影响旅游产品定价的因素考虑全面	12
	掌握旅游消费者消费心理较全面	12
	对旅行社采取的旅游产品定价策略分析得当	12
创新点	能发现问题、提出问题、分析问题、解决问题、创新问题	5

互评打分

评价组	被评价组		团队表现（20分）	任务描述、接受任务（5分）	任务分析、分工情况（5分）	制订计划（5分）	计划实施（60分）	创新点（5分）
第1组	第2组	30%						
	第3组							
	第4组							
	第5组							
教师评价		70%						

最后总分：

简要评述：

备注：本评价单用于小组完成任务情况评价，包括小组间互评占30%、教师评价占70%。

项目相关知识点

一、新产品定价策略

旅游新产品定价是旅游产品定价策略中一个非常重要的问题，它关系到旅游新产品能否顺利地进入旅游目标市场，并为以后占领旅游目标市场打下基础。旅游新产品定价策略主要有撇脂定价策略、渗透定价策略、满意定价策略。

（一）撇脂定价策略

撇脂定价策略是一种高价格策略，即在旅游新产品进入市场初期，将价格定得高些，以求在短期内获取较高的利润。这种价格策略犹如从鲜奶中撇取奶油，因而称为撇脂定价策略。旅游新产品刚上市时，在旅游市场上没有竞争对手或竞争对手很少，旅游企业把旅游新产品的价格定得高一些是可行的，能满足那些求新、求异且对旅游产品价格不是很敏感的旅游者的需求。

撇脂定价策略，有利于旅游企业在短期内取得高额利润，尽快收回投资；而且这种定价策略降价空间较大，可以在竞争加剧时采取降价手段，既可限制竞争者的加入，又符合旅游者对价格从高到低的客观心理反应。缺点是：旅游新产品有可能因高价抑制旅游市场需求，影响市场开拓，导致销售量减少，不一定带来高额利润；此外，高价会刺激更多竞争者进入市场，使旅游新产品的价格下降，缩短旅游新产品的高额利润时期。这种定价策略一般适用具有独特技术、不易仿制、生产能力不能迅速扩大等特点的旅游新产品。

（二）渗透定价策略

渗透定价策略是一种低价策略，即旅游企业在旅游新产品投入市场时，以较低的价格吸引旅游者，以便迅速占领旅游目标市场。其优点是：实行低价策略，有利于迅速打开旅游新产品的销路，扩大市场销售量，还能阻止竞争对手加入，减少旅游企业的竞争压力。缺点是：它会导致投资回收期延长，旅游新产品若不能迅速打开市场或遇到强劲的竞争对手时，会遭受重大损失。这种定价策略适用于能尽快大批量生产、特点不突出、技术简单的旅游新产品，如旅行社的观光旅游产品等。

（三）满意定价策略

满意定价策略是一种折中价格策略，它是介于撇脂定价与渗透定价之间的一种价格策略，即旅游企业所制定的旅游新产品的价格比撇脂定价低，比渗透定价高，旅游企业与旅游者都能接受的价格，因而称为满意定价策略。其优点是：有利于吸引旅游者，促进旅游新产品的销售，保证旅游企业取得一定的利润。缺点是：很难掌握买卖双方都感到满意的价格水平，难以适应复杂多变的旅游者的需求或竞争激烈的旅游市场营销环境。

二、心理定价策略

心理定价策略是指旅游企业用心理原理，根据不同类型旅游者购买产品时的不同购买心理对旅游产品进行定价，以促使旅游者购买。

（一）尾数定价策略

尾数定价策略又称非整数定价策略，即旅游企业给旅游产品制定一个以零头数结尾的非整数价格，从而使旅游者产生经过精确计算的最低价格的心理。同时，旅游者会觉得旅游企业定价认真，对旅游者负责。尾数定价策略给旅游者便宜感。如某旅游产品 9.90 元，仅比10

元差一角钱，看起来更具有吸引力。这种定价策略一般适用于价格低的旅游产品。

（二）整数定价策略

整数定价策略是指旅游企业把旅游产品的价格定为整数的一种策略，如将旅游景点门票的价格定为100元。在旅游市场上，旅游者难以了解旅游产品的性能和质量，往往只能凭借旅游产品的价格来认识。在这种情况下，旅游企业采用整数定价，可以提高旅游产品本身的价值，使旅游者产生“一分钱一分货”的心理效应，满足旅游者高消费的心理，从而促进旅游产品的销售，提高旅游企业的经济效益。这种定价策略适用于高档、名牌旅游产品的定价。例如，旅游纪念品价格。

（三）声望定价策略

声望定价策略是指旅游企业针对旅游者“价高质必优”的心理，对在旅游者心目中有较高信誉的旅游产品制定较高的价格。旅游企业采用声望定价不仅使旅游企业获得单位旅游产品的最高利润，而且有利于提高旅游产品的形象，从而进一步提高旅游企业的声望，同时也满足了旅游者购买旅游产品提高社会地位的求名心理和炫耀心理。这种定价策略适用于知名品牌的旅游产品。例如：迪士尼和方特等知名景区的门票价格。

（四）招徕定价策略

招徕定价策略是指旅游企业有意将某种或某几种旅游产品的价格定得很低，甚至低于成本，以价格低廉迎合旅游者的求廉心理而招徕旅游者，借机带动和扩大其他旅游产品的销售。如旅行社为招徕旅游者，定期推出特价团，以吸引旅游者。一般情况下，采取招徕定价策略应与相应的广告宣传相配合。

三、折扣定价策略

折扣定价策略是指旅游企业为了吸引旅游者，扩大旅游产品的销售，或为了加强与旅游中间商的合作关系，在既定的旅游产品价格基础上，对旅游者或旅游中间商实行折扣价格的一种策略。

（一）数量折扣策略

数量折扣策略是指旅游企业为了鼓励旅游者或旅游中间商大量购买旅游产品，对达到一定购买数量的给予一定价格折扣的优惠策略。一般来说，购买数量越多，价格折扣就越大。数量折扣又分为累计数量折扣和非累计数量折扣两种形式，前者指在一定时间内，按购买者购买总量或总金额给予不同价格折扣；后者是按购买者每次购买总量或总金额给予相应的价格折扣。

（二）季节折扣策略

季节折扣策略是指旅游企业在旅游产品销售淡季时，为鼓励旅游者购买旅游产品而给予一定价格折扣的优惠策略。在旅游淡季，旅游企业客源不足、服务设施闲置，为吸引旅游者，旅游企业就制定低于旺季时的旅游产品价格以刺激旅游者的消费欲望。

（三）现金折扣策略

现金折扣策略是指旅游企业为鼓励旅游者或旅游中间商以现金付款或按期付款而给予的旅游购买者一定价格折扣的优惠策略。例如，旅游企业在交易合同中的付款方式上经常有“2/10净价30”的字样，这就表示付款期为30天，如买方在10天内付款，给予2%的折扣。旅游企业采取现金折扣策略的目的是鼓励旅游产品购买者提前付款，加速旅游企业的资金周转，从而利于扩大再生产。

（四）交易折扣策略

交易折扣策略又称功能性折扣策略，即旅游企业根据各类旅游中间商在旅游市场营销中所担任的不同职责给予不同的价格折扣。一般来说，旅游企业给予旅游批发商的折扣较大，而给予旅游零售商的折扣较小。旅游企业实行交易折扣策略的目的，在于鼓励各类旅游中间商销售本企业的旅游产品，充分发挥各自组织旅游市场营销活动的功能。

四、差别定价策略

差别定价策略是指旅游企业根据旅游者对旅游产品的需求强度和需求弹性的差别，相同的旅游产品以不同的价格销售的策略。

（一）游客差别定价策略

旅游企业对不同的旅游者和同一种旅游产品制定不同的价格。采用这种定价策略，可以稳定客源，维持旅游企业的基本销售收入。例如，相同旅游产品对于回头客和初次购买产品的顾客价格不同。有时为了开拓新市场，增加销售收入也常采用此策略。例如，旅行社为了招徕顾客，降低一部分价格，抢占市场。

（二）产品形式差别定价策略

旅游企业对不同形式的同类旅游产品制定不同的价格。采用这种定价策略，可以满足不同旅游者的需求，使旅游产品更具有针对性。例如，相同的旅游线路，游览天数不同价格不同。

（三）位置差别定价策略

旅游企业销售相同的旅游产品，可根据不同位置所造成的需求强度差异而制定不同价格。例如，需求强度大的地区，价格稍高一些，需求强度小的地区，价格稍降低一些。

（四）时间差别定价策略

在不同的时间，旅游者对同一种旅游产品的需求有明显的差别，因而旅游企业对同一种旅游产品在不同的时间应制定不同的价格。例如，某一旅游目的地正值旅游黄金时间段，旅游产品的价格必然要比淡季价格高。

知识拓展

一、旅游产品价格的含义

旅游产品价格是旅游产品价值的货币表现，是由旅游产品的内在价值和消费者附着在旅游产品上的心理价值综合决定的。旅游产品价格的形成，受到一定定价目标的制约和引导，并且受到其他诸多因素的影响。

二、影响旅游产品定价的因素

1. 旅游产品成本

旅游产品成本是由旅游产品的生产过程和流通过程所花费的物质消耗和支付的劳动报酬所形成的，是构成旅游产品价值和价格的主要组成部分。旅游企业在确定旅游产品的价格时，要使总成本得到补偿并获取利润，旅游产品的价格就要超过旅游产品的成本。

2. 旅游产品供求关系

当旅游产品的供求关系发生变化时，旅游产品的价格也要发生变化。一般来说，在旅游旺季，旅游产品的价格呈现上涨趋势；而在旅游淡季，旅游产品的价格呈现下降趋势。

3. 旅游市场竞争状况

旅游市场竞争状况是影响旅游产品定价的重要因素。旅游市场的竞争越激烈，对旅游产品定价的影响就越大。

4. 旅游市场需求

旅游市场需求对旅游产品价格的制定有着重要的影响，一般来说，旅游景点、旅游购物、旅游娱乐这些是旅游任选项，旅游企业可以通过这几个项目的取舍实现产品价格的下降，来刺激旅游者的需求，实现扩大销售；而旅游餐饮、旅游住宿、旅游交通，这些是旅游必需品，不是任选项，而是必选项，需求弹性相对较低，价格的变动对旅游者的需求变化影响较大。

5. 旅游企业营销目标

旅游企业在市场营销中总是根据不断变化的旅游市场需求和自身实力状况，并出于短期或长期的发展考虑，确定旅游企业的营销目标和旅游产品的价格。

6. 汇率变动

汇率变动是指国际货币比价的变动状况。汇率变动的影响主要通过旅游产品的报价形式反映出来。若外国货币升值对海外旅游者有利，有利于促进海外旅游者人数的增加；若旅游目的地国家或地区的货币升值，就有可能造成入境旅游者减少。

7. 通货膨胀

通货膨胀是指流通领域中的货币供应量超过了货币需求量引起的货币贬值、物价上涨等现象。旅游目的地的通货膨胀会造成单位货币的购买力下降，使旅游企业产品的生产成本、经营费用增加，从而迫使旅游企业提高旅游产品的价格，并使价格的提升幅度大于通货膨胀率，这样才能保证旅游企业不致亏损。

8. 政府宏观管理

政府对旅游产品价格的宏观管理，主要通过行政、法律手段进行调节。为维护市场秩序、规范市场行为，限制旅游企业不正当竞争或牟取暴利，政府以行政、法律手段制定旅游产品的最高和最低限价，维护旅游企业和旅游者的利益。

三、旅游产品定价目标

旅游产品定价目标是指旅游企业在制定旅游产品价格时所要达到的目的。旅游产品定价目标是旅游企业营销目标的基础，也是旅游企业选择定价方法和制定价格策略的依据。由于旅游企业的营销目标有各种选择，所以旅游产品的定价目标有多种形式。

1. 以追求利润最大化为目标

旅游企业期望通过制定较高的价格，迅速获取最大利润。这种定价目标适用于旅游企业的旅游产品在旅游市场上享有很高的声誉、在旅游市场竞争中处于绝对有利的地位的情况。但旅游企业以取得最大利润为定价目标并不意味着旅游企业的价格最大化。旅游企业选用这种定价目标，必须对旅游产品成本与市场需求做出精确的预测，并据此制定适当的价格，以吸引旅游者、扩大销售规模，从而获取最大利润。

2. 以实现预期投资收益率为目标

预期投资收益率是指预期的收益占投资额的百分比。实现预期投资收益率是旅游企业常采用的一种旅游产品定价目标。在这种定价目标下，旅游企业在制定旅游产品价格时就必须考虑旅游产品的投资总额，并估算怎样的旅游产品价格才能在预定期内收回投资并获得一定的利润。这样，在其他条件不变的情况下，旅游产品价格的高低取决于旅游企业确定的投资收益率的高低。

3．以维持企业生存为目标

当企业遇到经营困难时，为维持业务、等待市场转机以让企业度过生存危机，旅游企业管理人员一般会采取低价策略，以低价吸引旅游者。有时营销管理人员会把旅游产品价格定在成本线附近，这种做法看起来不赚钱但却有相对利益，可以积攒人气，占领市场份额，保持企业在旅游者心目中的位置。旅游企业在市场低迷时可以求生存为目标，待旅游市场情况好转后再从求生存转变为谋发展。

4．以提高市场占有率为目标

市场占有率是指旅游企业某种旅游产品的销售额占旅游市场同类旅游产品的销售额的比例，旅游企业以提高市场占有率为定价目标，主要目的是维持和扩大旅游产品的市场销售量，并为提高旅游企业利润提供可靠的保证。

5．以适应竞争为目标

为适应竞争，旅游企业往往以对旅游市场有决定影响的竞争对手的旅游产品定价为参照，来制定旅游产品的价格。实力较弱的旅游企业，主要采用与竞争者价格相同或略低于竞争者的价格销售旅游产品；实力雄厚，旨在提高市场占有率的旅游企业，主要采用低于竞争者的价格销售旅游产品，以防止竞争对手抢占份额。

四、旅游产品定价方法

旅游企业进行旅游产品定价时，一般遵循的原则是：旅游产品成本是旅游产品价格的下限，竞争者与替代产品的价格是旅游产品定价的出发点，旅游者对旅游产品的评价是旅游产品价格的上限。因此就形成了成本导向、需求导向、竞争导向三种基本的定价方法。

1．成本导向定价法

（1）成本加成定价法。成本加成定价法是指在单位旅游产品成本的基础上，加上预期利润而制定的旅游产品价格。用公式表示为

$$旅游产品价格=单位产品成本\times(1+加成率)$$

式中，单位产品成本是单位产品变动成本与平均分摊的固定成本之和，加成率是单位产品的预期利润率。

成本加成定价法的优点是计算简单、简便易行，有利于缓和同类旅游产品的价格竞争，使旅游企业获得预期的利润；缺点是未考虑旅游市场的需求和竞争因素，缺乏灵活性。成本加成定价法主要应用于制定旅行社产品、饭店餐饮产品方面的价格。

（2）目标利润定价法。目标利润定价法是指旅游企业根据估算的总成本和预计的总销售量，确定应达到的目标利润，从而制定的旅游产品价格。用公式表示为

$$旅游产品价格=(总成本+目标利润)\div预计销售量$$

目标利润定价法的优点是，如果旅游企业预计的销售量和估算的总成本都比较准确，则能实现预期的目标利润。缺点是此方法是以预计销售量来制定价格的，而价格是对销售量起决定性作用的因素，所以目标利润定价法计算出来的价格，难以保证销售量的必然实现，尤其是当旅游产品的需求弹性较大时，这个问题更为突出。因此，只有经营垄断性旅游产品或具有很高市场占有率的旅游企业才有可能采用目标利润定价法进行定价。

2. 需求导向定价法

需求导向定价法是根据旅游者的需求强度、需求特点以及旅游者对旅游产品价值的认识和理解来制定价格的。需求强度大小决定定价高低，常用的需求导向定价法主要有以下两种：

（1）需求差异定价法，是指产品价格的确定以需求为依据，首先强调适应消费者需求的不同特性，而将成本补偿放在次要地位。这种定价方法，对同一商品在同一市场上制定两个或两个以上的价格，或使不同商品价格之间的差额大于其成本之间的差额。其好处是可以使企业定价最大限度地符合市场需求，促进商品销售，有利于企业获取最佳的经济效益。比如，对老客户和新客户、残疾人和健康人分别采用不同的价格。

（2）理解价值定价法。即以消费者对产品价值的认识及理解作为定价的基本依据来制定产品价格。把买方的价值判断与卖方的成本费用相比较，定价时更应侧重考虑前者，因此正确估计购买者所承认的价值是旅游企业采用此方法的关键。

3. 竞争导向定价法

竞争导向定价法是指旅游企业以旅游市场竞争对手的价格为基础的定价方法。它以旅游市场竞争为中心，结合旅游企业的自身实力状况，发展战略等因素的要求来制定价格。竞争导向定价法主要有以下两种：

（1）率先定价法。率先定价法是一种主动竞争的定价方法。旅游企业根据自身旅游产品的实际情况以及与竞争对手旅游产品的差异状况率先制定出符合市场行情的价格，以便在竞争中处于主动地位。

（2）随行就市定价法。随行就市定价法是指旅游企业根据旅游市场上同类旅游产品的平均价格水平为基础来确定旅游产品价格的定价方法。在激烈的旅游市场竞争中，生产同类旅游产品的企业，若旅游产品的价格高于竞争对手，市场销售额就可能减少；若价格低于竞争对手，就会减少利润。而平均价格被旅游者认为是合理的价格，旅游者易于接受，又可以避免旅游企业之间的价格竞争，使企业获取稳定的市场份额。

项目三　制定旅游产品营销渠道策略

学习目标

知识目标： 掌握旅游产品营销渠道策略；
掌握制定旅游产品营销渠道策略程序。
能力目标： 能够分析影响制定旅游产品营销渠道策略的因素。
素质目标： 培养学生规范经营、守法经营。

任务书

制定旅游产品营销渠道策略任务单

专业班组		组长		完成日期	
任务描述： 你和几个同学毕业后自主创业开办旅行社，通过调研分析影响制定旅游产品渠道策略的因素，制定属于自己的旅游产品营销渠道策略。					
完成内容：					

任务分组

学生任务分配表

专业班组		组长		指导教师	
小组成员					
任务分工					

获取资讯

● 引导问题1：营销渠道有哪些？简述各种渠道的优势和劣势。

● 引导问题2：影响旅游产品营销渠道决策的主要因素有哪些？

● 引导问题3：你所选择的营销渠道的原因是什么？

工作计划

制定旅游产品营销渠道策略工作方案

步骤	工作内容	工作方式	负责人
1			
2			
3			
4			
5			
6			

进行决策

（1）各组派代表阐述本小组团队组织情况及相应的旅游产品营销渠道策略的制定安排。

（2）各组对其他组的汇报内容提出自己不同的观点和看法。

（3）结合大家的建议，选出最优方案。

工作实施

以工作汇报和情景表演的形式，按照本组设定的工作流程，向大家展示制定旅游产品营销渠道策略的过程。

评价反馈

学生自我检视表

任务	完成情况	未完成内容	未按时完成原因
获取资讯模块下的引导问题是否认真完成			
引导问题涉及的知识是否完全掌握			
项目中所涉及的基本技能是否完全掌握			
实施过程中交代的任务是否按时完成			
项目实施过程中涉及的材料上交是否及时			
项目完成过程中是否有创新点			
收获：			
备注：本自我检视表，主要目的是总结、回顾本项目知识，了解同学们对知识的了解、掌握和运用情况。同学们根据个人学习实际情况如实填写，可起到查缺补漏，完全掌握和熟练运用本项目知识的学习目标。此环节与引导问题填写也可按学生填写表格和引导问题完成情况、查缺补漏的实际行动进行打分			

学生评价表

班级		组别		任务名称	

评价指标	评价标准	分值
参与状态	不迟到、不早退，不无故缺课； 与老师、同学之间是否互相尊重、理解、平等； 与老师、同学之间是否能够保持多向、丰富、恰当的信息交流； 遵守团队纪律，认真倾听团队成员意见，积极协作分享； 善于多角度思考问题，能主动提出有价值的问题，发表个人见解； 探究学习、自主学习，不流于形式，做到有效学习	20
信息咨询	能有效利用教材、网络资源查找有效信息；能够认真研讨信息内容进行知识转化，转化成自己的认知；能将学到的理论知识应用于实际工作中	10
感知工作	熟悉自己的工作岗位，认同工作的价值；在工作中获得满足感	10
工作方法	工作计划、工作方法符合规范要求；获得了进一步发展的能力	10
工作过程	遵守团队纪律，工作过程中符合旅行社员工规范要求；平时上课的出勤情况和每天完成工作任务情况；善于多角度思考问题，能主动发现、提出有价值的问题	15
任务完成	较好地掌握了专业知识点；具有较强的信息分析能力和理解能力；具有较为全面严谨的思维能力并能条理明晰地表述成文，按时按质完成工作任务	25
思维状态	能发现问题、提出问题、分析问题、解决问题、创新问题	10

<table>
<tr><th colspan="10">互评打分</th></tr>
<tr><th>评价人</th><th colspan="2">被评价人</th><th>参与状态（20分）</th><th>信息咨询（10分）</th><th>感知工作（10分）</th><th>工作方法（10分）</th><th>工作过程（15分）</th><th>任务完成（25分）</th><th>思维状态（10分）</th></tr>
<tr><td rowspan="4">学生A</td><td>学生B</td><td rowspan="4">（30%）</td><td></td><td></td><td></td><td></td><td></td><td></td><td></td></tr>
<tr><td>学生C</td><td></td><td></td><td></td><td></td><td></td><td></td><td></td></tr>
<tr><td>学生D</td><td></td><td></td><td></td><td></td><td></td><td></td><td></td></tr>
<tr><td>学生E</td><td></td><td></td><td></td><td></td><td></td><td></td><td></td></tr>
<tr><td colspan="2">授课教师</td><td>（70%）</td><td></td><td></td><td></td><td></td><td></td><td></td><td></td></tr>
<tr><td colspan="10">最后总分：</td></tr>
<tr><td colspan="10">备注：本评价表用于评价学生任务完成情况，学生互评占30%，教师评价占70%</td></tr>
</table>

团队评价表

班级		组别		任务名称	

评价指标	评价标准	分值
团队表现	团队成员不迟到、不早退，不无故缺课，工作的状态积极，按时完成工作任务	5
	团队成员遵守团队纪律，团队成员之间互相尊重、认真倾听、协作分享	5
	团队成员善于多角度思考问题，能主动提出有价值的问题，发表个人见解	5
	团队成员能够认真倾听其他组同学工作汇报，虚心好学，乐于思考，提出合理的建议	5
任务描述、接受任务	对任务的理解正确，工作思路清晰	5
任务分析、分工情况	能够对任务内容进行全面、具体分析，小组成员分工明确	5
制订计划	计划内容全面，具有条理性，制订的内容符合工作要求	5
计划实施	制定旅游产品营销渠道程序掌握情况全面	12
	影响旅游产品渠道决策的主要因素分析准确	12
	清楚旅游产品营销渠道策略的分类	12
	能准确分析出各种营销渠道策略的优势和劣势	12
	能根据外部因素和企业自身条件，有理有据地选择营销渠道策略	12
创新点	能发现问题、提出问题、分析问题、解决问题、创新问题	5

互评打分

评价组	被评价组		团队表现（20分）	任务描述、接受任务（5分）	任务分析、分工情况（5分）	制订计划（5分）	计划实施（60分）	创新点（5分）
第1组	第2组	30%						
	第3组							
	第4组							
	第5组							
教师评价		70%						

最后总分：
简要评述：
备注：本评价表用于小组完成任务情况评价，小组互评占30%，教师评价占70%

项目相关知识点

一、旅游产品营销渠道的含义

旅游产品营销渠道是指旅游产品所有权从旅游生产企业向旅游消费者转移过程中经过的一切组织或个人所构成的通道。包括三层含义：

（1）营销渠道是旅游产品所有权转移的通道。旅游产品在从生产者到消费者的流通过程中，至少要转移所有权一次，而在现代市场经济中往往要通过各种中介机构，出现产品所有权的多次转移。

（2）营销渠道表明了旅游产品的流通过程。过程的起点是旅游产品的生产者，终点是旅游消费者，旅游代理商、旅游批发商、旅游零售商及其他中介组织或个人构成了它的中间环节。

（3）渠道成员之间相互联系、相互制约，在共同促进旅游产品及其所有权转移的过程中承担各自的营销职能。

二、影响旅游营销渠道决策的主要因素

企业在进行营销渠道决策时，需要全面、综合分析考虑影响渠道的各方面因素。

1. 旅游产品

旅游产品的类型、档次等都会影响营销渠道方案的设计。季节性、时效性强的旅游产品一般采取短渠道：如旅游餐厅、旅游景点等；而对销售面广的旅游产品，由于客源市场庞杂，企业业务量大，往往采用长渠道和多渠道。专业性强、档次高的产品，如探险旅游、环球旅游等，市场需求量小，营销针对性强，因而多用直接营销渠道；而对于大众化、低档次的旅游产品，则多用间接渠道，以扩大营销活动范围，争取更多客源。

2. 消费者

消费者的人数、购买量及购买频率、地理分布等也会对营销渠道设计产生不同程度的影响。对于某项旅游产品，若市场需求大且消费者分布广泛，宜使用长渠道、宽渠道，以扩大营销空间；消费者人数多且集中，则宜使用短渠道，以减少销售环节，节约营销费用。若消费者是少量多次购买，交易工作量大，宜利于中间商开展营销活动，以节约因频繁订货而增加的费用；若购买频率低而购买量大，则应尽量利用中间商，使用短渠道营销。

3. 旅游企业

旅游企业在选择营销渠道类型时，还应充分考虑企业的发展目标、规模实力、产品组合及营销能力等因素。从旅游产品组合的角度看，组合面窄、产品单一的企业宜通过批发商营销，而产品组合面广、品种多样的企业则可选择直接渠道。另外，规模大、资金雄厚的企业选择营销渠道的空间较大，灵活性也更强，而营销能力强的企业则可主要依自身力量开展营销活动。

4. 旅游中间商

中间商的企业素质及营销能力对营销活动效果起着至关重要的作用。如促销专业性强的旅游产品时，必须选择有针对性的、业务能力强的中间商，而对于大众化的旅游产品则宜通过覆盖面广、网点多的中间商进行销售。

5. 竞争状况

旅游企业在选择营销渠道时，还应深入分析市场竞争状况尤其是主要竞争对手的营销渠道体系，以增强竞争力或避免正面冲突。根据实际情况，旅游企业可选择与竞争者相同或相似的营销渠道，以争夺市场份额，或避免与竞争者使用相同渠道，以吸引不同的目标市场。

6. 销售环境

经济状况、政策法规、自然条件等也会影响旅游企业的营销渠道决策。经济不景气时，市场需求不足，旅游企业为节约成本，往往减少渠道环节；经济环境良好时则可适当增加营销渠道，以扩大供给面。旅游市场营销渠道同样受到国家有关政策法规的约束，如我国规定国内旅行社只能从事国内旅游业务，而不允许到海外招徕、组织客源。自然环境的影响主要表现为产品的地理区位及可进入性方面。若旅游企业或产品所处区位好，可进入性强，则可采用短渠道，反之，则宜利用中间商销售。

三、旅游市场营销渠道方案的选择

旅游企业在确定了渠道成员的销售水平及中间商的分工后，接下来的工作就是设计具体的营销渠道。它包括两方面的内容：

（一）营销渠道长度选择

1. 短渠道策略

短渠道策略具有以下优点：由于中间环节少，减少了营销费用，旅游消费者有可能购买到较低价格的旅游产品；加快了旅游企业与消费者之间的信息沟通，可以有效地避免信息的误传、失真等情况的发生；由于渠道短，旅游企业能够较为有效地控制整个渠道的运作。短渠道策略的缺点是：不利于旅游产品的推广和市场营销工作的全面开展；旅游企业对中间商的依赖程度高，一旦旅游企业与中间商产生矛盾，销售渠道将被阻塞。

2. 长渠道策略

在销售渠道中有两个以上的中间商，并在同一环节启用多家同类中间商。长渠道策略具有以下优点：有利于旅游企业建立纵横交错的销售渠道网络系统，并借助于该网络系统大量吸引客源；可以迅速双向传递信息，提高企业经营决策的可靠性和对市场行情变化的灵敏性。其不足之处是：中间环节多，旅游产品直接报价高，降低了市场竞争力；由于将部分或全部旅游产品的权利让渡给旅游中间商，旅游企业将丧失部分对目标市场的控制权和利润；在买方市场条件下，旅游中间商的谈判能力得到加强，导致旅游企业潜在利润的流失；旅游中间商有其自身独立的经济利益，一旦他们认为无利可图，必将丧失推销的积极性。

一般来说，在实际的营销活动中，旅游企业会同时采用这两种营销渠道。一方面，对近距离市场、企业自身营销能力可以达到，则多用直接渠道；另一方面，绝大多数旅游产品的目标市场都比较庞杂、分散，且有生产与消费异地的特点，因此仅凭企业自身的营销力量很难建立起足够的营销网点，而借助各种类型中间商的力量，可以使营销活动的辐射空间更为广阔。

（二）营销渠道宽度选择

1. 密集型营销

密集型营销指旅游企业在营销渠道中选取尽可能多的中间商，以扩大与旅游市场的接触面。该策略的优点是：能够广泛渗透目标市场，方便顾客购买，可更多地吸纳客源，从而有利于大量销售和扩大市场份额。其不足之处是：渠道费用高，控制难度大，为争夺客源易引发渠道冲突。此外，当客源量过大时会导致旅游产品供求失去平衡及服务质量下降等问题，从而影响企业乃至旅游目的地国家和地区的信誉。

通常这种策略适用于客源比较分散以及机票、火车票、大众化观光旅游产品的销售。

2. 独家营销

独家营销指旅游企业在特定市场上仅选择一家旅游批发商或零售商全面负责销售企业

的产品。实施这种策略时，合作双方常需要达成某些限制性条款，即在合同期内，旅游产品生产方不得在旅游产品所在地区内自设销售点或者再委托其他旅游中间商销售其产品；销售方也不代理销售生产者竞争对手的同类产品。因产销双方利益紧紧联系在一起，故利于沟通协调，易于调动中间商的积极性，成本亦比较低。但是若中间商选择不当或其信用等发生危机，其销售乏力，都可能引发巨大的市场风险。通常这种策略适用于客源量少以及品牌知名度和美誉度高的豪华型或某些特种旅游产品的销售；也适用于客源量大且合作的旅游中间商自己有较完备的零售系统的情况。

这种营销渠道决策有助于调动中间商的积极性，而且企业对中间商的控制能力强，在价格、促销、信用和服务等方面也更便于双方合作，其缺点是灵活性较小，不利于大众消费者分散购买。

3. 选择型营销

选择型营销指旅游企业只选择那些素质高、营销能力强的中间商销售其产品。该策略取上述两种策略之长而避其短，有利于企业将主要力量放在主要目标市场上，既利于渠道控制及降低渠道费用，又利于扩大销量。选择型营销适用于各种旅游产品的销售。

这种策略一般适用于档次高、专业性强的旅游产品，因为它要求中间商有较强的销售能力，并具备相应的专业知识，能给消费者提供针对性的服务。选择型营销有助于旅游企业树立鲜明的整体形象，提高知名度和美誉度。

知识拓展

一、旅游中间商的类型

旅游中间商指通过买卖旅游产品，从购进和销出的差价中获取利润的经销商，它与旅游生产者共同承担市场风险。旅游中间商主要分为旅游批发商和旅游零售商两类。

（一）旅游批发商

旅游批发商即以批量购进和销售旅游产品为主要业务的经销商，其销售对象主要出于转卖、加工或使用等目的，旅游批发商一般从事包价旅游的组织和销售活动，其组合的包价旅游产品主要面对闲暇旅游市场。旅游批发商的业务是将航空公司或其他交通运输企业的产品、住宿、餐饮与旅游目的地旅游企业的地面服务组合成整体性的旅游产品，然后通过旅游零售商销售给旅游者。旅游批发商对旅游度假等旅游目的地的选择具有强有力的影响。

与零售商相比，旅游批发商有以下特点：批量购进，批量销售；交易产品一般不直接进入最终消费领域；交易地域范围广；交易关系较为稳定；多分布在大型经济中心城市和地区。

（二）旅游零售商

旅游零售商指直接面对旅游产品的最终消费者从事销售活动的经销商，它们与旅游者联系最密切。它们代理航空公司、车站、旅游景点、饭店等机票、车票、门票、床位等单项旅游产品的销售，或代理旅游批发商整体旅游产品的销售，并根据销售量提取一定比例的佣金。有些旅游零售商也出售自己组合的包价旅游产品。旅游零售商直接与最终消费者接触，其交易活动是旅游产品流通过程的最后一道环节。旅游零售商在营销渠道中承担着两项重要职能：一是通过销售和服务使旅游产品转化为货币，从而实现旅游产品的价值；二是向生产者和批发商反馈旅游者需求、支付水平等信息，以便他们对旅游产品及营销活动做出相应的调整。

旅游零售商与旅游批发商相比有以下特点：每次交易量小，但交易频率高；交易进入最终消费领域；在旅游产品销售中伴随着相关服务；交易随机性大，交易活动较分散；交易的旅游产品类型丰富多样。

（三）旅游代理商

旅游代理商是指只接受旅游产品生产者或供应者的委托，在一定时间、一定地区内代售其产品的中间商。它是独立的企业，它与旅游产品生产者订立代理协议进行销售，在扣除自己应得的佣金后，将销售收入交还企业。旅游代理商在旅游者选择旅游产品、旅游企业、旅游目的地的决策中起到很强的决定性作用。

旅游代理商有如下两个主要特点：①它不拥有产品的所有权；②旅游代理商为委托人和消费者提供服务，并从中获取佣金，作为其收入的主要来源。由于不取得产品所有权，旅游代理商承担的风险要比经销商小得多。旅游产品生产企业一般在自己营销能力难以达到的地区，或在新产品投放期、产品销路不太好的情况下利用代理商寻找营销机会。

（四）其他旅游中间商

1. 专业媒介者

专业媒介者包括旅游经纪人、奖励旅游公司、会议计划者、协会执行人、公司旅游办公室和旅游咨询者等。旅游经纪人是一种特殊的旅游中间商，它们不拥有旅游产品的所有权，不控制产品的价格和销售条件，也不参与交易实务，只为双方牵线搭桥，成交后，旅游企业付给其佣金。奖励旅游公司为企业雇员或分销商提供奖励旅游，作为企业对他们工作努力的一种报酬。由于奖励旅游经常在度假旅游区域进行，因此对度假旅游胜地和一些旅游目的地来说奖励旅游公司是一种有效的分销渠道。

2. 互联网络

这是发展最快也是最有前途的中间商。旅游网络营销，是目标营销、直接营销、分散营销、顾客导向营销、双向互动营销、远程或全球营销、虚拟营销、无纸化交易、顾客式营销的综合。一方面，网络营销要针对新兴的网上虚拟市场，及时了解和把握网上虚拟市场的旅游消费者特征和旅游消费者行为模式的变化，为企业在网上虚拟市场开展营销活动提供可靠的数据分析和营销依据；另一方面，网络营销在网上虚拟市场开展营销活动，可以实现旅游企业目标。

二、渠道选择方案的评估

1. 经济性标准

这是最基本、最重要的标准。一般来说，旅游企业增加渠道环节将扩大销售额，但销售成本也相应增加。因而是否增添渠道环节关键看销售额的增量是否大于销售成本的增量。

2. 控制性标准

控制性标准即以旅游企业对渠道成员的可控制程度为标准。中间商是独立于旅游产品生产者以外而存在的组织，它同样以追求利润最大化为目标，因而中间商与生产者以及同一环节上的中间商之间难免会发生利益上的冲突，从而不利于销售活动的展开。因此，旅游企业在选择营销渠道时应尽量使渠道成员在自身的有效控制范围之内。

3. 适应性标准

适应性标准即主要根据营销渠道对市场环境的适应程度来选择营销渠道方案。旅游营销渠道的选择是一项预测性的管理活动，而且由于其耗时长、费用高，所以一经确立很难在短时间内做大的改变。因而，旅游企业在评估营销渠道方案时，还要充分考虑各方案对企业发展目标、目标市场变化、社会经济发展等的适应程度和应变能力。

项目四　选择促销策略

学习目标

知识目标：掌握旅游产品的促销方式；

掌握旅游产品促销策略的制定过程。

能力目标：能够制定促销策略；

能够计算促销预算。

素质目标：培养学生规范经营、守法经营。

任　务　书

选择促销策略任务单

专业班组		组长		完成日期	
任务描述：促销在旅游企业营销中有着重要作用，从促销的实质看，其发挥的作用是实现企业与顾客的信息沟通，为企业与顾客的交换创造条件。请你选择一个合适的时间节点，选用促销方式为旅行社制定促销策略。					
完成内容：					

任务分组

学生任务分配表

专业班组		组长		指导教师	
小组成员					
任务分工					

获取资讯

● **引导问题1：**请写出旅行社促销策略制定过程。

● **引导问题2：**旅行社进行产品促销的目的是什么？

● **引导问题3：**促销方式有哪些？

工作计划

选择促销策略工作方案

步骤	工作内容	工作方式	负责人
1			
2			
3			
4			
5			
6			

进行决策

（1）各组派代表阐述本小组团队组织情况及相应的促销策略的选择和处理工作安排。

（2）各组对其他组的汇报内容提出自己不同的观点和看法。

（3）结合大家的建议，选出最优方案。

工作实施

以工作汇报和情景表演的形式，按照本组设定的制定过程，向大家一一展示促销策略制定的各个环节。

评价反馈

学生自我检视表

任务	完成情况	未完成内容	未按时完成原因
获取资讯模块下的引导问题是否认真完成			
引导问题涉及的知识是否完全掌握			
项目中所涉及的基本技能是否完全掌握			
实施过程中交代的任务是否按时完成			
项目实施过程中涉及的材料上交是否及时			
项目完成过程中是否有创新点			
收获：			
备注：本自我检视表，主要目的是总结、回顾本项目知识，了解同学们对知识的了解、掌握和运用情况。同学们根据个人学习实际情况如实填写，可起到查缺补漏，完全掌握和熟练运用本项目知识的学习目标。此环节与引导问题填写也可按学生填写表格和引导问题完成情况、查缺补漏的实际行动进行打分			

学生评价表

<table>
<tr><td>班级</td><td></td><td>组别</td><td colspan="3"></td><td>任务名称</td><td colspan="3"></td></tr>
<tr><td>评价指标</td><td colspan="8">评价标准</td><td>分值</td></tr>
<tr><td>参与状态</td><td colspan="8">不迟到、不早退，不无故缺课；
与老师、同学之间是否互相尊重、理解、平等；
与老师、同学之间是否能够保持多向、丰富、恰当的信息交流；
遵守团队纪律，认真倾听团队成员意见，积极协作分享；
善于多角度思考问题，能主动提出有价值的问题，发表个人见解；
探究学习、自主学习，不流于形式，做到有效学习</td><td>20</td></tr>
<tr><td>信息咨询</td><td colspan="8">能有效利用教材、网络资源查找有效信息；能够认真研讨信息内容进行知识转化，转化成自己的认知；能将学到的理论知识应用于实际工作中</td><td>10</td></tr>
<tr><td>感知工作</td><td colspan="8">熟悉自己的工作岗位，认同工作的价值；在工作中获得满足感</td><td>10</td></tr>
<tr><td>工作方法</td><td colspan="8">工作计划、工作方法符合规范要求；获得了进一步发展的能力</td><td>10</td></tr>
<tr><td>工作过程</td><td colspan="8">遵守团队纪律，工作过程中符合旅行社员工规范要求；平时上课的出勤情况和每天完成工作任务情况；善于多角度思考问题，能主动发现、提出有价值的问题</td><td>15</td></tr>
<tr><td>任务完成</td><td colspan="8">较好地掌握了专业知识点；具有较强的信息分析能力和理解能力；具有较为全面严谨的思维能力并能条理明晰地表述成文，按时按质完成工作任务</td><td>25</td></tr>
<tr><td>思维状态</td><td colspan="8">能发现问题、提出问题、分析问题、解决问题、创新问题</td><td>10</td></tr>
<tr><td colspan="10">互评打分</td></tr>
<tr><td>评价人</td><td colspan="2">被评价人</td><td>参与状态（20分）</td><td>信息咨询（10分）</td><td>感知工作（10分）</td><td>工作方法（10分）</td><td>工作过程（15分）</td><td>任务完成（25分）</td><td>思维状态（10分）</td></tr>
<tr><td rowspan="4">学生A</td><td>学生B</td><td rowspan="4">（30%）</td><td></td><td></td><td></td><td></td><td></td><td></td><td></td></tr>
<tr><td>学生C</td><td></td><td></td><td></td><td></td><td></td><td></td><td></td></tr>
<tr><td>学生D</td><td></td><td></td><td></td><td></td><td></td><td></td><td></td></tr>
<tr><td>学生E</td><td></td><td></td><td></td><td></td><td></td><td></td><td></td></tr>
<tr><td colspan="2">授课教师</td><td>（70%）</td><td></td><td></td><td></td><td></td><td></td><td></td><td></td></tr>
<tr><td colspan="10">最后总分：</td></tr>
<tr><td colspan="10">备注：本评价表用于评价学生任务完成情况，学生互评占30%，教师评价占70%</td></tr>
</table>

团队评价表

班级		组别		任务名称	

评价指标	评价标准	分值
团队表现	团队成员不迟到、不早退，不无故缺课，工作的状态积极，按时完成工作任务	5
	团队成员遵守团队纪律，团队成员之间互相尊重、认真倾听、协作分享	5
	团队成员善于多角度思考问题，能主动提出有价值的问题，发表个人见解	5
	团队成员能够认真倾听其他组同学工作汇报，虚心好学，乐于思考，提出合理的建议	5
任务描述、接受任务	对任务的理解正确，工作思路清晰	5
任务分析、分工情况	能够对任务内容进行全面、具体分析，小组成员分工明确	5
制订计划	计划内容全面，具有条理性，制订的内容符合工作要求	5
计划实施	旅行社促销策略的制定过程掌握情况全面	12
	旅行社促销目标的制定合理，可达	12
	选择促销时间节点合理，有理有据	12
	促销预算计算方法选择合理、计算方式正确	12
	促销策略的选择合理，能够达到预期效果	12
创新点	能发现问题、提出问题、分析问题、解决问题、创新问题	5

互评打分

评价组	被评价组		团队表现（20分）	任务描述、接受任务（5分）	任务分析、分工情况（5分）	制订计划（5分）	计划实施（60分）	创新点（5分）
第1组	第2组	30%						
	第3组							
	第4组							
	第5组							
教师评价		70%						

最后总分：

简要评述：

备注：本评价表用于小组完成任务情况评价，小组互评占30%，教师评价占70%

项目相关知识点

一、认识旅行社促销

（一）旅行社促销的含义

旅行社通过一定的手段与顾客进行沟通，帮助游客认识旅游产品或服务带来的利益，从而引起游客的注意，唤起游客的兴趣，激发游客的购买欲望，进而促进游客采取购买行为。

（二）促销的作用

1. 提供信息，加强沟通

将旅行社提供的产品和服务的信息传递给消费者，以达到扩大销售的目的。特别是旅游产品和服务，由于具有无形性和异地消费的特点，使得游客在购买之前，无法通过实体形态来感知旅游产品，因此，旅游产品的促销相比其他商品就显得更加重要。

2. 塑造产品形象，提高旅行社声望

通过精心设计的促销活动，可以大幅度提升旅行社的声誉，美化旅行社的形象，在公众心目中树立起良好的口碑。通过促销活动，旅行社可以突出和放大自己的产品及服务与对手不同的特点，强化竞争优势，促使消费者形成对旅行社产品及服务的购买欲望和偏好，从而巩固和扩大其产品的市场份额。

3. 创造需求，刺激消费

促销活动通过各种形式向游客广泛介绍其产品的信息，不仅能够提高游客对产品的认知程度，诱发其需求和购买欲望，还能强化游客对产品的印象、刺激需求、创造新的需求。

二、旅行社促销的基本类型

（一）旅游广告

相对于旅行社自身来说，旅游广告媒体可分为两大类：一类是付费租用的大众传播媒体，主要包括电视、广播、报纸、杂志四大媒体，以及户外广告、直邮广告媒体；另一类是旅行社自行制作的媒体，如自办宣传物、宣传品及开通旅行社的网站。

对旅游广告媒体类型的选择主要应考虑以下四方面因素：目标消费群体的媒体视听习惯；旅游产品的特点；广告信息的特点；成本费用。

主要广告媒体及其特点的比较

广告媒体	优　点	缺　点
电视	视听并存，图文并茂，富有感染力，传播范围广，速度快，效率高	费用高，时间短；干扰较大；观众选择性差，设计制作难度较大
广播	信息传播及时，灵活，传播面广，广告费用较低	缺乏视觉吸引力，听众记忆起来相对较难，不如电视引人入胜
报纸	传播面广，可信度高，可选择性较强；费用较低；读者可反复查阅	内容较杂，易分散读者的注意力；彩色版面少，表现力较弱；浏览性读者多，广告不易被人记住，不利于保存
杂志	印刷精美，图文并茂，适用于形象广告；阅读率高，保存期长；便于针对阅读者目标市场选择	广告周期长，发行量较少，价格偏高

续表

广告媒体	优　点	缺　点
户外广告	灵活，醒目，展示时间长	广告信息接收对象选择性差；内容局限性大，难以表现创新
直邮广告	目标顾客针对性强；十分灵活，受时空条件限制最少	人员、时间、经济投入相对较高，使用不当容易引起收件人反感
网络	灵活及时，便于更新和补充；覆盖范围广；多媒体的信息发布，易于复制，费用较低，并能与网络预订结合	对目标受众缺乏选择；可信度受影响；被动的等待搜索；受计算机和网络普及程度的影响

（二）旅游公共关系

1. 旅游公共关系的含义

旅游公共关系指旅行社为了取得旅行社内部及社会大众的信任与支持，为自身的发展创造最佳的社会关系环境，在分析和处理自身面临的各种内部和外部关系时，所采取的一系列决策和行为。

2. 旅游公共关系的作用

旅游公共关系对于塑造旅行社富有魅力的公众形象，提高旅行社的知名度与美誉度，以增强其市场竞争力，具体表现为以下几个方面：美化旅行社形象，提高旅行社信誉；有利于选择与确定旅行社和产品的市场定位；协调旅行社内外关系，增强旅行社凝聚力。

3. 旅游公共关系的促销方式

旅行社常用的公共关系促销方式主要有新闻报道、特别活动、赞助和支持公益活动以及旅行社内部的公关活动四种。

旅行社通过以上公关活动，可使旅行社与社会公众联系密切，提高旅行社的知名度，创造良好的市场形象，从而影响旅游者的购买行为。旅行社应根据自身不同情况、不同时期的促销目标来开展各项卓有成效的公关促销活动。

（三）旅游营业推广

1. 旅游营业推广的含义

旅游营业推广指旅行社在某一特定时期与空间范围内，通过刺激和鼓励交易双方，并促使旅游者尽快购买或大量购买旅游产品及服务而采取的一系列促销措施和手段。从这一定义中不难看出，旅游营业推广强调的是在特定的时间、空间范围内，采用一系列非常规性的灵活多样性的促销手段，对供需双方进行强刺激，其直接效果是使旅游者产生立即购买或大量购买的行为达到短期高效的营销效果。

2. 旅游营业推广的作用

旅游营业推广的作用第一可以有效地加速新的旅游产品进入旅游市场的进程，第二可以有效地抵御和击败竞争者的营业推广促销活动，第三有利于增加旅游产品的消费，提高销售额，并带动关联产品的销售。

3. 旅游营业推广的具体任务与方法

（1）针对消费者的任务。其目的是使已有购买意愿的消费者尽快做出购买决定，鼓励现有消费者大量购买本旅行社的产品，吸引更多的潜在消费者实现购买，争夺竞争对手产品的市场等。常采用的推广方式有：举办或参加国际旅游展览会或博览会，赠送各类宣传品等。

（2）针对中间商的任务。其目的是调动中间商的积极性，鼓动中间商大量购进并出售本旅行社的产品。常采用的推广方式有：编发宣传品、组织销售竞赛、让价折扣、邀请参加国际旅游展览会或博览会等。

（3）针对本旅行社推销人员的任务。其目的是鼓励推销人员多成交及开拓更多的潜在市场。常采用的推广方式有：奖金激励、开展推销竞赛、组织奖励旅游等。

旅游营业推广的方法主要有：

（1）赠送产品。免费向旅游消费者和旅游中间商提供旅游产品，邀请旅游消费者和旅游中间商到旅游目的地进行免费旅游活动。

（2）赠送优惠券。消费者持优惠券购买产品，可享受优惠价格。

（3）赠送礼品。对购买者赠送礼品，如旅行社对所组织的旅行团成员赠送手提包、小钱袋、袖珍半导体收音机等礼品。

（4）让价折扣。对消费者和中间商所购买和推销的产品给予一定的折扣。

（5）津贴或补贴。这种奖励主要是针对旅游中间商的。旅行社为刺激和鼓励中间商对产品加大推销力度。从而增加产品销量，而对旅游中间商的广告、宣传费用等给予一定的津贴或补贴。津贴有广告津贴、宣传册津贴、陈列窗津贴等。

（6）产品展销。产品展销是旅行社开展营业推广的一个重要方式。产品展销会不论是国内的还是国际的，都是直接接触诸多旅游中间商和广大消费者的好机会。旅游产品展销可以将各种促销手段集于展销厅或展销台，其往往是美术、摄影、书法、图表、出版物、音像、手工艺品等的综合体现。

（7）编发宣传品。主要目的是向旅游者提供有关本旅行社及其产品的详尽情况，使他们相信本旅行社的旅游产品优于竞争者。

（8）组织销售竞赛。主要适用于旅游中间商及本旅行社的推销人员。一般由旅行社发起，通过有奖问答或设立销售额奖等形式，激发他们销售本旅行社产品的兴趣和积极性。对于获奖者，旅行社将给予一定的物质和精神奖励，如免费旅游、提高折扣和佣金等。由于这种方法能有效地激发销售人员的积极性，因而被大多数旅行社定期或不定期地采用。

（四）直接营销

直接营销是近年来旅行社发展迅速的一种促销方式。包括的主要形式有：

1. 人员推销

它是指旅行社通过委派销售人员，直接上门向旅游者推销产品。这是一种比较传统的直接营销方式。

2. 直接邮寄

直接邮寄是指旅行社通过直接向旅行者寄送产品目录或宣传品推销产品。

3. 电话营销

包括向内和向外两种方式：向内，是指旅行社通过公布“800”等免费电话，吸引旅游者使用电话查询或预订产品；向外，是指旅行社销售人员通过电话劝说旅游者购买其产品。

（五）现场传播

现场传播是指旅行社通过营业场所的布局、宣传品的陈列及内部装饰物等向旅游者传播产品信息，增强旅游者购买信心，促成旅游购买行为的发生。

三、旅游促销组合策略

所谓旅游促销组合，是指旅行社有目的、有计划地将人员推销、广告、公共关系、营业推广等促销手段进行灵活选择、有机组合和综合运用，形成整体的促销攻势。由于各种促销手段都有其利弊，因此在整个促销过程中，旅行社必须根据自己的营销目标和所处的营销环境，灵活地选择、搭配各种促销手段、制定旅游促销组合策略，提高促销的整体效果。

（一）影响促销组合的因素

1. 旅游产品的性质和特点

不同性质、不同特点的旅游产品，其购买者和购买需求各不相同，采取的促销方式也应有所差异。

2. 旅游产品市场生命周期

旅游产品在不同的生命周期阶段，需要采取不同的促销组合。产品生命用期与促销组合的关系见下表。

产品生命周期与促销组合的关系

产品生命周期	促销目标	促销组合	产品
投放期	旅游中间商、旅游者了解产品	以广告宣传为主，其余手段为辅	张家界景区
成长期	提高市场占有率，使旅游者信任	以广告人员推销为主	少林寺旅游区
成熟期	稳定客源，吸引潜在客源，提高市场占有率	更新广告，以广告宣传和人员推销为主	桂林漓江旅游区
衰退期	提高产品信誉，促使旅游者购买	以营业推广为主	—

3. 市场特征

不同的旅游市场，由于其规模、类型、消费者数量及分布情况各不相同，因此应采取不同的促销组合。

4. 旅行社规模

旅行社规模是指旅行社的规模、资金和市场覆盖率。旅行社规模的差别决定了促销组合的差别。

5. 促销费用

各种促销方法所花费用不等，旅行社制定促销策略时，应根据自己的财力、各种促销方法的费用及效果等综合考虑，以求用尽可能少的促销费用取得尽可能大的促销效果。

除了上述几个因素外，旅行社声誉及知名度、竞争状况，市场营销组合水平等，都会影响旅行社的促销组合策略制定。因此，旅行社在促销前，应该对所有因素统筹考虑，对各种促销方式灵活选择和组合。

（二）旅游促销组合策略的制定

1. 推式策略

推式策略着眼于积极地上门把本地或本旅行社旅游产品直接推向目标市场，也就是指“推着”旅游产品沿分销渠道最终到达消费者，用这一思维来指导渠道成员的营销活动，表现为在销售渠道中，每一个环节都对下一个环节主动出击，强化顾客的购买动机，说服顾客迅速采取购买行动。这种策略显然是以人员推销为主，辅之以上门营业推广活动、公关活动等。

2. 拉式策略

拉式策略是立足于直接激发最终购买者对购买本旅行社旅游产品的兴趣和愿望，促使其主动向旅行社或其他中间环节寻求点名服务；最终达到把旅游者逆向吸引到本旅游企业身边来的目的。拉式策略所重视的是对旅游者的促销，尽力使更多的旅游消费者产生旅游需求，以旅游者的购买行为作为拉动，促使旅游中间商一层一层求购，最后实现旅游产品的成功销售。这种策略是以广告宣传和营业推广为主，辅之以公关活动等。

旅游产品生产者在确定促销策略时，是选择推式策略还是选择拉式策略，这要视具体情况和条件而确定。

3. 锥形透射策略

锥形透射策略是指旅行社将其所有产品排成锥形，把认为最有吸引力的唯我独有的拳头产品作为锥尖，让锥尖先打入市场空隙，再层层推进，带动其他产品辐射到邻近市场区域。这种利用锥尖产品的知名度和影响力进行促销的策略，是一种以较少的促销经费获得较多促销成果的积极有效的策略。这种策略可以采用以人员推销、营业推广为主，辅之以广告宣传的促销组合策略。

上述三种策略在选择时，关键考虑哪一种策略更能以较低成本获得客源，同时有利于树立旅行社长期的市场形象。

知识拓展

一、旅行社的促销预算

1.旅行社促销目标的确定

简单地讲，旅行社的促销目标就是旅行社在一定时期内，通过各种推销要素的有机组合而要达到的总体目标。在旅行社经营实践中，旅行社的总体促销目标是确定旅行社各促销要素目标的依据，是旅行社促销策略的基础和核心，同时旅行社促销的总体目标也是通过各促销要素目标的实现而达到的。

一般说来，旅行社促销目标可划分为两类：一类为直接目标，是指寻求观众、听众行为反应的目标，如提高 10% 的销售额，增加 5% 的市场份额等；另一类是间接目标，是指不直接导致消费者行为的目标，如提高产品的知名度、改善形象、传播知识、改变旅游者态度等。间接目标对消费者行为可起到积极的影响和促进作用。

旅行社在确定促销目标时，一般应做到以下几点：一是目标必须具体，准确；二是目标必须尽可能量化，可测定；三是目标必须现实可行；四是各促销要素目标必须协调一致。

2.旅行社促销预算的确定

在理论上只要旅行社促销活动尚有利可图，这一促销活动就应继续进行。例如，某旅行社当前促销预算为10万元，计划增加3万元，那么是否应该增加这部分促销预算呢?答案很简单，只要能带来比追加的3万元更大的利益，该旅行社就应追加这部分预算，反之则否。根据上述理论，旅行社在确定促销预算时需要确定一系列因果关系问题的答案，这就是说，只有在确知促销结果的条件下促销预算才可能是准确的。但事实上，旅行社的决策者在进行预算时根本无法确知这一结果，因而上述理论也就无法付诸实践。在实践中的促销预算应尽量综合考虑促销目标、竞争因素、可利用资金等要素。据此，旅行社促销预算确定的方法主要包括销售额百分比法、利润额百分比法、目标达成法、竞争对抗法及支出可能法。

（1）销售额百分比法。销售额百分比法是指旅行社根据一定时期内的销售额的一定比例确定促销预算的方法。这种方法由于计算标准不同，又具体分为计划销售额百分比法（根据下年度计划销售额确定）、上年度销售额百分比法（根据上年或过去数年的平均销售额确定）、平均折中销售额百分比法（根据计划销售额和上年度销售额的平均值确定）、计划销售增加百分比法（即以上年度促销预算为基础，再结合下年度计划销售增加比例确定）。这种方法的优点是计算简单方便，不足之处在于其颠倒了销售与促销的因果关系，错误地将促销预算作为因变量，而将销售额作为自变量，而实际上销售额应该是促销预算的函数。根据这一错误的逻辑，如果某产品销售额下降，按这种方法则应该减少促销费用，而明智之举则是扩大促销预算，以防止销售额进一步下降，因此该方法不宜单独使用。

（2）利润额百分比法。其原理类似于销售额百分比法，只是用利润代替销售额，主要包括：计划利润额百分比法、上年度利润额百分比法、平均折中利润额百分比法、计划利润额增加百分比法四种。利润额百分比法还可细分为净利润额百分比法和毛利润额百分比法两种。其优缺点与销售额百分比法类似。促销预算和利润直接挂钩，适用于旅行社不同产品之间的促销预算分配。但此种分配比例也不应绝对化，如新产品在开拓期，需要进行大量促销，其促销支出比例就应高于其他产品。

（3）目标达成法。若采取目标达成法，旅行社应首先确定某一时期的促销目标，然后确定为实现这一目标所应进行的促销活动，并具体测算每项促销活动所需要的经费，在此基础上确定旅行社在特定时期的总体促销预算。以促销目标决定促销预算的方法决定了预算结果的科学性。只要促销目标明确，旅行社便可以制定出较准确的促销预算，同时还可以在促销活动实施后有效地检验促销效果。不仅如此，目标达成法还使得旅行社能够灵活地适应市场变化，有针对性地调整其促销策略。但是，目标达成法比较复杂，应用起来相对较难。旅行社应注意在决定促销预算的同时，运用其他预算方法，使促销预算确定切实可行。

（4）竞争对抗法。又称竞争对等法，即旅行社根据竞争对手的促销预算，确定本企业的促销预算。这种方法事实上是把促销作为商业竞争的武器，实行针锋相对的促销策略。采取这种方法的旅行社大都是财力雄厚的大旅行社，资金不足的中、小旅行社使用这种方法具有一定的风险性。这种方法在实际应用中又可以划分为市场占有率法和增减百分比法两种。

第一种是市场占有率法。即首先计算竞争对手在特定时期的市场占有率及其促销预算，求出竞争对手单位市场占有率的促销费用，并在此基础上，乘以本旅行社预计市场占有率，即得出本旅行社的促销预算，其计算公式为：

促销预算=(竞争对手特定时期的促销预算/竞争对手市场占有率)×本旅行社预计的市场占有率

例如，竞争对手的市场占有率为25%，它的促销费总额为500万元，则其每1%的市场占有率花费促销费20万元。本企业下年度预计的市场占有率为30%，则促销费应花费600万元。

第二种为本旅行社促销预算增减百分比的参考数。

竞争对抗法最主要的缺点是旅行社在市场营销策略、产品和目标市场未必完全相同（事实上不存在完全相同的企业）的情形下，盲目追随竞争对手的促销预算，且这实质上是将旅行社的促销预算权在无意识中拱手让于竞争对手，造成不必要的浪费。

（5）支出可能法。又称全力投入法，它是按照旅行社财力可能支付的金额，来确定促销预算的方法。可以根据市场供求变化情况灵活地调整促销预算，是一种较适应旅行社财务支出状况的方法。然而，这种方法也存在一定的局限性。在实际操作中，旅行社通常采用几种不同的方法来综合确定促销预算。

模块四 旅行社计划与调度

项目一 旅行社与各承接单位业务洽谈与合作

学习目标

知识目标：掌握旅行社采购的内容及流程；

认识建立协作网络的重要性。

能力目标：能够正确处理采购中的各种关系和特殊情况。

素质目标：培养学生认真细致的工作态度。

任务书

各旅游要素合作采购任务单

专业班组		组长		完成日期	
任务描述：“十一”假期，哈尔滨某旅行社接到北京中旅组团社10月3日一行30人团队抵达，哈尔滨游览后10月7日乘火车返程，哈尔滨地接社接到信息开始落实接待计划，请你完成此团队的计调接待工作，落实住宿、交通、餐饮、团队景点等相关工作。					
完成内容：					

任务分组

任务分配表

专业班组		组长		指导教师	
小组成员					
任务分工					

获取资讯

● **引导问题1：** 请写出订房程序。

● **引导问题2：** 请写出订房过程中常见的问题及应对方法。

● **引导问题3：** 请写出订餐采购的注意事项。

● **引导问题4：** 请写出采购交通的注意事项。

● **引导问题5：** 请写出采购游览项目过程中应注意事项。

工作计划

工作方案

步骤	工作内容	工作方式	负责人
1			
2			
3			
4			
5			
6			

进行决策

（1）各组派代表阐述本小组团队组织情况及相应的地接事务处理和安排。

（2）各组对其他组的汇报内容提出自己不同的观点和看法。

（3）结合大家的建议，选出最优方案。

工作实施

以工作汇报和情景表演的形式，按照本组设定的地接工作流程，向大家一一展示地接工作的各个环节。

评价反馈

学生自我检视表

任务	完成情况	未完成内容	未按时完成原因
获取资讯模块下的引导问题是否认真完成			
引导问题涉及的知识是否完全掌握			
项目中所涉及的基本技能是否完全掌握			
实施过程中交代的任务是否按时完成			
项目实施过程中涉及的材料上交是否及时			
项目完成过程中是否有创新点			
收获：			
备注： 本自我检视表，主要目的是总结、回顾本项目知识，了解同学们对知识的了解、掌握和运用情况。同学们根据个人学习实际情况如实填写，可起到查缺补漏，完全掌握和熟练运用本项目知识的学习目标。此环节与引导问题填写也可按学生填写表格和引导问题完成情况、查缺补漏的实际行动进行打分			

学生评价表

<table>
<tr><td colspan="2">班级</td><td colspan="2"></td><td>组别</td><td colspan="2"></td><td colspan="2">任务名称</td><td></td></tr>
<tr><td colspan="2">评价指标</td><td colspan="7">评价标准</td><td>分值</td></tr>
<tr><td colspan="2">参与状态</td><td colspan="7">不迟到、不早退，不无故缺课；
与老师、同学之间是否互相尊重、理解、平等；
与老师、同学之间是否能够保持多向、丰富、恰当的信息交流；
遵守团队纪律，认真倾听团队成员意见，积极协作分享；
善于多角度思考问题，能主动提出有价值的问题，发表个人见解；
探究学习、自主学习，不流于形式，做到有效学习</td><td>20</td></tr>
<tr><td colspan="2">信息咨询</td><td colspan="7">能有效利用教材、网络资源查找有效信息；能够认真研讨信息内容进行知识转化，转化成自己的认知；能将学到的理论知识应用于实际工作中</td><td>10</td></tr>
<tr><td colspan="2">感知工作</td><td colspan="7">熟悉自己的工作岗位，认同工作的价值；在工作中获得满足感</td><td>10</td></tr>
<tr><td colspan="2">工作方法</td><td colspan="7">工作计划、工作方法符合规范要求；获得了进一步发展的能力</td><td>10</td></tr>
<tr><td colspan="2">工作过程</td><td colspan="7">遵守团队纪律，工作过程中符合旅行社员工规范要求；平时上课的出勤情况和每天完成工作任务情况；善于多角度思考问题，能主动发现、提出有价值的问题</td><td>15</td></tr>
<tr><td colspan="2">任务完成</td><td colspan="7">较好地掌握了专业知识点；具有较强的信息分析能力和理解能力；具有较为全面严谨的思维能力并能条理明晰地表述成文，按时按质完成工作任务</td><td>25</td></tr>
<tr><td colspan="2">思维状态</td><td colspan="7">能发现问题、提出问题、分析问题、解决问题、创新问题</td><td>10</td></tr>
<tr><td colspan="10">互评打分</td></tr>
<tr><td>评价人</td><td colspan="2">被评价人</td><td>参与状态（20分）</td><td>信息咨询（10分）</td><td>感知工作（10分）</td><td>工作方法（10分）</td><td>工作过程（15分）</td><td>任务完成（25分）</td><td>思维状态（10分）</td></tr>
<tr><td rowspan="4">学生A</td><td>学生B</td><td rowspan="4">（30 %）</td><td></td><td></td><td></td><td></td><td></td><td></td><td></td></tr>
<tr><td>学生C</td><td></td><td></td><td></td><td></td><td></td><td></td><td></td></tr>
<tr><td>学生D</td><td></td><td></td><td></td><td></td><td></td><td></td><td></td></tr>
<tr><td>学生E</td><td></td><td></td><td></td><td></td><td></td><td></td><td></td></tr>
<tr><td colspan="2">授课教师</td><td>（70 %）</td><td></td><td></td><td></td><td></td><td></td><td></td><td></td></tr>
<tr><td colspan="10">最后总分：</td></tr>
<tr><td colspan="10">备注：本评价表用于评价学生任务完成情况，学生互评占30%，教师评价占70%</td></tr>
</table>

团队评价表

<table>
<tr><td>班级</td><td></td><td>组别</td><td></td><td>任务名称</td><td></td></tr>
</table>

<table>
<tr><th colspan="2">评价指标</th><th>评价标准</th><th>分值</th></tr>
<tr><td colspan="2" rowspan="4">团队表现</td><td>团队成员不迟到、不早退，不无故缺课，工作的状态积极，按时完成工作任务</td><td>5</td></tr>
<tr><td>团队成员遵守团队纪律，团队成员之间互相尊重、认真倾听、协作分享</td><td>5</td></tr>
<tr><td>团队成员善于多角度思考问题，能主动提出有价值的问题，发表个人见解</td><td>5</td></tr>
<tr><td>团队成员能够认真倾听其他组同学工作汇报，虚心好学，乐于思考，提出合理的建议</td><td>5</td></tr>
<tr><td colspan="2">任务描述、接受任务</td><td>对任务的理解正确，工作思路清晰</td><td>5</td></tr>
<tr><td colspan="2">任务分析、分工情况</td><td>能够对任务内容进行全面、具体分析，小组成员分工明确</td><td>5</td></tr>
<tr><td colspan="2">制订计划</td><td>计划内容全面，具有条理性，制订的内容符合工作要求</td><td>5</td></tr>
<tr><td rowspan="9">计划实施</td><td rowspan="6">地接工作内容</td><td>地接业务流程掌握情况全面</td><td>5</td></tr>
<tr><td>预定酒店以及掌握酒店标准准确，满足客人以及组团社要求</td><td>5</td></tr>
<tr><td>落实旅游车情况准确、给车队订车单项目详尽、精准。回程火车票提前根据行程预定满足客人返程的时间</td><td>10</td></tr>
<tr><td>预定餐厅过程细致、用心，掌握客人对餐标以及用餐环境、餐食特色的需求，能满足客人的要求</td><td>10</td></tr>
<tr><td>旅游景点安排松弛有度、哈尔滨特色景点以及文化景点都能准确安排到客人的行程内</td><td>10</td></tr>
<tr><td>接团前各项地接落实准备充分</td><td>5</td></tr>
<tr><td>团队运行中</td><td>对地接团队运行以及跟进充分、团队服务质量监控的方法合理、恰当，能够有效保证团队在本地运行质量</td><td>5</td></tr>
<tr><td rowspan="2">团队旅游结束后</td><td>团队顺利返程，对地接采购住宿、用餐、交通等信息与组团社积极沟通，为后续合作奠定前期基础</td><td>5</td></tr>
<tr><td>与供应商沟通及时，沟通方式得当、处理问题积极主动</td><td>5</td></tr>
<tr><td colspan="2">创新点</td><td>能发现问题、提出问题、分析问题、解决问题、创新问题</td><td>5</td></tr>
</table>

<table>
<tr><th colspan="9">互评打分</th></tr>
<tr><th>评价组</th><th colspan="2">被评价组</th><th>团队表现（20分）</th><th>任务描述、接受任务（5分）</th><th>任务分析、分工情况（5分）</th><th>制订计划（5分）</th><th>计划实施（60分）</th><th>创新点（5分）</th></tr>
<tr><td rowspan="4">第1组</td><td>第2组</td><td rowspan="4">30%</td><td></td><td></td><td></td><td></td><td></td><td></td></tr>
<tr><td>第3组</td><td></td><td></td><td></td><td></td><td></td><td></td></tr>
<tr><td>第4组</td><td></td><td></td><td></td><td></td><td></td><td></td></tr>
<tr><td>第5组</td><td></td><td></td><td></td><td></td><td></td><td></td></tr>
<tr><td colspan="2">教师评价</td><td>70%</td><td></td><td></td><td></td><td></td><td></td><td></td></tr>
<tr><td colspan="9">最后总分：</td></tr>
<tr><td colspan="9">简要评述：</td></tr>
<tr><td colspan="9">备注：本评价表用于小组完成任务情况评价，小组互评占30%，教师评价占70%</td></tr>
</table>

项目相关知识点

一、旅游服务项目与协作网络的建立

（一）旅游服务项目

1. 旅游交通服务

交通服务是旅行社产品的重要组成部分，其费用在旅游服务费用中占很大比重，特别是在长途旅游产品中有时达到旅游者旅行总支出的30%～40%。根据交通工具的不同，交通服务可以分为下述四种。

（1）航空交通服务。航空交通服务主要分为定期航班和旅游包机两种形式。其中，定期航班所提供的服务又可分为单程旅行、往返旅行、环游旅行和不完全来回程旅行四种类型。旅游包机是解决航空交通运力不足的有效途径之一。

（2）铁路交通服务。铁路交通服务是旅行社在其产品中向旅游者提供的又一种重要交通服务方式，具有载客量大、价格低、污染少、安全舒适、受季节和气候变化影响小等优点。近年来高速铁路的发展，使铁路运输更具有了快速、便捷的特性，不仅有利于促进沿线区域的旅游开发，而且高铁本身也成为部分旅游者观光体验的对象。

（3）公路交通服务。公路交通服务是指旅行社为旅游者提供的以汽车为交通工具的旅游交通服务方式，主要用于市内游览和近距离旅游目的地之间的旅行。公路交通的最大优点是方便，并且较少受到出发时间的限制。

（4）水运交通服务。水运交通服务是指旅行社为了满足旅游者在各种水域中旅行游览的需求而向内河航运、沿海航运和国际航海等水上客运部门或企业购买的交通服务。水运交通服务具有运载力大、价格相对便宜、悠闲舒适等特点。

2. 旅游住宿服务

住宿服务是旅行社产品的又一个重要组成部分。旅游住宿服务设施包括饭店、旅馆、招待所等基本住宿设施和露宿营地、度假村、公寓及活动预制住宅等辅助性旅游住宿设施。其中，饭店是接待旅游者及其他宾客的基本住宿设施之一。

3. 旅游餐饮服务

旅游餐饮服务在旅行社产品中占有重要的地位。旅游者在其旅游过程中若享受到质量上乘、环境幽雅的餐饮服务，会对旅游目的地和提供旅游服务的旅行社留下美好的印象，并给予高度的评价。旅游者通常从餐饮质量、服务水平、卫生条件、价格与价值、就餐环境等方面来评价旅游餐饮服务质量。

4. 旅行社接待服务

一次旅游活动的好坏，在很大程度上取决于旅游者是否确实对旅行社的接待服务感到满意。旅行社接待服务包括的内容很多，主要有接送站服务、导游服务、代订当地的住宿与餐饮设施、代订或代为确认交通票据、安排文娱活动、提供行李运送和托运服务、引导旅游者在当地商店购物等。

5. 旅游吸引物服务

旅游吸引物是指各种能够吸引旅游者前来观赏的自然旅游吸引物和人文旅游吸引物，是旅行社产品的核心。旅行社通过组织旅游者到旅游景点参观、游览、欣赏各种文娱节目和参加各种娱乐活动，以及到商店购物，既为旅行社增加了收入，又为有关部门和企业带来了经

济效益，也满足了旅游者的旅游需求。

6. 其他旅游服务

除了上述各种旅游服务外，旅行社还向旅游者提供旅游咨询、代办旅游保险、代办出境护照和签证等项服务。

（二）协作网络的建立

协作网络的建立是指旅行社通过与其他旅游企业以及与旅游业相关的各个行业、部门洽谈合作内容与合作方式，签订经济合同或协议书，明确双方权利、义务及违约责任，从而保证旅行社所需旅游服务的供给。协作网络的建立是旅游服务采购的基础工作。

1. 与交通运输部门建立协作关系

交通运输是旅游业发展的命脉，提供迅速、舒适、安全、方便的交通服务，是旅行社产品不可或缺的组成部分，它对旅游日程的实施、旅行社的信誉产生至关重要的影响。所以，旅行社必须与交通部门建立密切的合作关系，并争取与有关的交通部门建立代理关系，经营联网代售业务，这在交通服务供不应求的状况下显得尤其重要。

对于旅行社来说，通过与交通运输部门的合作，一方面可以及时购买到交通票据，向旅游者提供自己的旅游产品，从而实现旅行社的主要经济目标；另一方面还可以从交通运输部门得到一定比例的佣金。而对于交通运输部门来说，由于运输的固定成本高，市场调节能力较差，即使只有一名乘客，飞机照飞，火车、汽车也得照开，因此，交通运输部门也都非常热衷于同旅行社进行业务合作，以寻求稳定的客源。

2. 与住宿部门建立协作关系

饭店是旅游业的三大支柱之一。旅行社计调部门如果不能依照客人要求安排饭店，或者安排的饭店服务不符合客人要求，将直接影响接待工作的质量。因此，计调部门必须与饭店等住宿部门建立长久、稳定的合作关系。

旅行社与饭店等住宿单位的关系是一种经济合同关系。因为饭店的固定成本也很高，其产品具有不可贮存性，所以，对饭店来说，在营业期间保证最大限度的客房出租率是十分重要的，同时饭店提供的服务又是旅行社产品的必要组成部分，这样双方就有了合作的基础。

3. 与餐饮供应单位建立协作关系

餐饮服务是旅游供给必不可少的一部分。对现代旅游者来说，旅游用餐既是一种需要，又是旅游中的莫大享受。餐馆的环境、卫生，饭菜的色、味、形，服务人员的素质、着装，餐饮的品种，以及符合客人口味的程度等，都会影响旅游者对旅行社产品的最终评价。因此，旅游餐饮服务的采购意义重大，并且是旅游服务采购中选择余地最大又必须严格把关的一项工作，旅行社计调部门必须予以高度重视，想方设法与餐饮供应单位建立合作关系。

4. 与景区景点建立协作关系

旅游资源是一个国家或地区发展旅游业的物质基础。参观游览是旅游者的旅游活动中最基本和最重要的内容。因此，旅行社与游览单位建立密切的合作关系是非常重要的。

5. 与购物商店建立协作关系

旅游购物属于旅游者的非基本需求，但在现代旅游过程中，没有购物活动的旅游是极少的。旅游者不仅把在旅游地所购物品作为美好的纪念，而且还将购物当作旅游活动的重要内容。为保证旅游者买到称心如意的商品，免遭坑骗，使购物成为旅游活动中丰富多彩、不可缺少的一部分，旅行社有必要与购物单位建立相对稳定的合作关系，让旅游者在合同商店购

物，以保证旅游者的利益不受侵害

6．与娱乐部门建立协作关系

旅游娱乐是旅游活动的重要组成部分之一，丰富多彩的、健康向上的娱乐活动已成为旅游者在旅游生活中必不可少的重要内容，是参观游览活动的延续和补充。特别是组织好旅游者的晚间文化娱乐活动，不仅可以消除旅游者白天参观游览的疲劳，具有寓休息于娱乐中的效果，而且可以丰富、充实旅游活动，起到一种文化交流的作用，给整个旅程锦上添花。这就要求旅行社计调部门与剧场、戏院、各文艺团体等娱乐行业部门建立必要的合作关系，将健康向上、具有民族风格、代表民族精神的艺术作品奉献给旅游者。

7．与保险公司建立协作关系

旅游保险是指旅游者在旅游过程中，因发生各种意外事故造成经济损失或人身伤害时，由保险公司给予其经济补偿的一种制度，它是旅游活动得到可靠社会保障不可忽视的重要因素。根据国家规定，旅行社组织团队旅游时，旅行社必须购买旅行社责任险，同时提醒客人购买旅游意外保险。

旅游保险既有利于保护旅游者的合法权益，又有利于减轻旅行社的经营风险。但旅游保险严格限定了保险范围，例如，旅行社责任险对于非旅行社责任造成的损害，原则上不予赔偿。为此，在实际操作过程中，有些省市的旅行社协会就与保险公司签订补充协议，对旅行社责任进行明确界定，以扩展保险范围，最大限度维护旅行社利益。

8．与相关旅行社建立协作关系

旅行社接待的客源主要来自于两个渠道：一是由旅行社销售部门直接对外招徕；二是通过与其他旅行社协作，委托其他旅行社代理招徕游客，或者旅行社之间开展转并团业务。计调部门在日常工作中要保持与其他旅行社的密切关系，通过签订转并团协议或者建立委托代理关系进行实质性合作。外联销售部门组织的零星散客如果人数不足成团，应在征得客人书面同意后，及时向协作旅行社转并团。

（三）旅行社服务协作网络构建方式

1．签订采购合同

签订采购合同是当事人为避免和正确处理可能发生的纠纷而采取的行为，可以确保各自经济利益的实现。采购合同的基本内容包括下述五个方面。

（1）合同标的。合同标的是指合同双方当事人权利义务指向的事物，即合同的客体。旅游采购合同的标的就是旅行社购买和旅游服务供应企业出售的旅游服务，如客房、餐饮、汽车运输等服务。

（2）数量和质量。由于旅游采购合同是预购契约，不可能规定确切的购买数量，只能由买卖双方商定一个计划采购量，或者是规定一个采购和供应制度。关于质量则由双方商定一个最起码的质量要求。

（3）价格和付款办法。合同中应规定拟采购服务的价格。由于价格常常随采购量的大小而变动，而合同中又没有写明确定的采购量，因此，可商定一个随采购量变动的定价办法，同时要规定在合同期内价格可否变动及其变动条件。在国际旅游采购合同中应规定交易所用的货币以及在汇率变动时价格的变动办法。此外，还要规定优惠折扣条件、结算方式及付款时间等。

（4）合同期限。合同期限是指签订合同后开始和终止买卖行为的时间。一般是一年签一份合同，也有的是每年按照淡旺季签两份合同。

（5）违约责任。违约责任是指当事人不履行或不完全履行合同所列条款时应负的法律责任。按照《中华人民共和国合同法》规定，违约方要承担支付违约金和赔偿金的义务。

旅行社与餐厅合作协议范本

旅行社与景区合作协议范本

旅行社与酒店合作协议范本

旅行社租用旅游车辆合同范本

2．建立战略合作关系

通过与供应商建立战略合作关系，可以确保旅行社服务协作网络发挥实效。双方合作的方式有：① 双方双向或单向投资参股；② 双方品牌共享或连锁；③ 双方结成战略合作伙伴，共同开拓市场，互利共荣。这样双方合作的基础不再是简单的产品买卖，而是资本融合和利益共享，成为真正的利益共同体。

二、采购流程

（一）对交通服务的采购

1．航空交通服务采购

航空交通服务采购，是指旅行社计调人员根据旅游团队的旅行计划或散客旅游者的委托，为旅游者和旅游团队代购旅游途中所需的飞机票。负责航空交通服务采购的旅行社计调人员必须具备有关航空交通服务的各方面知识。这些知识包括有关航空公司使用的各种设施设备及提供的各种服务项目、各种机票价格、国家关于民航运输的有关法律规定及航空公司的各种相关规定等。只有具备这些知识，旅行社计调人员才能够顺利开展航空交通服务的采购。

航空交通服务采购分为两种形式，即定期航班机票的采购和旅游包机的预订。

（1）定期航班机票的采购。定期航班机票的采购业务包括机票的预订、购买、确认、退订与退购、补票与机票变更五项内容。下面主要介绍飞机票的预订、购买、确认。

① 飞机票的预订。航空交通服务的采购始于飞机票的预订。旅行社计调在预订飞机票之前，必须了解乘坐飞机的旅游者和提供这种服务的航空公司两方面的信息，以便能够顺利地预订到旅游者所要求乘坐的航班及相应的座位。旅游者方面的信息包括旅游者的姓名、年龄、性别、国籍、家庭住址、联系电话、身份证号码（或护照号码）、护照及签证有效期、同行的人数、有无儿童随行、旅行目的地、乘机日期和具体时间、支付方式及其特殊要求等。航空公司方面的信息包括飞行设施设备、机票价格及其他服务信息。飞机票预定单见下表。

飞机票预定单

团号		国籍		人数		组团单位	
乘机日期		航班				去向	
人数	成人	2岁以下儿童	2～12岁儿童	合计		开票要求	
票价							
订票日期		订票单位		订票人			
票务员联系日期				民航接受人及电话			
传真回执							
备注							

② 机票的购买。计调人员在掌握了全部所需的信息后，就要向有关航空公司提出预订和购买机票的要求。预订时，应将填好的“飞机票预订单”按照航空公司规定的日期上传至航空公司的售票处，然后按照航空公司规定的时间到航空公司的售票处购买机票。购票时，须持现金或支票及乘机人的有效身份证件或旅行社出具的带有乘机人护照号码或身份证号码的乘机人名单。在取票时，计调人员应认真核对机票上的乘机人姓名、航班、起飞时间、票价金额、前往目的地等内容。如果是电子机票，可以请客人自行在乘机前到机场办理取票及登记手续。

③ 机票的确认。有些时候，旅游者已经事先自行购买了机票，对于这种旅游者，旅行社提供的服务则变成代旅游者确认飞机上的座位。

（2）旅游包机的预订。旅游包机是旅行社因无法满足旅游者乘坐正常航班抵达目的地的要求而采取的一种弥补措施。这种情况多发生在旅游目的地是旅游旺季及旅游热点地区或正常航班较少的地区。另外，旅行社在接待过程中发生误机事故后也会采取包机的方式将旅游者尽快送达目的地。

当出现需要包机的情况时，旅行社计调人员应立即设法同旅游包机公司或其他航空运输公司联系，通报乘机的人数、日期、前往地点等情况，并询问租赁飞机的费用、所能提供的飞机机型、起飞和降落的地点等信息。一旦条件合适，应该立即向旅行社有关领导请示，经批准后向所选择的旅游包机公司或其他航空运输公司提出包机申请。当包机申请被接受后，采购人员应该立即同对方签订包机协议。

2. 铁路交通服务采购

火车是旅游者旅行时经常乘坐的一种交通工具。目前，我国多数国内旅游者及部分海外旅游者选择火车作为主要的城市间交通工具。旅行社采购铁路交通服务的关键在于保证及时购买到旅游活动所需要的各种火车票。

铁路交通服务的采购业务包括火车票的预订与购买、退票、车票改签和变更线路。计调人员在采购铁路交通服务时，须持单位介绍信（或旅行社的经营许可证复印件、旅游合同、行程单，每名出行人的身份证复印件）和办票人身份证，向铁路售票处提出预订计划，包括订购火车票的数量、种类、抵达车站及车次等，然后持现金或支票到售票处购票。火车票预定单见下表。

火车票预定单

<table>
<tr><td>团号：</td><td colspan="2">国籍：</td><td colspan="2">组团单位：</td></tr>
<tr><td>乘车日期：</td><td colspan="2">车次：</td><td colspan="2">座席种类：</td></tr>
<tr><td rowspan="2">票价</td><td>成人票</td><td colspan="2">儿童票（身高1.2～1.5 m）</td><td>合计</td></tr>
<tr><td></td><td colspan="2"></td><td></td></tr>
<tr><td>人数</td><td></td><td colspan="2"></td><td></td></tr>
<tr><td>订票日期：</td><td colspan="3">订票单位：</td><td>订票人：</td></tr>
<tr><td>车票经办人及联系方式</td><td colspan="4"></td></tr>
<tr><td>备注</td><td colspan="4"></td></tr>
</table>

3．公路交通服务采购

公路交通主要用于市内游览和近距离旅游目的地之间的旅行。旅行社计调人员在采购公路交通服务时，首先应对提供此项服务的旅游汽车公司及其他长途汽车公司进行调查，充分了解该公司所拥有的车辆数目、车型、性能、驾驶人的技术水平、公司的管理状况、租车的费用等情况；然后，将收集到的有关信息加以整理和分析，从中选出汽车车型、驾驶人技术水平和租车价格均适合旅行社的需要且管理水平较高的旅游汽车公司或其他长途汽车公司，作为公路交通服务的采购对象；最后，计调人员代表旅行社经过谈判同这些公司签订租车协议。

旅行社计调人员在每次接到旅游者或旅游团队用车计划之后，应根据旅游者的人数及收费标准向提供公路交通服务的汽车公司提出用车要求，并通报旅游者或旅游团队的旅游活动日程，以便使汽车公司在车型、驾驶人配备等方面做好准备。为了避免差错，计调人员应在旅游者或旅游团队抵达前的两至三天内再次与汽车公司联系，核实车辆落实情况，并将所用汽车的车型、驾驶人的姓名等情况通报旅行社的接待部门。旅行社向汽车公司联系订车时应填写订车单。申请用车单位见下表。

××××商务旅行社申请用车单

<table>
<tr><td colspan="2">收件单位：×××汽车租赁公司</td><td colspan="3">发件单位：××××商务旅行社</td></tr>
<tr><td colspan="5">××××经理
您好！我社现有一团队用车请予确认！</td></tr>
<tr><td>团号</td><td>车型</td><td>价格</td><td>时间</td><td>备注</td></tr>
<tr><td>LTY1×××07GX</td><td>33座旅游空调旅游车</td><td></td><td>4月7日接飞机
4月8日送火车
4月17日接火车+半日游
4月18日市游+送飞机</td><td>导游×××
13946×××50</td></tr>
</table>

如无不当请予确认。

单位：	单位：××××商务旅行社
	电话：0451-8637××××
	传真：0451-8637××××
负责人签字：	负责人签字：
年 月 日	年 月 日

旅行社可以根据业务需要，在相对固定的日期内长租（包租）旅游车公司的某些车辆，这些车辆在租期内由旅行社进行业务管理，可以大大减少用车的中间环节，降低车辆租赁成本。

4. 水运交通服务

旅行社计调人员在采购水运交通服务时，应根据旅游者或旅游团队的旅行计划和要求，向轮船公司等水运交通部门预订船票，并将填写好的船票订票单在规定日期内送交船票预订处。取票时计调人员应根据旅行计划逐项核对船票的日期、离港时间、航次、航向以及乘客名单、船票数量及船票金额等内容。购票后，如因旅行计划变更造成乘船人数增加、减少，或旅行计划取消，应及时向水运部门办理业务变更手续。

（二）对住宿服务的采购

1. 旅行社计调部门订房的目的和作业要求

旅游住宿服务是旅行社产品的重要构成内容之一。旅行社能否通过旅游采购活动获得旅游者所需的住宿服务，从一个侧面反映了旅行社的接待能力。因此，旅行社计调人员应该通过自己的辛勤工作，为旅游者采购到令人满意的住宿服务，保证旅游者在其旅游过程中得到良好的休息条件，以充沛的体力和精力进行旅游活动。同时，计调人员还应该设法在保证住宿服务供给的前提下，尽量降低采购的成本和服务的价格。

旅行社计调部门订房的目的有两点：① 满足客人的要求，向客人提供事先承诺的或合同中约定的饭店房间，从而保证接待工作的质量，使旅游团队顺利进行旅游活动；② 利用合作关系、结合市场状况、考虑季节因素，最大限度地降低采购成本，为旅行社争取最大经济效益。这就要求旅行社计调人员在作业时要有强烈的职业意识和工作责任心，认真细致，必须把工作落实到每一个细节上，及时准确地做好住宿服务预订工作。

2. 订房程序

（1）认真研究外联部与客人签订的旅游合同或组团社发来的订房传真，弄清楚旅游者的食宿标准和用房数量。

（2）根据旅游者的住宿要求，在已签订协议的合作饭店中选择符合要求的饭店。

（3）电话联系该饭店营销部，传真发送订房通知单。在订房通知单上准确填写订房要求，尤其是对团号、入住时间、入住标准、入住人数、房价（是否含早餐）、有无特殊要求等项目必须正确、清楚、完整地填写。订房通知单见下表。

××旅行社订房通知单

收件单位	×××大酒店	发件单位	××旅行社计调部
收件人	×××	发件人	×××
传真号		传真号	
团号		入住人数	客26+驾导2
入住时间		预定数量	13间，驾导1男1女请安排驾导房
入住标准	双人标间	价格	×××元/间（含早餐）
中晚餐标	无	特殊要求	无
请确认！谢谢合作！ ×××旅行社计调部 年 月 日			

（4）注意查收饭店的回传。饭店收到旅行社的订房传真后，一般会较快地作出决定，并在旅行社发去的传真上签注相应意见，再回传给旅行社。

（5）登记存档。收到饭店的确认传真后，计调人员应立即登记，并按照发团日期顺序排列存档。若同一天有几个团队确认传真，可按收到回传的时间先后排列存档。

3．订房业务中常见的问题及应对措施

（1）饭店无房，无法确认预订。此类问题一般多在旺季出现。每当此时，计调人员应该立即与其他协议饭店联系订房；实在无法解决，就要请示经理，提高预订价格。经过这些努力后，基本上就能预订到所需的客房。为了防止类似现象发生，计调人员在前往旅游目的地实地考察饭店时，就应注意与多家饭店签订订房协议，选定的客房类型及价格也应该多样化，同时还应努力与饭店营销部的人员建立起良好的私人关系。

（2）无法拿到理想房价。由于预订时间离入住时间太近或预订的房间很少，计调人员订房时无法拿到理想的房价。遇到这种问题，计调人员应该与平时有业务往来的或有良好私人关系的实力较强的旅行社联系，委托其计调人员帮助联系订房，并以其旅行社的名义入住。实力较强的旅行社同意这样操作的理由在于：若本年度采购量增大，下一年与饭店签订合同时讨价还价的能力将大大加强。

（3）在旅游者前往的目的地旅行社无协议饭店。任何一家旅行社都不可能与所有目的地的饭店签有协议，若出现上述问题，计调人员可采用的解决方案有两种：① 多方寻找与饭店有协议的旅行社，通过其联系订房；② 使用电话和网络找到当地饭店的联系方式，自行联系订房。这就要求计调人员平时一定要主动收集各种与旅游业务有关的综合信息，并做好所收集信息的分类工作。

（4）因故临时增加或减少甚至取消订房。计调人员在工作中常遇到此类问题，此类问题处理起来有一定难度。对此类业务，计调人员要尽早办理，越早越主动。增加订房时力争原价增订，如果难度较大，也可以同意饭店的涨价，但要将涨价的情况告诉客人，由客人承担涨价部分的费用。对于减少或取消订房，一般旅行社与饭店在签订协议时有明文规定，计调人员在处理时既要考虑按协议办，又要应对灵活，把损失减少到最低程度。

（5）房间不够或房型不符。旅游旺季时房源紧张，旅行社预订房间时经常出现房间不够或房型不符的现象。针对房间不够的问题，旅行社计调人员可以联系其他饭店看能否解决，必要时可以让客人分住多家饭店，虽不方便，但总比无房可住或降低住房标准好。如果是房型不符，一时又无法解决，计调人员应尽量就高不就低，即提供高于合同标准的房间且不再另行收费。如果房间低于合同标准，就应该考虑给予客人一定的补偿。

（三）对餐饮服务的采购

计调部门采购餐饮服务时，主要有以下几项工作：

（1）计调人员应先实地察看餐馆的地点、环境、卫生设施、停车场地、单间雅座、便餐菜单和风味菜单等，并与之签订有关经济合同及协议书等。

（2）与财务部门协商印制专用的《餐饮费用结算单》。

（3）将下列有关内容整理并列表，打印分发给接待部并报财务部备案：① 签约餐饮单位的名称及电话、联系人的姓名、风味特色等；② 旅游者（团）不同等级（标准、豪华）的价格，便餐、风味餐的最低标准，饮料单价等。

（4）与业务部协商，设计、印制下列订单：《用餐预订单》；《用餐变更通知单》（有

些单位是用笔在彩色纸上写上内容，加盖变更/取消章）；《用餐取消通知单》（有些单位是用笔在彩色纸上写上内容，加盖变更/取消章）。

（5）将用餐地点、餐厅联系人姓名告之接待部门或陪同人员，以便搞好接待工作。

（6）根据《餐饮费用结算单》与财务部门共同进行复核，并由财务部门定期统一向签约餐馆结账付款。团餐结算单见下表。

××××商务旅行社团餐结算单

年　月　日　　　　电话：863724××　863745××

团号	LTYJ18××××GX		客源地	广西玉林	人数	16人
餐饮	餐厅	新世纪王府	用餐时间	2018年4月17日12时　分		
	标准	20元/人	酒水	客人自理	工作餐	3人（1司+2导）
备注						

第一联白　财务　　　　第二联白　业务　　　　第三联兰　导游

陪同签字：　　　　签发人：×××　　　　签章：

（7）与餐饮行业合作时应注意以下事项：

① 选择餐馆时，不宜过多，应少而精，而且要注意地理位置的合理，尽可能靠近机场、码头、游览地、剧场等，避免因用餐的来回往返多花汽车交通费。

② 订餐时，及时把旅游者（团）的宗教信仰和个别客人的特殊要求转告餐馆，避免造成不愉快和尴尬的场面。

③ 提醒餐厅，结算用的《餐饮费用结算单》必须有陪同的签字，否则无效。

（四）对参观游览项目的采购

1. 与游览部门合作的步骤

（1）计调部门应与旅游单位就以下内容进行洽谈，并签订协议书及经济合同书：

① 旅游团门票购买记账事宜；

② 门票单价；

③ 大、小车进园的单价；

④ 结账的期限。

（2）与签约单位协商印制结算用的参观游览券，见下表。

参观游览券

参观游览券存根 团名： 人数： 地点： 陪同： 日期：　　年　　月　　日	中国××旅行社参观游览券 旅游团名称： 旅游团人数： 收款单位： 陪同姓名： 日期：　　年　　月　　日

（3）将以下事宜整理列表，打印后分发给接待部，并报审计、财务部门备案：

① 签约单位的名称、电话、联系人；

② 将带团前往某旅游参观点的进门方向；

③ 去某旅游参观点的行车路线、停车地点。

2．与游览部门合作的注意事项

（1）结算用的《参观游览券》上必须有导游的签字，否则无效。

（2）旅行社计调人员要与游览单位附属的服务部门和相关服务公司建立合作关系，签订合作协议书，以方便开展旅游团的游览和导游服务工作。

（3）旅行社计调部门还应与旅游单位内的餐饮供应点建立合作关系，解决旅游团参观游览过程中的冷热饮料的供给服务。

（五）对文娱项目的采购

（1）与娱乐单位就以下事宜进行合作洽谈，并签订协议书：

① 旅行社可以通过电话订票；

② 旅行社可以为旅游者（团）包场演出；

③ 文艺单位送戏上门演出。

（2）将下列事宜整理列表，打印后分发给接待部，并报审计、财务部门备案：

① 签约娱乐单位的名称、地址、电话、联系人；

② 演出节目的种类和演出时间；

③ 每张票的价格。

（3）随时与娱乐单位保持联系，有新节目上演时，了解节目内容，索取节目简介并通报接待部。

（4）与外联部协商后，设计、印制《文艺票预订单》《文艺票变更/取消通知单》，并明确其使用方法。

（5）根据接待计划或订票单实施订票，并把订票情况如实转告接待部或陪同。

（6）财务部按协议统一结账或一次一报。

（六）对购物服务的采购

（1）根据国家及地方旅游行政管理机构的有关规定，与定点商店签订协议书，并洽谈以下合作事宜：

① 确认本旅行社导游带旅游团前来购物；

② 旅行社持有商店的股份或投资合营；

③ 明确旅行社应尽的义务及经济收益上所占的比例。

（2）本着兼顾国家、集体、个人三方面利益，又鼓励多劳多得的原则，制定内部分配政策和奖励措施。

（3）将所签约的商店名称、导游带旅游团购物的手续、附属的有关规定等打印出来，分发给接待部。

（4）与财务部和接待部协商后，设计、印制《购物结算单》，并明确使用方法。

（5）由财务部按所签协议书上的规定从签约商店领取劳务费或按股分红，然后根据旅行社部分政策对各方实行奖励。

（七）对旅游保险业务的处理

（1）认真阅读国家旅游局与中国保险监督管理委员会联合颁布、从2011年2月1日起施行的《旅行社责任保险管理办法》的有关规定，务必参加国家旅游局统保项目。

（2）与保险公司就旅行社游客的旅游保险事宜签订协议书。

（3）将协议书上的有关内容进行整理打印，发给外联部门并通知其对外收取保险费。

（4）将每一个投保的旅游团的接待通知（名单）按时传真到保险公司作为投保依据。

（5）注意接收和保存保险公司的《承保确认书》。

（6）按投保的准确人数每季度向保险公司交纳保险费。

（7）当旅游途中发生意外事故或遇到自然灾害，须及时向在第一线的导游了解情况。必要时去现场考察并以最快速度通知保险公司。计调人员还应在事故发生后 3天之内向保险公司呈报书面材料，其中包括《旅行社游客旅游保险事故通知书》《旅行社游客保险索赔申请书》。

（8）索赔时，须向保险公司提供有关方面的证明，其中包括：医院的治疗费用单据原件或《死亡诊断证明》（经司法机关公证），民航或铁路部门的《行李丢失证单》，饭店和餐厅保卫部门的《被盗证明信》等。

（八）对相关旅行社委托服务的处理

（1）收到组团社的接待计划后，计调人员要仔细核对各团的每项要求，尽可能按计划要求落实计划。

（2）组团社在选择地接社时一定要认真仔细，要在对接待社进行全方位的考察后，方可交团。

（3）当组团社在遇到困难向接待社提出要求帮助时，接待社计调人员要积极配合，协助解决。特别是在涉及以下的一些问题时，计调人员必须及时、快捷地处理。

①接待计划的调整（提前或推迟）；

②住房的变更（要求改变原订的住房）；

③航班、车、船次的改变；

④客人行程结束或中途退团，要求代订各类交通票据及委托其他事项；

⑤临时要求增加游览项目；

⑥团队人数的增减；

⑦临时增加团队接待计划内容；

⑧突发事件造成预料不及的困难。

知识拓展

一、采购工作的内涵

旅行社的产品就是旅行社为满足旅游者旅游过程中的需要面向旅游者提供的各种有偿服务。在我国，目前旅行社向游客提供的产品除了包括各种单项服务外，更多地表现为包括食、住、行、游、购、娱等各要素在内的综合包价旅游。

旅行社服务采购是指旅行社为组合旅游产品，以一定的价格，向其他旅游企业及与旅游业相关的其他行业和部门购买相关服务项目的行为。

二、采购工作的原则

旅行社产品的采购与销售的关系是“以销定产”，“销”与“产”必须完全一致，否则对旅行社将产生严重的影响。要使销与产相对一致，一方面要求旅行社购买与销售相对一致，保证充足供应，另一方面又要求旅行社必须购买到低价的产品，这才能使其有较好的利润。

1. 保证供应原则

保证供应原则是指旅行社的旅游服务采购要能保证旅游者所需要的各种服务。旅行社的产品是由各服务项目按一定原则编制组合而成的，这些服务项目大部分是对外采购而来的。因此，各采购项目是否到位，是旅行社顺利编制产品并顺利销售的先决条件。尤其是在旅游旺季的旅游热点地区，旅游需求远大于旅游供给，旅行社能否拿到机票、客房等旅游产品要素往往成为旅行社能否销售产品的关键。保证供应，不仅要求“量”的保证，也应当包括“质”的保证。只有“量”没有“质”的保证不是真正的保证。旅游者购买的是一种梦想，承诺须保证梦想实现。这一原则正好解释了一些旅行社在旅游黄金周时为什么不敢多接团的原因。

2. 降低成本原则

旅行社终归是一个企业，而企业总是要追求利益的。旅行社采购中的保障供应，只是为旅行社创造利润提供了前提，并不表示旅行社一定能获利。利润是总收入与总支出的差额，在总收入不变的情况下，支出越少，利润越大。由于旅行社旅游服务采购的支出，构成了旅行社总支出的主体部分，因此，旅行社能否降低成本成了旅行社能否盈利和盈利多少的关键。尤其在现在，旅行社行业竞争激烈，不少旅行社为占领市场大打价格战，旅行社的利润空间已经越来越少，这种情况下，如果旅行社能够以超出对手的优惠价格，购买到旅游服务，必然会降低旅行社成本，增加旅行社的利润。同时，由于旅行社的采购成本低，使旅行社有条件降低产品价格，从而可以争取更多的客源，旅行社的竞争力也由此增强。降低采购成本是旅行社提高竞争力的重要因素，这不仅成为旅行社的共识，也成为旅行社孜孜以求的目标。但要完全把握旅行社的采购成本，并不是一件容易的事。首先，因为构成采购成本的主体车票、景区景点门票、客房房价会经常处于变动之中；其次，因为旅行社的产品报价与旅行社将产品销售出去之间存在一个时间差，旅行社产品售出的时间总是落后于旅游服务的采购时间，这使得旅行社的采购成本经常处于变动之中。如果遇到服务价格下降，旅游者会要求旅行社也下调价格，为稳住客源，旅行社往往不得不降价；如果遇到服务价格上涨，旅行社却很难做到立即将产品价格抬上去，这无疑增加了旅行社的经营风险。

一般而言，当某种旅游服务供不应求时，旅行社采购应以保证供应作为主要的采购原则。反之，当供过于求时，应该以降低成本作为主要的采购原则。

项目二　组团计划与调度服务

学习目标

知识目标： 掌握组团计划与调度工作流程。

能力目标： 能够介绍旅游线路；
具备编制旅游接待计划的能力；
具备组织旅游团队的操作能力；
掌握各旅游服务承接单位的服务预定方法；
正确签订旅游合同。

素质目标： 培养学生工作规范性；
培养学生国际视野；
培养学生守法经营；
树立学生文化自信。

任　务　书

组团计调任务单

专业班组		组长		完成日期	
任务描述：“十一”假期即将到来，哈尔滨某旅行社陆续接到游客打来的咨询电话，有的咨询旅行社产品，有的请旅行社推荐线路，作为组团计调，你会怎样完成以上工作，假若有一游客团队选择了你推荐的旅游线路，请你完成此团队的计调工作。					
检查意见：					

任务分组

学生任务分配表

专业班组		组长		指导教师	
小组成员					
任务分工					

获取资讯

● 引导问题1：请绘制组团计调工作业务流程。

● 引导问题2：向游客介绍旅游线路应注意哪些问题？

● 引导问题3：向接待单位进行询价，都包括哪些内容？

- **引导问题4：**与客户签订旅游合同的要求。

- **引导问题5：**怎样与接待单位确认计划。

- **引导问题6：**全陪的工作职责及挑选标准。

- **引导问题7：**出境组团召开行前说明会应注意哪些为题，要做哪些方面的准备？

- **引导问题8：**发团要做好哪些方面的准备？

- **引导问题9：**组团计调通过哪些途径进行团队异地运行质量跟踪？

● **引导问题10：**团队结束行程，组团计调审核报账，要掌握哪些方面的情况，备齐哪些资料？

● **引导问题11：**团队行程结束，资料归档包括哪些内容？

● **引导问题12：**从课程案例中，学习到了作为计调人员要拥有怎样的素质要求？

● **引导问题13：**在接团、送团环节，组团计调怎样设计来提高游客对本社旅游服务的认同感？

工作计划

组团计调工作方案

步骤	工作内容	工作方式	负责人
1			
2			
3			
4			
5			
6			

进行决策

（1）各组派代表阐述本小组团队组织情况及相应的出团事务处理和安排。

（2）各组对其他组的汇报内容提出自己不同的观点和看法。

（3）结合大家的建议，选出最优方案。

工作实施

以工作汇报和情景表演的形式，按照本组设定的组团流程，向大家一一展示由组团到结团的各个环节。

评价反馈

学生自我检视表

任务	完成情况	未完成内容	未按时完成原因
获取资讯模块下的引导问题是否认真完成			
引导问题涉及的知识是否完全掌握			
项目中所涉及的基本技能是否完全掌握			
实施过程中交代的任务是否按时完成			
项目实施过程中涉及的材料上交是否及时			
项目完成过程中是否有创新点			
收获：			
备注： 本自我检视表，主要目的是总结、回顾本项目知识，了解同学们对知识的了解、掌握和运用情况。同学们根据个人学习实际情况如实填写，可起到查缺补漏，完全掌握和熟练运用本项目知识的学习目标。此环节与引导问题填写也可按学生填写表格和引导问题完成情况、查缺补漏的实际行动进行打分			

学生评价表

<table>
<tr><td>班级</td><td colspan="2"></td><td colspan="2">组别</td><td colspan="2"></td><td colspan="2">任务名称</td><td></td></tr>
<tr><td>评价指标</td><td colspan="8">评价标准</td><td>分值</td></tr>
<tr><td>参与状态</td><td colspan="8">不迟到、不早退，不无故缺课；
与老师、同学之间是否互相尊重、理解、平等；
与老师、同学之间是否能够保持多向、丰富、恰当的信息交流；
遵守团队纪律，认真倾听团队成员意见，积极协作分享；
善于多角度思考问题，能主动提出有价值的问题，发表个人见解；
探究学习、自主学习，不流于形式，做到有效学习</td><td>20</td></tr>
<tr><td>信息咨询</td><td colspan="8">能有效利用教材、网络资源查找有效信息；能够认真研讨信息内容进行知识转化，转化成自己的认知；能将学到的理论知识应用于实际工作中</td><td>10</td></tr>
<tr><td>感知工作</td><td colspan="8">熟悉自己的工作岗位，认同工作的价值；在工作中获得满足感</td><td>10</td></tr>
<tr><td>工作方法</td><td colspan="8">工作计划、工作方法符合规范要求；获得了进一步发展的能力</td><td>10</td></tr>
<tr><td>工作过程</td><td colspan="8">遵守团队纪律，工作过程中符合旅行社员工规范要求；平时上课的出勤情况和每天完成工作任务情况；善于多角度思考问题，能主动发现、提出有价值的问题</td><td>15</td></tr>
<tr><td>任务完成</td><td colspan="8">较好地掌握了专业知识点；具有较强的信息分析能力和理解能力；具有较为全面严谨的思维能力并能条理明晰地表述成文，按时按质完成工作任务</td><td>25</td></tr>
<tr><td>思维状态</td><td colspan="8">能发现问题、提出问题、分析问题、解决问题、创新问题</td><td>10</td></tr>
<tr><td colspan="10">互评打分</td></tr>
<tr><td>评价人</td><td colspan="2">被评价人</td><td>参与状态（20分）</td><td>信息咨询（10分）</td><td>感知工作（10分）</td><td>工作方法（10分）</td><td>工作过程（15分）</td><td>任务完成（25分）</td><td>思维状态（10分）</td></tr>
<tr><td rowspan="4">学生A</td><td>学生B</td><td rowspan="4">（30 %）</td><td></td><td></td><td></td><td></td><td></td><td></td><td></td></tr>
<tr><td>学生C</td><td></td><td></td><td></td><td></td><td></td><td></td><td></td></tr>
<tr><td>学生D</td><td></td><td></td><td></td><td></td><td></td><td></td><td></td></tr>
<tr><td>学生E</td><td></td><td></td><td></td><td></td><td></td><td></td><td></td></tr>
<tr><td colspan="2">授课教师</td><td>（70 %）</td><td></td><td></td><td></td><td></td><td></td><td></td><td></td></tr>
<tr><td colspan="10">最后总分：</td></tr>
<tr><td colspan="10">备注：本评价表用于评价学生任务完成情况，学生互评占30%，教师评价占70%</td></tr>
</table>

团队评价表

班级		组别		任务名称	

评价指标		评价标准	分值
团队表现		团队成员不迟到、不早退，不无故缺课，工作的状态积极，按时完成工作任务	5
		团队成员遵守团队纪律，团队成员之间互相尊重、认真倾听、协作分享	5
		团队成员善于多角度思考问题，能主动提出有价值的问题，发表个人见解	5
		团队成员能够认真倾听其他组同学工作汇报，虚心好学，乐于思考，提出合理的建议	5
任务描述、接受任务		对任务的理解正确，工作思路清晰	5
任务分析、分工情况		能够对任务内容进行全面、具体分析，小组成员分工明确	5
制订计划		计划内容全面，具有条理性，制订的内容符合工作要求	5
计划实施	组团至发团期间工作内容	组团计调工作业务流程掌握情况全面	5
		进行旅游线路介绍时重点突出，礼貌规范	5
		与合作单位进行询价方法得当，对客报价的计算方法合理	5
		该组成员操作规范和制作的表格单据、合同签订等工作内容合格，与旅游者签订旅游合同规范，与接待单位确认计划方法正确	5
		对全陪导游/出境领队的挑选考虑周到，标准控制得当	5
		行前说明会召开时间、内容安排、材料准备等安排合理，召开效果好，各环节准备充分	5
		发团各项工作准备充分	5
	团队运行中	对异地运行团队质量监控的方法合理、恰当，能够有效保证团队异地运行质量	5
	团队旅游结束后	团队报账各项资料收集齐全，能够掌握团队报账各项手续	5
		售后服务跟踪及时，沟通方式得当	5
		团队资料归档及时、材料齐备、资料整齐	5
		团队工作总结针对性强，有实效	5
创新点		能发现问题、提出问题、分析问题、解决问题、创新问题	5

互评打分

评价组	被评价组		团队表现（20分）	任务描述、接受任务（5分）	任务分析、分工情况（5分）	制订计划（5分）	计划实施（60分）	创新点（5分）
第1组	第2组	30%						
	第3组							
	第4组							
	第5组							
教师评价		70%						

最后总分：

简要评述：

备注：本评价表用于小组完成任务情况评价，小组互评占30%，教师评价占70%

项目相关知识点

一、旅行社计调简介

所谓计调就是计划、调度、安排的意思，旅行社计调是指为落实旅游安排计划所进行的服务采购，以及为业务决策提供信息服务的总和。担任计划调度作业的人员，在岗位识别上称为计调员、线控、团控、担当等，业内统称“计调”。计调业务是旅行社经营活动的重要环节。旅行社能否兑现销售时承诺的数量和质量，旅游者对消费是否满意，很大程度上取决于旅行社计调业务的质量，而计调业务流程则是其业务的核心，具有举足轻重的作用。

旅行社计调业务分为组团型计调、地接型计调、批发型计调、专项型计调。组团型计调是由本地旅行社组织团队出游，并由销售部制订组团计划。地接型计调是由外地旅行社组织团队到本地，并由当地旅行社负责接待。批发型计调（又称专线类计调），是指针对本地区旅游业内同行定向收集客源，专事某类或某种线路操作，以优惠价格让利于旅行社同行定期发团的操作。专项类计调是指专事操作商务会展、修学游、摄影游、探险游等特种旅游，或仅仅代订机票酒店的自由行项目，或专门和使馆接触负责签证事宜，以及针对学生团体、老年团体的专项类操作。

二、组团业务简介

组团业务（即直客业务）是旅行社的主导业务，简言之，就是经过旅游代理商（零售商）把旅游产品销售给旅游者，并与接待旅游服务商一起，共同为旅游者提供满意的旅游体验，从而获得企业利润的经营形态。组团业务实际上是旅行社的招徕业务，招徕水平的高低直接关系到旅行社客源的多少，是体现旅行社业务量大小的一个尺度。操作流程的规范性和到位性直接影响到旅行社的组团信誉，不能马虎。因此，各家旅行社都十分重视组团业务的开展，这是旅行社最重要的业务之一。

组团计调员是组团社内负责组成旅游团队，操作组团流程，将本地旅游团体或散客送往指定的旅游目的地游览，或委托当地接待社负责完成所约定的旅游活动的专职接待人员。

组团计调，按接待社的地区差异，可分为国内组团计调和出境组团计调两种类型。

三、组团计调业务操作

（一）国内组团计调业务操作流程

1. 接听客人咨询电话

计调工作首先是接听客人的咨询电话，在接听客人的咨询电话时，一定要做好电话记录，问清客人的基本情况和要求。例如，是散客团还是团队、出团时间、往返大交通、住宿标准、人数、主要旅游景点、是否需要全陪及特殊要求等。认真记录与客户谈话的要点，留下电话咨询客户的联系方式。为了减少和避免工作中的失误，计调人员应该重复确认客户提出的要求。

2. 介绍或设计旅游线路

（1）介绍旅游线路。每个旅行社都有很多已向社会公开推出的、已经成型的旅游线路产品，在接受团体和散客的咨询时，可以向客人详细介绍产品的情况、产品的亮点、产品报价及产品的价格构成等。

（2）设计旅游线路。如果是独立成团，计调人员就必须根据客人的要求重新设计旅游线路。计调人员在设计旅游线路时，一定要根据客人的要求进行设计，并经常与客人沟通，经过双方多次协商和修改，最后设计出客人满意的旅游线路。

3. 向相关接待部门询价

（1）向地接社询价。翻阅资料库，查找有合作关系的地接社进行询价，同时应向两家以上的地接社询价，包括房价、旅游汽车、内路交通、景点门票等，确认相对稳定的要素，如门票、中间段的火车票等有无调整，经常变化的旅游汽车的现行价格，确认地接社的基本价格区间。

国内团如果去N个省，组团旅行社一般也会选择N个地接社，一地一个熟悉情况、降低成本，保证旅游团服务的质量。

（2）向交通部门询价。旅游线路基本确定后，应立即向航空公司、火车站询价，预订国内机票或火车票，使大交通基本有保障。交通费用包括往返大交通费及市内接送交通费。

4. 向客户报价

将询价的情况汇总，与组团人员一起共同核算产品的成本，综合市场定位、营销策划、产品销售等因素后开始进行内部计价。在内部计价的基础上加上一定的利润后，即可向客户报价。报价的项目包括往返大交通费、地接社综合服务费、全陪服务费、市内接送费和一定的利税。向客户报价一定要及时、准确。报价不能太高，太高了客户会流失，也不能太低，太低了旅行社就没有利润。

报价之后，等待对方的回应，但不是消极等待，而是积极对待。视报价内容的轻重缓急有张有弛地积极跟进。掌握客户的情况和市场变化，如有需要或可能，要调整报价或增加服务，特别是免费服务内容，想方设法增强竞争力，力争把每一单都做成功；同时把跟踪的情况和调整的内容作好记录；根据进展情况，及时控制资源，即提前预订某一时段的房、车、机（船）票等。

5. 与客户签订合同

与客人确定价格之后，便可签订正式的旅游合同了。计调人员在与旅游者签订旅游合同时，应对旅游合同的具体内容作出真实、准确、完整的说明，并根据《旅行社条例》第二十八条规定，载明下列事项：旅行社的名称及其经营范围、地址、联系电话和旅行社业务经营许可证编号；旅行社经办人姓名、联系电话；签约地点和日期；旅游行程的出发地、途经地和目的地；旅游行程中交通、住宿、餐饮服务安排及其标准；旅行社统一安排游览项目的具体内容及时间；旅游者自由活动的时间和次数；旅游者应当交纳的旅游费用及交纳方式；旅行社安排的购物次数、停留时间及购物场所名称；需要旅游者另行付费的游览项目及价格；解除或者变更合同的条件和提前通知的期限；违反合同的纠纷解决机制及应当承担的责任；旅游服务监督、投诉电话；双方协商一致的其他内容。

团队境内旅游合同

在签订合同时，切记一定提醒游客自行购买旅游人身意外伤害保险。

6. 组团社发团准备

组团社发团业务的主要内容是负责团队的输送，即将团队发送给国内异地的接团社接待。其业务内容主要包括向选定的地接社确认、落实接待计划，全陪派遣及各项资料的派发等各项准备工作。

（1）向地接社发传真再确认。向选定的地接社发出正式的团队预告，将产品的旅游行程计划书正式地发给旅行社，以方便地接社提前做好准备工作。督促接待社在最短时间内

（8～24小时）书面确认。确认重点为：机（车、船）票、用房、用车、结算等。说明所接团队/个人的各项注意事项；有无回民游客用餐问题及吃饭的各种禁忌等；团队/个人的结算事宜（自带车一般现收费）；须考虑到可能出现的各种问题及解决办法。

（2）督促地接社接待计划的落实。

① 回传确认后，出发前发出正式计划。

② 正式计划打印后，加盖计划专用章，一式两份（发出、留存各一份）。督促回执。

③ 出发前24小时与对方核对计划，要求对方最终确认。向对方催要“结算单”。

④ 确认团队质量无异议，经财务部审核，总经理批准（允许预付），将团款汇入地接社账户。

⑤ 委派全陪、派发全陪日志。全程陪同导游人员，简称全陪，是指受组团旅行社委托，作为组团社的代表，在领队和地方陪同导游人员的配合下实施接待计划，为旅游团（者）提供全程陪同服务的工作人员。全陪作为组团社的代表，自始至终参与旅游团的全程活动，负责旅游团移动中各环节的衔接，监督接待计划的实施，协调领队、地陪、司机等旅游接待人员的关系。因此，旅行社在全陪服务的采购中应注意全程陪同导游人员的品德修养、业务能力、沟通能力等。根据不同团队的要求选派不同的全陪，发放全陪日志。

⑥ 发送“出团通知书”。团队出发前，应该制作好“出团通知书”，把出游前需要准备的资料、出游中的注意事项向游客逐项交代清楚，见下表。

游客出团通知书

<table>
<tr><td colspan="4">尊敬的×××游客：

您好！感谢您参加××××旅行社的××××游；为了使您此次旅行顺利，请认真阅读此通知内容，并配合接待人员的工作。祝您旅途愉快！</td></tr>
<tr><td>集合时间</td><td></td><td rowspan="2">集合地点</td><td rowspan="2"></td></tr>
<tr><td>集合标志</td><td></td></tr>
<tr><td colspan="4">友情提示：
1. 出团时请携带有效证件（身份证、军人证、护照、台胞证、回乡证）原件，16岁及以下请带户口本正本登机。
2. 机票证件：旅行团开据的是已经打折后的团体机票，航空公司不予退票、签转、更名及改期，开票之后客人退团所产生费用由游客承担。出行时请带好有效证件（如身份证、护照等），小孩带好户口本；如因客人证件过期等个人因素，导致无法正常登机或无法入住酒店，一切后果由游客自负。有老年证、学生证等特殊证件游客请带好。
3. 关于行程：行程根据实际情况安排：如节假日、黄金周或其他特殊情况，为错开部分景点接待高峰，保证行程顺利进行我社有权根据实际情况合理调整住宿顺序及景点时间、顺序。
4. 脱团问题：游客因个人原因临时自愿放弃游览、用餐、住宿等，费用一概不退。如果游客中途脱团，必须向导游做事先书面说明，脱团过程中一切责任和费用由游客自行负责。
5. 关于儿童：儿童报价为12岁以及1.1米以下，只包含当地旅游车座位、半餐、机票（不含早餐、景点门票、床位、船票、火车票）。
6. 投诉处理：游客的投诉以在当地意见书及签字证明为准，请游客务必认真填写意见单。恕不受理团友因虚填或不填意见书而产生的后续争议。如遇游客恶意滞留，造成损失由游客自行承担。
7. 优惠证件说明：旅游目的地中有部分景区不支持使用学生证、教师证、老年证、残疾证等优惠证件</td></tr>
</table>

<table>
<tr><td colspan="3">团号：</td><td colspan="2">游客人数：</td><td>全陪：</td></tr>
<tr><td colspan="5">线路名称：</td><td>紧急联系人：</td></tr>
<tr><td colspan="3">去程交通：</td><td colspan="3">返程交通：</td></tr>
<tr><td colspan="6">行程安排</td></tr>
<tr><td>天数</td><td>行程</td><td>日程安排</td><td>早</td><td>中</td><td>晚餐及住宿</td></tr>
<tr><td></td><td></td><td></td><td></td><td></td><td></td></tr>
<tr><td></td><td></td><td></td><td></td><td></td><td></td></tr>
<tr><td></td><td></td><td></td><td></td><td></td><td></td></tr>
<tr><td></td><td></td><td></td><td></td><td></td><td></td></tr>
<tr><td colspan="6">服务标准及费用包含</td></tr>
<tr><td colspan="6">住宿标准：全程舒适型酒店双标间。如遇单男或单女，尽量安排拼住；三人报名安排三人间或双标间加床，无法拼住时需补房差。
用餐标准：全程含3早4正餐，早餐5元/人，正餐餐标20元/人， 10人一桌、八菜一汤，用餐人数不足10人另计（自愿放弃，费用不退。另对海鲜有过敏等不良反应者请量力而行，理智选择可用食物）。
交通：单程经济舱飞机票（含机场建设税、燃油附加税），用船4人间，普通火车硬座，当地空调旅游车，根据团队人数安排，保证每人一正座。
景点门票：行程中所列景点首道大门票（行程中我社未注明包含的快艇、电瓶车、缆车及索道等费用均为景区二次消费，不属于导游推荐自费项目）。凡持有军官证、军残证、老年证、导游证、学生证、记者证等证件的客人不再享受景区门票优惠。景区门票，不去不退。
儿童标准：2岁以上1.2米以下儿童只含半价餐+车位。
购物须知：全程不进店（部分景区内设有购物场所，属于自行商业行为，不算店）。
导游服务：当地持有导游资格证书的专业导游全程优质服务。如8位以下成人散客不成团，由导游兼司机服务。
旅游保险：旅行社责任险（最高保额30万元/人）。强烈建议游客自行购买旅游意外险</td></tr>
</table>

⑦ 确认大交通票据。在航空公司要求的最后名单递交日，根据客人报名人数和旅游社的营销目标，确定机票机位，并在航空公司要求的最后出票日出票，尽可能地避免退票损失；同样，火车票也是在铁路部门规定的最后日期出票。

7. 发团及监督管理

发团，指组团社把通过各种招徕手段形成的旅游团队，委托给选定的地接社，并由其负责完成合同中规定的游客应该享受的权利和旅行游览活动的过程。组团社将旅游团委托给旅游目的地地接社后，由地接社根据合同规定安排该旅游团在旅游目的地的一切旅游活动，而发团社通过对接团社的监督，督促对方完成旅游合同规定内容。

团队发出之后，组团社计调人员须时时监控团队的异地运行，监控内容如下：

（1）监督地接社的接待情况。团队发出后，组团计调人员应该履行监督职责，监督地接社的接待质量。具体监督方法可以通过组团社派出的全陪或客人的信息反馈，及时发现问题，及时纠正解决，消除各种隐患。

（2）监督全陪的工作情况。团队发出后，组团计调人员应该要求全陪定期向组团社汇报团队的情况，同时还要向接待社了解全陪在工作中是否认真履行了自己的职责。现在很多国内团为了降低成本，不再派全陪，给组团社的督察工作带来一些不便。这样，就更要维持通信联系，“遥控”地接，如有问题必须及时按程序处理。

（3）监督游客的游览情况。团队发出后，组团计调应该向全陪、接待社了解客人游览情况，在第一时间发现问题并及时与接待社协商解决，以保证团队顺利游览。对游客违规行为要收集证据，为以后处理问题留下依据。

8．送团

在团队顺利结束异地行程返回本地后，组团社计调人员与全陪一起须搞好送团工作，主动征求客人的意见，让游客高高兴兴地结束整个旅游行程。

9．审核报账

团队运行中如果有一些变动或增减了项目会涉及费用问题。团队运行完毕，计调人员要对全过程进行审核；要了解清楚团队对地接质量有无异议、有无投诉，给地接社拨全款前，应要求地接社把“客人意见反馈表”传回组团社，作为拨款的依据；最后做好结算单，报财务结账。

清账工作一般要求团队行程结束后一周内完成。填写“决算单”，连同“概算单”一式两份、“组团合同”、地接社“确认”件、地接社“结算单”、“团队接待通知书”、原始凭证等交公司财务部报账。

案例：地接社“结算单”

××××国际旅行社

To：××××	Tel：0451	Fax：0451	Date：18/4/3
From：×××	Tel：0457	Fax：0457	MSN：

非常感谢您对×××国旅的信任，加格达奇——嘎仙洞——漠河四日游（16+1）旅游行程已经结束，现将结算单呈送，如无异议，请回款为盼。

加格达奇——嘎仙洞——漠河四日游（16+1）结算单

日期	行程简介	行程概述	用餐	住宿
11/4	海拉尔 加格达奇	乘N94次火车（09:44/18:27）赴加格达奇，加格达奇晚餐后，入住酒店	晚	华融宾馆 ★★★
12/4	加格达奇 漠河	早餐后，乘41次（9:48/18:30）赴漠河，沿途观赏林海风光。晚餐后，入住宾馆	早晚	漠河宾馆 ★★
13/4	漠河 北极村	早餐后参观松苑原始森林公园（全国唯一城内原始森林公园），参观西山公园——观漠河县全景，赴北极村，途中参观胭脂沟旅游风景区，膜拜南山海上11米高的三面观音大佛，白桦林风光，观看大自然的美丽景色，抵北极村（60），晚餐后入住	早中晚	北极村家庭宾馆

续表

日期	行程简介	行程概述	用餐	住宿
14/4	北极村 哈尔滨	早餐后，观神州北极，（中国最北家）、最北邮局、最北气象台、最北坐标点。（中华北疆第一哨）、瞭望俄罗斯村庄——伊格纳斯伊诺村；游览界江风光，可乘坐游轮游黑龙江（自费）。返回漠河县。 晚餐后，乘N42次（19:20—12:26）返回哈尔滨。	早中晚	火车

10．归档、总结

（1）建立团队档案。团队结束之后，要整理该团的原始资料，每月底将该月团队资料登记存档，以备查询。建立团队档案的主要内容有：地接“报价单”（历次报价）、双方签字的“确认单”（盖章）、“客户名单表”、合同、“缴费单”、“最终行程表”、“订车单”、“订票单”等，资料保存期为2年。

（2）总结工作。全陪对整个带团工作进行总结，检查全陪的带团日志；处理表扬与投诉，所有的表扬和投诉均须报告给部门负责人，有的表扬需要对当事人进行褒奖，或通过一定的宣传，增加旅游社的美誉度；有的投诉涉及多个部门，处理不好，旅行社可能会有名誉或经济损失，因此，计调人员须调查情况，如实报告给部门领导并做好协调工作。

11．售后服务

在团队顺利结束行程返回本地后，组团计调人员应进行客户满意度调查，掌握准确的信息，为今后工作的改进提供依据。计调人员要与客户保持良好的关系，努力使之成为自己的朋友，为第二次销售工作打下基础。

（二）出境组团计调业务操作流程

OP，是英文“operator”的简称，而出境OP计调就是通过各种旅游途径，将游客送抵旅游目的地国家或地区的旅游业务操作人员。出境组团计调是组团计调的一种。其工作流程与组团计调基本相同，不同的是出境旅游操作多了签证、送关、召开行前说明会等工作，比国内游的流程要复杂一些。

1．接听客人咨询电话

由于这是出境旅游，在接听客人电话时首先要问清楚客人欲往的目的地，就是他们要去哪几个国家或地区。在接听客人的咨询电话时一定要做好电话记录，问清客人的基本情况和要求，如是散客还是团队、出团时间、往返大交通标准、住宿类型标准、人数、主要旅游景点、特殊要求。认真记录与客户谈话的要点，留下来电客户的联系方式。为了减少和避免工作中的失误，计调人员应该重复确认客户提出的要求。

2．介绍或者设计境外旅游线路

（1）推荐旅行社已有的经典出境线路。每个旅行社都有很多已经向社会公开推出的已经成型的出境旅游线路。在了解游客的基本要求后，就可以向客人详细地介绍本社的产品情况、产品的亮点、产品的报价及产品的价格构成等。产品介绍时要将产品与游客的需求点相同或相近的特色重点突显出来，促使游客能够选择旅行社现有产品。

（2）根据游客的需求重新设计旅游线路。出境游旅游产品多为旅行社已经开发好的线路，但如果客人想根据自己的意愿安排旅游线路，计调人员首先要倾听游客的基本要求，然后衡量该旅游线路本社或合作的批发社能否承接，如果很难完成，可以歉意地、明确地告知对方无法承接此项业务；如果能够承接，则详细记下客人的具体要求，根据客人的要求重新设计旅游线路。

3. 向相关接待部门询价

（1）向各地接社询价。在团队送签之前，计调部须将最终行程传真至各家地接社询价。注意询价时关键选择合适的地接社报价。询价时务必明确人数、出发日期、详细行程、酒店星级、午晚餐标准、导游员要求、豪华旅游大巴车、常规景点门票、保险、签证、特殊服务项目等各项要素。询价时要考虑签证邀请的问题，所有地接社接到确认后才发出邀请。在定团时要通知签证部发邀请单位。

（2）向交通部门询价。旅游线路基本确定后，应立即向航空公司、火车站询价，预订国际机票、国内机票或火车票，使大交通有保障。交通费用包括往返大交通费及市内接送交通费。

4. 向游客、境外地接报价

在向各地接社询价之后，把地接社的成本加起来，再加上一定的利润，然后向客人报价。

在与客人谈好价格后，与境外地接确定好最后价格，将谈好的价格确认给地接社；然后将团队详细信息，如详细名单、最终行程、航班时间及特殊服务项目等用书面形式交给地接方。

5. 签订出境旅游前期服务合同

针对那些签证不一定有保证的旅游目的地，如欧洲国家，签证有时就不能成功，游客出了签证费，而不能出去旅游。为了规避签了正式合同而又不能出行的风险，在办理签证前就与游客先签订一份出境旅游前期服务合同。

6. 办理出境团队签证

签订好出境旅游前期服务合同后，按照目的地国家签证要求，收集客人的签证资料，并严格预审，帮助客人按要求准备资料，尽量降低和避免拒签。

签证办理流程：

（1）递交有效的护照。

（2）递交与申请事由相关的各种证件，例如有关自己出生、婚姻状况、学历、工作经历等证明。

（3）填写并递交签证申请表格。签证不同，表格也不同，多数要用外文填写、同时提供本人照片。

（4）前往国驻我国大使馆或领事馆官员会见。有的国家规定，凡移民申请者必须面谈后，才能决定；也有的国家规定，申请非移民签证也必须面谈。

（5）报目的地国家或地区主管部门报批。大使馆或者领事馆，将填妥的各种签证申请表格和必要的证明材料，呈报国内所属主管部门审查批准。有少数国家的使领馆有权直接发给签证，但仍须转报国内备案。

（6）前往国家的主管部门进行必要的审核后，将审批意见通知驻我国使、领馆。如果同意，即发给签证。如果拒绝，也会通知申请者。

（7）缴纳签证费用。一般来说，递交签证申请时就要先缴纳费用，也有个别国家是签证申请成功时才收取费用。一般而言，移民签证费用略高，非移民签证费用略低。也有些国家和地区的签证是免费的。

7. 签订出境旅游合同

为切实维护旅游消费者和出境旅游组团社合法权益，优化旅游发展环境，规范出境旅游行为，促使经营者诚信经营、旅游者诚信消费，减少旅游合同纠纷，根据《合同法》《消费者权益保护法》《旅行社条例》《中国公民出国旅游管理办法》等法律法规的有关规定，国家旅游局和国家工商行政管理总局共同制定了《中国公民出境旅游合同》。

该示范文本仅供我国境内（不含香港、澳门特区和台湾地区）经营出境旅游业务的组团旅行社与出境旅游者约定全包价出境组团旅游相关业务事宜时使用。本示范文本不适用于自助游和单项业务委托。

该示范文本分为七部分，分别为：定义和概念、合同的签订、合同双方的权利义务、合同的变更、合同的解除、违约责任、协议条款。前六部分是对出境组团旅游活动中双方当事人权利、义务、责任的约定；第七部分“协议条款”是双方当事人对旅游者情况、旅游内容安排、争议解决方式等具有专属性内容所作的约定。这样的合同框架划分既考虑到旅游服务的共性，也兼顾到旅游服务的个性；并通过设置“旅游行程计划说明书”使得旅游行程的安排明确、具体，且有据可依。

8．选派海外领队

海外领队，是指经国家旅游行政主管部门备案，受可以经营出境旅游业务的组团社的委派，全权代表该旅行社带领旅游团从事旅游活动的工作人员。海外领队必须具备三个条件：一是依法取得导游证；二是接受组团社委派；三是工作任务是带队出入境，监督旅游接待计划的落实，为客人提供相应的服务。领队作为国内组团旅行社的代表和团队利益的代言人，对组团社圆满履行旅游合同、提高旅游者舒适度和满意度、维护游客生命财产安全起着极其重要的作用。熟练掌握领队服务程序，是做好领队工作的前提。海外领队的服务规程包括服务准备、通关手续、境外旅行服务、后续工作等。

团队出境旅游合同

大陆居民赴台湾地区旅游合同

团队如需公司派遣自己的海外领队，需要提前10天安排，并第一时间通知导游员，以便导游员做好相应的准备工作。

9．召开行前说明会

在办理好出国护照、签证和机票后，旅行社为了通报出国旅游的有关情况并了解客人的特殊要求，会适时召开出国说明会。时间通常安排在出国前1～2天，需2～4 h。出国说明会一般在旅行社召开，有时也在客人较集中的单位召开。为了表示旅行社对这次会议的重视，通常都会有旅行社经理以上人员出席。领队是出国说明会的主角，应代表组团社向客人介绍行程、回答提问。出国说明会主要议程如下：

（1）经理介绍整体安排。经理介绍领队及团队总的行程安排和重大注意事项，感谢客人对本旅行社的信任，表明旅行社热忱服务的态度。

（2）领队致欢迎词。欢迎词的主要内容是对游客表示欢迎和感谢；自我介绍；表达自己真诚服务的愿望；预祝游客旅游顺利。

（3）行程说明。向旅游团发放行程表，按行程表内容逐一介绍目的地国家或地区的基本情况，特殊的法律制度和礼节礼貌、风俗习惯，并可穿插播放介绍旅游目的国家或地区概况的风光片。同时说明哪些属于自费项目，告知所经城市及集合时间和地点。

（4）落实相关事项。在说明会上应落实的事项包括分房、国内段返程机票是否已定或是否交款、机场税含否、是否有单项服务要求及特殊要求，并登记好客人的特殊要求。

（5）说明有关注意事项。要求客人注意统一活动，强化时间观念及相互之间的团结友爱。提醒客人带好相关物品。相关物品包括：有效证件（身份证、护照、通行证等）、适合当地气候特点的衣物、太阳镜、雨具、洗漱用品、常用药品、照相机、摄像机、电池和充电器等。提醒客人每人可带的现金数量，出国游，每人最多只准携带20 000元人民币或5 000美元

(或相当于5 000美元的等值外币）以下的现金，如果确实因某些原因要多带一些现金，则需要提前向海关办理申报手续。

为了让游客切实做好出国准备工作，避免在境外出现旅游事故，建议旅行社领队将出国说明事项的主要内容印成书面文件分发给每一位游客，尤其要将海外自费项目价格、外汇兑换方式及兑换率、游客饮食及穿着提醒、游客安全注意事项等内容罗列其中，便于客人掌握。

10．派发出团通知书

（1）根据最终落实的团队情况，向海外领队派发“出团通知书”。

（2）给游客的“出团通知书”上包含团队的行程、出发时间、集合地点及紧急联系人姓名、电话等信息。如团队派陪同，须列明并确认的行程、标准、出发时间及地点、游客名单、联系电话、接团导游员姓名及电话、接待社联系人及电话等信息，并须对陪同的职责和义务要详加提示，起到团队监督的作用。出团通知书见下表。

《出团通知书》

尊敬的各位贵宾：

您们好！

欢迎您参加我公司的旅行团，享受我们为您提供的优质服务，祝您旅途愉快!

我社组织的OTCSC20××0105团，定于　　年　月　日出团，旅游目的地为泰国普吉岛。

集合时间：　　年　　月　　日晚21:00。

集合地点：哈尔滨太平国际机场二楼国际出境大厅7号口内。

去程航班：　　月　　日　MU3105 22:55起飞。

回程航班：　　月　　日　MU3106 03:00起飞，航班如有变动，以航空公司通知为准。

该团领队：×××　　联系电话：1300×××××06　189×××××78。

如因客人自身原因迟到造成无法顺利登机，所产生一切损失由客人自理。

旅游须知

泰国地理

泰国地处亚热带，全年平均气温在30 ℃左右。

泰国时差比北京晚一小时，在泰国期间的一切以泰国时间为准。

请严格遵守泰国机场、海关、航空公司的相关规定，不得携带违禁物品。

酒店

境外酒店均无牙刷和牙膏及拖鞋提供，请务必自行携带洗漱用具。

泰国货币与兑换服务

外币兑换以当天银行牌价为准。在当地机场、酒店及旅游点的银行均可兑换。

购物注意事项

勿接受陌生人所提供的导游及导购等服务。

尊重泰国地区特殊的宗教信仰，但亦要预防以宗教信仰为由被迫购物。

购物纯属个人行为，请慎重抉择。旅行社不承担因客人退货而产生的一切经济和法律责任。

参观注意事项

不可谈论或批评皇室。遇有皇室成员出席的场合，态度要敬重。

进入寺庙要脱鞋，服饰应整洁、端庄，最好不要穿短裤。

打招呼时双手合掌，不可用脚指人或物，头部为身体较神圣部分，不随便摸别人的头。

公共场所中男女不可有太过亲密的举动，亦不当众发脾气 。

泰国禁赌，即使酒店房间也不能玩牌或打麻将。

普吉岛旅游贴士

电压：220 V。

插头：为两脚扁身。若客人是三脚插头，需自带转换器。

普吉设施

虽然没有首都曼谷那样繁华，但普吉一样具备各种设施。这里有各式各样的度假酒店、医院，其中有一家医院是国际性的，可为外国游客提供医疗服务。

语言

在泰国，虽然大部分泰国人只会说泰语，但在首都曼谷或一些旅游热点，如普吉等，很多人都会说英语，而为了方便，所有路牌及标志都以泰文及英文显示。

特产

普吉是泰国锡矿产量最多的地区，因此在当地最引人注意的特产，莫过于各种锡制品。

另外，泰国特产各种珠宝，在东南亚地区品质上乘。特别是普吉燕窝、泰国蛇药更是享誉中外。

水上运动安全告知

一切水上活动项目，若非导游工作人员推荐，请不要自行前往参加。

对于海上游泳及浮潜等水上项目，游客根据自己对水性的熟识情况参加，不能逞能，不要贸然跳水和潜泳，更不能互相打闹，以免呛水和溺水（注意：不要在海浪急流和漩涡处游泳，更不要酒后游泳）。

在海中游泳，要沿着海岸线平行方向游，游泳技术不精或体力不支者，不要涉水至深处，须及时调整方向，确保安全。如果沙滩挂起红旗，表示有风浪，危险，即使游泳技术好的人也不可冒险游泳。游泳不要离海岸太远，以免因浪大流急而将泳者冲至不安全或没有足够体力游回岸边的地方。

在海中游泳及潜水有一定风险，请各位游客注意人身安全。

海关规定

据泰国海关规定：进入泰国的外国游客要携带足够现金（旅游签要求现金或等值外币20 000泰铢/人，或40 000泰铢/户），以备航空公司及海关随时抽查。若未按规定带足现金导致的后果，客人自行承担。

通信方面

中国移动全球通手机在开通国际漫游的情况下，在泰国可以使用。

打电话

① 人在中国，打电话到泰国：国际冠码（00）+泰国国码（66）+当地区域号码+电话号码。

② 人在泰国，打电话回中国：泰国国际冠码（001）或（009）+中国国码（86）+中国区域号码+中国电话号码。

③ 人在泰国，用中国的电话拨打泰国当地手机：开机后直拨泰国当地手机号码即可。

小费制国家

泰国为小费制国家。很多地方均需要支付小费，而支付小费是一种礼仪。客人根据情况自定是否给服务生小费。例如，酒店服务生帮你提取行李及整理房间、按摩师帮你按摩、骑大象、与人合影及司机辛苦费用等。导游为游客提供服务，请付小费20元/人/天（已含）。

其他内容

① 旅游期间不得擅自离团，如游客在境外擅自离团，当地旅游公司将依照相关规定收取一定的签证担保金，如欲滞留不归，我公司有权向当地移民局报警，并按规定收取罚金每人2 000～50 000元人民币。

② 贵重物品务必随身携带，团员如遇行李或财产遗失，本公司可协助游客向有关机构交涉，但不负责损失赔偿。

③ 在外旅游期间，请听从领队和导游的安排，如有违反规定和做出有损国格的行为，领队有权制止。

④ 陌生人提出帮忙携带物品的要求，应婉言拒绝，以防在不知情的情况下因挟带毒品、枪械等违禁品而触犯法律。

⑤ 行程表中所列酒店是当地星级标准（国外酒店均不挂星级），夫妻团员可在不影响总房数的前提下尽量安排同一房间，但如出现单男单女的房间时，导游员有权根据实际情况进行调配，如客人坚持，须由客人自付所增加的费用。

⑥ 本公司为旅游者赠送了旅游意外保险。团员在境外旅游中如发生意外伤害事故，应及时取证、做好记录、保留票据并由当地职能机构出具证明。我公司可根据具体情况向保险公司提出索赔，但与本公司无任何赔偿关系。由非意外原因引起的急性病，旅行社和保险公司均不承担任何责任。

⑦ 团员在境外旅行中参加的自选项目及旅游行程以外的活动和自由活动时所发生的各种意外，由本人承担责任，旅行社和保险公司概不负责。

11．发团及监督管理

发团，是指具有组织出境旅游资质的组团社，将通过各种招徕手段形成的旅游团队或散客，委托给境外指定的旅游目的地接待社，并由其负责完成合同中所规定的旅游者在吃、住、行、游、购、娱等方面所应得到的待遇，完成旅游全过程。而发团社通过对接团社的监督，督促对方完成旅游合同。

团队发出之后，出境组团计调人员须时时监控团队的异地运行，监控内容如下：

（1）监督境外地接社的接待情况。出境组团计调人员在团队发出后应该履行监督职责。监督境外地接社的接待质量，具体监督方法可以通过组团社派出的领队或客人的信息反馈，发现问题及时纠正，消除各种隐患。

（2）监督领队的工作情况。出境组团计调人员在团队发出后应该要求领队定期向组团社汇报团队情况，同时还要向接待社了解领队在工作中是否认真履行了自己的职责。

（3）监督游客的游览情况。出境组团计调人员在团队发出后，应该向领队、接待社了解游客游览的情况，在第一时间发现问题，并及时与接待社协商解决，以保证团队顺利游览。对游客的违规行为要收集证据，为以后处理问题留下依据。

12．送团

在团队顺利结束境外行程返回本地后，出境组团计调人员与领队一起搞好送团工作。主动征求客人的意见，让游客高高兴兴地结束整个旅游行程。

13．审核报账

在团队回国后，根据地接社账单、导游员报账单、机票订单存底及签证数量，开始核算实际成本。做完成本单后交由销售人员本人签字，再由计调人员签字后报财务核算成本。在核算成本的同时，将地接社和导游余款的账单做好支出单，经部门领导审核、签字，再由财务、总经理签字后，交财务准备付款。

14．材料归档、跟踪回访

团队结束后，要将所有操作传真及单据复印留档，作为团队操作完毕后的资料归档。对参团客人进行回访，建立客户档案。

（1）在团队回国后叮嘱接团人收取护照和登机牌。

（2）将所有资料装入专用信封或口袋并写上团队名称，存入档案库并在计算机内备份团队归档。

（3）团队操作流程结束后，需要跟踪团队反馈，记录下团队历史记录中的重要信息，以便今后取长补短。

15．调整产品

根据产品销售情况、出团量、团队质量对产品进行适当调整。销售较好的旅游产品可继续销售，也可适当增加出团计划；销售欠佳的产品要总结是线路本身吸引力不够还是市场等情况造成；如团队质量出现问题要追溯原因，对于接待单位也要磨合、斟酌和选择。

三、旅行社组团操作模式

旅行社组团操作模式，一般包括两种形式：

1．本社开发并销售

这个主要针对的是大型旅行社。现在国内各大城市的大型组团社基本上已经具有自己设计、自己开发旅游产品的能力。大型组团社通过对区域市场消费特点及时把握，根据当地旅游市场的消费趋向调查，确定主要旅游目的地，与旅游目的地的主要接待社协商，并获得其支持，同时利用自己多年来在当地旅游市场奠定的优势，与航空公司、铁路运输部门、汽车公司等交通运输部门签订包机、专列、包车合同，以大批量的采购，获得各项要素的价格优势，将采购的接待产品和交通服务进行有机组合，就完成了旅游产品的设计与开发。

由于包机、专列等大型散客型旅游产品，可以取得较好的社会效应，对于促进当地的消费有较大的拉动作用，所以很多旅游目的地的旅游主管部门制定了一定的奖励政策和广告支持政策。例如，由于旅游市场的强大影响力，中国国旅、中国青旅等大型旅行社，每年都可获得各国旅游机构市场广告费的支持；国内重要旅游市场的重点组团社，每年也可以从旅游目的地获得一定的奖励和广告费支持。值得注意的是，这些大型旅行社自己设计、开发的旅游产品，在本地旅游市场主要由本旅行社分布区域市场内的营业部销售，本地之外的市场则发展代理商进行销售。

旅行社自己设计、开发并销售旅游产品时，有以下问题需要关注：第一，获得大交通部门的支持，是产品设计、销售成功的关键；第二，需要与同行建立良好的协作关系，以便构建强有力的同业分销网络。

2．从批发商处获得产品分销权

这主要针对的是中小型旅行社而言。目前，我国旅行社大部分是中小型旅行社，没有自己的散客产品开发能力，主导客户是组织型客户（团队客户）。中小型旅行社通常是从批发商（大型组团社的产品分销机构、接待社在当地市场的营销服务机构）手中，获得散客型旅游产品的分销权，然后通过广告形式进行市场开发，最后再根据收客人数的多少从批发商手中获得一定数量的佣金。现在几乎每家旅行社都有一批稳定的合作伙伴，这些伙伴就是外地接待社设在当地市场的办事处（接待社营销服务机构）。这批接待社的营销服务机构，就成为中小型旅行社散客型产品的提供商。

出于旅游企业品牌塑造的考虑，中小型旅行社不愿意和当地的大型组团社合作，更愿意接受这些外地接待社办事处的服务。但是外地接待社办事处的工作人员经常会发生见利忘义、携款潜逃的事件，中小型旅行社从批发商处采购产品时，应选择实力强、经营时间长、接待信誉好的接待社营销机构合作。

知识拓展

一、计调员的含义

旅行社通过外联招徕客源，其他做好接待前的准备工作则由计调部承担。计调是计划调度的简称，担任计划调度作业的人员，在岗位识别上，做国内线路的称为计调，做出境线路的称为“OP”（operator），它还可以被称为线控、团控、担当等，业内简称“计调”。其主要任务是按接待计划落实团队在食、宿、行、游、购、娱等方面的具体事宜，以确保行程、日程正常进行。

二、计调员的分类

随着旅游业的发展，旅行社业务规模的扩大，计调业务也朝着专业化、细分化方向发展。从业务范畴划分，计调人员分为组团类计调人员、接待类计调人员、批发类计调人员和专项类计调人员四种。

（一）组团类计调人员

组团类计调人员指的是在组团社内负责操作组团流程的专职人员。按照游客出行目的地的不同，可划分为中国公民国内[①]游计调人员和中国公民出境游计调人员。

1. 中国公民国内游计调人员

中国公民国内游计调人员包括两种类型：一是短线计调人员，二是中长线计调人员。

（1）短线计调人员。短线计调又称周边短线汽车团计调，此计调业务的旅游目的地在客源地的周边，旅游行程一般为1～3天，以旅游大巴车为主要交通工具。短线计调一般是由组团社自己接洽或委托地接社安排乘用车、用餐、酒店住宿、旅游景点和派发导游等事宜。负责操作这类线路的专职人员通常称为短线计调人员。

（2）中长线计调人员。国内中长线计调，指的是从客源地通过各种手段招徕本地旅游团或零散客，向旅游者提供的行程通常在3 天以上，且主要交通工具为飞机或火车。中长线计调一般是由组团社委托当地接待社完成所约定的接待项目，并且在旅游目的地需要使用区间交通工具。负责操作这类线路的专职人员称为中长线计调人员。

2. 中国公民出境游计调人员

中国公民出境游计调，指的是从中国境内客源地通过各种手段招徕本地零散客或旅游团，将其发往港澳台地区及中国以外的国家和地区游览，并委托境外旅游目的地的旅行社负责完成所约定的旅行游览活动的过程。负责操作这类出境游线路的专职人员称为中国公民出境游计调人员。根据旅游目的地的不同，可将其细分为以下类别：

（1）英美澳加地区计调人员。英美澳加地区，是指英国、北美和大洋州等国家和地区。负责将中国境内公民送往这些国家和地区旅游，并委托当地旅行社或接待机构负责完成所约定的旅行游览活动过程的专职人员，称为英美澳加地区计调人员。

（2）东南亚地区计调人员。东南亚地区，指的是泰国、马来西亚和新加坡，包括西南亚和泛太平洋地区，负责将中国境内公民送往这些国家和地区旅游，并委托当地旅行社或接待机构负责完成所约定的旅行游览活动过程的专职人员，称为东南亚地区计调人员。

（3）德法西葡地区计调人员。德法西葡地区，是指葡萄牙、德国、法国、意大利和西班牙等欧洲国家和地区。负责将中国境内公民送往这些国家和地区旅游，并委托当地旅行社或接待机构负责完成所约定的旅行游览活动过程的专职人员，称为德法西葡地区计调人员。

（4）非洲地区计调人员。因非洲旅游还处在开发阶段，旅游成熟的国家为数不多，故非洲地区指的是整个非洲大陆。目前，以肯尼亚、南非、埃塞俄比亚、赞比亚和埃及等旅游相对发展较好的国家为主。负责将中国境内公民送往这些国家和地区旅游，并委托当地旅行社

① 《旅行社条例实施细则》第二条所称国内旅游业务，是指旅行社招徕、组织和接待中国内地居民在境内旅游的业务，以下国内均指境内。

或接待机构负责完成所约定的旅行游览活动过程的专职人员，称为非洲地区计调人员。

（5）伊斯兰中东地区计调人员。伊斯兰中东地区，指的是中亚和中东国家及地区。负责将中国境内公民送往这些国家和地区旅游，并委托当地旅行社或接待机构负责完成所约定的旅行游览活动过程的专职人员，称为伊斯兰中东地区计调人员。

（6）日韩地区计调人员。日韩地区，泛指日本、韩国和朝鲜等国家。负责将中国境内公民送往这些国家和地区旅游，并委托当地旅行社或接待机构负责完成所约定的旅行游览活动过程的专职人员，称为日韩地区计调人员。

（7）俄罗斯北欧地区计调人员。俄罗斯北欧地区，是指俄罗斯及前苏联联邦国家和地区，包括瑞士、芬兰、冰岛、南联盟和挪威等北欧国家和地区。负责将中国境内公民送往这些国家和地区旅游，并委托当地旅行社或接待机构负责完成所约定的旅行游览活动过程的专职人员，称为俄罗斯北欧地区计调人员。

（8）拉美地区计调人员。拉美地区，指的是秘鲁、阿根廷、巴西和智利等拉丁美洲国家和地区。负责将中国镜内公民送往这些国家和地区旅游，并委托当地旅行社或接待机构负责完成所约定的旅行游览活动过程的专职人员，称为拉美地区计调人员。

（9）中国港澳台地区计调人员。港澳台地区是中华人民共和国的一部分，因为历史和地域的原因，目前到这些地区旅游，并不像到国内其他地区旅游那么方便，需要持有赴港澳台相关证件。负责将内地公民送往这三个地区旅游，并委托当地旅行社或接待机构负责完成约定的旅行游览活动过程的专职人员，称为港澳台地区计调人员。

（10）印巴南亚地区计调人员。印巴南亚地区，是指巴基斯坦、阿富汗、尼泊尔和印度等环喜马拉雅山南亚“古丝绸之路”地区的国家。负责将中国境内公民送往这些国家和地区旅游，并委托当地旅行社或接待机构负责完成所约定的旅行游览活动过程的专职人员，称为印巴南亚地区计调人员，此类计调人员需熟知伊斯兰教、佛教以及古印度文化。

（二）接待类计调人员

接待类计调人员，指的是在接待社中负责按照组团社要求和计划确定区间住宿、游览、交通工具、用餐和派发导游等事宜的专职人员。按组团社的地区差异，接待类计调人员分为国内接待计调人员和国际入境接待计调人员两种类型。

1. 国内接待计调人员

国内接待计调通常是以组团社和旅游目的地来界定的，指的是受中国境内组团社（不含港澳台地区）委托，按照其要求在中国境内旅游目的地（不含港澳台地区）完成其对游客承诺的接待内容和标准的过程。专职负责操作这一流程的人员，称为国内接待计调人员。

2. 境外入境接待计调人员

境外入境接待计调，指的是受港澳台地区及中国以外的国家和地区组团社委托，按照其要求在中国境内的旅游目的地（不含港澳台地区）完成其对游客承诺的接待内容和标准的过程。在国际接待社中负责操作这一流程的专职人员，称为国际入境接待计调人员。

（三）批发类计调人员

批发类计调人员，指的是将本地区旅游业内同行的客源收集起来，专事某类或某种线路操作，以优惠的价格让利于旅行社同行，并定期发团的专职人员。批发类计调人员是接待社和组团社之间的桥梁，也是接待社在这一地区设置或委托的联络机构。按旅游目的地的不同，批发类计调人员可分为出境游专线同业批发计调人员和国内游专线同业批发计调人员。

1. 出境游专线同业批发计调人员

出境游专线同业批发计调人员，指的是将本地区旅游同行的客源集合起来，发往港澳台地区及中国以外的国家和地区的指定旅游目的地，并交由当地接待社机构完成对旅游同行约定的接待内容和标准的专职人员。

2. 国内游专线同业批发计调人员

国内游专线同业批发计调人员，指的是将本地区旅游同行的客源集合起来，发往中国境内（不含港澳台地区）指定的旅游目的地，并交由接待社完成对旅游同行约定的接待内容和标准的专职人员。

（四）专项类计调人员

随着经济的发展，时代的进步，游客对旅游的需求日益增大，这既反映在出行人数的增长上，也表现在旅游项目和种类的丰富及多变上。针对有别于传统旅游的需求及特定的旅游层次，产生了专事操作商务会展和修学游等特种旅游，仅仅订机票和酒店的自由人项目，专门和使馆接触负责签证事宜，以及针对学生团体和老年团体等的专项类操作人员，称为专项类计调人员。

1. 商务会展类计调人员

商务会展类计调人员和传统意义上的计调人员有所不同，其涉及范围大，工作面也较为广泛，牵涉会展需要的策划书的拟订、场地布置、场馆选择、用餐安排、用车安排、人员接送和会间及会后参观游览活动等的接洽安排。对这一类型的计调人员素质要求也较高，除了掌握传统意义上计调人员的操作职能以外，还需要有较强的统筹全局和谈判接洽的能力。

2. 机酒类计调人员

机酒类计调属于专项游计调的一种。随着现在人们对旅游个性化需求的增长，仅仅需要旅行社代订往返或单程机票和旅游目的地星级酒店的新型自助旅游方式日益盛行。很多代订机票和酒店的自由人服务网站也随之出现，不少旅行社也针对旅游者对旅游度假胜地的需求，推出机酒自由人产品，提供机票、酒店和接送机的服务项目。专门从事这种接待操作的人员称为机酒类计调人员。

3. 签证类计调人员

在从事出境旅游业务的国际旅行社中，签证工作往往需要耗费大量的精力与使馆和签证处打交道。此类事宜一般都会有专人负责，其要求从业人员了解目的地国家的法规常识和签证手续。对游客递交的材料要进行前期的准备和审核工作。有较强的责任心，以免因表格填写错误或资料遗漏所造成拒签的严重后果。在旅行社中专门负责从事签证事宜的人员，称为签证类计调人员。

4. 学生游计调人员

自原国家教委解禁"学生春秋游"活动之后，大多数学校开始选择具有春游营业资质、合法、正规及能够提供安全责任险的旅行社共同组织学生活动，在一定程度上分担了学校组织学生活动的风险和压力。学生游计调人员在这种前提下应运而生，他们专门为小学、中学和大学等教育机构服务，负责学生活动场馆和基地良好合作关系的建立，把握少工委和团中央的文件精神，推出符合教育动向的学生活动产品。

5. 老年游计调人员

在中国的很多城市，人口结构已经进入老龄化阶段，随着经济的发展、人们思维方式的转变和生活条件的改善，老年人在出行游客中所占的比例越来越大，甚至已经成为了一种潮流。

由于老年旅游团队和学生旅游团队一样，都属于特定的层面，因而有着适应性和特殊性的特点。专门从事老年活动产品设计以满足老年游客特殊需求的操作人员，称为老年游计调人员。

6．特种游计调人员

随着社会意识的宽容及生活水平的提高，游客对旅游活动的需求也日益丰富多彩，产生了探险游、艺术游和修学游等特种旅游项目。针对这种需求所产生的特种游计调人员，就是为了满足这些特殊游客的特殊需求，负责安排接待的专职人员。特种游计调一般是一团一议，根据游客的不同需求制定不同的计划安排。

三、组团计调人员的主要职责

旅行社工作的核心部门是计调部门，计调部门的工作直接决定和影响着旅行社的正常工作。为了提高工作效率，计调人员应履行以下岗位职责。

（1）通过对市场需求的调查研究，制订出具有特色的旅游线路吸引旅行者，提升旅行社的形象。

（2）负责旅行社常规线路的行程及安排的制订、修改和完善等工作，及时提出让客户满意的旅游线路及报价建议。

（3）负责对内接待与安排旅行团，对外计划、协调和发团等。

（4）实时监控已发团队的情况，团队旅游结束后，做好回访工作。整理客户的反馈信息，发现并解决问题，进一步提高服务质量。

（5）计调人员在安排旅游团时，应协助部门经理，在交通服务、导游服务等方面做到有备无患。在安排旅游者的食宿和游玩活动时，应做到考虑周全，在确保团队质量的前提下，做到“低成本、高效益”。

（6）在工作中，按季节及时掌握各个线路的成本及报价，以提高工作效率，并确保对外报价的可行性、可靠性及准确性。

（7）规范整理团队资料并做好归档工作，其中包括旅游交易会的资料归档、日常业务中传真件的归档，以及组团社、地接社的宣传资料的归档，方便日后线路查找工作的顺利进行。

四、与旅游目的地国家或地区地接社建立合作关系

经营出境旅游业务，境外合作地接社是必备条件，但由于地理位置和语言的原因，出境组团社无法与境外社取得联系。出境社如何才能与境外社取得联系，常有以下几种方式：

（一）利用人际关系

出境旅行社经营者要积极从人际关系中，找到与境外旅行社能够接洽的中间人，通过中间人的引荐，开展旅游业务合作洽谈，达成互信合作关系，开展国际旅游业务。

（二）利用旅游博览会等平台

中国出入境旅游市场发展迅速，为更好促进中国旅游业发展，为旅游经营服务，我国文化旅游部每年都会与各省合作举办旅游产品交易会、旅游产品推介会、旅游文化交流等活动，这些展会会邀请世界和国内各旅游胜地的旅游机构、旅行社、酒店、航空公司等提供优惠产品参展。展会上，我国的旅行社可以与来自全世界的各旅游相关单位交流洽谈，签订合作协议，开展出境旅游业务。

（三）利用考察培训活动

各行各业都会开展各种考察、培训、交流等学习活动，旅游行业也是每年都有各种学习培训机会，作为旅行社负责人要积极参与国内、国外的交流培训活动，在考察培训中与境

内、外旅游相关单位建立合作关系，发展国际旅游业务。

五、出入境证件与签证

出入境证件是指政府有关主管部门颁发给旅游者的，用于在旅行、旅游过程中证明旅游者合法身份的有效证件。我国与出入境旅游直接相关的旅行证件主要有护照、签证、出入境通行证、旅行证等。

1．护照

中华人民共和国护照是中华人民共和国公民出入国境和在国外证明国籍和身份的证件。任何组织或者个人不得伪造、变造、转让、故意损毁或者非法扣押护照。据此，护照是主权国家政府发给本国公民出入国境和在国外居留、旅行等合法的身份证件以其证明该公民的国籍、身份及出国目的。凡出国人员均须持有有效护照，以备有关机关查验。根据持照人的出国目的和颁证机关的不同，护照分为普通护照、外交护照和公务护照。旅游者参加出国旅游活动持普通护照。护照持有人未满16周岁的，有效期为5年；16周岁以上的，有效期为10年。

护照由本人向户籍所在地的县级以上地方人民政府公安机关出入境管理机构申请普通护照。公民申请普通护照，应该提交本人的居民身份证、户口簿、近期免冠照片以及申请事由的相关材料。公安机关出入境管理机构在审核材料合格的情况下，应当自收到申请材料之日起15日签发普通护照。

2．签证

外国人入境，应当向驻外签证机关申请办理签证。签证是主权国家官方机构发给申请者出入该国国境或外国人在该国国内停留、居住的许可证明，是附签于申请人所持出入境通行证件上的文字注明，也是一个国家检查进入或经过这个国家的人员身份和目的的合法性证明。

签证分为外交签证、礼遇签证、公务签证和普通签证。对因工作、学习、探亲、旅游、商务活动、人才引进等非外交、公务事由入境的外国人，签发普通签证。

3．其他证件

包括旅行证、中华人民共和国往来港澳通行证、大陆居民往来台湾通行证和中华人民共和国出入境通行证。

中华人民共和国旅行证分1年一次有效和2年多次有效两种，由中国驻外国的外交代表机关、领事机关或者外交部授权的其他驻外机关签发。

中国公民往来内地与香港、澳门特别行政区，应当依法办理中华人民共和国往来港澳通行证；中国公民往来大陆与台湾地区，应当依法申请办理大陆居民往来台湾通行证。

中华人民共和国出入境通行证，是出入中国国（边）境的通行证件，由省、自治区、直辖市公安厅（局）及其授权的公安机关签发。在有效期内一次或者多次入出境有效。一次有效的，在出境时由边防检查站收缴。

六、旅游社送签权（ADS）

出境旅行社的送签权即ADS签证，是指与我们国家签署了旅游目的地国家协议的签证，一般是团队旅游签证。游客参团旅游，只能由具有送签权的旅行社统一办理团队签证，不受理个人签证申请，持有这种签证的旅游者还必须“团进团出”。例如，日本签证只可以在有送签权的旅行社代办，日本领馆不接受个人申请。旅行社要想取得送签权，必须先要得到中华人民共和国文化和旅游部的认可，具有出境游组团资格；其次要在使馆具有良好的信誉、享有良好的送签记录。

项目三　接待计划与调度服务

学习目标

知识目标： 掌握地接计调工作内容及流程。

能力目标： 能够做好各项沟通协调工作；
会制作各种表格；
能够进行国内团队、入境团队操作。

素质目标： 树立全心全意为游客服务的意识；
培养精益求精的业务钻研精神；
树立文化自信。

任务书

团队接待任务单

专业班组		组长		完成日期	
任务描述： "冰雪节"即将到来，哈尔滨市某旅行社接到广东组团社的咨询电话，有一旅游团，预计1月1日到达哈尔滨，进行为期10天的旅行，作为地接计调，你会怎样开展各项工作，请你完成此团队的计调工作。					
检查意见：					

任务分组

学生任务分配表

专业班组		组长		指导教师	
小组成员					
任务分工					

获取资讯

● 引导问题1：请绘制地接计调工作业务流程。

● 引导问题2：请写出对组团报价的计算方法。

● 引导问题3：与组团社签订旅游合同的要求有哪些？

● 引导问题4：地陪的工作职责及挑选标准有哪些？

● **引导问题5：**地接计调在接待旅游团前要做哪些方面的准备？

● **引导问题6：**入境接待计调接团准备中要注意哪些细节？

工作计划

地接计调工作方案

步骤	工作内容	工作方式	负责人
1			
2			
3			
4			
5			
6			

进行决策

（1）各组派代表阐述本小组团队组织情况及相应的接团事务处理和安排。

（2）各组对其他组的汇报内容提出自己不同的观点和看法。

（3）结合大家的建议，选出最优方案。

工作实施

以工作汇报和情景表演的形式，按照本组设定的地接流程，向大家一一展示地接团由接团到结团的各个环节。

评价反馈

学生自我检视表

任务	完成情况	未完成内容	未按时完成原因
获取资讯模块下的引导问题是否认真完成			
引导问题涉及的知识是否完全掌握			
项目中所涉及的基本技能是否完全掌握			
实施过程中交代的任务是否按时完成			
项目实施过程中涉及的材料上交是否及时			
项目完成过程中是否有创新点			
收获：			
备注：本自我检视表，主要目的是总结、回顾本项目知识，了解同学们对知识的了解、掌握和运用情况。同学们根据个人学习实际情况如实填写，可起到查缺补漏，完全掌握和熟练运用本项目知识的学习目标。此环节与引导问题填写也可按学生填写表格和引导问题完成情况、查缺补漏的实际行动进行打分			

学生评价表

班级		组别		任务名称	

评价指标	评价标准	分值
参与状态	不迟到、不早退，不无故缺课； 与老师、同学之间是否互相尊重、理解、平等； 与老师、同学之间是否能够保持多向、丰富、恰当的信息交流； 遵守团队纪律，认真倾听团队成员意见，积极协作分享； 善于多角度思考问题，能主动提出有价值的问题，发表个人见解； 探究学习、自主学习，不流于形式，做到有效学习	20
信息咨询	能有效利用教材、网络资源查找有效信息；能够认真研讨信息内容进行知识转化，转化成自己的认知；能将学到的理论知识应用于实际工作中	10
感知工作	熟悉自己的工作岗位，认同工作的价值；在工作中获得满足感	10
工作方法	工作计划、工作方法符合规范要求；获得了进一步发展的能力	10
工作过程	遵守团队纪律，工作过程中符合旅行社员工规范要求；平时上课的出勤情况和每天完成工作任务情况；善于多角度思考问题，能主动发现、提出有价值的问题	15
任务完成	较好地掌握了专业知识点；具有较强的信息分析能力和理解能力；具有较为全面严谨的思维能力并能条理明晰地表述成文，按时按质完成工作任务	25
思维状态	能发现问题、提出问题、分析问题、解决问题、创新问题	10

互评打分

评价人	被评价人		参与状态（20分）	信息咨询（10分）	感知工作（10分）	工作方法（10分）	工作过程（15分）	任务完成（25分）	思维状态（10分）
学生A	学生B	（30%）							
	学生C								
	学生D								
	学生E								
授课教师		（70%）							

最后总分：
备注：本评价表用于评价学生任务完成情况，学生互评占30%，教师评价占70%

团队评价表

班级		组别		任务名称	

<table>
<tr><th colspan="2">评价指标</th><th>评价标准</th><th>分值</th></tr>
<tr><td colspan="2" rowspan="4">团队表现</td><td>团队成员不迟到、不早退，不无故缺课，工作的状态积极，按时完成工作任务</td><td>5</td></tr>
<tr><td>团队成员遵守团队纪律，团队成员之间互相尊重、认真倾听、协作分享</td><td>5</td></tr>
<tr><td>团队成员善于多角度思考问题，能主动提出有价值的问题，发表个人见解</td><td>5</td></tr>
<tr><td>团队成员能够认真倾听其他组同学工作汇报，虚心好学，乐于思考，提出合理的建议</td><td>5</td></tr>
<tr><td colspan="2">任务描述、接受任务</td><td>对任务的理解正确，工作思路清晰</td><td>5</td></tr>
<tr><td colspan="2">任务分析、分工情况</td><td>能够对任务内容进行全面、具体分析，小组成员分工明确</td><td>5</td></tr>
<tr><td colspan="2">制订计划</td><td>计划内容全面，具有条理性，制订的内容符合工作要求</td><td>5</td></tr>
<tr><td rowspan="12">计划实施</td><td rowspan="6">接待工作安排</td><td>地接计调工作业务流程掌握全面</td><td>5</td></tr>
<tr><td>对组团社进行旅游线路介绍时重点突出，礼貌规范</td><td>5</td></tr>
<tr><td>与合作单位进行询价方法得当，对组团社的询价、报价内容把握全面，方法正确</td><td>5</td></tr>
<tr><td>与组团社签订旅游合同规范</td><td>5</td></tr>
<tr><td>对各接待要素、地接导游选择、安排恰当合理，与各接待单位确认计划方法正确</td><td>5</td></tr>
<tr><td>发团各项工作准备充分</td><td>5</td></tr>
<tr><td>团队运行中</td><td>对团队运行质量监控的方法合理、恰当，能够有效保证团队运行质量</td><td>5</td></tr>
<tr><td rowspan="5">团队旅游结束后</td><td>团队报账各项资料收集齐全，能够掌握团队报账各项手续</td><td>5</td></tr>
<tr><td>团队结算各种单据、表格制作规范</td><td>5</td></tr>
<tr><td>售后服务跟踪及时，沟通方式得当</td><td>5</td></tr>
<tr><td>团队资料归档及时、材料齐备、资料整齐</td><td>5</td></tr>
<tr><td>团队工作总结针对性强，有实效</td><td>5</td></tr>
<tr><td colspan="2">创新点</td><td>能发现问题、提出问题、分析问题、解决问题、创新问题</td><td>5</td></tr>
</table>

<table>
<tr><th colspan="9">互评打分</th></tr>
<tr><th>评价组</th><th colspan="2">被评价组</th><th>团队表现（20分）</th><th>任务描述、接受任务（5分）</th><th>任务分析、分工情况（5分）</th><th>制定计划（5分）</th><th>计划实施（60分）</th><th>创新点（5分）</th></tr>
<tr><td rowspan="4">第1组</td><td>第2组</td><td rowspan="4">30%</td><td></td><td></td><td></td><td></td><td></td><td></td></tr>
<tr><td>第3组</td><td></td><td></td><td></td><td></td><td></td><td></td></tr>
<tr><td>第4组</td><td></td><td></td><td></td><td></td><td></td><td></td></tr>
<tr><td>第5组</td><td></td><td></td><td></td><td></td><td></td><td></td></tr>
<tr><td colspan="2">教师评价</td><td>70%</td><td></td><td></td><td></td><td></td><td></td><td></td></tr>
<tr><td colspan="9">最后总分：</td></tr>
<tr><td colspan="9">简要评述：</td></tr>
<tr><td colspan="9">备注：本评价表用于小组完成任务情况评价，小组互评占30%，教师评价占70%</td></tr>
</table>

项目相关知识点

一、地接计调业务概念及种类

地接计调，是指在接待社中负责按照组团社计划和要求确定旅游用车等区间交通工具、用餐、住宿、游览、派发导游等事宜的专职人员。按组团社的地区差异，分为国内接待型计调和国际入境接待型计调两种类型。

二、国内地接计调业务操作流程

国内地接计调业务操作流程如下图所示。

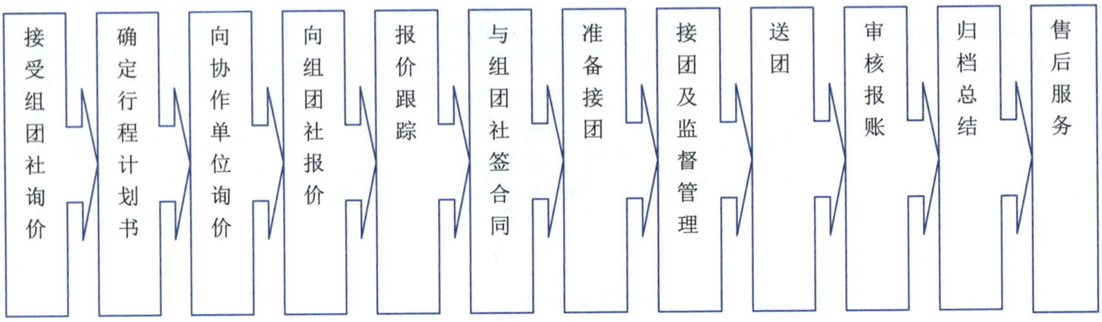

国内地接计调业务操作流程

（一）接受组团社询价

在接到对方询价时，问清对方单位、姓名、电话（最好能问到手机号）、传真、团号、抵离时间、往返大交通、所需产品（行程线路）、等级标准、团队大概人数、出行日期、有无全陪、客人有无特殊要求（如风味餐、回民餐、增减住房、禁忌等），并在台账上做好详细记录。

（二）确定行程计划书

1. 审核组团社提供的旅游行程计划书

如果组团社提供了旅游行程计划书，就要仔细阅读并审核组团社的旅游行程计划书初稿，若认为有安排不合理，或地接方面的特殊情况不可能实施的，要向组团社说明情况，要求更改，并提出相应合理的、可行的建议。

2. 设计旅游行程计划书

如果组团社没有提供行程计划书，地接社计调部可根据组团社客户的要求设计旅游行程，制作旅游行程计划书。经双方协商同意后作为最终的旅游行程计划书。

（三）向协作单位询价

根据双方确定的最终旅游行程计划书，向相关协作单位一一询价，主要包含如下内容：大交通费、酒店住宿费、餐费、景点门票费等。

（1）大交通费。主要是游览用的旅游车和返程交通费。如果组团社预订了返程交通，地接社就可以不管这笔费用了。

（2）酒店住宿费。向要入住的酒店询问住宿费，明确入住的房间数、等级、费用标准等内容。

（3）餐费。向餐饮部门询问餐费标准。

（4）景点门票费。根据组团社提供的旅游景点，依次确认各景点的门票，问清楚团体价格和优惠政策。

（四）向组团社报价

地接社计调部在向各协作单位询价之后，进行内部计价，把各协作单位的价格加起来，就构成了地接社的成本。在地接社总成本基础上加上一定的利润之后，就可以向组团社报价了。报价的项目包括大交通费、住宿费、餐费、景点门票费、导游服务费、利润等。组团社一般要求做分项报价，常用的有三种方法是：

（1）裸价+利润。即各服务单位的价格加上地接社的利润。

（2）利润分摊至各分项，即每一项都加上一定的利润。

（3）会议团。裸价+服务费（服务费一般是团款的8%～10%）。

报价应清晰、准确，有实效性，如有不确定的某项内容（如，团队在某月20日前运行，机票是5折，20日以后运行，机票折扣会有变化）要说明情况，并提示变化的趋势。

报价回复应高效、准确，组团社对回复有明确时限要求的，应在要求时限内完成，组团社没有明确时限要求的，原则上应在1小时内给予回复。完成报价后必须仔细检查，确定无误后方可传真给组团社，报价回复后，可以将报价成本写在背面，以方便后期在团队跟踪中更好地把握团队接待质量。

（五）报价跟踪

报价之后，等待对方的回应，但不是消极的等待，而是积极的对待。视报价内容的轻重缓急有张有弛地积极跟进。掌握客户的情况和市场的变化，如有需要或有可能，要调整报价或增加服务，特别是免费服务内容，想方设法增强竞争力，力争把每一单都做成功；同时把跟踪的情况和调整的内容做好记录；根据进展情况，及时控制资源，即提前预订某一时段的房、车、火车票、机票等。

（六）与组团社签合同

与组团社确定价格之后，就可以签订正式的旅游合同。其中对双方约定的事项进行确认，是计调人员在操作上必不可少的程序。

（1）与对方协商付款方式及付款时间。

（2）与对方确定违约补偿办法。

（3）与组团社拟订协议书，内容包括旅游时间、付款方式、付款时间、交付金额及双方的权利、义务和违约责任等。

（4）确定具体事项。在双方协商时须注意文字表述方式，避免发生争议，谨慎地向对方提醒合同中的敏感条款，并加以适当的解释和说明。

（5）核实签字。在双方没有任何异议的情况下，签字生效。计调人员一定要注意，如果任何一方没有签字，则该协议或旅游合同将视为无效。

询价之后用传真确认价格，每一份传真件就是一份购买合同，是今后付款的依据。

（七）准备接团

1. 认真阅读旅游行程计划书

仔细研读由双方签订的旅游合同中附件的旅游行程计划书。将计划书中涉及的各服务项目进行记录，注意项目要齐全，防止出现落项，将各要素进行整体连接，保证各环节闭合，保证行程顺利完成。

2. 及时采购

向有关单位预订房、餐、车、景区门票、演出门票、特殊参观点，并了解他们的接待情况；发出的所有采购预订，都必须得到对方的书面确认。

××××商务旅行社

申请用房确认单

单位：远达商务酒店　　　　负责人：××（　　　　）

电话（传真）：0451-8785××××

我社现有一团队用房请予确认

团号	房型	价格（含双早）	间数	时间	备注
LTYJ××××GX	双标间	××××元	8间+1陪	4月7日住 8日离 4月17日住 18日离	导游××× 139××××8950

如无不当请予确认。

单位：　　　　单位：××××商务旅行社

电话：0451-8726××××

传真：0451-8657××××

负责人签字：　　　　负责人签字：

年　月　日　　　　年　月　日

××××商务旅行社

申请用车确认单

单位：腾远汽车租赁公司　　　　负责人：×××　1390×××8460

电话（传真）：0451-8375××××

我社现有一团队用车请予确认

团号	车型	价格	时间	备注
LTYJ××××GX	33座旅游空调车	1 000元	4月7日接飞机 4月8日送火车 4月17日接火车+半日游 4月18日市游+送飞机	导游麻×× 139××××8950

如无不当请予确认。

单位：　　　　单位：××××商务旅行社

电话：0451-8637××××

传真：0451-8637××××

负责人签字：　　　　负责人签字：

年　月　日　　　　年　月　日

<table>
<tr><td colspan="6">××××商务旅行社
团餐确认单
单位：新世纪王府　　　　负责人：×××
电话（传真）：0451-8637××××
我社现有一团队用餐请予确认</td></tr>
<tr><td>团号</td><td colspan="2">LTYJ1××××GX</td><td>客源地</td><td>广西玉林</td><td>人数</td><td>16+1人</td></tr>
<tr><td rowspan="2">餐饮</td><td>餐厅</td><td>新世纪王府</td><td>用餐时间</td><td colspan="3">202×年4月17日12时　分</td></tr>
<tr><td>标准</td><td>20元/人</td><td>酒水</td><td>客人自理</td><td>工作餐</td><td>2人</td></tr>
<tr><td>备注</td><td colspan="6"></td></tr>
<tr><td colspan="7">如无不当请予确认。

单位：　　　　单位：××××商务旅行社
电话：0451-8726××××
传真：0451-8657××××
负责人签字：　　　　负责人签字：

年　月　日　　　　年　月　日</td></tr>
</table>

3．派遣地接导游员

（1）计调人员通过对导游员的管理，根据旅游团队的特点正确选择合适的导游员，是顺利完成旅游接待计划的关键。计调人员一般提前3天将旅游接待计划交给导游员，特殊语种或重点团队应提前派发旅游接待计划。

（2）提示地接导游员领取带团所需要的各种门票单、行程单、游客意见单等。发给地接导游员旅行社社旗、旅游车标志、喇叭等必备用品。导游员如果需要借款，必须写下欠条。

（3）向地接导游员交代带团注意事项。例如，团队重点客人、民俗禁忌；用餐标准、司陪住宿等内容。导游人员必须严格执行接待计划，不得随意增减计划内容。如遇组团行程或旅游者行程与地接社行程不符时，必须立即向计调人员汇报，不得擅做主张。

（4）运行前一天，对有关要素再确认并提醒导游员接团。

××××商务旅行社202×年度导游计划单

团队	LTYJ××××GX	客源地	广西玉林
人数	16+1	全陪	邓×× 13××××56662
酒店	远达商务酒店　8间+1陪	司机	韩×× 13××××92080
抵达时间	202×年4月17日	离开时间	202×年4月18日
交通（抵）	N2次火车　12:39抵达	交通（离）	13:50起飞
接团标志	玉林中之旅一行17位贵宾	导游	麻××139××××8950

<table>
<tr><td rowspan="2">日程安排</td><td colspan="2">4月17日：接火车，午餐后参观教堂广场、中央大街、防洪纪念塔、斯大林公园，晚餐后入住酒店</td><td rowspan="2">团队用餐</td><td>中：志鑫美食
晚：新世纪王府</td></tr>
<tr><td colspan="2">4月18日：早餐后参观开发区龙塔外景、会展中心外景、车游果戈里大街、参观天主教堂外景、参观东北三宝、中俄民贸，午餐后送机场，返回家乡</td><td>早：酒店
中：泰和龙</td></tr>
<tr><td colspan="5">各接待单位</td></tr>
<tr><td rowspan="5">哈尔滨</td><td>单位名称</td><td>联系人</td><td>传真、电话</td><td>备注</td></tr>
<tr><td>新世纪王府</td><td>何姐</td><td>8429××××</td><td>经纬十二道街</td></tr>
<tr><td>志鑫美食</td><td>姜总</td><td>8459××××</td><td>工程街</td></tr>
<tr><td>远达商务酒店</td><td>兰总</td><td>8207××××</td><td>革新街</td></tr>
<tr><td>泰和龙</td><td>李总</td><td>8469××××</td><td>8469××××</td></tr>
<tr><td>备注</td><td colspan="4">用房：远达酒店8间+1陪。
用餐：餐标20元/人，监督用餐质量。
用车：33座空调旅游车</td></tr>
</table>

（八）接团及监督管理

接团是指本国、本地区的旅行社，对来自外国或外地区从事游览、观光、探亲及商务、会务或其他旅游活动的团队和个人，做好接待与服务工作的过程。接团工作开始后，旅行社将从多方面为旅游者提供服务，旅游者与旅行社的接触也随之增加，因此，接团的好坏，直接关系到旅行社的知名度和效益。

计调人员在实际操作过程中一般对接团前期工作比较重视，因为这关系到旅行社能否接到此项任务，而对接团后期的监督不太重视，认为旅游团队各个要素都已经安排妥当，只要按步骤执行就不会出现问题，这种想法实际上是比较危险的，接团前期出现问题还有时间进行调整，而已经开始接团，前期所允诺的各项接待服务能否达到标准，存在着不确定性，这就要求计调人员更不能放松，反而要与各方保持联络畅通，进行实时监督，保证旅游团服务保质保量，力争做到优秀，树立旅行社良好形象和口碑，为旅行社长远发展积累资源。

1. 监督接团过程中各接待单位的落实情况

计调要监督接团过程中的所有要素的落实情况，其中三大要素要特别关注：一是监督交通工具的使用情况，特别要注意旅游车的设施设备是否齐全、车况如何，它常常对团队的接待质量和利润产生决定性影响；二是监督餐饮部门落实用餐情况，特别是餐厅的卫生情况，提醒地接导游员订餐时，及时把旅游者（团）的宗教信仰和个别客人的特殊要求转告餐厅，避免出现不愉快和尴尬的局面；三是监督酒店、宾馆的住宿情况，特别要重视住宿地点的环境、设施等，提醒住宿单位严格按照协议约定的标准向旅游者提供住宿。

2. 监督导游员的工作情况

作为旅游服务接待方，目的地接待工作繁杂、多变。计调员一是要监督地接导游员实施旅游接待计划的情况，保证导游员依约、保质保量履行接待计划；二是要监督地接导游员的服务态度、服务水平及全陪、旅游者对地接导游员的评价意见，促使地接导游员热情、周到地为旅游者提供专业化的旅游服务。

3. 计调人员监督的方法

（1）实地监督。在实施接待计划的同时，计调人员到达现场对各个部门及导游员进行监督。但是，在实际操作中，实地监督的执行会有一定困难。如果条件允许，可以采用此方法，或者计调人员可以采取不定期抽查的方式，到现场查看实际服务情况。

（2）通过电话监督。计调人员可通过电话询问。例如，向地接导游员询问各个接待单位的接待情况，向各个接待单位询问导游员的工作情况，向旅游者询问导游员的服务态度等。这在实际工作中比较常用。

（3）重要节点监督。在团队运行过程中，计调人员要注意“一进一出”原则（对于重点团要注意跟踪），即团队抵达第一天及团队返程最后一日，一直都要密切关注。如产生问题或投诉，应及时与客户沟通，以最快的速度解决问题，尽量把问题处理在当地，不要给组团社带回麻烦，并有明确的处理意见书，须领队及陪同签字确认。如是重点团队，为提升旅游品质，可请领导看望团队，表达重视之意，同时可以收集游客意见建议，及时做出调整，提高旅游服务满意度，树立企业形象。

××××商务旅行社

团队质量考核表

尊敬的各位游客：

您们好！

非常高兴您加入“蓝色之旅”的队伍，感谢您这几天来对我们工作的支持，现将考核表呈上，请您在繁忙中抽出一点时间，对我社提出宝贵意见，如对团队接待质量出现异议，我社会以此为依据。请您留下宝贵意见，谢谢！

团号	LTYJ××××17GX	人数	16+1	日期	202×.4.17
领队		全陪	邓××	导游	麻××
团队行程安排	优秀　较好　一般　差				
团队用房安排	优秀　较好　一般　差				
团队用餐安排	优秀　较好　一般　差				
导游讲解能力	优秀　较好　一般　差				
导游服务态度	优秀　较好　一般　差				
司机服务态度	优秀　较好　一般　差				
是否增加自费项目	有（一次　二次　三次）　无				
购物安排	有（一次　二次　三次）　无				

评语及建议：

游客签名：

<table>
<tr><td colspan="8" align="center">××××商务旅行社
游客意见反馈表</td></tr>
<tr><td colspan="8">尊敬的游客：
感谢您参加我社组织的旅游活动，为进一步提高我社服务质量，提升企业良好信誉，为广大游客提供更周到的服务，请您真实填写以下意见表，以便我社及时了解情况、改进服务，谢谢合作！
旅行社质量监督电话：×××　　旅游投诉电话：96118、2399900
×××旅行社</td></tr>
<tr><td>团队编号</td><td colspan="2"></td><td colspan="2">团　　号</td><td></td><td>目的地</td><td colspan="1"></td></tr>
<tr><td>旅游时间</td><td colspan="2"></td><td colspan="2">出游形式</td><td colspan="3">散客　　　团队</td></tr>
<tr><td rowspan="2">内容</td><td colspan="4">评价</td><td rowspan="2">内容</td><td colspan="2">评价</td></tr>
<tr><td>好</td><td>较好</td><td>一般</td><td>差</td><td>是</td><td>否</td></tr>
<tr><td>游程安排</td><td></td><td></td><td></td><td></td><td>是否签订旅游合同</td><td></td><td></td></tr>
<tr><td>用餐质量</td><td></td><td></td><td></td><td></td><td>是否有被强迫购物或自费项目</td><td></td><td></td></tr>
<tr><td>住宿安排</td><td></td><td></td><td></td><td></td><td>是否有景点遗漏现象</td><td></td><td></td></tr>
<tr><td>车辆车况</td><td></td><td></td><td></td><td></td><td>导游有否索要小费和私拿回扣</td><td></td><td></td></tr>
<tr><td>导游服务</td><td></td><td></td><td></td><td></td><td>导游（领队）是否佩戴导游证（领队证）</td><td></td><td></td></tr>
<tr><td>司机服务</td><td></td><td></td><td></td><td></td><td>旅游过程中是否有安全提示</td><td></td><td></td></tr>
<tr><td>总体评价</td><td></td><td></td><td></td><td></td><td>是否会再次选择本社旅游</td><td></td><td></td></tr>
<tr><td>意见建议</td><td colspan="7"></td></tr>
<tr><td colspan="5">全陪导游（领队）签名：</td><td colspan="3">地接导游签名：</td></tr>
</table>

（九）送团

在团队顺利结束本地行程后，地接计调人员应进行游客满意度调查，掌握准确的信息，为今后工作的改进提供依据。计调人员要与游客保持良好的关系，努力使之成为自己的朋友，为旅行社第二次销售工作打下基础。

（十）审核报账

团队行程结束，通知地陪导游员凭“导游接待计划书”“质量反馈单”、各类原始票据等及时向部门计调人员报账。计调人员详细审核导游员填写的“导游工作日志”，并以此为据填制该团“核算单”，交部门经理审核签字后，交财务部并由财务部经理审核签字、总经理签字，向财务部报账。部门将涉及该团协议单位的相关款项及时登记到“团队费用往来明细表”中，以便核对。

××××商务旅行社导游工作日志

导游员________　　　　团队名称________

旅游地________　　　　团　　号________

	项目	状况及评价	工作情况
日期______ 天气______	用餐安排		
	住　　宿		
	交通工具		
	景　　点		
	购物娱乐		
日期______ 天气______	用餐安排		
	住　　宿		
	交通工具		
	景　　点		
	购物娱乐		
日期______ 天气______	用餐安排		
	住　　宿		
	交通工具		
	景　　点		
	购物娱乐		
日期______ 天气______	用餐安排		
	住　　宿		
	交通工具		
	景　　点		
	购物娱乐		
日期______ 天气______	用餐安排		
	住　　宿		
	交通工具		
	景　　点		
	购物娱乐		

<table>
<tr><td colspan="7">×××商务旅行社
导游报销清单</td></tr>
<tr><td colspan="2">**出游日期**</td><td colspan="3"></td><td>**计划人数**</td><td></td></tr>
<tr><td colspan="2">**旅游线路**</td><td colspan="3"></td><td>**实际人数**</td><td></td></tr>
<tr><td colspan="2">**游客名称**</td><td colspan="3"></td><td>**领队姓名**</td><td></td></tr>
<tr><td>**序号**</td><td colspan="2">**项目名称**</td><td>**单价**</td><td>**数量**</td><td>**合计**</td><td>**备注**</td></tr>
<tr><td rowspan="3">1</td><td rowspan="3">巴士</td><td>租车车价</td><td></td><td></td><td></td><td></td></tr>
<tr><td>过境费、停车费</td><td></td><td></td><td></td><td></td></tr>
<tr><td>司机津贴</td><td></td><td></td><td></td><td></td></tr>
<tr><td rowspan="2">2</td><td rowspan="2">住宿</td><td>双标房</td><td></td><td></td><td></td><td></td></tr>
<tr><td>大床房</td><td></td><td></td><td></td><td></td></tr>
<tr><td rowspan="4">3</td><td rowspan="4">膳食</td><td>D1午餐</td><td></td><td></td><td></td><td></td></tr>
<tr><td>D2晚餐</td><td></td><td></td><td></td><td></td></tr>
<tr><td>D3午餐</td><td></td><td></td><td></td><td></td></tr>
<tr><td>D3晚餐</td><td></td><td></td><td></td><td></td></tr>
<tr><td rowspan="3">4</td><td rowspan="3">门票</td><td>景点1</td><td></td><td></td><td></td><td></td></tr>
<tr><td>景点2</td><td></td><td></td><td></td><td></td></tr>
<tr><td>景点3</td><td></td><td></td><td></td><td></td></tr>
<tr><td>5</td><td>导游</td><td>全程服务</td><td></td><td></td><td></td><td></td></tr>
<tr><td rowspan="2">6</td><td rowspan="2">其他</td><td>矿泉水</td><td></td><td></td><td></td><td></td></tr>
<tr><td></td><td></td><td></td><td></td><td></td></tr>
<tr><td>7</td><td colspan="2">合计支出（元）</td><td></td><td></td><td></td><td></td></tr>
<tr><td>8</td><td colspan="2">预支团款（元）</td><td></td><td></td><td></td><td>领取任务时的备用金</td></tr>
<tr><td>9</td><td colspan="2">团款结余（元）</td><td></td><td></td><td></td><td></td></tr>
<tr><td colspan="7">**导游姓名：**</td></tr>
<tr><td colspan="7">**报销日期：**</td></tr>
<tr><td colspan="7">**审核人：**</td></tr>
</table>

××××商务旅行社有限公司团队核算表

部门：地接中心　　编号：18×××　　制表：×××　　导游：×××　　审核：×××　　年　月　日

单位	永康政府团		
团号	LTYJ××××07GX		
路线	哈/齐/满/漠/大/牡		
人数	16+1　大　小　陪		
抵离时间	202×年 4月7日　抵		
	202×年4月17日　离		
团款	总金额	汇卡：　元　月　日 交行　农行　工行　建行　其他	
		汇账：29 000.00元4月6日　已开发票	
		现金：7 200.00元　4月17日　待开发票	
		备注：	
团队可收入项目	项目名称：	收入　元　已付	签单
	项目名称：	收入　元　已付	签单
	项目名称：	收入　元　已付	签单
	项目名称：	收入　元　已付	签单
	项目名称：	收入　元　已付	签单
	项目名称：	收入　元　已付	签单
	增减原因：		
团队总收入	36 200元		

结算项目及结算金额		
房	友谊宫宾馆，240元/天间×1天×6 间=1 440元　已付　挂账	
	友谊宫宾馆，240元/天间×1天×7.5间=1 800元　已付　挂账	
餐	泰和龙：27×8=216　签单	
	敦化中餐：240元　现付	
车	司机：李××　金额：8 500　已付　挂账	
	司机：　金额：　已付　挂账	
导服	导游补助：150元　其他费用：陪同房100元	
门票	虎园：48×6=288　已付	
	冰灯：38×6=228	
长交	自带车 自带票	齐火车　票款：　元/张×　张=元
		票款：　元/张×　张=　元
		票款：　元/张×　张=　元
		手续费：　元/张×　张=　元
横向团	齐观光：应付团款　1 820 元　已付　挂账	
	五火山：应付团款　3 010元　已付　挂账	
	牡假日：应付团款 4 688元　已付　挂账	
	延边金马：应付团款 8 484 元　已付　挂账	
	长华夏：应付团款 1 940元　已付　挂账　打车：16	
其他支出	水：23元	
团队总支出	32 943元	团队利润　3 257元

第一联白　财务　第二联粉　留存　第三联黄　业务

审核人：

（十一）归档、总结

1. 建立团队档案

团队结束之后，要整理该团的原始资料。每月底将该月团队资料登记存档，以备查询。建立团队档案的主要内容有：组团社的询价单（历次询价）、双方签字的确认单（盖章）、客户名单表、合同、缴费单、行程表、订车单、订房单等，送团后双方结算的单据和导游工作日志及游客意见反馈单等，这些资料保存期为2年。

2. 总结工作

计调对整个带团工作进行总结，检查地陪的导游工作日志。处理表扬与投诉，有表扬和投诉都需要报告给部门负责人，有的表扬需要对当事人进行褒奖或通过一定的宣传，增加旅游社的美誉度；有的投诉涉及多个部门，处理不好，旅行社可能会有名誉或经济损失，计调部须搞清情况，如实报告给部门领导，并做好协调工作。

（十二）售后服务

旅行社的售后服务，是指在旅游者结束旅游之后由旅行社向组团社或旅游者继续提供的一系列服务，意在加强与组团社或旅游者的联系，主动解决他们遇到的各种问题。其具体操作是由计调人员完成的。

售后服务的作用：一是信息反馈。向组团社了解旅游者在旅游中的满意度；根据地接导游员收集的游客意见反馈单可以得到旅游的基本信息。计调人员须对这些信息进行整理、分类，并及时向旅行社主管经理汇报。二是调整策略。计调人员根据组团社旅游者的反馈信息，可以及时地、有针对性地调整经营策略，以适应旅游者需求不断变化的需要。三是保持联系。计调人员与组团社或旅游者经常保持联系，可以促进彼此的了解，加深感情。

售后服务对旅行社维系已有的客源和开拓新客源都至关重要。由于大多数旅行社计调人员不重视售后服务，丢失了不少客源，丧失了很多机会。由于售后服务对旅行社今后的工作，尤其是在二次销售方面工作的重要性，成熟的旅行社都极为重视并采取了多种多样的售后服务形式，以争取再次与组团社合作，招徕每一位顾客。只有做好售后服务工作，才能巩固与扩大客源。只有客源充足，才能使旅行社在激烈的竞争中求得生存与发展。

三、国际入境接待计调业务操作流程

国际入境接待计调业务操作流程如下图所示。

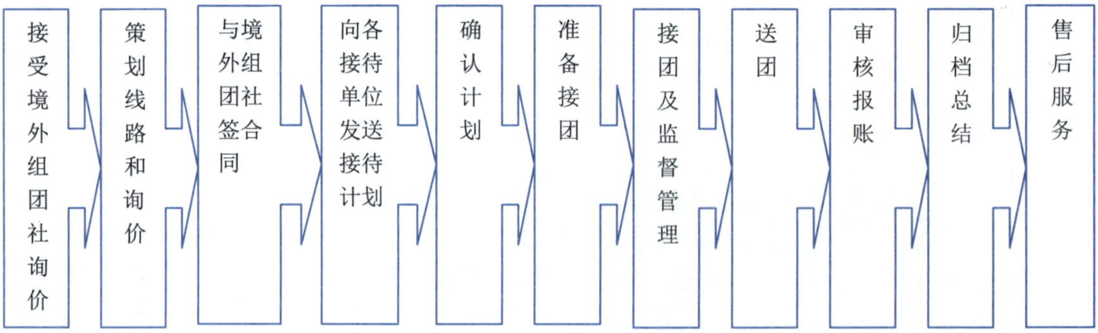

国际入境接待计调业务操作流程

（一）接受境外组团社询价

入境计调在接听电话时，应该问清对方单位、姓名、电话、传真、微信、抵离时间、往返大交通、所需产品（行程线路）、等级标准、团队大概人数、出行日期、客人有无特殊要求（如风味餐、增减住房、禁忌等），并做好相应的记录。

（二）策划线路和询价

1．策划旅游线路

如果境外组团社提供了旅游线路，入境计调就要仔细阅读，并审核他们提供的行程，如认为安排不合理，或地接方面的特殊情况不可能实施的，要向对方说明情况要求更改，并提出相应合理的可行建议。

如果境外组团社没有提供旅游线路，入境计调就可以根据境外组团社客户的要求推荐旅行社现有的旅游线路。

2．询价计价报价

入境接待计调需要以传真、电话或网络的方式向具有接待外国游客水平的接待单位询价，要求对方传真确认接待价格。

入境计调把各接待单位的报价加起来，就是入境接待社的总成本。在总成本的基础上，加上一定的利润（一般是10%～20%）之后就可以向境外组团社报价。报价的项目包括大交通费、住宿费、餐费、景点门票费、导游服务费、异地接待费、利润等。

入境接待社给境外组团社都是报总价，不分项报价。

入境接待社给国内同行报价，一般要分项报价。

入境地接社对确认的接待计划负有法律责任，入境接待社以计划确认书的方式进行确认。

团队计划询价单

TO：齐齐哈尔观光旅行社	0452-6050×××	史××
呼伦贝尔天骄旅行社	0470-8292×××	徐××
大兴安岭国际旅行社	0457-2127×××	刘××
牡丹江假日旅行社	0453-6232×××	赵××
FROM：××××商务旅行社	0451-86372×××	赵××

各位经理好：

感谢支持，现有我社一日本团队，人数16+1，欲于以下时间赴贵处旅游，行程及接待标准如下，请回传优惠报价并做好接待准备。

满洲里—牡丹江—漠河—大庆—海拉尔11日游

日期	行程安排	住宿	用餐
7/4	13:40哈尔滨太平国际机场入境，乘飞机硬座往齐齐哈尔（16:30-18:25）	齐市	晚
8/4	早上赴扎龙自然保护区——欣赏丹顶鹤的曼妙舞姿，扎龙自然保护区位于齐齐哈尔市区东南27 km处，面积2 100 km^2。原始自然生态保护如初，有水禽天然乐园之称，其中尤以珍禽丹顶鹤闻名于世。抵达后观芦苇荡风光，可自费乘快艇游览芦苇荡风光（费用自理：250元/艇，限乘6人）；登望鹤楼用高倍望远镜（费用自理：3元/人）寻觅野生丹顶鹤的足迹；于观鹤区观丹顶鹤的仙姿及各种珍禽；之后返回市区。午餐后，游览嫩江公园、防洪纪念堂；卜奎大街；党政办公中心广场；和平广场；乘火车 N57次赴满洲里	火车上	早 中 晚

9/4	早7: 58满洲里接火车，后乘车赴北方第一大湖——呼伦湖（约30 min），午餐（自费品尝鱼宴，30元/人）；湖边漫步，品尝湖边烧烤；后乘车赴中国最北陆路口岸——满洲里，游览“国门”、41号界碑留影、红色国际秘密交通线遗址、登国门俯瞰俄罗斯边城小镇——后贝加尔斯科、火车头广场、战斗机广场、参观国家4A级景区——中俄互市贸易区，晚餐（自费品尝俄罗斯风味餐、观看俄罗斯民俗歌舞表演）	满洲里	早 中 晚
10/4	早餐后，乘车前往草原城市海拉尔（约3 h），途中前往呼伦贝尔草原深处——呼和诺尔景区，抵达草原后有蒙古族隆重的欢迎仪式——下马酒、祭敖包、品尝奶制品，着民族服装照相；午餐自费品尝蒙古族风味餐——手扒羊肉，席间蒙古族姑娘敬酒献歌（自费），自费骑马漫游草原（约20元/人），草原活动，访问牧户，观呼和诺尔湖，往喀秋莎民俗工艺品商行购物，晚餐后入住宾馆	海拉尔	早 中 晚
11/4	乘N94次火车（05: 49/16: 28）赴加格达奇，抵达加格达奇晚餐后入住宾馆	加市	早晚
12/4	早餐后乘火车N41（9: 44/18: 27）赴漠河，抵达漠河，晚餐后入住宾馆	漠河县	早晚
13/4	早餐后参观松苑原始森林公园（全国唯一城内原始森林公园），参观西山公园。下午赴北极村，途中参观胭脂沟旅游风景区，膜拜南山海上观音圣像，白桦林风光，观看大自然的美丽景色，抵北极村参观中华北陲，北极村村碑拍照留念，晚餐后入住北极村家庭宾馆	北极村	早 中 晚
14/4	早餐后参观与天涯海角其名的神州北极——观音山，参观11 m高的三面观音大佛，参观中国最北之家、最北邮政局，瞭望俄罗斯村庄——伊格纳斯伊诺村，隔江观赏俄罗斯风光，黑龙江游轮（自理）。晚餐后返回漠河，去北陲市场自由活动。晚餐后乘N42次（19: 22—12: 22）返回大庆	火车上	早 中 晚
15/4	抵达大庆，参观铁人纪念馆，大庆三大广场。晚餐后乘火车N54次硬卧赴牡丹江	火车上	早晚
16/4	早抵达牡丹江，乘车赴全国第一大火山熔岩堰塞湖——镜泊湖，乘船（自理）游览镜泊湖上的秀美风光，（电瓶车自理）观刘少奇木屋、元首楼、毛公山、湖心岛、彩虹桥、白石砬子等景观，观镜泊奇景——吊水楼瀑布，转乘火车返回哈尔滨。欣赏莫斯科激情歌舞晚会——莫斯科大剧院（180元/人，自费）	哈尔滨	早 中 晚
17/4	游览哈尔滨保存最完整的具有百年历史的俄军随军东正教堂——圣索菲亚教堂（外观），14: 20从哈尔滨返回日本，结束愉快旅行		早中

要求：人数16+1　用房：三星或准三，漠河二星，北极村2人间。用餐：正餐20元/人，落地早10元/人。

用车：30座空调旅游车，门票：如上所列，导服：持证优秀国家导游。

区间：哈尔滨/齐齐哈尔硬座、齐齐哈尔/满洲里硬卧、海拉尔/加格达奇硬卧、加格达奇/漠河硬卧、漠河/大庆硬卧、大庆/牡丹江硬卧、牡丹江/哈尔滨硬座、齐齐哈尔大庆段由齐齐哈尔观光负责。

盖章

202×年4月3日

××××观光旅行社

连续三年荣获黑龙江省“十强”国内旅行社　黑龙江省诚信旅行社　专业地接

收件方：哈蓝太阳

收件人：赵××

发件人：史×× 1335182××××　发件日期：202×/4/3

首先感谢您的支持与信任，您咨询答复如下：

齐市段：

一、日程安排

7/4：哈尔滨/齐齐哈尔

晚接站T507 19:25分到站，晚餐后，入住宾馆。　宿：齐齐哈尔

8/4：齐齐哈尔/满洲里

早餐后，旅游大巴赴扎龙自然保护区（60元）（国道，30 km，行车约40 min）——欣赏丹顶鹤的曼妙舞姿，扎龙自然保护区位于齐齐哈尔市区东南27 km处，面积2 100 km^2。原始自然生态保护如初，有水禽天然乐园之称，其中尤以珍禽丹顶鹤闻名于世。抵达后观芦苇荡风光，可自费乘快艇游览芦苇荡风光（费用自理）；登望鹤楼用高倍望远镜（费用自理）寻觅野生丹顶鹤的足迹；于观鹤区观丹顶鹤的仙姿及各种珍禽；之后返回市区。午餐后，参观齐齐哈尔博物馆（二楼展厅），博物馆是省内地市级最大的博物馆之一，整体风格为仿古式，馆内文物5 000多件，是一座以地方历史与艺术为主，系统展示齐齐哈尔悠久历史的综合性博物馆。游览嫩江公园、防洪纪念堂、卜奎大街、党政办公中心外观、和平广场。晚餐后，送N57（2156/0830）次赴满洲里。

二、分项报价（16+1）

房：三星或准三：120元/间×8间=960元。　陪同房70/间×1间=70元。

餐费：20元/人×2正×16人=640元（10人/桌、8菜1汤或自定餐标；用餐如果有变更，需提前4 h以上通知我社，否则会有损失，不便之处请多谅解）。

用车：700元/车（33座金龙）。

导服：50元/团（路上不跟段陪）。

门票：54元/人×16人=864元（折扣后）。

订票费：硬卧，20元/张×17张=340元。

城交：N57次硬卧，110元/张×17张=1 870元（按票面结算）。

合计：5 494元。

大庆段：

行程报价：

15/4：漠河/大庆/牡丹江

中午12:22接团，午餐后，参观铁人纪念馆、大庆三大广场，晚餐后，送N54次火车赴牡丹江。

餐费：20元/人×2正×16人=640元（10人/桌、8菜1汤或自定餐标；用餐如果有变更，需提前4 h以上通知我社，否则会有损失，不便之处请多谅解）。

用车：600元/车（33座金龙）。

门票：无。

订票费：硬卧，20元/张×17张=340元。

城交：N54次硬卧，88元/张×17张=1 496元（按票面结算）。

合计：3 236元。

合计：8 730元。

备注：请在团队抵达前预付80%团款，余款在团队离开前结清，多谢！

交通银行太平洋卡：4055123331102××××　杨××

若出现自然单间请补足房差。感谢信任，祝合作愉快！

盖章

202×年4月3日

（三）与境外组团社签合同

行程和报价确定之后，入境接待计调就要与境外组团社签正式的旅游合同。

入境合同我国没有固定的格式，有些旅行社仍然使用的是国内合同，但是，一般入境接待旅行社都事先与境外组团社签订了长期的合作协议，基本上使用的都是外文入境合同，每次接待入境游客直接签订已经拟定好的合同即可。

合同内容包括：旅游时间、付款方式、付款时间、交付金额、双方的权利义务、违约责任等。在双方协商时注意文字，避免发生争议。应该向对方提醒合同中的敏感条款，并加以适当的解释和说明。在双方没有任何异议的情况下，签字生效。计调人员一定要注意，如果任何一方没有签字，则该协议或旅游合同将视为无效。

（四）向各接待单位发送接待计划

合同签订后，就开始向各有关单位发送计划书，逐一落实。

入境游客是本地入境本地游览，计划的发送与国内接待计调是一样的，只需要给本地的酒店、餐饮、汽车租赁公司等单位发送计划即可，要求各单位书面确认。

入境游客从本地入境，先在本地游览然后到异地浏览，入境计调除了向本地接待部门发送计划外，还需要向异地接待社、大交通等部门以传真方式发送《团队接待通知书》，并要求对方书面确认。

（五）向境外组团社或国内相关单位确认计划

境外组团社或国内相关单位把团队接待计划传真给入境地接社时，在计划中会附有一份回执，要求入境地接社或国内相关单位在收到接待计划后，将团队计划落实情况确认后盖章回传给境外组团社或国内相关单位，这样境外组团社或国内相关单位，收到回执后就可以放心发团。

（六）准备接团

入境游客的接团注意事项与国内游客的接团注意事项基本相同，只是要求上标准略高，细节更加细致。入境游客接待应注意以下事项：

1．餐饮采购

（1）入境计调亲自选择用餐地点。对于境外客人，入境计调要亲自选择用餐地点，进行团队餐的预定，不允许导游员私自订餐，更不能给导游员提供拿餐饮回扣的机会。导游员必须带领团队在旅行社安排的餐厅用餐，遇到必须更换餐厅的特殊情况，导游员也必须得到计调批准后方可更换餐厅。

（2）关注境外客人饮食习惯。境外客人的饮食习惯普遍清淡，菜肴中不要放味精，要求菜品不能油腻，口味也不能过重；部分境外客人对以动物内脏为主料制作的菜品非常反感；狗肉菜品对于宠物保护观念强烈的客人同样不适应；很多入境客人因为宗教信仰等原因，还拒食牛肉、羊肉菜品。

计调对以上特殊情况，一定要提前与餐厅协调好，保证满足客人各种合理的用餐要求。

近年来也有要求提供素食的客人，他们的菜品需要餐厅单独提供。素食分为绝对素食和相对素食，绝对素食就是菜肴不要放包括葱、姜、蒜在内的任何佐料，由只能用植物油，即便是鸡蛋在他们眼里也属于荤菜类而不能接受；相对素食可以有鱼类和鸡蛋。

（3）一日三餐的安排原则。早餐一般安排在酒店吃，以中西餐结合的自助餐为宜。

正餐要吃出特色，吃出品位。吃出特色，就是多安排一些有中国特色的餐厅和菜品，比如山东的鲁菜、四川的川菜、湖南的湘菜、广东的粤菜等不一而足。很多游客在来中国前，对中国的特色菜早就有了一定要尝一尝的心理准备。吃出品位，在安排用餐时，一定要有当地的特色并与中国文化巧妙结合，才能让客人满意。比如在山东曲阜，一定要安排孔府家宴，孔府家宴不仅仅是菜，更是一种文化，被好多外国游客所喜欢。一顿饭吃完，不仅吃饱了肚子，还增长了见识，提高了品味，增加了对中国文化的了解。

（4）考虑用餐环境。入境地接计调员对境外客人的用餐环境要给予高度重视。

第一，保证菜品干净、可口、足量等最基本的条件；

第二，保证餐厅用餐环境良好，尽量安排境外客人在包房、无烟、安静和方便进出的区域用餐。

2．住宿的采购

（1）预定时间要早。星级饭店的住房预定大多由专业的计算机程序来处理，可以准确地接受几个月之后，甚至于十几个月后的房间预定。入境地接计调员尽可能早地将团队的用房预定通知饭店，房间预定得越早，计调员对旅游团队房间安排的主动性越大，团队的接待工作就越有保证。

（2）预定要有据可查。入境地接计调员与饭店销售部的业务往来，应尽量选用传真等书面方式进行，要养成及时归档用房确认的好习惯。

当使用电子方式时（如微信、QQ或者MSN），一定在计算机或手机中保存好相关的消息历史记录，以备后查。

（3）超预定房间。入境地接计调员收到的团队操作预报，一般是境外旅行社根据经验对团队销售的判断结果，所预报的人数一般不会有很大变动，但是会有小范围的调整。

入境地接计调员在预定饭店时，除了要保障客人的必须用房数量外，可以根据个人经验多预定3间左右的房间，一般的饭店都允许团队抵达时临时取消超预定的房间。

（4）及时做最后确认。境外旅游团队临近成行日期时，境外旅行社会发来最后的确认名单，这份确认名单将关联到国际机票的出票情况，一般来讲名单会十分准确。入境地接计调员要将此名单及时传送给所预定的饭店，一方面可以将团队准确的用房数告诉饭店，另一方面许多境外领队有要求饭店提前分房的工作习惯，饭店得到名单后才可以将房间分配好，团队抵达后，客人就能够直接入住房间，行李员也可以依照名单与房号，而将客人行李及时送达。

（5）要留意客人的特殊要求。由于生活习惯的不同，一部分境外客人对入住的房间会有一些特殊要求，比如酒店品牌的选择，需要用国际品牌还是当地品牌的酒店，入住无烟楼层、无烟房间、房间通风良好、卫生间特别干净等；也有亲朋好友多人参加一个团队时，要求房间要安排连通房。有这类特殊要求的客人，在团队出发前，会把自己的特殊要求告诉境外旅行社，境外旅行社也会提前告知入境接待社。入境地接计调员在接到这些要求时，一定要通知饭店认真落实，最大程度满足客人的愿望。

3．交通工具的采购

（1）境内大交通的预定。境外出具的国际段或者国际+国内联程票的价格要比国内出具票价格优惠很多，境外旅行社可以自行完成查询并定制大交通票。

我国国内段的铁路、水运等大交通工具的安排，几乎全部由我国的入境地接社计调提供信息、预定并购买。购买火车票和船票时，最好是连号票，这样方便客人集中，客人与客人之间可以相互照顾。入境地接计调在预定国内大交通票据时，一定要注意时差，保证交通票的时间跟旅游行程协调一致。

（2）旅游汽车的预定。境外客人在国内某一地域的实际旅游交通工具，以旅游汽车为主，计调要提早进行旅游汽车的预定。境外团队所用的旅游车不能一人一车位，建议要预留1/3以上的空位，比如20人的旅游团队要安排37座左右的旅游车。

4．旅游娱乐项目的采购

我国旅游娱乐业近几年发展比较迅速。如山东济南市的《粉墨剧场》、曲阜市的《杏坛胜梦》、泰安市的《封禅大典》、云南省的“印象丽江”、湖南省的“魅力湘西”、浙江省的《宋城千古情》等文化演出，这是境外客人特别喜欢的娱乐活动。

旅行社计调员有义务、有责任，及时向境外旅行社和客人介绍这些娱乐活动。在实际旅游行程安排时，娱乐活动通常是由导游员现场推荐，客人本着自愿的原则进行选择，旅行社不作为报价项目和预定的内容。

5．国内异地接待社的采购

入境旅游者在本地入境还需要到异地旅游时，入境接待社还需要选择异地接待社。入境接待社应根据旅游客源市场的需求和发展趋势，有针对性地在各异地接待社中间进行挑选和比较。异地接待社的主要职能是根据入境接待社的预定，向当地旅游服务供应商订购有关服务，如客房、餐饮、汽车、景点、门票、文娱门票以及赴下一站的机（车、船）票等，将它们组合成包价旅游产品并在制定价格后预售给组团社。入境接待社在掌握了众多异地地接社的情况后，要根据本次旅游团队的特点和要求，综合考虑各种因素，选择合作过的、服务质量有保障、服务水平突出的旅行社作为异地地接社。

6．选派导游员

（1）选派地陪导游员。如果入境旅游团队的旅游行程是入境地接社可以直接操作的，此时地接计调员可以选派一名地陪导游员为境外团队提供服务。在此情况下，从接团开始到送团结束的整个旅游过程，皆由此地陪导游员负责完成。

（2）选派全陪导游员和地陪导游员。如果入境旅游团队的旅游时间相对较长，行程相对复杂，跨越几个城市或者省份，总计调员要安排所在旅行社总导游员。境外游客在本地旅游时，总导游员扮演地陪的角色，完成本地旅游接待服务。入境旅游团队赴异地城市或省份旅游时，总导游员扮演全陪角色，自始至终参与旅游团队各项活动，配合异地地陪导游员工作，同时代表总接待社监督团队在各地的接待质量，负责旅游团队在不同区域间的顺利交接，处理发生在旅游过程中的各种事件，责任重大，任务艰巨。

（七）全程跟踪团队

1．接团

境外团队到达的前一天，入境计调要再次提醒导游注意接团，安排导游准时到机场（火车站、码头、车站）等接团。

接团工作开始后，旅行社接待计调将从多方面为旅游者提供服务，旅游者与旅行社的接触也随之增加。因此接团工作的好坏，直接关系到旅行社的知名度和效益。

2．首次拜访团队

计调能够去拜访游客也是一件很好的事情。一方面计调可以作为旅行社的代表，与境外旅行社的领队见面认识，对领队表示尊重；另一方面，计调可以见到客人直接征求客人对旅游安排的意见和建议，建立感性认识。如果有必要，可以根据领队和客人提出的合理要求对行程进行适当修改，更好地为客人提供有针对性的服务，提升旅行社的服务层次。

对入境团队首次拜访的时间与地点没有固定要求，计调可以选择在机场、首次用餐餐厅、客人入住的酒店、景区的入门口等场所。

3．主动与领队沟通

境外领队作为境外旅行社的代表，在为客人提供满意服务这一工作中起到无法替代的重要作用。在团队旅游活动进行过程中计调要主动与领队进行沟通，一方面可以直接了解客人提出的要求，并会同导游员与领队提出解决办法，方便领队的工作；另一方面通过领队的反馈，了解导游员的工作情况，对导游员的工作进行质量监督。

4．处理团队进行期间的突发事件

导游员在带团的过程中要时刻警惕，采取各种措施预防问题和事件的发生。对于已经发生的问题和事件，入境地接计调要及时提醒导游员会同境外领队进行处理，必要时计调和旅行社领导要亲自前往进行处理，尽量杜绝或者减少突发事件对于旅游活动的影响，最大限度地保证客人旅游活动的顺利进行。

5．最后回访

境外旅游团队在我国国内的旅游活动结束后，作为入境地接计调，一般在团队离境前应该对领队进行短暂的回访，一方面可以征求领队对接待工作的意见和建议，另一方面可以表达友谊和惜别之情，诚邀下次再来。

回访的方式多种多样，如果有见面的机会，地接计调可以选择在酒店、机场、餐厅等场所见面，如果没有机会见面，电话回访也是一种很好的方式。

（八）送团及后续工作

在团队顺利结束本地行程后，入境接待计调人员的各项后续工作与国内地接计调的工作基本相同，进行旅游服务满意度调查、核对“导游工作日志”、填制“团队核算单”，向财务部门报账。将该团队从团队咨询开始到团队结算完成的所有材料归档、保存，以备上级主管部门进行业务检查。

（九）总结及售后服务

入境业务对旅行社的旅游服务水平是一个考验，也是一个提升的机会，在接待完成一项接待任务后，计调部门要及时与境外旅行社沟通，听取游客归国后对旅游服务的意见和建议，以便不断改进提高服务质量。随后，要及时、认真开展工作总结，找到服务中的优点与不足，为旅行社未来发展积累丰富的经验，厚积薄发。

知识拓展

一、确定团名

团名即旅游团的名称，一般采用“国家+地区（省或城市）+组团旅行社名称+线路名称”组成，用中文表示。如上海华夏旅行社接待日本东京樱花旅行社组织到上海的5日游旅游团队，可以命名为“日本东京樱花旅行社上海5日游团”。

二、确定团号

接待入境团，在境外组团社的团号前加上本公司简约代码两位数即可。如：香港友联旅行社有限公司（ASSOCIATED TOURS LTD）组织一个“北京承德双飞7日游”，出团日期12月7日，出团数为第二个团，其规范团号为：HKATB07-2F1207B。入境接待社为北京宏达旅行社，接团后团号为HD HKATB07-2F1207B。

现实生活中，很多旅行社编号很简单，就是采用旅行社的代码+客户群体区分代码+日期。如四川省中国国际旅行社入境中心对入境团队的编号为：CITS-Y-180518。其中CITS是国旅的代码，Y是用来区分客户群体的代码，Y（汉语拼音）表示来自亚洲的客户，180518表示2018年5月18日。

模块五　旅游服务质量监督及突发事故处理

项目一　旅游服务实施质量监控

学习目标

知识目标： 掌握旅行社服务质量监控的内容，学会旅游服务质量监控的方法。

能力目标： 能够对旅游服务质量进行有效控制。

素质目标： 具有服务意识，能够发扬主人翁精神，用心为客人服务；
懂得尊重他人，具有诚实守信、感恩奉献的精神。

任务书

团队质量控制任务单

专业班组		组长		完成日期	
任务描述： 2019年5月，吴某参加某旅行社组织的“长江三峡精华三日游”。按旅游合同约定，交纳全包价旅游费用660元/人。在码头上船时，该团导游甲要吴某与其朋友二人跟随另一团队导游乙上船。上船后，吴某发现，导游甲在没有征求自己同意的情况下，已安排自己跟随另一团队游览三峡，并与原来团队完全分离。吴某在跟随第二个团队游览时，导游乙几乎全程不见踪影，游览行程也不合理，导致其在凌晨一点才乘车返汉，整夜未眠，疲于奔波。吴某以旅行社擅自将其转团为由，直接向湖北省文化和旅游厅质量监督管理所投诉，要求旅行社赔偿其相应损失，承担违约责任。假如你是旅行社的相关负责人，你会如何监控团队服务质量，避免此类现象的发生？					
检查意见：					

任务分组

学生任务分配表

专业班组		组长		指导教师	
小组成员					
任务分工					

获取资讯

- **引导问题1：** 旅游服务质量的内容有哪些？

- **引导问题2：** 旅行社可以从哪些方面对旅游服务质量进行监控？

● **引导问题3：** 旅行社可以采取哪些方法对导游服务质量进行监控？

● **引导问题4：** 旅行社应如何对地接社的服务质量进行监控？

● **引导问题5：** 旅行社一旦出现服务质量问题，应如何做好服务补救？

工作计划

旅游服务质量控制工作方案

步骤	工作内容	工作方式	负责人
1			
2			
3			
4			
5			
6			

进行决策

（1）各组派代表阐述本小组团队组织情况及任务分工和工作安排。

（2）各组对其他组的汇报内容提出自己不同的观点和看法。

（3）结合大家的建议，选出最优方案。

工作实施

以工作汇报的形式，向大家展示旅游服务质量监控的内容及具体做法。

评价反馈

学生自我检视表

任务	完成情况	未完成内容	未按时完成原因
获取资讯模块下的引导问题是否认真完成			
引导问题涉及的知识是否完全掌握			
项目中所涉及的基本技能是否完全掌握			
实施过程中交代的任务是否按时完成			
项目实施过程中涉及的材料上交是否及时			
项目完成过程中是否有创新点			
收获：			
备注：本自我检视表，主要目的是总结、回顾本项目知识，了解同学们对知识的了解、掌握和运用情况。同学们根据个人学习实际情况如实填写，可起到查缺补漏，完全掌握和熟练运用本项目知识的学习目标。此环节与引导问题填写也可按学生填写表格和引导问题完成情况、查缺补漏的实际行动进行打分			

学生评价表

<table>
<tr><td>班级</td><td></td><td>组别</td><td colspan="4"></td><td colspan="2">任务名称</td><td></td></tr>
<tr><td>评价指标</td><td colspan="8">评价标准</td><td>分值</td></tr>
<tr><td>参与状态</td><td colspan="8">不迟到、不早退，不无故缺课；
与老师、同学之间是否互相尊重、理解、平等；
与老师、同学之间是否能够保持多向、丰富、恰当的信息交流；
遵守团队纪律，认真倾听团队成员意见，积极协作分享；
善于多角度思考问题，能主动提出有价值的问题，发表个人见解；
探究学习、自主学习，不流于形式，做到有效学习</td><td>20</td></tr>
<tr><td>信息咨询</td><td colspan="8">能有效利用教材、网络资源查找有效信息；能够认真研讨信息内容进行知识转化，转化成自己的认知；能将学到的理论知识应用于实际工作中</td><td>10</td></tr>
<tr><td>感知工作</td><td colspan="8">熟悉自己的工作岗位，认同工作的价值；在工作中获得满足感</td><td>10</td></tr>
<tr><td>工作方法</td><td colspan="8">工作计划、工作方法符合规范要求；获得了进一步发展的能力</td><td>10</td></tr>
<tr><td>工作过程</td><td colspan="8">遵守团队纪律，工作过程中符合旅行社员工规范要求；平时上课的出勤情况和每天完成工作任务情况；善于多角度思考问题，能主动发现、提出有价值的问题</td><td>15</td></tr>
<tr><td>任务完成</td><td colspan="8">较好地掌握了专业知识点；具有较强的信息分析能力和理解能力；具有较为全面严谨的思维能力并能条理明晰地表述成文，按时按质完成工作任务</td><td>25</td></tr>
<tr><td>思维状态</td><td colspan="8">能发现问题、提出问题、分析问题、解决问题、创新问题</td><td>10</td></tr>
<tr><td colspan="10">互评打分</td></tr>
<tr><td>评价人</td><td colspan="2">被评价人</td><td>参与状态（20分）</td><td>信息咨询（10分）</td><td>感知工作（10分）</td><td>工作方法（10分）</td><td>工作过程（15分）</td><td>任务完成（25分）</td><td>思维状态（10分）</td></tr>
<tr><td rowspan="4">学生A</td><td>学生B</td><td rowspan="4">（30％）</td><td></td><td></td><td></td><td></td><td></td><td></td><td></td></tr>
<tr><td>学生C</td><td></td><td></td><td></td><td></td><td></td><td></td><td></td></tr>
<tr><td>学生D</td><td></td><td></td><td></td><td></td><td></td><td></td><td></td></tr>
<tr><td>学生E</td><td></td><td></td><td></td><td></td><td></td><td></td><td></td></tr>
<tr><td colspan="2">授课教师</td><td>（70％）</td><td></td><td></td><td></td><td></td><td></td><td></td><td></td></tr>
<tr><td colspan="10">最后总分：</td></tr>
<tr><td colspan="10">备注：本评价表用于评价学生任务完成情况，学生互评占30%，教师评价占70%</td></tr>
</table>

团队评价表

<table>
<tr><td colspan="2">班级</td><td></td><td>组别</td><td></td><td>任务名称</td><td></td></tr>
<tr><td colspan="2">评价指标</td><td colspan="4">评价标准</td><td>分值</td></tr>
<tr><td colspan="2" rowspan="4">团队表现</td><td colspan="4">团队成员不迟到、不早退，不无故缺课，工作的状态积极，按时完成工作任务</td><td>5</td></tr>
<tr><td colspan="4">团队成员遵守团队纪律，团队成员之间互相尊重、认真倾听、协作分享</td><td>5</td></tr>
<tr><td colspan="4">团队成员善于多角度思考问题，能主动提出有价值的问题，发表个人见解</td><td>10</td></tr>
<tr><td colspan="4">团队成员能够认真倾听其他组同学工作汇报，虚心好学，乐于思考，提出合理的建议</td><td>5</td></tr>
<tr><td colspan="2">任务描述、接受任务</td><td colspan="4">对任务的理解正确，工作思路清晰</td><td>10</td></tr>
<tr><td colspan="2">任务分析、分工情况</td><td colspan="4">能够对任务内容进行全面、具体分析，小组成员分工明确</td><td>10</td></tr>
<tr><td colspan="2">制订计划</td><td colspan="4">计划内容全面，具有条理性，制订的内容符合工作要求</td><td>5</td></tr>
<tr><td rowspan="4">计划实施</td><td rowspan="2">旅游服务质量控制</td><td colspan="4">能够准确找到旅游服务质量监控的内容</td><td>10</td></tr>
<tr><td colspan="4">能够运用恰当的方法对旅游服务质量进行监控</td><td>10</td></tr>
<tr><td rowspan="2">旅游服务质量改进</td><td colspan="4">能将服务补救策略运用到旅游服务监控管理工作中</td><td>10</td></tr>
<tr><td colspan="4">改进方法使用得当，有针对性，且能初见成效</td><td>10</td></tr>
<tr><td colspan="2">创新点</td><td colspan="4">能发现问题、提出问题、分析问题、解决问题、创新问题</td><td>10</td></tr>
</table>

<table>
<tr><td colspan="9">互评打分</td></tr>
<tr><td>评价组</td><td colspan="2">被评价组</td><td>团队表现（25分）</td><td>任务描述、接受任务（10分）</td><td>任务分析、分工情况（10分）</td><td>制订计划（5分）</td><td>计划实施（40分）</td><td>创新点（10分）</td></tr>
<tr><td rowspan="4">第1组</td><td>第2组</td><td rowspan="4">30%</td><td></td><td></td><td></td><td></td><td></td><td></td></tr>
<tr><td>第3组</td><td></td><td></td><td></td><td></td><td></td><td></td></tr>
<tr><td>第4组</td><td></td><td></td><td></td><td></td><td></td><td></td></tr>
<tr><td>第5组</td><td></td><td></td><td></td><td></td><td></td><td></td></tr>
<tr><td colspan="2">教师评价</td><td>70%</td><td></td><td></td><td></td><td></td><td></td><td></td></tr>
<tr><td colspan="9">最后总分：</td></tr>
<tr><td colspan="9">简要评述：</td></tr>
<tr><td colspan="9">备注：本评价表用于小组完成任务情况评价，小组互评占30%，教师评价占70%</td></tr>
</table>

项目相关知识点

一、旅游服务质量的定义

从顾客角度看，旅游服务质量是指顾客在旅游活动中，所体验的服务表现的总和。旅游活动的范围包括旅游活动准备阶段、旅游过程以及旅游活动结束的延伸阶段。在旅游活动范围之内，顾客会对旅游服务质量进行感知，并做出评价。从旅行社角度看，旅游服务质量是旅行社提供服务给顾客带来的效用以及对顾客需求满足程度的综合表现。因此，旅游服务质量实际上是从顾客和旅行社角度认识服务质量的一种平衡，即二者是否能实现有机统一，而成为一个整体。达到统一的服务质量，既能有效满足顾客的需求，而且服务提供者可以实现既定的效益和目标。

二、旅游服务质量监控的内容

（一）对组团社的监督

（1）监督组团社的合法性。由旅游管理相关部门检查组团社的执照、资质等相关经营手续。

（2）监督组团社对合同内容的落实情况。游客在游览过程中应时刻关注组团社在食、住、行、游、娱、购等方面是否按所签合同标准一一落实。

（二）对地接社的监督

团队发出之后，组团社计调人员须时时监控团队的异地运行，监控内容如下：

（1）监督地接社的接待情况。团队发出后，组团计调人员应该履行监督职责，监督地接社的接待质量。具体监督方法可以通过组团社派出的全陪或客人的信息反馈，及时发现问题，及时纠正解决，消除各种隐患。

（2）监督全陪的工作情况。团队发出后，组团计调人员应该要求全陪定期向组团社汇报团队的情况，同时还要向接待社了解全陪在工作中是否认真履行了自己的职责。现在很多国内团为了降低成本，不再派全陪，给组团社的监督工作带来一些不便。这样，就更要维持通信联系，“遥控”地接，如有问题必须及时按程序处理。

（3）监督游客的游览情况。团队发出后，组团计调应该向全陪、接待社了解客人游览情况，在第一时间发现问题并及时与接待社协商解决，以保证团队顺利游览。对游客违规行为要收集证据，为以后处理问题留下依据。

（三）对境外社的监督

团队发出之后，出境组团计调人员须时时监控团队的异地运行，监控内容如下：

（1）监督境外地接社的接待情况。出境组团计调人员在团队发出后应该履行监督职责。监督境外地接社的接待质量，具体监督方法可以通过组团社派出的领队或客人的信息反馈，发现问题及时纠正，消除各种隐患。

（2）监督领队的工作情况。出境组团计调人员在团队发出后应该要求领队定期向组团社汇报团队情况，同时还要向接待社了解领队在工作中是否认真履行了自己的职责。

（3）监督游客的游览情况。出境组团计调人员在团队发出后，应该向领队、接待社了解游客游览的情况，在第一时间发现问题，并及时与接待社协商解决，以保证团队顺利游览。对游客的违规行为要收集证据，为以后处理问题留下依据。

（四）对旅游供应商的监督

旅游供应商是指向旅游企业提供生产经营活动所需各种资源的企业。如向旅游公司提供客房、餐饮产品的酒店，提供旅游资源的旅游景区（景点），提供交通运输服务的运输企业，提供保险服务的保险公司等。旅行社可通过商务洽谈、游客反馈等手段对其安全性、产品提供的及时性、价格的优越性、服务质量及卫生情况等进行监督。

三、旅游服务补救

物质产品出现质量问题，可以通过售后服务进行解决，如退换、维修等。但旅游服务产品出现质量差错，则不能通过退换或维修进行解决。因而，当旅游服务过程出现故障时，服务补救就显得格外重要。服务过程中的错误是无法避免的，但决不能让顾客一直不满意。很显然顾客每一次抱怨都是旅行社再一次向客人承诺和赢得满意的机会。

（一）服务补救的含义

服务补救是服务企业对服务失败或是顾客不满意所采取的应对行动，目的是希望顾客能重新评价服务质量，避免坏的口碑宣传，并留住顾客。

（二）旅游服务补救策略

1. 第一次做对

旅行社在服务质量输出时，最重要的原则就是第一次把事情做对，这也是顾客衡量服务质量最重要的要素——可靠性。如果达到这种要求，旅游服务补救就失去了意义，旅行社可以避免再次服务的成本和补偿的费用，顾客也会满意。旅行社要提高服务的可靠性，通常采用全面质量管理或零缺陷行动。

全面质量管理的核心内容是：①方法——管理层直接挂帅；②范围——整个公司；③程度——每个员工对质量负责；④哲学——无差错；⑤标准——一步到位；⑥控制——质量成本；⑦主题——不断改进。

全面质量管理的四个原则是：①一步到位；②以顾客为中心；③以不断改进为生存之道；④建立协作团体及充分授权。

一步到位意味着零缺陷的服务，服务缺陷纠正要在源头实现，纠正要在服务现场。零缺陷行动体现了全面质量管理追求的目标及核心哲学，是实现顾客真正满意的重要手段。

2. 欢迎并鼓励抱怨

旅行社要有效实施补救策略，就必须建立聆听机制，欢迎并鼓励顾客的积极抱怨。同时通过对顾客抱怨的追踪，可以发现服务系统中存在的问题，在全面分析的基础上，进行纠正，以保证不再发生同类错误。旅行社鼓励并追踪顾客抱怨常用的方法包括顾客满意度调查、重大服务事件的研究、顾客流失分析、一线员工顾客信息反馈制度等。其次，旅行社还应培训顾客如何进行抱怨，在很多情况下，顾客不知道向谁投诉、投诉的过程是什么、投诉应该涉及什么内容，因此，投诉过程应该尽量简单。顾客不愿看到遭遇不满时，还要面对复杂的投诉过程。使抱怨过程简单的方法之一是使用新技术，如电话、电子邮件等。

3. 快速行动

抱怨的顾客期望得到快速的反应，来有效解决他们的问题。因此，旅行社需要建立快速的反应系统，来采取必要的补救措施，这需要有适合快速行动的系统和程序，并对员工进行授权。

（1）在服务现场解决问题。顾客希望听到其抱怨的人能最快地解决他们的问题，而不是漫长的等待。因此，许多旅行社都建立了“首问负责制”，对顾客的抱怨能快速解决。

（2）授权员工。旅行社必须对员工进行培训和授权，使他们能对顾客问题做出快速反应。对一线服务人员而言，获得授权是不够的，他们还必须学会如何运用这种权力来灵活地采取补救措施。有效的补救技巧包括倾听顾客问题、采取初始行动、辨别解决方法、即兴发挥以及变通规则等。另外，员工的授权行动还应该得到旅行社的激励和支持。

（3）让顾客参与问题的解决。旅行社在采取补救措施时，应引导顾客参与问题的解决，这样不仅可以达到满意的补救效果，而且可以让顾客说出他们的预期，以方便旅行社得到有效的顾客信息。

4．公平地对待顾客

顾客在投诉时，希望得到公平对待。服务补救专家史蒂夫·布郎（Steve Brawn）和史蒂夫·塔克斯（Steve Tax）总结出顾客在投诉后寻求公平的三种类型，结果公平、过程公平和相互对待公平。

（1）结果公平。顾客期望结果或赔偿能与其不满意程度相匹配，这种赔偿可以采取实际货币赔偿、正式道歉、未来免费服务、服务折扣等。另外，顾客也期望得到的赔偿与其他顾客经历相同服务失误时得到的一样，最好是有赔偿的选择权。

（2）过程公平。除了公平补偿外，顾客也期望抱怨过程的公平，即合适的抱怨政策、规定和时限公平。顾客希望能较为容易地进入投诉过程，并且投诉能被快速处理，最好第一个接触的员工就能将问题解决。公平过程的特点包括清晰、快速和无争吵。

（3）相互对待公平。在服务补救中，顾客还希望能被礼貌、细心和诚实地对待。如果员工态度冷漠，并没有采取措施来解决问题，就会引发顾客感到其他方式的不公平。

5．从服务补救中学习

旅游服务补救的目的不仅仅在于补救有缺陷的服务，加强与顾客的联系，还有助于改进顾客服务的特征和规范，即发现服务过程中的缺陷，并加以改进，以赢得顾客持续的满意。通过追踪和分析服务补救的过程，能够获知服务过程中需要改进的系统性问题，在对问题加以分析和讨论的基础上，可以找出问题的来源，并对服务进行完善和修复，以彻底消除对服务补救的需要。

6．从流失顾客中学习

旅行社要进行有效的服务补救，还必须从流失的顾客身上学习。旅行社可以开展市场调查以发现顾客流失的真正原因，这有助于避免未来的服务失误。但是，对于旅行社而言，这是十分困难的，毕竟很少企业愿意审视自己的错误。在市场调查中，由训练有素和真正了解业务的人员进行深度访谈是最为有效的方法。在调查的基础上，由旅行社的高层人员进行研究是最好的选择，特别是对大宗顾客流失或给企业带来重大影响的顾客。需要注意的是，调查要有针对性，主要关注那些重要的或有价值的顾客，而不是针对离开旅行社的每一个顾客。凯威尼（Keaveney）在一项对大约500起服务转换事件的研究中，识别出8个促成顾客转换的原因，价格、不方便、核心服务失误、服务接触失败、对服务失误的反应、竞争、道德问题及不自觉的转换。在300多起转换事件中，都出现了不止一个原因。例如，在最大原因之一的核心服务失误中，有25%的事件仅有一个离去的原因——服务失误；在有两个主因的事件中，29%的顾客把服务失误作为转换的原因之一；在有三个主因的事件中，有22%的顾客也是这个原因。可见，通过有针对性的市场调查，可以把握顾客流失的关键原因，并采取符合实际的解决方案。

知识拓展

一、旅游服务质量的特性

（一）整体性

从总体角度看，旅游活动具有综合性的特征，包括食、住、游、行、娱、购六大要素。在旅游过程中，顾客要感受各个要素的服务质量，并形成整体旅游服务质量的评价，因而旅游服务质量体现为整体性的特征。从旅行社角度看，服务质量的形成需要全员的参与，不仅与顾客直接接触的服务人员会影响顾客感知的质量，其他员工，如后勤人员、辅助人员也会间接影响服务质量。另外，服务质量需要全面监控，以保证顾客的感知质量。最后，优质服务质量的输出需要服务资源在各职能部门之间平衡协调，并要求各部门之间相互沟通、相互协调。全员参与、全面监控、全面协调决定了旅游服务质量的整体性。

（二）波动性

旅游服务质量的波动性表现在：一是旅行社的员工在服务过程中由于自身或企业内部其他条件的影响，使每一次的服务质量不可能完全保持一致；二是旅游服务的季节性决定了服务质量的不稳定性。在旅游旺季，顾客的需求往往会超过旅行社的接待能力，服务人员超负荷的工作也会影响服务质量的一致性。在旅游淡季，顾客需求远远低于服务供给，过剩的劳动力会相互干扰，而且员工也存在懈怠心理，同样会影响服务质量的稳定性。

（三）阶段性

从旅游活动的整体角度来看，旅游服务质量表现在三个阶段中：第一阶段是顾客在客源地与组团旅行社、航空公司（或其他交通工具）或异地旅游企业所发生的互动关系的质量；第二阶段是顾客在旅游目的地与相关旅游企业所发生的互动关系的质量；第三阶段是顾客返回客源地与组团社或旅游目的地相关旅游企业所发生的延伸服务关系的质量。从旅游企业和顾客角度看，由于旅游企业的职能分工以及顾客自身活动规律的过程性，也决定了服务质量的阶段性。

（四）主观性

顾客对服务质量的感知，主要来自于主观期望、心理感觉、个人判断等主观因素。因此，旅游服务质量的高低，更多地受到主观因素的影响。这些主观因素是由文化背景、心理偏好、个人经历等相互作用的结果。因此，相同的服务质量，顾客会做出不同的评价。旅游服务质量的这一特点，与旅游服务的不可感知性和不可分性有关。由于不可感知性，服务质量缺乏客观的评价标准，顾客的主观标准就变成了决定性的标准。由于不可分性，服务质量的形成必然有顾客的参与，而服务质量的感知更多表现为心理体验，因此必然带有顾客的主观因素。

二、旅游服务质量的属性

国内外许多专家和学者对服务质量的属性进行了论述，其中美国的服务营销专家贝利（Berry）和他的同事柏拉所拉曼（Parasuraman）、塞萨尔（Zeithaml）的观点最具代表性。最初他们认为服务质量的因素包括10项，即可靠性、响应性、能力、可接近性、礼貌、沟通、可信度、安全性、理解和有形性。后来，他们又将服务质量的属性概括为5项，可靠性、响应性、保证性、移情性、可感知性。在此基础上芬兰服务营销专家格鲁诺斯认为补救性也是一个重要属性。结合旅游服务的特性，旅游服务质量的属性包括以下几个方面。

（一）可靠性

可靠性是指旅行社准确可靠地完成所承诺服务的能力。可靠性被美国消费者一致认为是服务质量感知最重要的决定因素。可靠性意味着旅行社能按照服务承诺行事，包括提供服务、解决服务问题、服务价格等方面的承诺。由于旅游服务的不可感知性，顾客希望和信守承诺的旅行社进行交易，以降低购买服务的风险。例如，顾客希望旅行社能按照承诺的旅游路线、住宿标准、餐饮标准提供服务。

（二）响应性

响应性是指旅行社随时准备帮助客人，并提供迅速、有效的服务。响应性体现了旅行社服务传递系统的效率，并反映出旅行社是否以顾客为核心设计服务传递系统。响应性意味着能对顾客的要求、询问、投诉及其他服务问题做出快捷的反应，以有效减少顾客的等候时间。

（三）保证性

保证性是指旅行社的员工所具有的知识技能、礼貌礼节以及所表现出的自信与可信的能力。首先，员工应具备必要的知识和技能，能按照顾客定义的服务标准完成服务工作，这是赢得顾客信任的首要因素。其次，在服务态度、行为、语言等方面应体现礼貌和尊重，拉近和顾客之间的距离。第三，员工要有可信的态度，主动与顾客进行沟通与交流，加强和顾客的感情联络，以动态的方式满足顾客的动态需求。最后，员工能将顾客关心的事情放在心上，尽可能去满足他们的需求。

（四）移情性

移情性是指旅行社以顾客为核心，对顾客的需求给予特别的关注，并提供富有个性化的服务。在服务过程中，管理人员和员工应主动接近顾客，方便顾客倾诉他们的需求和抱怨，并对顾客的需求做出快速反应。另外，旅行社应注重提供“人情化”的服务，增加服务过程的“情感交流”，使顾客能得到满意的服务体验。

（五）有形性

有形性是指旅行社通过有效的途径——设施设备、人员、气氛、服务品牌、价格、广告等形式来向顾客传递服务质量的信息。旅游服务具有无形性的特征，因此旅行社需要通过有形的实体要素来提示服务质量，以降低顾客购买的风险。另外，有形性也是顾客评价服务质量的重要要素。例如，通过导游人员得体的服装、高雅的举止、甜美的语言、可人的笑容传递优质服务质量的信息。

（六）补救性

补救性是指旅行社在服务传递系统发生故障导致服务失败时，所采取的解决问题的态度和能力。任何旅行社都追求100%的顾客满意，但旅游服务的抽象性和复杂性决定了100%顾客满意难以实现。因此，旅行社可以通过服务补救，重新赢得顾客评价服务质量的机会，并避免顾客的负面宣传，还可以与顾客发展良好关系。

（七）安全性

安全性是指旅行社向顾客提供的服务使他们感到人身财产安全的能力。首先，旅游活动要跨越一定的地理空间，存在着一定的不安全因素。其次，旅游服务的内容和形式多种多样，涵盖的范围较为广泛。这就决定了安全性是顾客感知服务质量的重要方面。

旅游服务质量的属性是一个综合的体系，顾客会根据以上诸方面对旅游服务质量做出评价，从而形成感知的服务质量。

三、旅游企业实行旅游质量监督管理的意义

（一）有利于加强旅游服务企业内部的质量管理

旅游企业在贯彻执行旅游质量监督管理标准的同时，可以对相关的政治、经济动态把握更好，增加服务行业的质量管理和质量保证的经验。旅游企业实行服务监督管理，在规范性目标的指引下，建立有效的质量体系，做到人人事事职责明确，保证旅游服务提供过程毫无差错，处于监管的范围内。深化旅游企业的质量管理，提高监管职能，可以增强旅游企业应变力，同时也为提高和保证旅游质量奠定了基础。

（二）有利于不断提高旅游企业各层次人员的素养

旅游市场竞争其实是旅游人才的竞争，旅游企业最重要的资源是本企业员工。旅游企业在实行旅游质量监督管理的同时，重视员工的培训、开发和激励，通过标准的贯彻和实施，使员工学习和掌握系统管理思想和科学管理方法，从而提高员工的素质水平。

（三）有利于提高旅游企业的知名度和信誉度

旅游企业在贯彻执行旅游质量监督管理过程中，首先要建立、执行并不断改进组织服务质量监督管理体系，开展各种预防和改进旅游质量的活动，提高旅游质量，扩大旅游市场占有率，促进旅游经济效益增长。其次，旅游企业可以通过各种渠道进行宣传，提高企业知名度，取得游客的信任。由于旅游企业的形象和知名度对旅游者进行旅游购买决策的影响较大，旅游企业服务质量信誉好，信任度高，其国内外市场潜力大，可获得更多的社会效益和经济效益。

四、旅游服务补救带来的好处

（一）消除顾客的不满

顾客遭遇服务失误时，会采取不同的态度。因此，旅行社通过建立服务补救机制，可以将“坏事”变成“好事”，重新给顾客定义企业服务质量的机会，而且可以消除顾客的不满。

（二）再一次与顾客建立良好的关系

旅游服务补救是旅行社服务失败后，与顾客的再一次沟通。由于服务补救体现了对顾客的尊重，重新给顾客新的承诺，不但不会削弱与顾客的关系，反而会加强与顾客的关系。根据国外学者吉利（Gilly）的研究，对服务补救处理满意的顾客会较原先对服务满意，或对服务不满意但没有抱怨的顾客有更高的再购买意愿。另据研究，4%抱怨的顾客比96%不抱怨的顾客更可能继续购买。如果问题得到解决，那些抱怨的顾客中将有60%会继续购买。如果尽快解决，这一比率将上升到96%。根据美国消费者事务办公室的调查，在投诉得到处理的顾客中，有50%～80%的人愿意继续与公司发展业务。

（三）避免顾客在公众场合对服务的负面宣传

对旅行社而言，公众的口碑宣传不但是有效的营销渠道，而且对树立旅行社的形象和服务品牌至关重要。对旅游服务整体满意的顾客不仅会成为企业的忠实顾客，而且还会进行义务宣传。反之，对服务不满意的顾客也会向别人倾诉自己的遭遇，使企业的形象遭受打击。研究表明：不满意的顾客会将他们的经历告诉10～20个人。

（四）掌握如何改进服务质量

旅游服务在传递的过程中，经常会因为各种原因，造成顾客感知服务质量的降低。然而旅行社在服务补救的过程中，可以通过顾客反馈的信息，发现服务失误的内在原因，并在分析的基础上，找出解决问题的方法，以真正让顾客满意。因此，每一次服务补救都是服务质量改进的良好机会。

（五）激励员工提供更好的服务

旅游服务的失误、顾客的不满，也会影响员工的情绪，从而影响下一次的服务表现。采取恰当的方法处理服务补救问题，不仅可以提高员工的士气，还会激励他们去提供更加优质的服务。

五、旅游服务补救的管理理念

（一）旅游服务补救是一种营销策略

在传统的营销模式中，旅行社一直在为创造新的顾客而努力。随着市场条件的变化和市场竞争的加剧，旅行社的营销观念也在发生改变，由拓展市场发现新顾客转变为如何留住老顾客。留住每一个顾客，旅行社才能具有可持续发展的动力，据调查，开发新顾客的成本是留住老顾客成本的5～6倍。因此，旅游服务补救体现了新型的营销观念，通过不断改进服务，以形成顾客忠诚。

（二）不追究客人过失的态度

有一些顾客投诉是由于旅行社和顾客沟通不够或是顾客自身原因造成的。另外，面对面的服务很难区分到底是顾客的过错还是服务人员的失误。但是对投诉的调查，需要花费旅行社大量的时间、精力和成本，而且很难分清责任。在此情况下，旅行社可以采取积极的补救措施，以赢得顾客的信任，还可以节省不必要的支出。

（三）根植于经济上的全面考虑

在进行服务补救的过程中会产生一系列的费用、成本和潜在收益，一是处理问题产生的额外支出；二是支付不追究顾客过失而支付的赔偿；三是将不满意的顾客重新转化成企业顾客的成本；四是获得新顾客的成本；五是留住老顾客的价值。权衡利弊可以肯定地认为，实施旅游服务补救计划在经济上对旅行社是有利的。

（四）有明确的政策且经常更新

对服务补救的战略意义，旅行社应有充分的认识。旅行社的决策层首先需要确定明确的目标，然后根据目标制订切实可行的政策，最后是保障旅游服务补救计划自上而下的贯彻实施。一方面管理层应当成为推行服务补救计划的表率。另一方面要给员工授权，使他们能根据顾客的要求处理突发的服务问题。根据市场条件、顾客需求的变化，服务补救政策需要经常更新内容，以保证服务补救的有效性。另外，一切政策性的内容和处理问题的灵活程度，都要有详细的文字说明，使实施过程有章可循、有法可依。

六、顾客对旅游服务失误的反应

当旅行社发生服务失误时，顾客会采取不同的反应方式。他们可能采取行动，也可能保持沉默。他们是否采取行动，取决于顾客是想保持原有的旅行社，还是更换旅行社。

（一）顾客行为的种类

旅游服务失误发生之后，若顾客采取行功，行动的方式也是多种多样。顾客可能直接向相关人员进行投诉，给旅行社一个反应的机会。这是旅行社期望的一种情况，因为旅行社可以有第二次满足顾客需求的机会，并可以避免负面的口碑宣传。顾客也可能在服务结束后通过电话、信函、传真等方式进行投诉，这样旅行社也有机会进行补救。但是，顾客也可能不向旅行社投诉，而是向亲朋好友或同事传播关于旅行社的负面信息，这对旅行社是不利的，会使旅行社失去潜在的顾客。最后，顾客也可能向第三方进行投诉，如消费者协会、旅游投诉中心等，旅行社也存在补救的机会。

（二）抱怨者的类型

根据顾客对旅游服务失误所做出的反应，可以将抱怨者分为四种类型：

1．消极者

这类顾客极少会采取行动，他们对抱怨采取怀疑的态度，认为结果与花费的时间和精力相比不值得，其个人价值观存在抵制抱怨的因素。

2．发言者

这类顾客愿意向服务人员抱怨，但他们一般不进行负面的口碑宣传，也不会更换旅行社或向第三者抱怨。他们认为抱怨对社会有益，可以促进旅行社服务质量的提高。由于他们是主动的抱怨者，因而可以看作旅行社的好朋友。

3．发怒者

这类顾客倾向于向亲朋好友或同事传播旅行社的负面信息，并更换旅行社，但不会向第三者抱怨。由于这类顾客行动对旅行社负面影响很大，因而应引起旅行社的高度重视。

4．积极分子

这类顾客具有抱怨的习性，他们会向旅行社抱怨，也会向亲朋好友或同事抱怨，还会向第三者抱怨。由于抱怨符合他们的价值标准，因而他们对潜在的正面结果感到乐观，旅行社应慎重对待这类顾客，避免这类顾客做出更进一步对旅行社有害的行为。

项目二　突发事故预防与处理

学习目标

知识目标： 了解突发事故的类型及产生的原因；
掌握对突发事故的预防及处理对策。

能力目标： 可以制定出应对突发事故的预案；
能够对突发事故进行有效处理。

素质目标： 能够形成良好的团队协作氛围，懂得尊重他人，以人为本；
具有安全意识，能够即时行动，有大局为重的观念。

任务书

通过学习与训练，能够对突发事故进行预防和处理。

突发事故预防和处理任务单

专业班组		组长		完成日期	
任务描述： 2019年某晚，因受台风影响，某地公路多处地段发生塌方，导致32辆各式车辆以及402名游客被困，目前发现3名罹难者。假如被困游客中有你社的旅游团成员，作为旅行社的一名相关工作人员，你要如何处理。请制定出处理突发事故的预案。					
完成内容：					

任务分组

学生任务分配表

专业班组		组长		指导教师	
小组成员					
任务分工					

获取资讯

- **引导问题1：**旅行社的突发事故都包括哪些方面？请总结归纳并举例说明。

- **引导问题2：**如何预防突发事故的产生？

● **引导问题3：** 突发事故预案的制定应包括哪些内容？

● **引导问题4：** 旅行社应如何处理突发事故？

● **引导问题5：** 旅行社应如何培训员工应对突发事故？

工作计划

突发事故预防和处理工作方案

步骤	工作内容	工作方式	负责人
1			
2			
3			
4			
5			
6			

进行决策

（1）各组派代表阐述本小组团队组织情况及任务分工和工作安排。

（2）各组对其他组的汇报内容提出自己不同的观点和看法。

（3）结合大家的建议，选出最优方案。

工作实施

以工作汇报和情景再现的形式，向大家展示突发事故的预防方案及处理办法。

评价反馈

学生自我检视表

任务	完成情况	未完成内容	未按时完成原因
获取资讯模块下的引导问题是否认真完成			
引导问题涉及的知识是否完全掌握			
项目中所涉及的基本技能是否完全掌握			
实施过程中交代的任务是否按时完成			
项目实施过程中涉及的材料上交是否及时			
项目完成过程中是否有创新点			
收获：			
备注： 本自我检视表，主要目的是总结、回顾本项目知识，了解同学们对知识的了解、掌握和运用情况。同学们根据个人学习实际情况如实填写，可起到查缺补漏，完全掌握和熟练运用本项目知识的学习目标。此环节与引导问题填写也可按学生填写表格和引导问题完成情况、查缺补漏的实际行动进行打分			

学生评价表

<table>
<tr><td>班级</td><td colspan="3"></td><td colspan="2">组别</td><td colspan="2"></td><td colspan="2">任务名称</td><td></td></tr>
<tr><td>评价指标</td><td colspan="9">评价标准</td><td>分值</td></tr>
<tr><td>参与状态</td><td colspan="9">不迟到、不早退，不无故缺课；
与老师、同学之间是否互相尊重、理解、平等；
与老师、同学之间是否能够保持多向、丰富、恰当的信息交流；
遵守团队纪律，认真倾听团队成员意见，积极协作分享；
善于多角度思考问题，能主动提出有价值的问题，发表个人见解；
探究学习、自主学习，不流于形式，做到有效学习</td><td>20</td></tr>
<tr><td>信息咨询</td><td colspan="9">能有效利用教材、网络资源查找有效信息；能够认真研讨信息内容进行知识转化，转化成自己的认知；能将学到的理论知识应用于实际工作中</td><td>10</td></tr>
<tr><td>感知工作</td><td colspan="9">熟悉自己的工作岗位，认同工作的价值；在工作中获得满足感</td><td>10</td></tr>
<tr><td>工作方法</td><td colspan="9">工作计划、工作方法符合规范要求；获得了进一步发展的能力</td><td>10</td></tr>
<tr><td>工作过程</td><td colspan="9">遵守团队纪律，工作过程中符合旅行社员工规范要求；平时上课的出勤情况和每天完成工作任务情况；善于多角度思考问题，能主动发现、提出有价值的问题</td><td>15</td></tr>
<tr><td>任务完成</td><td colspan="9">较好地掌握了专业知识点；具有较强的信息分析能力和理解能力；具有较为全面严谨的思维能力并能条理明晰地表述成文，按时按质完成工作任务</td><td>25</td></tr>
<tr><td>思维状态</td><td colspan="9">能发现问题、提出问题、分析问题、解决问题、创新问题</td><td>10</td></tr>
<tr><td colspan="11">互评打分</td></tr>
<tr><td>评价人</td><td colspan="2">被评价人</td><td>参与状态（20分）</td><td>信息咨询（10分）</td><td>感知工作（10分）</td><td>工作方法（10分）</td><td>工作过程（15分）</td><td>任务完成（25分）</td><td colspan="2">思维状态（10分）</td></tr>
<tr><td rowspan="4">学生A</td><td>学生B</td><td rowspan="4">（30 %）</td><td></td><td></td><td></td><td></td><td></td><td></td><td colspan="2"></td></tr>
<tr><td>学生C</td><td></td><td></td><td></td><td></td><td></td><td></td><td colspan="2"></td></tr>
<tr><td>学生D</td><td></td><td></td><td></td><td></td><td></td><td></td><td colspan="2"></td></tr>
<tr><td>学生E</td><td></td><td></td><td></td><td></td><td></td><td></td><td colspan="2"></td></tr>
<tr><td colspan="2">授课教师</td><td>（70 %）</td><td></td><td></td><td></td><td></td><td></td><td></td><td colspan="2"></td></tr>
<tr><td colspan="11">最后总分：</td></tr>
<tr><td colspan="11">备注：本评价表用于评价学生任务完成情况，学生互评占30%，教师评价占70%</td></tr>
</table>

团队评价表

<table>
<tr><td>班级</td><td></td><td>组别</td><td></td><td>任务名称</td><td></td></tr>
<tr><td colspan="2">评价指标</td><td colspan="3">评价标准</td><td>分值</td></tr>
<tr><td colspan="2" rowspan="4">团队表现</td><td colspan="3">团队成员不迟到、不早退，不无故缺课，工作的状态积极，按时完成工作任务</td><td>5</td></tr>
<tr><td colspan="3">团队成员遵守团队纪律，团队成员之间互相尊重、认真倾听、协作分享</td><td>5</td></tr>
<tr><td colspan="3">团队成员善于多角度思考问题，能主动提出有价值的问题，发表个人见解</td><td>5</td></tr>
<tr><td colspan="3">团队成员能够认真倾听其他组同学工作汇报，虚心好学，乐于思考，提出合理的建议</td><td>5</td></tr>
<tr><td colspan="2">任务描述、接受任务</td><td colspan="3">对任务的理解正确，工作思路清晰</td><td>10</td></tr>
<tr><td colspan="2">任务分析、分工情况</td><td colspan="3">能够对任务内容进行全面、具体分析，小组成员分工明确</td><td>5</td></tr>
<tr><td colspan="2">制订计划</td><td colspan="3">计划内容全面，具有条理性，制订的内容符合工作要求</td><td>5</td></tr>
<tr><td rowspan="8">计划实施</td><td rowspan="4">突发事故处理预案</td><td colspan="3">有处理突发事故的原则，清晰可遵循</td><td>10</td></tr>
<tr><td colspan="3">预案的制定做到了以人为本</td><td>5</td></tr>
<tr><td colspan="3">预案中是否分工明确，责任归属清晰</td><td>5</td></tr>
<tr><td colspan="3">预案中是否有对员工的培训，且培训内容全面，实用</td><td>10</td></tr>
<tr><td rowspan="4">突发事故处理措施</td><td colspan="3">处理过程是否考虑到了旅行社的社会公众形象与顾客的利益</td><td>10</td></tr>
<tr><td colspan="3">是否在法律法规框架下处理突发事故</td><td>5</td></tr>
<tr><td colspan="3">处理方法是否得当，有针对性，且能初见成效</td><td>5</td></tr>
<tr><td colspan="3">信息发布是否及时，事后是否有归档</td><td>5</td></tr>
<tr><td colspan="2">创新点</td><td colspan="3">能发现问题、提出问题、分析问题、解决问题、创新问题</td><td>5</td></tr>
</table>

<table>
<tr><td colspan="9">互评打分</td></tr>
<tr><td>评价组</td><td colspan="2">被评价组</td><td>团队表现（20分）</td><td>任务描述、接受任务（10分）</td><td>任务分析、分工情况（5分）</td><td>制订计划（5分）</td><td>计划实施（55分）</td><td>创新点（5分）</td></tr>
<tr><td rowspan="4">第1组</td><td>第2组</td><td rowspan="4">30%</td><td></td><td></td><td></td><td></td><td></td><td></td></tr>
<tr><td>第3组</td><td></td><td></td><td></td><td></td><td></td><td></td></tr>
<tr><td>第4组</td><td></td><td></td><td></td><td></td><td></td><td></td></tr>
<tr><td>第5组</td><td></td><td></td><td></td><td></td><td></td><td></td></tr>
<tr><td colspan="2">教师评价</td><td>70%</td><td></td><td></td><td></td><td></td><td></td><td></td></tr>
<tr><td colspan="9">最后总分：</td></tr>
<tr><td colspan="9">简要评述：</td></tr>
<tr><td colspan="9">备注：本评价表用于小组完成任务情况评价，小组互评占30%，教师评价占70%</td></tr>
</table>

项目相关知识点

一、突发事故防范的重要性

旅游业是敏感度很高的产业，旅行社经营过程中的不确定因素很多，风险频繁。首先是不可抗拒的自然灾害，如地震、水灾、火灾等。再就是人为造成的事故，如人身伤害、行程变更、刑事案件、疾病及财产损失、交通事故、旅行社倒闭等。对旅行社而言，以上这些情形都表现为突发性、紧迫性、威胁性的特点，不及时处理或处理方法不当，或在危机面前惊慌失措都是不允许的。对旅行社经营者来说，这无疑是对整个旅行社的应变能力、经营者的决策能力及全体员工的综合素质的最严峻考验。

二、制定突发事故预案处理

将突发事故所造成的危害降到最小，那就是防范于未然。旅行社应制定详细的各种可能出现的突发事故的预案，如制定交通事故处置预案、治安事故处置预案、火灾或水灾事故处置预案、食物中毒处置预案、地震应急处理预案等，并装订成册发给每个导游，对他们进行相关急救知识的培训。可参考以下方案进行突发事故预案处置。

（一）制定救援的基本原则

第一，以人为本，救援第一。尽一切可能为旅游者提供救援、救助。

第二，及时报告，信息畅通。在遇到紧急情况时，在救援的同时应及时向公司领导汇报。公司领导将尽快前往或给予急需解决问题的指示和办法，严禁“私了”和隐瞒不报。一旦违反，经查实，将严肃处理。严重者在追究经济责任的同时将追究其刑事责任。

（二）组建突发事故领导小组、明确工作职责

旅行社应成立突发事故应急领导小组，总经理为组长，副总经理为副组长，各中心主任、部门经理、门市部经理为成员，其办公室设在总经理办公室。该小组的主要职责是：第一，负责组织、指挥、协调处理，汇报、调查突发事故中发生的各类别事件，并对整个突发事故处理得是否得当、及时承担相应的责任。第二，及时收集旅游途经地及目的地的安全信息，适时地向旅游者发出相关警告和警示。突发事故时积极为旅游者提供各种救援，向上级和有关单位报告相关信息，处理其他相关联事情。

游客在旅游过程中，是事故频发的时候。有些小问题导游员在现场就能解决。但有些重大的突发事故，导游员由于经验和能力等原因，不能做出及时有效的救援措施，而旅行社又和游客相隔在两地，不能全面地了解信息和及时地救援，导致错过最佳的救援时间，致使旅游团遭受重大损失。所以旅行社应该建立各种突发事故的救援措施，并对全体员工进行培训。培训内容应包括以下几个方面。

第一，凡是发生有突发事故（伤、亡、中毒、社会安全等）时，领队、导游必须在积极抢救的同时，第一时间向公司领导汇报，向当地110、旅游局报告；涉及境外的向大使馆、当地旅游局汇报，请求救援。在没有征得公司领导或市旅游局相关领导的同意下，不准对媒体等发布消息。

第二，旅游团队在行程中发现疑似重大传染病疫情时，随团领队或导游应立即向卫生部门和疾病控制机构报告，并及时向公司汇报，积极主动配合当地主管部门做好旅游团队住宿安排和消毒防疫工作，认真做好游客的安抚、宣传工作，服从卫生部门

的决定。

第三，游客食物中毒时，导游人员应配合卫生部门尽快做好抢救工作，并向公司和当地旅游局报告。同时，尽可能配合当地卫生部门查找毒源，和当地旅游局一起处理好此事。

第四，当发生我国港澳台地区和外籍旅游者伤亡事故时，除积极配合卫生、安检等部门的救援外，导游人员应及时向公司和旅游局汇报，同时认真核查伤亡人员的团队名称、国籍、性别、通行证号码、护照号码以及在境内外的保险情况。

第五，无论发生哪种类别的突发事故，各部门须在及时施救的同时尽快向公司责任险保险公司电话报案，随后补办书面材料。

第六，无论是哪类事故，业务部门应在紧急施救的同时，立即建立事故档案，收集该团或该团伤亡人员的详尽资料，在公司领导的指示下，尽快通知其家属作好后续工作。

三、旅行社有效处理突发性危机事件的对策

近年来，随着突发事故的屡见不鲜，对旅行社发展提出了严峻挑战。而旅行社员工只有提升自身的应急能力，才能更好地控制和处理突发事故。旅行社加强突发事故的管理应从预防与处理角度着手，提出有效对策，使旅行社可以化险为夷，转危为安。

（一）旅行社员工需树立居安思危的意识

要想全面提升旅行社的突发事故应急能力，必须增强员工的居安思危意识，引导员工在实际工作中可以加强预防和及时发现不利条件，进而采取措施加以应对，将危机事件控制在最小范围内。首先，旅行社对员工应加强危机教育，提升员工的危机意识，形成一股凝聚力。其次。旅行社领导人员应提升自身的危机思想观念，充分发挥榜样性作用，以深入开展员工的危机教育，提升自身及员工的责任感。再次，旅行社应充分发挥鞭策效应，建立完善的激励机制和奖惩机制，以激励员工不断深入开展工作。最后，培养和提高员工居安思危意识，是一项长期坚持的工作，要求旅行社必须制定长远的发展计划，使旅行社员工的危机意识根深蒂固，以期更好开展旅行社经营工作。

（二）建立和完善突发事故预警系统

对于旅行社而言，提升领导者及员工的突发事故应急能力具有重要意义。所以，旅行社应建立和完善突发事故预警系统。首先，该系统可以进行有效的信息监测。旅行社工作人员通过该系统，对相关信息进行收集、分析和处理，有利于工作人员充分把握自身的发展方向。其次，通过该系统，旅行社可以定期或不定期地对社会、市场竞争等诸多环境加以判断，明确相关突发事故可能发生的概率及对旅行社的影响，并积极制定应急对策。例如，对于高温的夏季，病菌传播速度相对较快，极易使人们感染病菌，影响人们的身体健康。所以，旅行社工作人员可以定期对大巴车及相关环境进行消毒处理，在顾客心中树立良好的形象。最后，善于发现事故征兆。通常，突发事故发生之前，具有特定的征兆。如顾客的投诉建议等，旅行社必须给予高度重视，进而采取有效措施加以处理，将突发事故扼杀在源头中。

（三）危机处理应遵循一定的原则

提高旅行社工作人员的应急能力具有积极意义，但应遵循一定的原则。首先，顾客是上帝，是旅行社实现可持续发展的重要推动力。所以，在旅行社发展中，如果遇到人员伤亡、交通事故等突发事故，则旅行社必须妥善处理，既维护旅行社在社会公众心中的形象，又确保顾客的利益。其次，旅行社应以维护社会利益为处理突发事故的原则。

例如，我国某旅行社大巴在旅游途中发生交通事故，虽然无人员重伤或死亡，但该旅行社不勇于承担责任，反而选择逃避。此种自欺欺人的举措，受到社会各界的强烈谴责，不但未能有效处理该突发事故，反而将旅行社推向风口浪尖。由此可见，旅行社面对突发事故时，应在遵循顾客利益和社会利益原则的基础上，提高应急能力。

（四）制订积极的应急计划

旅行社事先制订有效的应急计划，对提升工作人员突发事故应急能力发挥着积极的作用。首先，充分对旅行社经营发展中可能面对的突发事故进行分析，进而制定解决事件危机的应急方案，并不断加以完善。其次，旅行社积极总结自身发展过程中的突发事故处理过程，提出优点和不足，进而针对该问题进行有效方案的预设，避免同类事故再次发生。最后，旅行社积极借鉴国内外其他旅行社处理突发事故的经验，以提高自身对突发事故的应对能力。因此，旅行社在制定应急计划方案过程中，成立应急小组，既促进应急计划方案的制定和完善，又能够快速对突发事故做出反应，提高旅行社的应急能力。

（五）采取危机事件的隔离策略

旅行社针对突发事故而采取有效的应急隔离策略尤为重要，可以将突发事故控制在最小范围内，或者将旅行社损失降至最低。尤其对于经营类型多样复杂的旅行社而言，加强隔离策略的应用尤为重要。首先，采取故事排除策略，要求旅行社工作人员根据相关突发事故的负面影响加以控制。但是，在该过程中，旅行社方面必须使全体员工享有绝对的知情权，进而使员工告知顾客局势得到控制，以稳定人心。其次，采取危机利用的策略，要求旅行社实现转危为安的过渡。例如旅行社发展过程中，可能存在着服务水平差的不良影响，为旅行社带来负面新闻，阻碍旅行社的发展。对此，旅行社可以通过新闻媒体等多种渠道，进行服务水平提升的策略宣传，并落到实处。这不仅能够使负面影响得到有效控制，而且有利于提升旅行社的公信力和形象地位。

（六）积极消除负面影响

随着我国科学技术的飞速发展，其传播媒介形式多样化，且传播速度加快，既为旅行社创造了良好的发展条件，又为其带来一定的挑战。旅行社经营中，倘若出现突发事故，则消息传播速度十分快，可能对旅行社造成负面影响，制约了旅行社的发展。所以，旅行社应积极利用新媒体等传播媒介，以消除负面影响，确保旅行社更好发展。首先，旅行社遭遇突发事故时，领导人员应积极接受新闻媒体记者的采访，并巧妙回答问题，以消除负面影响为主。其次，旅行社方面应积极制定应急预案，并通过新闻媒体等而公布相关内容和具体措施的落实状况，积极树立旅行社良好形象，对消除负面影响发挥着积极的作用。

（七）与保险公司合作、积极投保

旅行社在灾难面前不应消极应对，应该积极寻求社会和自我帮助，其中最有效的方法就是购买保险。不应该为了降低成本而不购买保险，结果因小失大。而应该在资金管理方面做好保险的成本费用分析，积极与保险公司合作，积极投保，通过购买合适的险种，提高应对突发事故的能力，转移风险，减少损失。例如，2013年7月6日，载有307人的韩亚航空客机在美国旧金山失事，造成3名中国公民遇难，180多人受伤，重伤49人。美航空法专家表示，每位乘客将得到航空公司与保险公司七位数的理赔金。

“提前预防，及时发现，妥善处理”是旅行社突发事故管理的三个重要环节。在建立危机意识的前提下抓好这三大环节，并利用科学有效的措施和方法对旅行社的突发事故进行全方位的监控、分析和判断，使旅行社在经营管理过程中避开危机，保持良好发展势态，处于常胜不败的优势地位。

知识拓展

一、旅行社常见的突发事故

旅行社常见的突发事故主要包括客源量下降、计划变动、经营不善和交通意外等内容，对旅行社造成不良影响，给旅行社以强烈冲击。

（一）客源量下降

客源量决定着旅行社的经济效益。一旦客源量下降，则会使旅行社面临着一定的经济损失。首先，自然灾害因素造成的客源量下降。面对突发事故，旅行社的应急能力倘若不足，则不利于旅行社的发展。例如正值冬季旅游时期，由于暴雪、暴雨等恶劣天气影响，导致客源量下降，对旅行社造成不良影响。其次，旅行社针对以往突发事故的应急处理能力不强，在顾客心中的形象受损，造成客源量下降。因此，面对一系列客源量下降的突发事故，旅行社只有采取积极有效的应对策略，才能解决问题，促进旅行社发展。

（二）旅行社计划出现变动

旅行社经营，有旺季和淡季之分。在旺季时期，旅行社员工十分忙碌，资源供不应求。而在淡季时期，旅行社比较清闲，资源供大于求，降低了旅行社经济效益。倘若旅行社在各个时期的经营中，突然出现与季节性不符的状况时，旅行社必须做好积极的应对策略，以提高自身的应急能力。例如，在旺季时期，突然出现客源量下降现象，则旅行社领导者有必要召开分析会，对其原因加以分析。一旦能够找到问题的源头，则旅行社必须及时处理问题，变危机为转机。在淡季时期，突然出现客源量上升趋势，则旅行社必须积极做好接待、带团等工作，不可怠慢，避免损害旅行社的良好形象。另外，在旅行过程中，旅行社按照既定的目标带领游客到达目的地，而旅游景点因故停业或不能正常进入，导致旅行社计划出现变动，要求旅行社必须对此执行积极的对策，安抚游客的同时，应给予补偿性措施。

（三）旅行社经营不善

近年来，我国旅游事业蒸蒸日上，旅行社如雨后春笋般纷纷成立，使各个旅行社面临着激烈的市场竞争。通常，大型旅行社的抗压能力强，在激烈的市场竞争中能够实现可持续发展。而中小微型旅行社的抗压能力弱，不堪重负，导致经营不善，甚至出现倒闭现象。这不仅关系着旅行社自身的经济利益，而且影响区域该行业的发展进程。例如，据相关调查显示，2020年新冠肺炎疫情时，全球旅行社都处于停业状态，使旅行社行业遭受严重损失。由于地震等天灾无法有效预测，所以要求旅行社方面应在事故发生之前，积极制定有效的应对策略，以提高自身对突发性危机事件的应急能力，避免旅行社不堪重负，经营不善。

二、旅行社突发事故产生的原因

旅行社经营中，可能面临着诸多的突发事故。如交通事故、顾客在旅行途中的意外伤亡等。造成突发事故产生的原因主要包括以下几方面。

（一）不可抗力的存在

对于旅行社经营和发展而言，不可抗力是无处不在的，也是不可预见和避免的。主要包括自然和社会等不确定性因素，进而产生突发事故，使旅行社措手不及。因此，要求旅行社在制定应急预案时，应尽可能对多种因素加以考虑，并结合国内外突发事故的处理经验而不断完善应急预案，尽可能充分发挥应急方案的以不变应万变的作用，为旅行社更好解决突发事故奠定良好基础。

（二）旅行社员工对突发事故的认识能力不足

根据相关调查显示，我国旅行社员工对突发事故认识不足，缺乏足够的应急预案意识和危机意识。绝大多数情况下，旅行社工作人员在突发事故发生之后才加以处理，未能加强对突发事故的预防，这对旅行社而言存在诸多不良影响。首先，旅行社领导人员对突发事故的认识能力不足，未能对员工进行危机教育，导致员工缺乏应急意识。倘若领导者能够有效开展危机教育，则会在业余时间组织员工加强对突发事故的应急处理演练，以提升员工的应急能力。其次，员工的社会责任感不强，未能全身心投入于工作中和创新工作内容，深谋远虑。究其根本性原因，旅行社缺乏有效的激励机制和奖惩机制，难以充分调动员工积极工作的热情，导致员工居安不思危，养尊处优，缺乏对突发事故的积极应对能力。

（三）旅行社的应急能力不足

旅行社应急能力不足是突发事故不能得到有效控制和解决的重要原因。首先，旅行社缺乏完善的突发事故预警系统，导致领导及工作人员不能及时发现突发事故的征兆隐患问题，使突发事件因素不断累积，最终一发不可收拾。例如，旅行社屡次忽视顾客的意见和建议，导致公信力下降，对旅行社造成不良影响。其次，旅行社处理突发事故过程中，未以顾客利益和社会利益为解决问题的根本出发点，有损于旅行社形象。再次，旅行社制定的应急预案不够完善。多数旅行时突发事故的应急预案是对已经发生事件处理过程及经验的总结，缺乏对可能发生事件的预测。最后，突发事故可能对旅行社造成负面影响，而旅行社消除负面影响能力较弱，使自身陷人窘境，不能有效处理危机事件。

项目三　旅行社客户关系管理

学习目标

知识目标： 掌握建立客户档案的方法；
掌握巩固客户关系的方法。

能力目标： 会建立客户档案；
会利用客户档案维护客户关系。

素质目标： 能够形成良好的团队协作氛围；
主动热情，诚实守信，具有大局观念。

任　务　书

巩固客户关系任务单

专业班组		组长		完成日期	
任务描述：某旅行社业务经理的工作日记 8: 30到公司，打开计算机，登录同程旅行社CRM（客户管理系统）。8: 35系统自动提醒今天有4位老顾客过生日，马上给他们发一份电子贺信，重点客户手写一封贺信；8: 40系统自动提醒今天有三个未处理的网上预订，处理网上预订，并电话确认；8: 45给参加上个团旅游的每一位游客发封E-mail，附件是随团导游拍的数码照片，对他们表示感谢；8: 48从系统数据库内调出去年参加旅游的教师资料给希望今年去黄山的教师发去黄山的旅游资料，给今年刚结婚的教师推荐几条蜜月旅游线；8: 50调出后天出团中老顾客的旅游档案，包括他们曾经旅游过的目的地，饮食、喜好、性格、特长、身体状况等。打印出交给出团的导游；8: 52在旅行社网站的BBS中收集处理游客的建议、意见，解答游客的咨询。对现有线路和服务作出改进……请总结出该业务经理巩固客户关系的方法。					
完成内容：					

任务分组

学生任务分配表

专业班组		组长		指导教师	
小组成员					
任务分工					

获取资讯

● **引导问题1：** 如何开发潜在客户？

● **引导问题2：** 客户档案应包括哪些内容？

- **引导问题3：**如何建立客户档案？

- **引导问题4：**如何进行客户评估？

- **引导问题5：**如何巩固客户关系？

工作计划

客户档案建立方案

步骤	工作内容	工作方式	负责人
1			
2			
3			
4			
5			
6			

进行决策

（1）各组派代表阐述本小组团队组织情况及任务分工和工作安排。

（2）各组对其他组的汇报内容提出自己不同的观点和看法。

（3）结合大家的建议，选出最优方案。

工作实施

以工作汇报的形式，向大家展示所建立的客户档案的内容及形式。

评价反馈

学生自我检视表

任务	完成情况	未完成内容	未按时完成原因
获取资讯模块下的引导问题是否认真完成			
引导问题涉及的知识是否完全掌握			
项目中所涉及的基本技能是否完全掌握			
实施过程中交代的任务是否按时完成			
项目实施过程中涉及的材料上交是否及时			
项目完成过程中是否有创新点			
收获：			
备注：本自我检视表，主要目的是总结、回顾本项目知识，了解同学们对知识的了解、掌握和运用情况。同学们根据个人学习实际情况如实填写，可起到查缺补漏，完全掌握和熟练运用本项目知识的学习目标。此环节与引导问题填写也可按学生填写表格和引导问题完成情况、查缺补漏的实际行动进行打分			

学生评价表

班级		组别		任务名称	

评价指标	评价标准	分值
参与状态	不迟到、不早退，不无故缺课； 与老师、同学之间是否互相尊重、理解、平等； 与老师、同学之间是否能够保持多向、丰富、恰当的信息交流； 遵守团队纪律，认真倾听团队成员意见，积极协作分享； 善于多角度思考问题，能主动提出有价值的问题，发表个人见解； 探究学习、自主学习，不流于形式，做到有效学习	20
信息咨询	能有效利用教材、网络资源查找有效信息；能够认真研讨信息内容进行知识转化，转化成自己的认知；能将学到的理论知识应用于实际工作中	10
感知工作	熟悉自己的工作岗位，认同工作的价值；在工作中获得满足感	10
工作方法	工作计划、工作方法符合规范要求；获得了进一步发展的能力	10
工作过程	遵守团队纪律，工作过程中符合旅行社员工规范要求；平时上课的出勤情况和每天完成工作任务情况；善于多角度思考问题，能主动发现、提出有价值的问题	15
任务完成	较好地掌握了专业知识点；具有较强的信息分析能力和理解能力；具有较为全面严谨的思维能力并能条理明晰地表述成文，按时按质完成工作任务	25
思维状态	能发现问题、提出问题、分析问题、解决问题、创新问题	10

互评打分

评价人	被评价人		参与状态（20分）	信息咨询（10分）	感知工作（10分）	工作方法（10分）	工作过程（15分）	任务完成（25分）	思维状态（10分）
学生A	学生B	（30 %）							
	学生C								
	学生D								
	学生E								
授课教师		（70 %）							

最后总分：

备注： 本评价表用于评价学生任务完成情况，学生互评占30%，教师评价占70%

团队评价表

<table>
<tr><td>班级</td><td colspan="2"></td><td>组别</td><td colspan="2"></td><td colspan="2">任务名称</td><td colspan="2"></td></tr>
<tr><td colspan="3">评价指标</td><td colspan="6">评价标准</td><td>分值</td></tr>
<tr><td colspan="3" rowspan="4">团队表现</td><td colspan="6">团队成员不迟到、不早退，不无故缺课，工作的状态积极，按时完成工作任务</td><td>5</td></tr>
<tr><td colspan="6">团队成员遵守团队纪律，团队成员之间互相尊重、认真倾听、协作分享</td><td>5</td></tr>
<tr><td colspan="6">团队成员善于多角度思考问题，能主动提出有价值的问题，发表个人见解</td><td>5</td></tr>
<tr><td colspan="6">团队成员能够认真倾听其他组同学工作汇报，虚心好学，乐于思考，提出合理的建议</td><td>5</td></tr>
<tr><td colspan="3">任务描述、接受任务</td><td colspan="6">对任务的理解正确，工作思路清晰</td><td>5</td></tr>
<tr><td colspan="3">任务分析、分工情况</td><td colspan="6">能够对任务内容进行全面、具体分析，小组成员分工明确</td><td>5</td></tr>
<tr><td colspan="3">制订计划</td><td colspan="6">计划内容全面，具有条理性，制订的内容符合工作要求</td><td>5</td></tr>
<tr><td rowspan="10">计划实施</td><td colspan="2" rowspan="5">发掘潜在客户</td><td colspan="6">发掘潜在客户时重点突出，礼貌规范</td><td>5</td></tr>
<tr><td colspan="6">能将潜在客户进行准确分类</td><td>5</td></tr>
<tr><td colspan="6">对潜在客户顾虑的问题考虑周到，回复得当</td><td>5</td></tr>
<tr><td colspan="6">能准确运用寻找潜在客户的方法</td><td>5</td></tr>
<tr><td colspan="6">与潜在客户接触前各项工作准备充分</td><td>5</td></tr>
<tr><td colspan="2" rowspan="2">建立客户档案</td><td colspan="6">客户档案信息收集全面、准确</td><td>10</td></tr>
<tr><td colspan="6">能按照一定规律建立客户档案</td><td>5</td></tr>
<tr><td colspan="2" rowspan="3">巩固客户关系</td><td colspan="6">能找到有效的巩固客户关系的方法</td><td>10</td></tr>
<tr><td colspan="6">客户维护工作针对性强，有实效</td><td>5</td></tr>
<tr><td colspan="6">能对不同的客户采用不同的维护手段</td><td>5</td></tr>
<tr><td colspan="3">创新点</td><td colspan="6">能发现问题、提出问题、分析问题、解决问题、创新问题</td><td>5</td></tr>
<tr><td colspan="10">互评打分</td></tr>
<tr><td>评价组</td><td colspan="2">被评价组</td><td>团队表现（20分）</td><td>任务描述、接受任务（5分）</td><td>任务分析、分工情况（5分）</td><td>制订计划（5分）</td><td>计划实施（60分）</td><td colspan="2">创新点（5分）</td></tr>
<tr><td rowspan="4">第1组</td><td>第2组</td><td rowspan="4">30%</td><td></td><td></td><td></td><td></td><td></td><td colspan="2"></td></tr>
<tr><td>第3组</td><td></td><td></td><td></td><td></td><td></td><td colspan="2"></td></tr>
<tr><td>第4组</td><td></td><td></td><td></td><td></td><td></td><td colspan="2"></td></tr>
<tr><td>第5组</td><td></td><td></td><td></td><td></td><td></td><td colspan="2"></td></tr>
<tr><td colspan="2">教师评价</td><td>70%</td><td></td><td></td><td></td><td></td><td></td><td colspan="2"></td></tr>
<tr><td colspan="10">最后总分：</td></tr>
<tr><td colspan="10">简要评述：</td></tr>
<tr><td colspan="10">备注：本评价表用于小组完成任务情况评价，小组互评占30%，教师评价占70%</td></tr>
</table>

项目相关知识点

一、客户关系管理的概念及重要性

旅行社客户关系管理是指管理者以客户为中心，对旅行社拥有的客户资源进行分析，以更有利可图和更有效的方式获取、维护和开发高价值旅游者，从而获得客户可支配收入中的更大份额的活动。

开发一个新顾客所耗费的成本大概相当于保持一个现有顾客的5～10倍，并且维持客户忠诚度可以使该客户为公司带来的利润增加25%～85%，只有针对性地对自己的客户进行有效的差异分析与管理，才能使自己更好地配置企业资源，同时也能取得利益最大化。

二、潜在客户的开发

客户是衣食父母，但在茫茫人海中，如何去找客户呢？哪些是潜在客户呢？其实客户需要去了解分析、去吸引、去创造，最后别忘了永续经营，也就是做好“客户关系管理”。

（一）潜在客户的分类

1. 新的潜在客户

在旅行社销售人员分管的辖区内找寻新的潜在客户。不管对方是何等人物，都有可能变成新客户，要经常在这类客户身上下工夫。

2. 旧客户

在每一家旅行社的计算机数据，都有成千上万位的旧客户，应该常常邀请他们再度惠顾。这项工作与寻觅客户同样重要。

3. 失去的新客户

在竞争中被同业抢过去的客户，也不能忽视。这是强而有力的潜在客户，应该把与他们来往的事实记载在潜在客户的分类簿上，等待下次机会。

（二）寻找潜在客户的方法

寻找潜在客户时，一个很重要的方面就是保持良好的心态。比较正确的心态是要随时挑战自己，突破现状，而不是抱着跑掉一个客户、再赶快找个新客户来弥补的心理做事。

1. 直接访问

直接访问，就是销售员挨家挨户直接拜访可能购买的消费者；或是打电话给陌生人以获得访问的机会；或是寄推销函给陌生人，再用电话追踪以获得拜访的机会。由于直接访问的对象都是毫无关系的陌生人，因此，取得订单的概率不大，可是对于新从业的销售者来说，却是寻找准客户的方法之一。由此可知，直接访问的首要条件，就是肯吃苦、能耐劳与够勤奋。

2. 老客户的介绍

所有的销售好手都知道，老客户是寻找准客户最好的来源。开发新客户就像垦荒，费时、费力，事倍功半；与老客户接触，好比在完善设施的农场上耕耘，驾轻就熟，事半功倍。老客户不但会重复购买，而且可能介绍许多准客户。老客户的一句话往往胜过销售者的十句话，威力无比。每个老客户都有他威力可及的数十人的关系网。假如他喜欢你、欣赏你，愿意介绍数十人成为准客户，你将受益无穷。因此，销售者一定要设法使客户满意旅游产品，愿意再次光顾，并介绍准客户来。

3．各单位代表的协助

广结善缘，培养良好的人际关系，由“点”至“线”，进而推广至“面”，就是销售员的最佳“线民”，随时随地得知购买信息，只要发现准客户，立刻通知销售员，发挥最大的销售人际关系与销售力。成交后，可以付固定的佣金或非金钱的酬谢，如，免费参加旅游、赠送礼物等。

4．旅游产品展示

展示旅游产品是获得准客户的好方法。前来参观的消费者，大都是对旅游产品有兴趣者，也就是销售员所渴求的准客户。这时，如果能知道参观者的姓名与地址，那就是一份准客户的名单。一般人怕销售员纠缠与骚扰，大都不愿留下姓名与地址。因此，必须给这些准客户一个留下资料的好理由。

5．利用各种名册

利用各种名册以获取准客户的方法。这些名册包罗万象，如工商名录、企业指南、企业名人录、工厂名录、电话簿、社团会员名册等；同业工会名册、毕业纪念册、各种俱乐部名册，如圆山俱乐部、太平洋俱乐部、银行家俱乐部等。

三、建立客户档案

建立客户档案是旅行社管理客户的一种重要方法。对于旅游者客户，建立客户档案可以使旅行社随时了解客户的历史购买记录、现在的需求，通过综合分析与比较研究，挖掘客户的潜在需求，对不同的客户采取不同的对策，增加客户黏度，增强旅行社效益。对于供应商客户和传媒合作者，建立客户档案有助于旅行社甄别能够创造最大价值、适合旅行社发展的合作伙伴。

（一）客户档案的内容

1．旅游者客户档案的内容

可以采用电子表格的方式，建立数据库。内容应包含基础信息统计和数据分析挖掘两部分。基础信息统计是指统计客户的个人信息（如姓名、性别、年龄、职业、家庭人口情况、住址等）、每次购买行为（如购买时间、购买产品的类型、购买方式、购买满意度等）。以此进行分析挖掘，如购买偏好、购买频次等，即为数据分析挖掘。

2．供应商客户档案的内容

（1）供应商的基本信息，如企业名称、地址、电话、传真、邮箱、联系人等。

（2）产品信息，如产品的种类、产品的价格以及产品特色等。

（3）合作记录，如以往的合作合同以及其他资料。

3．传媒合作者档案的内容

（1）企业的基本信息，如企业名称、地址、电话、传真、邮箱、联系人等。

（2）产品信息，如产品种类、产品价格以及产品特色等。

（3）合作记录，如以往的合作合同以及其他资料。

（二）客户档案的建立

1．收集客户信息

计调部可以通过旅游合同及所附名单，以及门市、营业部、网络平台等旅行社销售部门提供的旅游者来访、预订旅游产品和服务的渠道收集旅游者客户信息。通过供应商联系人、传媒合作者联系人获得企业有关信息，或通过互联网收集企业的公开信息。

2．编制客户档案

旅行社的客户类型多样，而且涉及较大的地域范围，即使同一类客户，其性质也往往有很大差别，应首先对客户进行分类。旅行社可以先按照旅游者、供应商、合作商等来对客户进行分类，建立各类客户档案，然后对每一类客户档案按照一定的顺序进行科学排列，如客户名字的笔画多少、首字母顺序、重要程度等为序排列，这样能够做到快捷便利地查询档案。

旅行社在对客户档案进行管理时需要建立客户的分级制度。根据该客户对旅行社利润和未来发展的贡献能力可以将客户分为不同的等级，如忠诚的客户、多次交易的客户、游移的客户等。对客户进行分级的标准包括客户实力（人力和财力等）、所在地、客户素质、交易情况（交易量和交易频度）、资金信誉、为旅行社创造的利润、推荐新客户情况等。

在客户档案管理中，对客户也要区别对待。知名度较高、对旅行社经营有特殊贡献与重大影响或频繁购买本社产品的客户是重点客户，应为其建立VIP客户档案，档案要尽可能详细并及时更新，以确保与其合作的针对性和高效性。为客户设立重要档案的原因在于建立与他们稳定、便利的联系方式，强化客户关系。这些都是旅行社宝贵的财富，除了要给予价格上的优惠外，还可以提供个性化的产品和一些特殊优待，定期举行一些联谊活动，充分重视他们的建议和要求。

纸质版客户档案主要存储游客信息的原始材料，逐年、逐月装订成册，放入规范的档案中，并按时间或客户类别做好编号和标注。借助信息化手段可以使客户档案得到更好的保存、处理和利用，借助软件录入客户有关信息，便于随时查阅、统计、更新。

（三）客户档案的运用

旅行社计调人员应充分应用顾客档案，尤其是电子版档案系统，进行客户信息查询、回访、销售统计、客户需求分析，以及有针对性地开展营销活动等。比建立档案更重要的是充分利用档案，及时整理、更新与维护档案，保证其准确、有效，所以要定期对客户档案进行分析，使之成为经常性行为，甚至制度，为巩固客户关系、提升竞争力打下基础。对客户档案的分析主要从交易变化等情况着手，定期研究旅行社与各客户交易情况的变化，及时了解旅行社的服务、产品差异，并分析发生变化的主客观原因，提出相应的解决方案。

四、进行客户评估

不管是旅游者、供应商还是传媒合作者，都是变动的。旅行社工作人员需要经常对客户档案检查更新，及时掌握客户的新变化，分析造成变动的原因，及时上报，以利于旅行社推出新的旅游产品、扩大新的服务范围、寻找更适合旅行社发展的合作伙伴。并要适时评估客户价值，选择符合旅行社经营发展的客户群体。下面重点介绍旅游者客户评估分类方法。

（一）一类客户

这是指易转移的散客旅游者。此类客户很多都是因为价格吸引过来的一次性交易者。往往是咨询、预订，但不及时付款，因此此类客户成本高而盈利低。

针对性措施为满足其普遍性的旅游需求而不进行针对性的开发，尽量维持现有的关系。能够提供自助式服务，比如通过旅行社的网站进行自助查询、结算。

（二）二类客户

这是指购买率较高的散客。这类客户相对分散，但其对旅行社提供的新旅游线路可能有较高的购买意愿和兴趣，是具有成长性的客户。但由于这些客户相对分散，旅行社投入的成本可能也比较高。

针对性措施为旅行社要根据本身的资金规模决定对这部分顾客提供针对性服务的范围和界限，由于此类客户相对分散，旅行社应该采取设置多个门店的方法，分别管理和接受辐射的区域；通过对这部分游客的会员管理，以让利、旅程赠送、免费观光、礼品馈赠、旅游热线预约等方式给予其一定的优惠；及时提供旅行社的新产品信息；根据客户资料，假日送上短信问候；通过电话或问卷的形式定期询问此类客户的建议和看法；通过提供适应游客需求的产品和超过游客期望的服务，使其向大规模高忠诚度转化，构成企业持续发展的基础。

（三）三类客户

这是指大公司、大企业、政府部门、学校中的一些高薪人员、管理者或知名度高的名人。这类客户往往交易额较大，信誉较好，付款很快。此外，此类客户忠诚度高，是最具营利性的客户；大规模客户的示范效果好，对其他类型客户的辐射能力强，可以帮助公司进行免费宣传。

针对性措施为：这类旅游者是旅行社目前最需关注的客户，对该类客户管理的目标是保持他们对本旅行社的忠诚。帮客户制订出游计划，提供客户喜欢的产品，为客户提供附加价值；经常与此类客户通过电话、电子邮件以及面谈等方式进行沟通，要慎重选择打电话的时间，面谈需提前预约。

（四）四类客户

这类客户规模大，交易额很少，具有高度的不稳定性，没有对任何一家旅行社产生有意义的忠诚度，是旅行社需要争取的群体。

针对性措施为：此类客户的忠诚度虽然较低，但与其建立并保持关系的初期投入并不大，大规模带来了平均管理成本的降低，旅行社将对其的服务时间削减一半，但仍与其保持联系。对此类客户关系的管理主要采用随机抽样、进行电话交流并发放信息反馈卡，提高此类客户对旅行社的认知。通过强化企业品牌和提高服务质量来增加这部分游客对旅行社的信赖，促使其向高忠诚度的游客转变；旅行社若没有策略性的促销战略，在人力、物力、财力等限制条件下，可找出有前途的“明日之星”，将其培养为三类客户；及时发现市场大规模需求的转变；适当地减少服务时间，但要让他们知道当他们需要帮助的时候，公司会及时给予援手。

五、巩固客户关系

良好的客户关系建立在真诚合作、及时沟通的基础上，通过程序化的客户关系巩固，不仅可以使客户档案保持不断更新的状态，而且可能使旅行社与客户之间的联系越来越紧密。要以客户为本，急客户所急、应客户所需。

（一）培育忠诚客户

忠诚客户是旅行社宝贵的财富，应得到旅行社的高度重视。

（1）增加客户的经济利益，对经常性购买或大量购买的客户给予优惠性奖励，如累积优惠和数量优惠。

（2）增加客户的社交利益，通过了解客户的需求，提供专门化与个性化的产品与服务，以此建立与客户的良好关系，定期与客户进行联系，采用荣誉顾客、奖励积分等方式或者邀请参加旅行社组织的游客招待会、见面会等活动，与客户建立稳定的联系。

（3）建立回访制度，通过回访了解旅游者对旅游行程安排、活动组织、旅游服务的建议和意见，并对旅游者表达祝愿和感谢，拉近与旅游者的距离，建立感情。

（二）挽留流失客户

通过对客户购买情况和满意度调查，及时了解旅行社产品和服务的差异，了解客户的需求变化和购买新趋势。并对客户消费情况的变化和消费转移的产生进行原因分析，如自身原因、居住地迁移、身体原因等，其他客观原因：如消费潮流变化、其他旅行社竞争等。调查了解原因后，应提出相应的解决方案。针对流失客户，应着重分析流失的原因，尤其是因旅行社自身产品或服务引起的客户流失，如价格、产品和服务质量等是否适应客户需求变化，将分析结果记入档案，便于改进管理，并采取适当对策，挽留客户。

（三）调整客户对象

旅行社客户关系管理要实行动态管理模式，实时更新客户资料，并根据旅行社的发展战略目标确定目标市场，从而确定客户对象。当旅行社目标市场发生变化时，应适时地调整客户组成，引导老客户转变需求，吸引新客户，使客户群体与新的发展战略相吻合。

知识拓展

一、旅行社客户的类型

（一）旅游者客户的类型

1. 按购买决策单位划分

（1）单个旅游者。主要是指以个体或家庭的形式购买旅行社旅游产品。购买数量少，变数大。

（2）集体旅游者。主要是指具有集体或集团购买性质，以组织的名义购买旅游产品，以商务、奖励等旅游为主。如企业、政府机构、行业协会等。购买数量大，变数小，但决策所需信息多，决策时间长。

2. 按购买频数划分

（1）初次购买者。主要是指首次购买本旅行社旅游产品或服务的旅游者。

（2）再次购买者。主要是指曾经购买过本旅行社的产品或服务，对其表示认可，再次购买的旅游者。

（3）多次购买者。对本旅行社产品和服务评价较高，产生信赖感，多次购买本旅行社的产品或服务。

3. 按对旅行社的偏好划分

（1）新顾客。属于初次购买者，是通过旅行社产品的有形部分和附加部分来判断产品核心部分的质量（服务），如旅行社的信誉、等级和规模、附加优惠、线路安排等。

（2）忠诚顾客。属于多次购买者，这些顾客已经与旅行社形成情感联系，旅行社也要把重点放在维持与这些顾客的情感联系上，让其感知到对等忠诚。保持一定比例的忠诚顾客有利于经营的稳定。

（3）游移顾客。根据自身的判断确定性能-价格比最优的产品。他们在旅行社优惠促销活动时购买产品，但同样容易被竞争对手拉走。

（二）供应商客户

供应商是为旅行社提供旅游原材料的企业。旅行社通过采购这些原材料进行加工，从而整合成符合旅游者需要的旅游产品。因此，供应商产品的价格、质量等直接影响旅行社旅游产品的质量。旅行社供应商客户可以分成五类。

（1）合作时间长、合作基础良好、产品类型多、产品质量高、产品报价优惠、产品市场认可度高。对旅行社来说，这类十全十美的供应商客户是旅行社要重点保持合作关系的客户。但是市场上这类客户较少，旅行社可以就某一供应商的某一类或几类产品做出说明或注释，作为该供应商的优势产品。

（2）合作时间长、合作基础良好、产品类型少、产品特色鲜明、产品报价优惠、产品市场认可度高。这类供应商同样是旅行社要重点关注的客户，他们可以为旅行社提供某种或某类高品质旅游产品，提高旅行社的产品竞争力。

（3）合作时间长、合作基础良好、产品类型多、产品质量一般、产品报价优惠、产品市场认可度一般。这类供应商是旅行社业务经营中最常见的客户类型，旅行社可以通过合作历史资料分析出具备高合作忠诚度的客户，予以重点发展。

（4）合作时间短、产品类型多、产品质量高、产品报价优惠、产品市场认可度高。这类供应商是旅行社要重点发展合作关系的客户，通过加强联系，拓展业务领域，开发新的旅游产品，从而增加旅行社的竞争力。

（5）合作时间短、产品类型少、产品特色鲜明，产品报价优惠、产品市场认可度高。这类供应商是旅行社要拓展合作关系的客户，通过他们，旅行社可以开发新的特色旅游产品，适应市场对旅游产品需求的变化。

（三）传媒合作者

旅行社开展营销活动的方式和渠道很多，其中大众媒体高效、价格低廉、覆盖面广的特点适合旅游产品的宣传推广。旅行社的传媒合作客户可以分成以下几种类型。

（1）报价高、覆盖面小、受众消费层次高。这类传媒通常为高档报刊，一般面向社会地位较高的人士，适合高端豪华型旅游产品的宣传。

（2）报价适中、覆盖面广、受众消费层次不一。这类传媒面向的对象广泛，但消费能力高低不同，适合较成熟的市场认可度高的旅游产品的宣传。旅行社在常规产品上开展的某种主题旅游活动也可以利用此类传媒进行宣传。

（3）报价低、覆盖面广、受众消费层次不一、潜力大。如网络媒介，适合特色鲜明的旅游产品推介，尤其是自助旅游产品。

二、旅行社客户关系管理的原则

旅行社进行客户关系管理，是将客户作为一种资源进行管理，迅速地找出有价值的目标客户，主动为客户服务，第一时间解决客户问题，大幅度提升服务效率，获得更多的客户，培养更多的忠诚客户，从而降低销售成本，增加经营效益。

旅行社进行客户关系管理，需要解决三方面的问题，一是不断收集客户资料，如谁是我们的客户？我们的客户需要什么？期待什么？客户的潜在价值是什么？二是提升企业和客户之间的关系，如想要和客户建立何种关系？该如何促进互动？我们该如何一起合作，分享权利？三是我们应该如何做，如如何将产品送到客户手中？如何使旅行社员工都参与客户关系的建立？如何采取适当的技术组合？

旅行社进行客户关系管理，应当遵循主动沟通、互惠双赢和诚实守信的原则。

（一）主动沟通

客户是有待开发的资源，旅行社必须主动出击，而不是被动等待客户上门。因为在竞争激烈的市场环境中，买方市场占主导地位，客户有很多选择。如果旅行社能主动与客户沟通，与之保持长期的联系，让客户感受到他是旅行社的一分子，那么就会提高他的忠诚度。

（二）互惠双赢

现代企业经营理念认为，供需双方是处在一条供应链上的两环，是一种互相依存的关系，只有互利互惠才能求得共同发展。供方提供优良的服务和优质的产品，需方回报以合适的价格，供需双方发展长期稳定互惠互利的关系，这样的结果是“大家都满意”。

旅行社也不必讳言对利润的追求。客户关系管理就是发现和培育并且保留住“真正的顾客”。真正的客户和旅行社建立长期、稳定的关系，愿意为旅行社提供的产品和服务承担合适的价格。客户既然是旅行社的一种资源，必然要为旅行社所用，为旅行社创造价值。

（三）诚实守信

旅行社在与客户交往、沟通的过程中，必须讲诚实、守信用。旅行社只有真诚地视自己的客户为朋友，才能赢得客户的尊重和信任，才会使客户成为客户。

项目四 旅行社客户投诉管理

学习目标

知识目标：了解投诉产生的原因；
掌握投诉处理的流程；
掌握处理投诉的方法。

能力目标：能够判断客户投诉的原因；
能够按照程序有效处理客户的投诉。

素质目标：尊重客户的诉求；
具有服务意识，能真心、用心、耐心地为客人服务。

任务书

处理客户投诉任务单

专业班组		组长		完成日期	
任务描述：2019年5月，江西某旅行社为吴小姐推荐香港、澳门旅游线路。经洽谈后，吴小姐决定跟该社旅游团前往香港、澳门旅游，并签订了旅游合同。团队在香港游玩后，吴小姐从香港前往澳门时被澳门海关拦了下来，并告知“吴小姐的港澳通行证没有签注澳门”，无法进入澳门旅游。无奈之下，旅行社计划把吴小姐送回南昌，并于当天晚间暂住深圳，第二天回到南昌。回来后，吴小姐认为：这是旅行社失职导致其被遣返。所以，遣返所有的损失都应由旅行社承担。于是吴小姐向旅游质监部门进行了投诉，这时，作为该家旅行社工作人员的你该如何处理这起投诉？					
完成内容：					

任务分组

学生任务分配表

专业班组		组长		指导教师	
小组成员					
任务分工					

获取资讯

- **引导问题1：** 请画出投诉处理流程图。

- **引导问题2：** 处理投诉的方法有哪些？

工作计划

处理客户投诉方案

步骤	工作内容	工作方式	负责人
1			
2			
3			
4			
5			
6			

进行决策

（1）各组派代表阐述本小组团队组织情况及任务分工和工作安排。
（2）各组对其他组的汇报内容提出自己不同的观点和看法。
（3）结合大家的建议，选出最优方案。

工作实施

以工作汇报和情景模拟的形式，向大家展示客户投诉的处理。

评价反馈

学生自我检视表

任务	完成情况	未完成内容	未按时完成原因
获取资讯模块下的引导问题是否认真完成			
引导问题涉及的知识是否完全掌握			
项目中所涉及的基本技能是否完全掌握			
实施过程中交代的任务是否按时完成			
项目实施过程中涉及的材料上交是否及时			
项目完成过程中是否有创新点			
收获：			
备注：本自我检视表，主要目的是总结、回顾本项目知识，了解同学们对知识的了解、掌握和运用情况。同学们根据个人学习实际情况如实填写，可起到查缺补漏，完全掌握和熟练运用本项目知识的学习目标。此环节与引导问题填写也可按学生填写表格和引导问题完成情况、查缺补漏的实际行动进行打分			

学生评价表

<table>
<tr><td>班级</td><td colspan="2"></td><td colspan="2">组别</td><td colspan="2"></td><td colspan="2">任务名称</td><td></td></tr>
<tr><td>评价指标</td><td colspan="8">评价标准</td><td>分值</td></tr>
<tr><td>参与状态</td><td colspan="8">不迟到、不早退，不无故缺课；
与老师、同学之间是否互相尊重、理解、平等；
与老师、同学之间是否能够保持多向、丰富、恰当的信息交流；
遵守团队纪律，认真倾听团队成员意见，积极协作分享；
善于多角度思考问题，能主动提出有价值的问题，发表个人见解；
探究学习、自主学习，不流于形式，做到有效学习</td><td>20</td></tr>
<tr><td>信息咨询</td><td colspan="8">能有效利用教材、网络资源查找有效信息；能够认真研讨信息内容进行知识转化，转化成自己的认知；能将学到的理论知识应用于实际工作中</td><td>10</td></tr>
<tr><td>感知工作</td><td colspan="8">熟悉自己的工作岗位，认同工作的价值；在工作中获得满足感</td><td>10</td></tr>
<tr><td>工作方法</td><td colspan="8">工作计划、工作方法符合规范要求；获得了进一步发展的能力</td><td>10</td></tr>
<tr><td>工作过程</td><td colspan="8">遵守团队纪律，工作过程中符合旅行社员工规范要求；平时上课的出勤情况和每天完成工作任务情况；善于多角度思考问题，能主动发现、提出有价值的问题</td><td>15</td></tr>
<tr><td>任务完成</td><td colspan="8">较好地掌握了专业知识点；具有较强的信息分析能力和理解能力；具有较为全面严谨的思维能力并能条理明晰地表述成文，按时按质完成工作任务</td><td>25</td></tr>
<tr><td>思维状态</td><td colspan="8">能发现问题、提出问题、分析问题、解决问题、创新问题</td><td>10</td></tr>
<tr><td colspan="10">互评打分</td></tr>
<tr><td>评价人</td><td colspan="2">被评价人</td><td>参与状态（20分）</td><td>信息咨询（10分）</td><td>感知工作（10分）</td><td>工作方法（10分）</td><td>工作过程（15分）</td><td>任务完成（25分）</td><td>思维状态（10分）</td></tr>
<tr><td rowspan="4">学生A</td><td>学生B</td><td rowspan="4">（30％）</td><td></td><td></td><td></td><td></td><td></td><td></td><td></td></tr>
<tr><td>学生C</td><td></td><td></td><td></td><td></td><td></td><td></td><td></td></tr>
<tr><td>学生D</td><td></td><td></td><td></td><td></td><td></td><td></td><td></td></tr>
<tr><td>学生E</td><td></td><td></td><td></td><td></td><td></td><td></td><td></td></tr>
<tr><td colspan="2">授课教师</td><td>（70％）</td><td></td><td></td><td></td><td></td><td></td><td></td><td></td></tr>
<tr><td colspan="10">最后总分：</td></tr>
<tr><td colspan="10">备注：本评价表用于评价学生任务完成情况，学生互评占30%，教师评价占70%</td></tr>
</table>

团队评价表

<table>
<tr><td>班级</td><td colspan="2"></td><td colspan="2">组别</td><td colspan="2"></td><td colspan="2">任务名称</td><td colspan="2"></td></tr>
<tr><td colspan="3">评价指标</td><td colspan="7">评价标准</td><td>分值</td></tr>
<tr><td colspan="3" rowspan="4">团队表现</td><td colspan="7">团队成员不迟到、不早退，不无故缺课，工作的状态积极，按时完成工作任务</td><td>5</td></tr>
<tr><td colspan="7">团队成员遵守团队纪律，团队成员之间互相尊重、认真倾听、协作分享</td><td>5</td></tr>
<tr><td colspan="7">团队成员善于多角度思考问题，能主动提出有价值的问题，发表个人见解</td><td>5</td></tr>
<tr><td colspan="7">团队成员能够认真倾听其他组同学工作汇报，虚心好学，乐于思考，提出合理的建议</td><td>5</td></tr>
<tr><td colspan="3">任务描述、接受任务</td><td colspan="7">对任务的理解正确，工作思路清晰</td><td>5</td></tr>
<tr><td colspan="3">任务分析、分工情况</td><td colspan="7">能够对任务内容进行全面、具体分析，小组成员分工明确</td><td>5</td></tr>
<tr><td colspan="3">制订计划</td><td colspan="7">计划内容全面，具有条理性，制订的内容符合工作要求</td><td>5</td></tr>
<tr><td rowspan="8">计划实施</td><td colspan="2" rowspan="4">处理客户投诉流程</td><td colspan="7">处理客户投诉时重点突出，礼貌规范</td><td>5</td></tr>
<tr><td colspan="7">能准确判断客户投诉的心理</td><td>10</td></tr>
<tr><td colspan="7">能将处理好的投诉按要求归档</td><td>5</td></tr>
<tr><td colspan="7">能准确掌握处理投诉的流程</td><td>10</td></tr>
<tr><td colspan="2" rowspan="4">处理客户投诉的方法</td><td colspan="7">处理不同形式的客户投诉所选用的方法得当</td><td>10</td></tr>
<tr><td colspan="7">能认真分析投诉产生的原因</td><td>10</td></tr>
<tr><td colspan="7">能将投诉的处理进度及时向客户反馈</td><td>5</td></tr>
<tr><td colspan="7">处理客户投诉时态度积极、应对得当</td><td>5</td></tr>
<tr><td colspan="3">创新点</td><td colspan="7">能发现问题、提出问题、分析问题、解决问题、创新问题</td><td>5</td></tr>
<tr><td colspan="11">互评打分</td></tr>
<tr><td>评价组</td><td colspan="3">被评价组</td><td>团队表现（20分）</td><td>任务描述、接受任务（5分）</td><td>任务分析、分工情况（5分）</td><td>制订计划（5分）</td><td>计划实施（60分）</td><td colspan="2">创新点（5分）</td></tr>
<tr><td rowspan="4">第1组</td><td colspan="2">第2组</td><td rowspan="4">30%</td><td></td><td></td><td></td><td></td><td></td><td colspan="2"></td></tr>
<tr><td colspan="2">第3组</td><td></td><td></td><td></td><td></td><td></td><td colspan="2"></td></tr>
<tr><td colspan="2">第4组</td><td></td><td></td><td></td><td></td><td></td><td colspan="2"></td></tr>
<tr><td colspan="2">第5组</td><td></td><td></td><td></td><td></td><td></td><td colspan="2"></td></tr>
<tr><td colspan="3">教师评价</td><td>70%</td><td></td><td></td><td></td><td></td><td></td><td colspan="2"></td></tr>
<tr><td colspan="11">最后总分：</td></tr>
<tr><td colspan="11">简要评述：</td></tr>
<tr><td colspan="11">备注：本评价表用于小组完成任务情况评价，小组互评占30%，教师评价占70%</td></tr>
</table>

项目相关知识点

一、投诉的处理流程

（一）投诉受理

受理投诉来电、来信、来访、电子邮件、上级机关批转件等。对投诉进行登记，记录的内容包括：

（1）投诉人的基本信息，如姓名、性别、年龄、家庭住址、联系方式等。

（2）被投诉方的部门名称或姓名。

（3）投诉的内容、发生时间、发生地点、投诉理由、投诉诉求。

（4）投诉的相关证据，如旅游合同、旅游计划说明、参团发票以及其他相关事实资料。

（二）投诉处理

受理投诉后，应立即与投诉人取得联系，感谢旅游者的投诉，认真调查、核实投诉的内容和旅游者提供的相关证据材料。

对于事实及责任清楚的投诉，受理方与具体被投诉的部门要尽快促成双方的谅解，旅行社方相关服务人员确有过错并损害了投诉人利益的，应主动道歉、赔偿损失。

（三）整理归档

计调部将受理的投诉处理情况及时通报，并将处理过程及材料收集整理齐全，按照处理的先后顺序依次登记存档。

二、投诉的基本类型

（一）显性投诉

这是指旅行社客户为维护自身和他人的旅游合法权益，以书面或口头等公开的形式向有关旅游行政管理部门、旅行社或其他监督媒体反映旅游过程中的不满，提出投诉、请求处理的行为。

（二）隐性投诉

这是指旅行社客户不向旅游行政管理部门或旅行社公开表达、申诉自己的不满意，而采取自己不再购买或影响他人不再购买旅行社产品的行为。

三、投诉产生的原因

（一）旅游产品质量缺陷

旅行社计调在设计旅游产品时存在缺陷，或因调研不充分导致线路不流畅、设计不合理，浪费了游客的时间，没能完成合同既定游览项目，使游客没能得到优质的旅游体验，从而引起投诉。

（二）服务人员服务不周

如旅行社服务人员对游客服务时语言粗鲁、态度冷淡、爱理不理，冲撞、挖苦、辱骂游客，没有按照游客的要求提供服务，不尊重游客的风俗习惯，忘记或搞错了游客交代办理的事情，损坏或遗失游客的物品等都会引起游客投诉。

（三）旅行活动异常

旅行活动涉及吃、住、行、游、购、娱各个环节，容易发生治安、火灾、食品安品、人身意外、物品丢失等突发事件，若突发事件没有得到妥善处理，可能引发游客的投诉。

（四）旅游者自身原因

在旅游过程中，有些旅游者为了能够获得更多的经济补偿，对旅行社进行不合理的投诉。在实际中，由于部分员工的素质等问题，旅行社会出现一些不合规定的行为，但是旅游者在这个过程中，就会过分放大旅行社错误，对其要求过量的补偿，否则就对其进行投诉。旅行社迫于压力不得不对游客道歉并进行一定的补偿，有些旅游者虽然表示满意，但还是对旅行社进行了投诉。有的旅游者在对旅行社投诉完后，还对这事件进行大范围宣传，从而给旅行社形象造成严重损害，不利于旅行社正常发展。

四、投诉的处理原则

（一）真心诚意地帮助游客解决问题

处理投诉应理解游客的心情，同情游客的处境，努力识别及满足他们的真正需求，满怀诚意地帮助游客解决问题，这样才能赢得游客的信任和好感，才能有助于问题的解决。

（二）决不与游客争辩

当游客怒气冲冲地前来投诉时，首先应适当地选择处理投诉的地点，避免在公共场合接受投诉；其次应该让游客把话讲完，然后对游客的遭遇表示歉意，还应感谢游客对旅行社的关心。当游客情绪激动时，旅行社接待人员更应注意礼貌，决不能与游客争辩，即使过错在于游客。如果不给游客一个投诉的机会，与游客争个对错，反而不利于解决问题，可能因此而流失客户。

（三）不损害旅行社的利益

对游客的投诉进行处理时，必须注意合乎逻辑，不能推卸责任，随意贬低他人或其他部门。要分析清楚游客投诉的内容，以及责任认定，不能一味地认错。给予赔偿时既要考虑到游客的利益诉求，也要考虑到旅行社的损失。

五、游客投诉的心理诉求

（一）求补偿

旅行社客户投诉的目的是维护合法权益，获得物质或精神补偿。旅行社实际的旅游服务与游客的心理期望值（或当初的游客约定）产生差距，游客就会一起投诉，要求补偿差距。在投诉过程中，若得到公正的对待和积极的处理，有合理的补偿，投诉的结果是满意的，则会主动消除投诉最初的不满，一般也会对当事人或旅行社予以谅解。

（二）求发泄

游客在购买和使用旅行社旅游产品和服务中，如果遇到了令其不满的事情，或被无礼对待、辱骂后，心中充满怨气和怒火，要利用投诉发泄出来，以维持心理平衡。这时，投诉就会成为表达渠道。

（三）求尊重

游客外出游玩，享受的是服务，希望得到尊重。但在接受服务的过程中由于服务人员服务意识弱，游客得不到尊重，就会损害游客的自尊心，旅游活动成了受委屈、让人生气的活动，游客就会对旅游体验产生不满，从而引起投诉。

六、常见投诉的处理

（一）对设备设施的投诉

由于旅游企业的设备、设施不能正常运行而给顾客带来不便或伤害所引起的投诉，大多是针对饭店和旅游景点的。如游乐场的设施失控，饭店的空调、照明、供水系统不正常，家具、地毯、餐具破损等。旅游设施设备保养不够完善，会严重影响对顾客的服务质量。近几年旅游黄金周人流激增，设备设施过度运转影响服务质量甚至导致事故时有发生，旅行社一定要引起高度重视。处理这类投诉，应首先安慰顾客，表示同情，并立即与工程部或安全部联系，实地考察，阻止类似事故再发生，并根据实际情况，采取积极有效的措施解决。问题解决后，应该与顾客再联系一次，让顾客确认其投诉已经得到妥善处理。

（二）对服务质量的投诉

对服务质量的投诉，主要是旅行社服务效率低或出现服务事故或服务效果差而引起的。对这类投诉，应尽快采取措施，进行补偿性服务。之后，应分析投诉的原因，强化员工对游客服务的专业知识和操作程序、技巧的培训，改善服务水平，尤其是对一些薄弱环节、经常出现问题的环节，应反复检查考核，务必真正解决问题。

（三）对非常事件的投诉

对非常事件的投诉，是指旅行社难以控制的某些事件延误了顾客或使顾客受到损失而导致的投诉，如黄金周节假日无法按期买到机票、车票，由于天气原因飞机、轮船、航班延误而使顾客滞留，因自然灾害、天气变化、塌方等原因造成交通阻断、旅游者被困等。此类投诉，责任并不在旅行社，但旅行社有义务在力所能及的范围内想方设法帮助解决，并向顾客做出解释，求得顾客的谅解。

（四）对有关规定不了解或误解引起的投诉

有时候旅行社并没有什么过失，顾客之所以投诉是因为对企业有关政策规定不了解或误解。在这种情况下，旅行社要耐心解释，并热情帮助顾客解决问题。

（五）对不履行合同、协议及欺诈行为的投诉

如果顾客认为旅行社没有履行有关的合同或协议，或者认为旅行社在经营活动中有欺诈行为，往往会向旅游行政管理部门投诉。旅游行政管理部门接到投诉状或者口头投诉，经审查符合旅游投诉受理条件的，应当及时调查处理，或转给相关旅行社调查处理；不符合旅游投诉受理条件的，应当在七日内通知投诉者不予受理，并说明理由。对于这类投诉，有关的旅行社应当高度重视，及时调查核实，勇于承担责任，按照相关规定做出处理。

七、投诉的处理方法

有研究表明，当投诉得到满意解决时，有69%～80%的客户会保持对旅行社的忠诚，并继续购买该旅行社的产品。投诉处理过程能让客户更多地了解旅行社企业，深入地借助信息沟通则是培养客户忠诚度的重要途径，旅行社应积极主动地、艺术化地处理投诉。

（一）显性投诉的处理

1. 处理口头投诉

（1）对待任何一位游客的投诉都要认真、耐心听取，表现出高度的负责任态度，向游客表示歉意与感谢。

（2）注意倾听游客的投诉内容（发生的时间、地点、经过及涉及的人员等），并及时填写游客意见表。

（3）在听取游客意见时，避免怀有敌视情绪或与游客争论，对游客的遭遇应适时地表示理解，并不失时机地表示歉意，让游客感到旅行社是重视、理解其意见并且有心解决问题的。

（4）在听取游客投诉时，要保持头脑冷静，在没有查明事件原因及经过的情况下，不可

随便代表旅行社承担责任，等弄清事情原委后，再做出判断。

（5）与有关部门联系，对游客所投诉的事件进行调查处理，把将要采取的措施及所需要的时间告知游客并征求游客的同意。

（6）恰到好处地回答游客的疑问，如有可能，给游客提供几种选择的机会。

（7）对超过权限或解决不了的同题，需及时与上级联系以得到指令，不能无把握、无根据地向游客提出任何保证，以免妨碍事务的进一步处理。

（8）将游客的投诉意见及时通知有关部门，使问题得到及时妥善的解决。

（9）及时采取补救措施，如物质补偿、致歉信等，给投诉者礼貌的致歉，使游客感受到旅行社的诚意，变不满意为满意。

（10）将游客的投诉及处理经过详细记录在案，加强培训，避免类似的情况再出现。

2．处理书面投诉

（1）认真阅读游客投诉信件，了解游客的不满之处。

（2）查阅游客的档案，掌握有关情况。

（3）约见被投诉人，了解事情具体情况。

（二）隐性投诉的处理

1．主动发现隐性投诉客户

隐性投诉的主要表现为不再购买该旅行社的产品，转向购买其他旅行社产品或向身边的社交群体散播自己不满的旅游经历。这将影响旅行社市场和效益，对旅行社声誉带来负面影响。隐性投诉对于旅行社是不易被发现的威胁。旅行社应主动发现质量薄弱环节，主动寻找到不满意的隐性投诉客户，如对于重点客户和集中度较高的客户群体定期走访、发放顾客意见调查表，重视每次旅游行程结束后的客户评价，主动联系不满意的客户。

2．畅通投诉渠道

旅行社应主动告知客户投诉的方法和渠道，设立意见簿、投诉电话、互联网投诉平台等，畅通客户投诉渠道，引导客户采用积极的方法表达建议和意见。

八、旅行社处理投诉的注意事项

（一）以相关规定为基础

法律、法规、规章、合同中已做出规定，从其规定处理，这是处理投诉的主要依据，但同时也要考虑到维护客户关系。在遵循相关规定的基础上，以双方认为合理为标准，以游客满意为目标，与游客达成适当的投诉处理方案。

（二）保护投诉者的隐私

游客回到客源地向组团社提出投诉后，组团社可能将游客提出的地接服务质量问题直接反馈给地接社，这样地接社就知道了投诉者的姓名和相关联系方式，可能与游客私下解决或电话、短信骚扰投诉者。这种做法可能招致游客的进一步投诉。因此，要注意保护游客的信息。

（三）旅行社管理者适时出面

如果旅行社高层管理者亲自处理，对于投诉的及时处理、了解具体的业务情况都有积极的作用。但是，从资源的合理分配以及从投诉处理的规律考虑，对旅行社管理者亲自出面处理的投诉量应当适当地加以控制。先由员工处理可以给企业高层留下回旋余地，避免投诉僵局的发生。

（四）要考虑合作伙伴的利益

无论是组团社还是地接社，当遭遇到游客投诉抱怨后，在解决游客抱怨的过程中，也要考虑合作伙伴的利益，尤其是作为组团社，不能完全为了赢得客户，而以服务质量不达标准为由，扣押地接社团款。

（五）群体性投诉的处理

一线接受投诉处理的人员应根据投诉的严重性、影响范围来判断是否是群体性投诉，并报告相关领导。之后旅行社要紧急制定应对方案，包括调查投诉涉及的人数、预测可能出现的问题、投诉者可能提出的投诉要求、企业回应游客的投诉方案及方式等。要安排专人对事态发展进行监控、报告，包括每日的投诉情况、媒体和公众的舆论动态等。通过监控获得的信息调整旅行社的应对方案。

知识拓展

一、投诉的表达方式

（一）向导游人员投诉

这类旅游者认为旅行社未能满足自己的要求和愿望，希望得到某种程度的补偿或希望在未完成的旅游服务中能有所改进，以挽回自己的损失。向导游人员投诉，导游人员直接面对客人，可以及时了解旅游者投诉的原因和内容，上报后可以及时处理。

（二）向组团旅行社投诉

旅游者选择这种投诉渠道，往往是因为旅游者在旅游过程中向全陪导游人员反映的问题没有得到有效的答复，投诉内容可能与旅游过程的酒店、餐饮、购物、游览等环节功能性缺失有关。投诉的旅游者认为，这些问题在旅游途中没有得到解决，旅游结束后组团旅行社一定要给予恰当的说法和适当的补偿。

（三）向社会组织投诉

这类旅游者有较强的维权意识，往往是在向组团旅行社投诉后没有得到有效答复，或者旅行社给予的赔付标准低于心理预期，便转向有关协会、组织投诉，有时还会通过大众媒体向旅行社施加压力、希望利用社会舆论促使旅行社以积极的态度解决投诉问题，以获得自己预期的补偿。

（四）向主管部门投诉

向旅行社投诉后得不到理想的答复，绝大多数旅游者便会向旅游质监管理部门投诉，希望主管部门根据自己的投诉请求，从旅行社质量保证金中获得自己理想的补偿。旅游质监部门接到旅游者投诉后，会进行相应调查，确认投诉是否属实，认定责任。

（五）向法律机关投诉

旅游者较少采用法律诉讼的方式进行投诉，只有当发生严重的服务质量事故，或通过上述四种投诉渠道进行投诉均未达到自己预期的赔偿标准时，才会运用法律的诉讼方式起诉旅行社。

二、旅游投诉案例分析

1. 同团不同费、收多退少

事件：游客对某旅行社安排的2019年1月25日福建5天4夜游（大人：3 599元/人，

小孩：1 999元/人）行程非常不满，其投诉的内容包括：

（1）旅途中得知团费比他人贵100元，旅行社也未对此作出合理解释。

（2）游客所带小孩不足1.2米，所交团费包含了动车费，旅行社表示若小孩不占座，回程后可退还小孩车票费，但回程后旅行社只退还26元，而按票价动车费200多元。

（3）旅行社服务质量非常差，行程单写明全部住宿标准为四星级酒店，但实际旅行社给游客安排的是招待所，其中两晚住宿的招待所房间没有窗户。

（4）行程结束后向游客索要10元的导游小费。

处理：经市旅游质监所调解，双方达成协议，旅行社退回全陪导游费50元/人，小孩火车票202元。

点评：同团不同费，已经违反相关管理规定。住宿条件不吻合，违反签约合同，游客有权利进行投诉并得到相应解释，但这方面处理中并未体现。先付团款后出团的模式，无形中让消费者处于议价的劣势一方。如何维护自身利益？最好的方法就是出团前，认清合同上的条款，因为它是事后谈判的依据。

2．低价团费为饵、钓的就是你

事件：游客反映参加了2019年1月29日某旅行社的海南4天3夜游（通过华尔达酒店旅游宣传单的电话报名，上门签的合同），人在海南兴隆参团游玩时，地陪坚持要求每人必须参加400元以上的自费项目才能入住酒店，游客让步让其丈夫参加，自己不参加，但地陪仍然不同意，游客遂要求12301客服人员协助解决，客服人员已代游客向地陪和旅行社了解情况，地陪表示游客团费较低，不能维持成本，只能按公司要求做，旅行社表示会解决好。半小时后，游客回电表示旅行社同意其丈夫一人参加自费项目（530元）就可以让他们入住酒店，游客认为基本能接受，表示不投诉，但1月31日早上，游客再次致电继续投诉，她发现同团的其他游客（并不是同一个旅行社的，按游客意思该团应为拼团）并没交自费项目就可以入住酒店，且当晚其丈夫不忍心妻子在外等候，交了两人费用一共800多元，游客要求旅行社退回所交的自费项目费用，并道歉。

处理：当旅游质监方进行协调时，游客已与旅行社方协调处理，旅行社退回相关费用。

根据《旅游投诉处理办法》第九条第二款不予受理情形规定：旅游投诉机构已经作出处理的，且没有新情况、新理由的，现无其他投诉理由，因此不受理。

点评：这是很典型的低价团费所造成强迫购物、消费的问题，实际上这类现象在旅游市场中十分普遍。很多时候，游客早已意识到了低价团所带来的各种购物、加点等风险，但仍然会选择此类旅行团出游，而这恰恰助长了这种畸形的营运模式，通过购物加点收费来弥补营运成本甚至榨取利润，大大影响出团质量与旅游服务，侵犯游客权益。要从根源上找到解决零负团费问题，不能仅靠事后调解，引导消费者理性消费等方式，改善整个旅行社市场环境方才现实。

3．天气问题

事件：杨先生报名参加某旅行社组织的日本五天游旅游团，出发时因天气问题航班延误十几个小时，导致前两天行程受到影响。游客投诉称天气问题应当可以预知，旅行社应承担游客前两天行程受到影响的损失。

处理：经了解，航空公司并无通知，旅行社已尽注意义务，由于天气等自然原因引起的延误，属于不可抗力。依据《旅游法》第六十七条，在发生不可抗力影响旅游行程的情况下，合同不能完全履行的，旅行社经向旅游者作出说明，可以在合理范围内变更合同，因此增加的费用由旅游者承担，减少的费用退还旅游者。本案中未产生增加或者减少的费用，最终经调解，旅行社未作出赔偿，双方达成和解。

4．游客取消行程问题

事件：赵先生和某旅行社签订了赴某地的旅游合同。出团前1天，赵先生突然生病，希望旅行社取消旅游行程，全额退还交纳的旅游团款。旅行社表示，机票已经购买了，如果赵先生临时取消行程必须承担机票损失，并承担相应的违约责任。经测算，赵先生将损失80% 的旅游团款。

处理：由于旅行社购买的机票为团体机票，虽能获得较为优惠的折扣，但团体机票不得退票，也不得转签。所以，当旅行社购买了团体机票而旅游者又临时取消行程，机票损失不可避免地产生。违约责任由旅行社与赵先生双方事先在合同中约定。旅行社可以向赵先生收取实际损失的费用和违约金。旅游合同签订后，双方当事人应当严格遵守约定，任何一方需要解除合同，都必须和对方协商并达成一致，否则就必须承担违约责任。

5．合同内容不符问题

事件：方先生报名参加某旅行社组织的新马出境游。合同上特别注明去程及回程的航班时间，并保证入住一晚当地超豪华酒店等相关约定，并承诺如果以上有任何改变或不符合要求可全额退费。方先生等六人入住酒店后认为该酒店为普通酒店，不符合合同约定，方先生要求旅行社全额退费。

处理：经了解，游客与旅行社签订的旅游合同中并没有约定游客将入住具体哪一家酒店，只是行程中提及超豪华酒店，约定不明确，给了游客一个较高的心理预期，实际入住后发现达不到自己的心理预期，所以导致了投诉。最后经调解，旅行社向游客道歉，并修订合同，表述准确，未进行经济赔偿，双方达成和解。在此，建议游客在与旅行社签订合同时要仔细阅读合同约定，并确认细节问题，避免不必要的纠纷。

6．携带小孩问题

事件：李女士通过某旅行社官网报名珠海长隆旅行团，报名人数一人。出团时李女士带了身高一米以下的女儿，但其女儿被旅行社拒载。李女士投诉称旅行社官网并没有小孩收费的选项可以购买，而且其报的是长隆团，所以其认为是默认可以带一米以下小孩的。旅行社则解释称其官网上、合同上均已说明婴儿、小孩需要补车位费，且明确约定了不能携带合同以外的人。

处理：游客没有仔细阅读合同负有责任，旅行社官网设计也存在需改进之处。后经调解，双方达成和解。在此再次提醒广大游客报团时要仔细阅读合同，尤其是网络报名没有门店销售人员引导更应留心，避免影响行程。事实上，小孩收费标准，是容易引起旅行社与旅游者争议的问题。我国交通票价、景点门票、酒店餐饮，对2～12周岁的小孩都有不同幅度的优惠规定。这方面，在签订旅游合同时，要认真仔细审阅相关条款。

7．行程中发生失窃问题

事件：游客刘女士报名参加华东五市七日游旅游团，旅游期间，刘女士手袋在旅行社带其就餐的饭店被盗。刘女士认为其饭店安保不达标，投诉旅行社没有尽到谨慎选择供应商的责任，要求赔偿。旅行社称该饭店证照齐全，导游也一再强调游客要注意保管随身财物。遗憾的是游客就餐时把手袋放在其身后的椅子上，导致盗窃发生。

处理：手袋属于游客的随身物品，游客负有保管义务。但依据《旅游法》第八十二条“旅游者在人身、财产安全遇有危险时，有权请求旅游经营者、当地政府和相关机构进行及时救助”，旅行社有义务协助游客报警处理。

8．投诉有效期问题

事件：李先生参加某旅行社组织的黄山游，第二晚入住山上某山庄，客人晚餐后要走5分钟的路程才能回到房间。当时天黑，导致李先生不慎扭伤了脚。客人返程后到医院治疗，经拍片发现脚踝关节骨折。李先生向旅行社提出赔偿。出团前，旅行社已为客人投保了旅游人身意外险，但因没有当地医院医治报告，保险公司拒绝受理此案。李先生提出投诉，但已经超过投诉有效期了。最后，旅行社同意赔偿客人医药费及相关费用，其他费用不予赔偿，但客人不同意。

处理：根据《旅行社质量保证金赔偿暂行办法》有关规定，该案例投诉时已超过受理期限（90天）。考虑到旅游者的具体困难，旅游管理部门为双方进行协调达成协议，旅行社补偿医药费、护理费。按照有关规定，旅游管理部门受理投诉的期限为90天，游客在旅游途中如遇服务质量问题应及时到旅游质监所投诉。

模块六 旅行社人力资源管理

项目一 旅行社员工招聘

学习目标

知识目标：了解旅行社人力资源管理的概念；
熟悉旅行社员工的选聘方法。

能力目标：能够准确分析旅行社各岗位职业能力需求；
能够顺利组织完成旅行社员工招聘。

素质目标：培养学生严谨认真、团结协作的精神。

任务书

旅行社人力资源情况调研任务单

<table>
<tr><td>专业班组</td><td></td><td>组长</td><td></td><td>完成日期</td><td></td></tr>
<tr><td colspan="6">任务描述：请对一家旅行社进行人力资源管理方面的调研，分析其人力资源管理方面的优势与不足，撰写调研分析报告，提供可行性建议</td></tr>
<tr><td colspan="6">任务清单：
1. 在校企合作企业中选择一家旅行社进行人力资源方面的调研。
2. 对每一职务进行职务分析，确定该职务的工作目的、职责、工作内容、工作环境、所需具备的知识与技能要求等。
3. 完成人力资源调研分析报告</td></tr>
</table>

任务分组

旅行社人力资源情况调研任务分配表

专业班组		组长		指导教师	
小组成员					
任务分工					

获取资讯

- **引导问题1：** 旅行社人力资源管理的内容有哪些？

____

____

____

- **引导问题2：** 旅行社人力资源管理有什么特点？

____

____

____

● **引导问题3：**旅行社员工的选聘分为哪几个阶段？

● **引导问题4：**填写被调研旅行社中每个职务的基本情况。

岗位	工作目的	职责	工作内容	工作环境	所需知识技能

工作计划

人力资源部调研计划

任务	工作内容	提交结果	合作方式
1	调研一家旅行社的现有员工情况	调查讨论汇总	小组例会
2	调研该旅行社发展规划与人才需求	调查讨论汇总	团体或分配
3	总结人才招聘情况	讨论汇总	小组例会
4	撰写调研报告	撰写调研报告	团体或分配

进行决策

（1）各组组长首先根据任务决定团队分工安排。

（2）各组按照工作进度安排例会时间，进行事务性讨论和阶段性汇报。

（3）可以通过互联网、实地考察、专家访谈等方式进行业务信息搜集和决策咨询。

工作实施

以工作汇报和情景表演的形式，按照本组设定工作计划完成任务书中的项目任务，并将成果向大家做汇报总结。

评价反馈

学生自我检视表

任务	完成情况	未完成内容	未按时完成原因
获取资讯模块下的引导问题是否认真完成			
引导问题涉及的知识是否完全掌握			
项目中所涉及的基本技能是否完全掌握			
实施过程中交代的任务是否按时完成			
项目实施过程中涉及的材料上交是否及时			
项目完成过程中是否有创新点			
收获：			
备注：本自我检视表，主要目的是总结、回顾本项目知识，了解同学们对知识的了解、掌握和运用情况。同学们根据个人学习实际情况如实填写，可起到查缺补漏，完全掌握和熟练运用本项目知识的学习目标。此环节与引导问题填写也可按学生填写表格和引导问题完成情况、查缺补漏的实际行动进行打分			

学生评价表

班级		组别		任务名称	

评价指标	评价标准	分值
参与状态	不迟到、不早退，不无故缺课； 与老师、同学之间是否互相尊重、理解、平等； 与老师、同学之间是否能够保持多向、丰富、恰当的信息交流； 遵守团队纪律，认真倾听团队成员意见，积极协作分享； 善于多角度思考问题，能主动提出有价值的问题，发表个人见解； 探究学习、自主学习，不流于形式，做到有效学习	20
信息咨询	能有效利用教材、网络资源查找有效信息；能够认真研讨信息内容进行知识转化，转化成自己的认知；能将学到的理论知识应用于实际工作中	10
感知工作	熟悉自己的工作岗位，认同工作的价值；在工作中获得满足感	10
工作方法	工作计划、工作方法符合规范要求；获得了进一步发展的能力	10
工作过程	遵守团队纪律，工作过程中符合旅行社员工规范要求；平时上课的出勤情况和每天完成工作任务情况；善于多角度思考问题，能主动发现、提出有价值的问题	15
任务完成	较好地掌握了专业知识点；具有较强的信息分析能力和理解能力；具有较为全面严谨的思维能力并能条理明晰地表述成文，按时按质完成工作任务	25
思维状态	能发现问题、提出问题、分析问题、解决问题、创新问题	10

<table>
<tr><th colspan="10">互评打分</th></tr>
<tr><th>评价人</th><th colspan="2">被评价人</th><th>参与状态（20分）</th><th>信息咨询（10分）</th><th>感知工作（10分）</th><th>工作方法（10分）</th><th>工作过程（15分）</th><th>任务完成（25分）</th><th>思维状态（10分）</th></tr>
<tr><td rowspan="4">学生A</td><td>学生B</td><td rowspan="4">（30%）</td><td></td><td></td><td></td><td></td><td></td><td></td><td></td></tr>
<tr><td>学生C</td><td></td><td></td><td></td><td></td><td></td><td></td><td></td></tr>
<tr><td>学生D</td><td></td><td></td><td></td><td></td><td></td><td></td><td></td></tr>
<tr><td>学生E</td><td></td><td></td><td></td><td></td><td></td><td></td><td></td></tr>
<tr><td colspan="2">授课教师</td><td>（70%）</td><td></td><td></td><td></td><td></td><td></td><td></td><td></td></tr>
<tr><td colspan="10">最后总分：</td></tr>
<tr><td colspan="10">备注：本评价表用于评价学生任务完成情况，学生互评占30%，教师评价占70%</td></tr>
</table>

团队评价表

<table>
<tr><td>班级</td><td></td><td>组别</td><td></td><td>任务名称</td><td></td></tr>
</table>

<table>
<tr><th colspan="2">评价指标</th><th>评价标准</th><th>分值</th></tr>
<tr><td colspan="2" rowspan="4">团队表现</td><td>团队成员不迟到、不早退，不无故缺课，工作的状态积极，按时完成工作任务</td><td>6</td></tr>
<tr><td>团队成员遵守团队纪律，团队成员之间互相尊重、认真倾听、协作分享</td><td>6</td></tr>
<tr><td>团队成员善于多角度思考问题，能主动提出有价值的问题，发表个人见解</td><td>6</td></tr>
<tr><td>团队成员能够认真倾听其他组同学工作汇报，虚心好学，乐于思考，提出合理的建议</td><td>6</td></tr>
<tr><td colspan="2">任务描述、接受任务</td><td>对任务的理解正确，工作思路清晰</td><td>6</td></tr>
<tr><td colspan="2">任务分析、分工情况</td><td>能够对任务内容进行全面、具体分析，小组成员分工明确</td><td>6</td></tr>
<tr><td colspan="2">制订计划</td><td>计划内容全面，具有条理性，制订的内容符合工作要求</td><td>6</td></tr>
<tr><td rowspan="7">计划实施</td><td rowspan="4">任务成果验收</td><td>调研一家旅行社的现有员工情况</td><td>8</td></tr>
<tr><td>调研该旅行社发展规划与人才需求</td><td>8</td></tr>
<tr><td>总结人才需求情况</td><td>8</td></tr>
<tr><td>提出人力资源管理建议</td><td>8</td></tr>
<tr><td rowspan="3">任务成果汇报</td><td>汇报思路清晰，语言表述流畅</td><td>8</td></tr>
<tr><td>各项资料呈现清晰</td><td>6</td></tr>
<tr><td>汇报过程井然有序，礼仪规范，表述有感染力</td><td>6</td></tr>
<tr><td colspan="2">创新点</td><td>能发现问题、提出问题、分析问题、解决问题、创新问题</td><td>6</td></tr>
</table>

<table>
<tr><th colspan="9">互评打分</th></tr>
<tr><th>评价组</th><th colspan="2">被评价组</th><th>团队表现
（24分）</th><th>任务描述、接受任务
（6分）</th><th>任务分析、分工情况
（6分）</th><th>制订计划
（6分）</th><th>计划实施
（52分）</th><th>创新点
（6分）</th></tr>
<tr><td rowspan="4">第1组</td><td>第2组</td><td rowspan="4">30%</td><td></td><td></td><td></td><td></td><td></td><td></td></tr>
<tr><td>第3组</td><td></td><td></td><td></td><td></td><td></td><td></td></tr>
<tr><td>第4组</td><td></td><td></td><td></td><td></td><td></td><td></td></tr>
<tr><td>第5组</td><td></td><td></td><td></td><td></td><td></td><td></td></tr>
<tr><td colspan="2">教师评价</td><td>70%</td><td></td><td></td><td></td><td></td><td></td><td></td></tr>
<tr><td colspan="9">最后总分：</td></tr>
<tr><td colspan="9">简要评述：</td></tr>
<tr><td colspan="9">备注：本评价表用于小组完成任务情况评价，小组互评占30%，教师评价占70%</td></tr>
</table>

项目相关知识点

一、人力资源管理概述

（一）旅行社人力资源管理的定义

20世纪60年代末期，随着生产的发展和科学技术的进步，企业管理由原来对物的重视转向对人的重视，对人力资源的管理也逐渐被认为是企业极为重要的一项管理工作。此后，伴随着管理理论和实践的发展，形成了现代人力资源管理的理论、观点及其方法。目前学术界对人力资源管理的认识不尽相同，概括起来，主要有两大类：一是从人力资源管理的实质内涵出发，侧重于人力资源规划、开发性研究和一般化策略探讨的描述。例如，我国学者李美云对人力资源管理的定义是："人力资源管理是指在人力资源的取得、开发、保持和使用等方面所进行的计划、组织、激励和控制的活动。"二是从人力资源管理最具体、最实际的形态出发，着重强调为实现人与事的恰当配合而进行的招聘、选拔、录用、调动、提升、培训、考核、奖惩、工资、福利等管理职能的内涵及其运作。例如，美国学者利昂·梅金森认为：在所有的管理中，只要涉及对组织中的人力资源的招聘、选拔、录用、使用、报酬及潜能的发挥等方面的规划和实施的活动，都称为人力资源管理。

综上所述，旅行社人力资源管理是运用现代管理的科学方法，对旅行社组织中的人力进行合理的组织、培训和调配，使人力、物力经常保持最佳比例，同时对人的思想、心理和行为进行恰当的诱导、控制和协调，充分发挥人的主观能动性，使人尽其才、事得其人，人事相宜，以实现旅行社的发展目标。

（二）旅行社人力资源管理的基本内容

旅行社人力资源管理涉及了从人力资源的总体规划到人员的招聘、培训、绩效考核、薪酬管理等方面，具体包括以下几种：

1．战略规划

根据旅行社的经营目标和发展规划，结合当前旅行社的人员状况，分析旅行社对人员需求的数量和标准，做好人力资源开发管理的规划，进行旅行社人力资源管理的数量预测和质量评估。

2．员工招聘

旅行社根据所需人员的数量和质量，采用恰当的招聘方法吸引优秀人才前来应聘，按照公平公正、任人唯贤的原则，选拔合适的人员安排到适合其自身发展的岗位上，做到事得其才、人尽其用。

3．开发培训

旅行社是知识密集型服务企业，所处的行业发展迅速，涉及的知识日新月异，十分广泛。作为旅行社的员工需要不断更新知识、提高技能、温故知新。除了员工自发的学习之外，旅行社企业内部制度化的培训也非常重要。旅行社应该针对不断发展的外部环境，对企业拥有的全体人员进行适合各自岗位发展的、连续有效的素质培训和专业培训。同时旅行社还应该结合每个人的自身特点和能力，进行个人的职业生涯规划，充分发挥个人才能，实现人员与岗位相匹配。

4．绩效考核

利用科学合理的绩效考评制度对员工进行绩效考评和素质评估，以绩效考评结果为依据对员工进行动态管理，如晋升、奖罚、岗位调动等。

5. 薪酬管理

建立科学的薪酬福利制度，根据绩效考评的结果和岗位的具体情况，给予员工与自身贡献相符的工资奖励和福利，增强员工的工作满意度，激励员工的工作积极性，具体包括工资、福利和非经济酬劳。

总的来说，旅行社人力资源规划是根据旅行社的发展目标，结合人员流动情况和职位特点，有效地预测未来可能出现的人力资源的供给与需求变化，并据此制订出合理的人力资源获得、利用、保持和开发策略，使企业能够获得所需数量的高质量人才，促使企业和个人共同发展。

（三）旅行社人力资源管理的特点

相对于其他类型的企业而言，旅行社企业的人力资源管理具有以下特点。

1. 企业规模普遍偏小、一人多岗普遍存在

在我国现阶段，中小旅行社占行业的绝大多数。企业规模偏小导致人员分工不够明晰，员工往往需要一专多能，并在不同情况下从事不同工作，如既做计调又带团做导游。这种一人多岗的情况，从某种意义上讲，节约了一定的人力成本。但由于分工的不明确，人员归属的不确定，使各部门的管理往往难以奏效，从另一个方面又增加了人力资源管理的难度。

2. 工作内容较为灵活、绩效考核难度大

旅行社业务涉及面广，旅行社员工的工作性质也非常灵活。尤其是导游人员，经常性地在外面带团，在旅行社的时间很少，管理者很难了解员工工作的全过程；同时，旅行社对旅游者提供的是无形服务，对其服务质量的评价标准很大程度上来自于旅游者的感受，不像有形产品一样易于按照明确的标准来考核。这就增加了旅行社人力资源管理部门对员工绩效考核的难度。

3. 员工流动性较大、管理任务比较重

旅行社行业是一个人员流动极大的行业，企业间、行业间的人员流动现象都很普遍。因此，旅行社的人力资源管理部门就要经常性地招募新员工补充到员工队伍当中。同时，各行业、各企业的操作规范、企业文化也都有所区别，旅行社管理者还必须对新加盟的员工进行必要的培训。这促进了旅行社管理成本的增长，导致旅行社管理任务增加，而如果在员工队伍相对稳定的行业，这方面的工作就轻松得多。

二、旅行社员工的选聘

招聘和选择是人力资源管理的重要内容之一，所谓招聘就是通过各种信息途径寻找和确定工作候选人，以充实的质量和数量来满足企业（或组织）的人力资源需求的过程。所谓选聘就是从候选人中挑选最有可能有效胜任工作的人员的过程。旅行社选聘员工的基本目的是要争取以最低的花费获取能够最大限度满足旅行社需要的合格员工。员工的选聘工作主要包括以下四个阶段：

（一）确定招聘需求

确定旅行社用人需求是员工选聘的第一个阶段。人员变动导致职位空缺，必然会引起招聘的需要，而工作分析可以说明工作的性质和对工作责任人的要求，这种分析可以发现工作效率不高有时是因为人力资源使用不当导致的，这就需要管理人员调整人力资源的结构，而这种结构调整也会导致招聘的需要。同时，旅行社由于不同时期对人员有不同需求，特别是旅行社到

了新的发展阶段，会由于业务扩大，规模扩大或调整结构等原因而需要进行人员招聘。

（二）制订招聘计划

在决定招聘后，管理人员要制订招聘计划。包括确定招聘的数量、类别和条件，组成招聘工作小组，制定招聘政策，选择招聘方案，以及制定预算等。招聘的人员数量、类别和条件是由职务分析或人力资源规划决定的，实际上是由于对人的要求决定的，这个要求在使用前一般应经过高级主管人员和使用部门的认可。招聘小组的组成有多种形式，可以由使用部门支持，而人力资源部门提供参谋，或由人力资源管理部门单独完成。对于大型的招聘，可以由一名高级主管人员主持，形成专门的招聘小组负责招聘。也可以委托人才市场或有经验的招聘公司进行招聘。招聘政策是指企业需要确定选择内部招聘还是外部招聘。在市场经济时代，用人单位与应聘者之间是双向选择的关系，作为旅行社当然是想挑选满意的员工。为此，在选聘人才时，企业可采用旅行社内部招聘和外部招聘相结合，尽力把旅行社的目标与应聘者个人的目标，旅行社的需要与应聘者个人的需要统一协调起来，兼顾双方的利益。事实上，内部招聘和外部招聘各有优劣（见下表）。招聘方案的选择就是指企业要确定用何种方法进行招聘，采用哪种广告形式，在多大范围内招聘等。另外，在招聘计划中还包括预算的制定，一般而言，预算的多少受下列因素影响：招聘方法的选择、该项工作具备资格的申请人的可获得性、岗位工作的类型、在旅行社的地位和该项工作应付的报酬等。

内部招聘和外部招聘的优劣比较

特点	内部招聘	外部招聘
优点	可以提供员工的发展机会 对新人员了解更多 促进组织内人员的合理流动 稳定人心 适应期短	新知识和新经验 新的工作方法和新思维 可能更了解外部情况 一般招之即用，不用专门培训
缺点	不利于创新 易于形成职位继承观念和争斗	新成员适应期长 选择起来很困难 影响内部员工的积极性

（三）实施招聘计划

招聘计划制订之后，工作人员要准备一定的招聘信息，并开始实施招聘计划，包括准备旅行社的基本情况、岗位的具体要求、工作条件、工资福利、必备能力等信息，选择适当的方法和途径（即内部招聘或外部招聘）做好招聘工作。

（四）挑选录用

选择是招聘工作的后续工作，也是整个招聘工作的重点，其目的就是从应聘者中选出能胜任工作的优秀人才，保证招聘的质量。人员选录的一个重要前提条件是应聘人员必须具有相应的资质条件，符合选聘的需要。从应聘者中筛选符合资质的人员，再通过笔试、面试和心理测试三个步骤完成选拔录用。

1. 笔试

笔试是我国选拔人才最常用的传统考核方法。一般采用论文式笔试和直答式笔试两种。

论文式笔试，通常是应试人按照论文题目，写出一定字数的文章，发表自己的观点、看法和主张。该方法主要是了解应试者的创造能力、决策能力、推理判断能力和综合分析能力以及应试者对某一问题的独特见解和态度。直答式笔试，是通过填空、判断、选择、问答等形式来测试应试者的知识水平，主要考察应试者的学识以及记忆能力和理解能力。

2. 面试

面试是挑选员工的一种重要方法。面试人员可由人力资源和管理人员或用人部门的工作人员来担当或由双方组成面试小组共同承担。面试可让面试官有机会直观地了解申请人的外表、举止，表达与社交能力，以及某些气质和对人的基本态度等。面试为旅行社和应聘者之间提供了一次交换信息的机会，有利于加强双方的相互了解，有利于双方做出是否录用或是否应聘的决定。

3. 心理测试

所谓心理测试，就是在控制的情境下，相应地提供一组标准化的刺激，以所引起的反应作为代表行为样本，从而对其个人的行为，做出量的评定。心理测试的目的是用以判断应试者的心理品质与能力，从而考察应试者对招聘职位的适应性和显示应试者在某些工作上可能达到的成就。

在经过各种程序并得到了可以录用的结论之后，旅行社要做出正式的录用决定，并将录用决定正式书面通知或电话通知被聘者，在经被聘者认可接收后，双方要依法签订录用合同，旅行社的选聘工作成功完成。

知识拓展

旅行社人力资源管理面临的问题

在旅游业中，旅行社作为整个行业的促进者取得相当重要的作用。然而，目前的旅行社行业在人力资源管理方面普遍存在以下问题。

1. 人力资源管理观念落后

大多数旅行社人力资源及管理意识淡薄，将主要精力都放在如何拓展业务方面，很少考虑内部的人力资源管理问题。在小规模的旅行社管理中，基本上是家长式管理，管理随意性强；在初具规模的旅行社中，设立人力资源部的也是寥寥无几。整体而言，当前绝大多数旅行社对人力资源管理的认识仅停留在招聘、简单培训及待遇提升等方面，很少涉及职业系统培训及绩效考核等。

2. 管理人才与专业技术人才缺乏

现有旅行社的管理人员大多有着丰富的实际从业经验，但由于种种原因，大多数管理人员缺乏良好的教育背景，员工的综合素质有着相当的局限性。随着人们生活水平的不断提高，以旅行社竞相杀价为特色的低价格、低层次的旅游市场竞争最终会逐渐过渡到以高质量、个性化服务为特色的有序市场竞争中。在当今日益激烈的旅游业竞争中，如何吸引更多的游客，留住游客，如何开发特色旅游产品便成为决定旅行社发展的重要前提。而只有高素质、高层次的管理人才及专业技术人员才能帮助旅行社真正实现自己独特的市场竞争优势。

3. 社会认同度降低导致人力资源供给困难

十多年前，旅行社在用人方面的优势非常明显，可以从院校、社会上招聘到众多优秀的员工，不少人为能在旅行社工作而自豪。而如今情况已发生了明显的变化，其他行业众多的企业薪水、福利、工作环境、学习条件优于旅行社，加上各种旅行社的负面报道不断在社会中呈现，造成旅行社的认同度不断下降，旅行社吸引人才的优势在逐渐丧失，“人才难招”逐渐成为众多旅行社领导的同感。

现代化企业的实践证明，企业人力资源管理的水平决定着企业的兴衰成败。由于旅行社具有规模偏小的特点，在人力资源管理上存在问题引发的后果，可能在短期内表现不会特别明显。但是，我们可以看到，一些大型旅行社已经意识到企业发展的瓶颈和人才供给在数量、质量、结构上适应行业发展的需要。

项目二　旅行社员工培训与考评

学习目标

知识目标： 了解旅行社员工的培训；
熟悉旅行社员工的考评。

能力目标： 能够准确分析旅行社各岗位职业培训与考评需求；
能够顺利组织完成旅行社员工的培训与考评。

素质目标： 培养学生严谨认真、团结协作的精神。

任务书

旅行社人力资源情况调研任务单

<table>
<tr><td>专业班组</td><td></td><td>组长</td><td></td><td>完成日期</td><td></td></tr>
<tr><td colspan="6">任务描述：继续深入对该旅行社进行培训与考核需求的调研，撰写调研分析报告，提供可行性建议</td></tr>
<tr><td colspan="6">任务清单：
1. 继续深入对该旅行社进行培训与考核需求的调研。
2. 对每一岗位进行调研，结合项目一的工作目的、职责、工作内容、工作环境、所需具备的知识与技能要求等调研结果，调研其培训与考评需求。
3. 完成人力资源调研分析报告</td></tr>
</table>

任务分组

旅行社人力资源情况调研任务分配表

<table>
<tr><td>专业班组</td><td></td><td>组长</td><td></td><td>指导教师</td><td></td></tr>
<tr><td>小组成员</td><td colspan="5"></td></tr>
<tr><td>任务分工</td><td colspan="5"></td></tr>
</table>

获取资讯

● **引导问题1：** 旅行社员工培训的内容有哪些？

● **引导问题2：** 旅行社员工的培训流程包括哪些步骤？

● **引导问题3：** 针对该旅行社不同部门的员工，分别应开展哪些不同的培训？

● **引导问题4：** 如何进行旅行社员工的薪酬激励体系设计？

● **引导问题5：** 被调研的旅行社中每个职务的培训需求情况。

岗位	工作目的	职责	工作内容	工作环境	所需知识技能

工作计划

人力资源部培训与考评调研计划

任务	工作内容	提交结果	合作方式
1	调研该旅行社各岗位的知识技能需求	调查讨论汇总	小组例会
2	调研该旅行社各岗位的考评激励制度	调查讨论汇总	团体或分配
3	总结人才培训需求与考评情况	讨论汇总	小组例会
4	撰写调研报告	撰写调研报告	团体或分配

进行决策

（1）各组组长首先根据任务决定团队分工安排。

（2）各组按照工作进度安排例会时间，进行事务性讨论和阶段性汇报。

（3）可以通过互联网、实地考察、专家访谈等方式进行业务信息搜集和决策咨询。

工作实施

以工作汇报和情景表演的形式，按照本组设定工作计划完成任务书中的项目任务，并将成果向大家做汇报总结。

评价反馈

学生自我检视表

任务	完成情况	未完成内容	未按时完成原因
获取资讯模块下的引导问题是否认真完成			
引导问题涉及的知识是否完全掌握			
项目中所涉及的基本技能是否完全掌握			
实施过程中交代的任务是否按时完成			
项目实施过程中涉及的材料上交是否及时			
项目完成过程中是否有创新点			
收获：			
备注：本自我检视表，主要目的是总结、回顾本项目知识，了解同学们对知识的了解、掌握和运用情况。同学们根据个人学习实际情况如实填写，可起到查缺补漏，完全掌握和熟练运用本项目知识的学习目标。此环节与引导问题填写也可按学生填写表格和引导问题完成情况、查缺补漏的实际行动进行打分			

学生评价表

班级		组别		任务名称	

评价指标	评价标准	分值
参与状态	不迟到、不早退，不无故缺课； 与老师、同学之间是否互相尊重、理解、平等； 与老师、同学之间是否能够保持多向、丰富、恰当的信息交流； 遵守团队纪律，认真倾听团队成员意见，积极协作分享； 善于多角度思考问题，能主动提出有价值的问题，发表个人见解； 探究学习、自主学习，不流于形式，做到有效学习	20
信息咨询	能有效利用教材、网络资源查找有效信息；能够认真研讨信息内容进行知识转化，转化成自己的认知；能将学到的理论知识应用于实际工作中	10
感知工作	熟悉自己的工作岗位，认同工作的价值；在工作中获得满足感	10
工作方法	工作计划、工作方法符合规范要求；获得了进一步发展的能力	10
工作过程	遵守团队纪律，工作过程中符合旅行社员工规范要求；平时上课的出勤情况和每天完成工作任务情况；善于多角度思考问题，能主动发现、提出有价值的问题	15
任务完成	较好地掌握了专业知识点；具有较强的信息分析能力和理解能力；具有较为全面严谨的思维能力并能条理明晰地表述成文，按时按质完成工作任务	25
思维状态	能发现问题、提出问题、分析问题、解决问题、创新问题	10

互评打分

评价人	被评价人		参与状态（20分）	信息咨询（10分）	感知工作（10分）	工作方法（10分）	工作过程（15分）	任务完成（25分）	思维状态（10分）
学生A	学生B	（30%）							
	学生C								
	学生D								
	学生E								
授课教师		（70%）							

最后总分：

备注：本评价表用于评价学生任务完成情况，学生互评占30%，教师评价占70%

团队评价表

班级		组别		任务名称	

评价指标		评价标准	分值
团队表现		团队成员不迟到、不早退，不无故缺课，工作的状态积极，按时完成工作任务	6
		团队成员遵守团队纪律，团队成员之间互相尊重、认真倾听、协作分享	6
		团队成员善于多角度思考问题，能主动提出有价值的问题，发表个人见解	6
		团队成员能够认真倾听其他组同学工作汇报，虚心好学，乐于思考，提出合理的建议	6
任务描述、接受任务		对任务的理解正确，工作思路清晰	6
任务分析、分工情况		能够对任务内容进行全面、具体分析，小组成员分工明确	6
制订计划		计划内容全面，具有条理性，制订的内容符合工作要求	6
计划实施	任务成果验收	调研该旅行社各岗位的知识技能需求	8
		调研该旅行社各岗位的考评激励制度	8
		总结人才培训需求与考评情况	8
		提出人力资源管理建议	8
	任务成果汇报	汇报思路清晰，语言表述流畅	8
		各项资料呈现清晰	6
		汇报过程井然有序，礼仪规范，表述有感染力	6
创新点		能发现问题、提出问题、分析问题、解决问题、创新问题	6

互评打分

评价组	被评价组		团队表现（24分）	任务描述、接受任务（6分）	任务分析、分工情况（6分）	制订计划（6分）	计划实施（52分）	创新点（6分）
第1组	第2组	30%						
	第3组							
	第4组							
	第5组							
教师评价		70%						

最后总分：

简要评述：

备注：本评价表用于小组完成任务情况评价，小组互评占30%，教师评价占70%

一、旅行社员工的培训

（一）培训的流程

1. 做好培训的需求分析

从个体层面来看 企业可以通过对员工个人绩效状况、知识技能的分析比较，决定谁需要参加培训以及培训的内容；从组织层面看，企业可根据旅行社的战略目标、组织绩效和现有人力资源状况确定旅行社的培训需要和内容；从战略层面看，分析组织未来的工作重心、预测组织未来的人力资源需求和供给、收集组织成员的态度和满意程度的信息，可作为企业培训计划的依据。

2. 选择适宜的培训方法

课堂讲授法又称课堂演讲法，即通过培训人员在课堂上向受训人员讲授达到培训目的。这是一种传统模式的培训方法，基本上是老师讲，学生听，受训人员参与讨论的机会少，培训者较难获取培训效果的反馈，针对性差，比较适用于向大批学生介绍或传授某一专题内容。

操作示范法一般适用于引进新设备、工作流程的改进或新员工的入职培训。为了使受训人员了解和掌握新的工作程序和新技术的操作方式，培训人员可在工作现场利用实际设备采用边演示、边操作、边讲解的方法进行培训，学生反复模仿实习，经过一段时间的训练，使操作逐渐熟练直至符合规范程序的要求，达到运用自如的程度。例如，目前各大旅行社在兴建网站的过程中，为让员工熟悉网站的建设、维护和网页的更新设计，通常采用此种方法进行现场培训。

视听法是通过运用电视机、录像机、影碟机、幻灯机、投影仪等视听教学设备为主要教学手段对受训人员进行培训的方法，该方法可以提高培训工作的趣味性和生动性，较适用于外语培训、操作规范程序、礼节培训等内容。教学内容也可以由旅行社运用摄像机自行摄制培训录像带，以增强培训的效果。

随着网络技术的发展，旅行社可以充分利用互联网这一新型快捷的培训方式，及时、迅速地更新网页，为受训人员持续提供最新的培训资料，使培训循环和更新变得方便、容易、简单，还可为旅行社节省成本。开展这种培训方式的前提是旅行社的员工熟悉互联网的相关操作。

3. 加强培训效果的评估与反馈

培训效果评估是为了检验培训方案实施的有效性，分析开展培训活动所取得的成绩，找出培训过程中的差距，发现新的培训需求，加以改进和完善，制订新的培训计划。因此，工作人员要根据参与培训人员的反应，考核参与培训人员是否学到知识、是否把学到的知识应用于工作实践以及绩效是否有进步。

（二）培训的内容

1. 职业道德的培训

职业道德培训要使员工了解国家发展旅游业的意义和旅行社在旅游业中的作用，帮助员工树立主人翁的意识、职业自豪感和荣誉感；使员工了解本旅行社的经营目标、经营理念，自觉维护企业形象；培养员工正确的劳动态度，树立良好的服务意识和敬业精神，养成良好的职业道德，增强员工的团队意识与合作精神，培养精益求精的工作作风；提高员工的遵纪守法意识和道德水准，自觉遵守国家法律。遵守旅行社行业的规章和本旅行社的各种规章制度，树立正确的价值观。

2．基本知识的培训

旅行社要顺应时代，适应环境的需要，必须实现现代化、知识化，而这首先便要求旅行社的人要现代化、知识化，要求员工掌握现代科学知识和技能，具有现代人的意识行为方式和适应能力，同时旅行社是知识密集型企业，这就要求员工必须具备渊博的知识和敬业爱岗的精神，因此旅行社员工的知识培训显得必不可少，知识培训应包含专业知识，旅游理论知识和相关学科知识。

3．基本技能的培训

技能培训包括业务能力、管理能力、经营能力和学习能力的培训。

（三）不同培训对象的培训

1．员工培训

任何新员工，首先要接受入职培训，这是帮助新员工了解和适应旅行社，接受企业文化的有效手段。在新员工正式开始工作之前，企业应主动向新员工提供相关信息，以增进相互了解、减轻他们可能面临的紧张和压力。员工需要通过入职培训，了解旅行社的基本结构、各部门的职能以及员工管理的基本制度，涉及岗位的内容则包括岗位素质要求，岗位基本工作流程和常用的基本工作方法等。当然，企业要尽快使员工掌握组织的重要核心价值观，并运用到工作中去，更快地提高员工的生产率并持久地保持这种高生产率；培养新员工的责任感，提高其忠诚度，降低员工流动率。其次，旅行社要设计较为实用的岗位培训，以岗位专业知识培训为主要内容。培训内容应该与岗位需要直接挂钩，帮助员工及时获得适应旅行社发展所必需的知识和技能，完备上岗任职资格。岗位培训根据不同需要可以采取在职培训和脱产培训两种方式，前者成本低，适用性强，后者的培训成本较高，适用于那些需要更新知识、存在晋升空间的管理人员。

2．管理人员培训

管理人员培训是指旅行社所开展的通过向管理人员传授知识转变态度和提高技能的方法来改善各部门管理绩效。管理过程和方法与员工培训基本相同，只是由于对象不同，所用的方法有所区别而已。

在职培训主要包括工作轮换、工作替换和出席高层管理会议三种方式。

工作轮换又称交叉培训。即旅行社有计划、有意识地安排那些赋予较高期望的员工或管理人员，在不同部门的岗位之间从事几种不同的工作，以丰富他们的工作经验、确认自己缺点的一种培训方式。工作替换即旅行社有计划、有意识地安排那些赋予较高期望的员工和管理人员，在即将就任的某一职位的管理人员身边工作一段时间，以加深其对该职位的了解，增长工作经验。高层管理会议被称为多重管理开发，旅行社为丰富中层和基层管理人员分析问题的经验，派这些管理人员出席企业的高层管理会议，为企业的全局政策提出建议的一种管理开发方式。

脱产培训则主要包括案例研究法、角色扮演法和会议研讨法三种方式。

（1）案例研究法，即通过向受训的管理人员书面展示某旅行社现存的管理问题，供他们私下或集体讨论并提交其新发现和解决问题思路的一种管理开发方法，培训讲师通常设置一个可能发生的案例或者收集一个现成的旅行社管理案例，让受训人员进行分析评价，在此基础上提出可行的处理方式并进行相互交流。这种方法受训人员的参与程度较高，与会议研讨法不同，该方法通过对企业成功经验或失败教训进行探讨，不仅为了解决问题，更侧重培养和提高受训人员独立思考、分析和决策能力，帮助他们学习如何在紧急状况下处理事件。

（2）角色扮演法，即创造或模拟旅行社的一个真实情景，让两个或两个以上的受训人员分别扮演不同角色，通过演出内容，使其真正体验到所扮演角色的感受与行为，以发现并改进自己原来职位上的工作态度与行为表现，这种培训方法多应用于改善人际关系的训练。

（3）会议研讨法，即通过在旅行社之外举办或安排那些赋予较高期望的管理人员参加管理开发研讨会，由培训人员领导讨论某一专题问题，通过讨论的形式，使众多受训人员就某个主题进行意见的交流和沟通，谋求观念看法的一致。这种培训方法的特点是信息交流为多向传递，受训人员参与性高，培训费用低，适用于巩固知识，主要训练受训人员分析问题、解决问题的能力以及与人交往的能力。

二、旅行社员工的考评与激励

（一）旅行社员工绩效考评

单纯从语言学的角度来看，绩效包含成绩和效益的意思。从管理学的角度来看，绩效是组织期望的结果，是组织为实现其目标而展现在不同层面上的有效输出。绩效考评是一种正式的员工评估制度，它是通过系统的方法、原理来评定和测量员工在职务上的工作行为和工作效果，它是管理者与员工之间的一项管理沟通活动。绩效考评的结果可以直接影响到奖金的发放、职务升降等诸多员工的切身利益。

1. 旅行社绩效考评的目的

绩效考评的最终目的是改善员工的工作表现，以达到企业的经营目标，并提高员工的满意度和未来的成就感。美国组织行为学家约翰·伊凡斯维奇认为，绩效考评可以达到以下八个方面的目的。

（1）为员工的晋升、降职、调职和离职提供了依据。

（2）组织对员工的绩效考评的反馈。

（3）对员工和团队对组织的贡献进行评估。

（4）为员工的薪酬决策提供依据。

（5）对招聘选择和工作分配的决策进行评估。

（6）了解员工和团队的培训和教育的需要。

（7）对培训和员工职业生涯规划效果的评估。

（8）为工作计划、预算评估和人力资源规划提供信息。

2. 旅行社绩效考评的种类与内容

旅行社绩效考评的具体目的不同，考评的种类也各不相同。常见的对员工的考评可分为以下几种。

（1）职务考评。职务考评主要从两方面入手：一是考察员工对本职工作的熟练程度；二是考察员工的工作能力和适应性，以决定是否需要调动工作或调整职务。伴随着职务的调整，可能带来岗位职务工资的变化。

（2）奖金考评。奖金是对超额劳动的报酬，奖金考评实际上是对员工工作成绩的客观考评。

（3）提薪考评。提薪考评的结果会影响员工的收入，但它与奖金考评不同。奖金考评是“回顾性”的，是根据被考评者过去的工作成绩决定报酬的多少；提薪考评则是“展望性”的，是预计被考评者今后可能发挥多大的作用，以决定未来相应的工资水平。提薪考评既然是预计今后可能的贡献，当然要参考过去的工作成绩，同时还要对工作能力的提高程度做出评价。

（4）晋升考评。这是对晋升对象的特殊考评，由于晋升工作关系到旅行社管理者队伍的素质，关系到旅行社的发展前途，因此历来受到旅行社的高度重视。晋升考评是对被考评者的全面、综合的考评，主要依据是平时积累的考评资料。晋升审查过程中的重点内容，也是依据平时的考评资料确定的。

3．旅行社员工绩效考评的基本方法

在员工绩效考评过程中，应采用适当的方法。常见的绩效考评方法有相对标准法、绝对标准法、目标管理法、直接指标法。

（1）相对标准法。相对标准法是对各项考评项目，在员工之间进行相互比较和研究分析，确定相对标准，评估员工相对绩效的方法。例如，直接排序法、交替排序法、两两比较法、等级比例分配法等。

（2）绝对标准法。绝对标准法是对员工的工作情况直接考评，而不与其他员工相互比较的考评方法。例如，关键事件法、打分检查法、直接选择法等。

（3）目标管理法。目标管理法是事先制定具体、明确的目标，如经营额、利润、竞争地位、接待人数、接待收入、顾客投诉次数等目标，考评时通过工作实绩与目标比较，评定员工绩效的考评方法。这是现代企业管理中运用广泛的考评方法。这一方法的关键在于科学、合理、公正地制定和调整考评目标。

（4）直接指标法。直接指标法是如实记录能够体现员工工作状态的相关数据，通过对有关指标的量化分析进行绩效考评。

（二）旅行社员工的激励

旅行社员工的激励主要包括物质激励和精神激励两种。物质激励包括增加工资，发放福利、奖金，赋予股权等，在旅行社行业，这是激励的最基本方式，也是最有效的方式，这将是下文要阐述的重点。精神激励是指表彰与批评、吸引员工参与管理和满足员工的成就感等，它包括目标激励、荣誉激励、培训激励、晋升激励、参与激励、环境激励。相比物质激励，精神激励的作用会更持久，但短期效果相对要差一些。不论是哪种激励方式，一定要掌握以下激励技巧：第一，激励要将企业能够给的和员工最需要的结合起来；第二，激励要公平；第三，信任是最廉价又收效最高的激励。

由于薪酬激励是旅行社普遍采用的激励手段，也是比较重要，简单的激励手段，因此，如何实现薪酬效能的最大化，是一门值得讨论的艺术。

1．员工薪酬激励制度设计的依据

（1）绩效考评的结果。

（2）职务的相对价值。

（3）员工的历史绩效。

（4）员工的预期绩效。

2．员工薪酬激励制度方案

（1）薪金方案。薪金方案包括薪金、支付方式及薪金的调整等内容。其中薪金又可分为基本薪金、加班薪金、节日薪金三种形式。

（2）奖金方案。奖金是旅行社对员工付出的超额劳动或优秀表现而支付的一种劳动报

酬，是员工薪金的必要补充，能够及时准确地反映出员工劳动数量和质量的实际变化情况，起到薪金难以起到的激励作用，奖金方案包括奖金种类、金额、对象、支付方式等内容。

（3）福利方案。福利泛指旅行社向员工支付的间接报酬，一般不直接以金钱形式支付，而以实物或服务形式支付。福利通常不以按劳动报酬方式确定，而趋向于平均或根据特定需要确定，同一旅行社员工之间福利差别不明显。福利的主要作用是满足员工的保障需要和安全感，培养员工对企业的认同和忠诚。常见的福利类型有公共福利、个人福利和带薪假期。

知识拓展

旅行社职业经理人概述

（一）旅行社职业经理人的内涵

1．旅行社职业经理人的定义

“职业”作为一个名词来解释，指的是参与社会劳动并获得社会认可的一个标志。国家标准GB/T 26999—2011《职业经理人相关术语》中提出：职业经理人是受雇于企业，担任不同层级的领导和管理职务，承担相应的义务和责任，从事经营管理活动，以此为职业的人才。

中国旅行社业正在转型升级，现代旅行社对管理的制度化、专业化、规范化、流程化的职业化要求越来越高，旅行社职业经理人应运而生。旅行社职业经理人包含两层含义：一是旅行社经理人的职业化，随着经济的迅速发展和旅游新业态的不断涌现，旅行社经营管理已经成为一种科学性、专业性极强的社会职业，有其专业化的职业体系与行为规范；二是具有职业资格的旅行社经理人，将其工作视为职业生命，受相应的职业道德和社会责任的约束，在社会选择机制的作用下，工作不仅仅是追求物质利益的满足，更重要的是体现职业文化、职业精神。

2．旅游企业家与旅行社经理人的区别

如果说旅游企业家是旅游企业创新的源泉和生生不息的动力，那么旅行社经理人则是实现创新的转化器和维持旅游业良性运作的内在力量。一个旅行社的职业经理人，一定会是一个长期从事本领域工作的资深专业人员。他们有着良好的专业背景，有着长期的职业经验，有丰富而广泛的业缘和人际关系网，以理性思维主导着自己的职业生涯，对旅游企业的国际运作惯例、民族历史文化、员工与客人的需求特征与激励途径烂熟于心。

（二）旅行社职业经理人的职责

1．为资产所有人创造更大的价值

旅行社经理人最重要的使命就是经营管理旅行社，使其获得最大的经济效益。所以对旅行社职业经理人有其独特的评价标准、就业方式和利益要求，其报酬及社会地位的高低取决于经营业绩的好坏，他们必须承担经营失败后的职业风险。旅行社经理人的职业化，必须将旅行社经理人的利益与企业的经营绩效结合起来，将他们的命运与企业的存亡联结起来，从而形成同舟共济、荣辱与共的关系格局。

2．为旅行社发展处理疑难问题

作为一名优秀的旅行社职业经理人，必须要有管理艺术、领导水平和组织才能，对处理各种疑难问题的穿透力要很强，辐射范围要广。特别是能透过事物的现象看到本质，能准确地抓住问题的要害，善于从错综复杂的事物中理出头绪，对上对下都要有很强的穿透力及辐射力。做旅行社管理工作，主要是与人打交道，人是有思想意识的，也是最难管、最头痛的。通人性、讲道理，尊重人、关心人、理解人和信任人，看到人才的价值，重视人才的作用，挖掘人才的潜能在旅行社管理工作中尤为重要。

（三）旅行社职业经理人的素质

1. 热爱旅游行业

旅行社职业经理人必须对旅游业有着发自内心的热爱，把旅游业视为展示自我才华的神圣舞台，对旅游行业有极强的职业忠诚度，这就要求旅行社职业经理人树立敬业爱岗的观念，将职业升华到爱好，把自己所从事的工作作为一项重要的事业来抓。

2. 具备高超能力

旅行社职业经理人必须熟悉旅游业运行环境、操作技能并具有卓越的组织管理能力。这就要求旅行社经理人需要熟悉或掌握与旅行社运行有关的法律法规和行业惯例，了解对客服务和内部操作流程的基本技能。旅行社职业经理人作为企业的决策者，必须有良好的决策能力，为企业的长足发展确定好策略和战略。在现阶段，尤其强调旅行社经理人的投资能力以及对现有市场资源的再利用能力，唯有此才能推动旅行社企业的可持续发展。

3. 具有人文精神底蕴

由于旅游业是典型意义上的服务业，现代旅行社已不仅是为外出旅行的人提供简单的代购票证、外出向导和迎来送往的小型代理商，更重要的是还提供相关的文化背景信息、心理愉悦和审美功能。所以，旅行社经理人肯定不会是只知道追求利润的人，而是能够以自己的行为提升相关群体的精神水准，并能够以关怀的心境对待自己所从事的事业和为自己工作的员工。

4. 具备较强创新能力

对旅游企业的规模、服务水准、市场开发、组织运行结构等要素有着强烈的创新欲望并且具有较强的创新能力。这就需要旅行社职业经理人有创新思维方法，包括逆向思维、侧向思维、联想思维、灵活思维和灵感思维等。

模块七 旅行社财务管理及风险管控

项目一 旅行社财务分析

学习目标

知识目标： 了解三大报表对旅行社的作用意义。

能力目标： 能够完成财务三大报表的制作与填写。

素质目标： 培养学生的廉洁自律、诚实守信的品质；
增强学生的责任与担当。

任 务 书

财务分析工作任务单

专业班组		组长		完成日期	
任务描述： 资产负债表、收益表、现金流量表的制作与填写，是旅行社财务人员最重要的工作之一，请走访本地旅行社，了解该旅行社三大报表的主要内容及填写规范，结合专业知识，根据自己设定的情景，分别制作并填写旅行社的这三大报表。					
检查意见：					

任务分组

学生任务分配表

专业班组		组长		指导教师	
小组成员					
任务分工					

获取资讯

● 引导问题1：资产负债表的内容有哪些，其制作的目的是什么？

● 引导问题2：请制作一个旅行社资产负债表。

● 引导问题3：什么是收益表？

● 引导问题4：请制作一个收益表。

- **引导问题5：**现金流量表的内容有哪些？

- **引导问题6：**请制作一个现金流量表。

- **引导问题7：**财务分析主要包括哪些方法？

工作计划

财务分析工作方案

步骤	工作内容	工作方式	负责人
1			
2			
3			
4			
5			
6			

进行决策

（1）各组派代表阐述本小组团队组织情况及工作安排。

（2）各组对其他组的汇报内容提出自己不同的观点和看法。

（3）结合大家的建议，选出最优方案。

工作实施

以工作汇报的形式，分组向大家一一介绍并展示设计，然后填写完整的旅行社三大报表。

评价反馈

学生自我检视表

<table>
<tr><th>任务</th><th>完成情况</th><th>未完成内容</th><th>未按时完成原因</th></tr>
<tr><td>获取资讯模块下的引导问题是否认真完成</td><td></td><td></td><td></td></tr>
<tr><td>引导问题涉及的知识是否完全掌握</td><td></td><td></td><td></td></tr>
<tr><td>项目中所涉及的基本技能是否完全掌握</td><td></td><td></td><td></td></tr>
<tr><td>实施过程中交代的任务是否按时完成</td><td></td><td></td><td></td></tr>
<tr><td>项目实施过程中涉及的材料上交是否及时</td><td></td><td></td><td></td></tr>
<tr><td>项目完成过程中是否有创新点</td><td></td><td></td><td></td></tr>
<tr><td colspan="4">收获：</td></tr>
<tr><td colspan="4">备注：本自我检视表，主要目的是总结、回顾本项目知识，了解同学们对知识的了解、掌握和运用情况。同学们根据个人学习实际情况如实填写，可起到查缺补漏，完全掌握和熟练运用本项目知识的学习目标。此环节与引导问题填写也可按学生填写表格和引导问题完成情况、查缺补漏的实际行动进行打分</td></tr>
</table>

学生评价表

班级		组别		任务名称	

评价指标	评价标准	分值
参与状态	不迟到、不早退，不无故缺课； 与老师、同学之间是否互相尊重、理解、平等； 与老师、同学之间是否能够保持多向、丰富、恰当的信息交流； 遵守团队纪律，认真倾听团队成员意见，积极协作分享； 善于多角度思考问题，能主动提出有价值的问题，发表个人见解； 探究学习、自主学习，不流于形式，做到有效学习	20
信息咨询	能有效利用教材、网络资源查找有效信息；能够认真研讨信息内容进行知识转化，转化成自己的认知；能将学到的理论知识应用于实际工作中	10
感知工作	熟悉自己的工作岗位，认同工作的价值；在工作中获得满足感	10
工作方法	工作计划、工作方法符合规范要求；获得了进一步发展的能力	10
工作过程	遵守团队纪律，工作过程中符合旅行社员工规范要求；平时上课的出勤情况和每天完成工作任务情况；善于多角度思考问题，能主动发现、提出有价值的问题	15
任务完成	较好地掌握了专业知识点；具有较强的信息分析能力和理解能力；具有较为全面严谨的思维能力并能条理明晰地表述成文，按时按质完成工作任务	25
思维状态	能发现问题、提出问题、分析问题、解决问题、创新问题	10

互评打分

评价人	被评价人		参与状态（20分）	信息咨询（10分）	感知工作（10分）	工作方法（10分）	工作过程（15分）	任务完成（25分）	思维状态（10分）
学生A	学生B	（30%）							
	学生C								
	学生D								
	学生E								
授课教师		（70%）							

最后总分：

备注：本评价表用于评价学生任务完成情况，学生互评占30%，教师评价占70%

团队评价表

班级		组别		任务名称	

评价指标		评价标准	分值
团队表现		团队成员不迟到、不早退，不无故缺课，工作的状态积极，按时完成工作任务	5
		团队成员遵守团队纪律，团队成员之间互相尊重、认真倾听、协作分享	5
		团队成员善于多角度思考问题，能主动提出有价值的问题，发表个人见解	5
		团队成员能够认真倾听其他组同学工作汇报，虚心好学，乐于思考，提出合理的建议	5
任务描述、接受任务		对任务的理解正确，工作思路清晰	5
任务分析、分工情况		能够对任务内容进行全面、具体分析，小组成员分工明确	5
制订计划		计划内容全面，具有条理性，制订的内容符合工作要求	5
计划实施	负债表的制作并填写	表格规范，包含标题、表头、填表人与审核人签名等内容	5
		表格设计合理、美观，格式规范	5
		表格内容填写完整，无缺项，数据计算准确，无错误	5
		表格清晰，无涂改	5
	收益表的制作并填写	表格规范，包含标题、表头、填表人与审核人签名等内容	5
		表格设计合理、美观，格式规范	5
		表格内容填写完整，无缺项，数据计算准确，无错误	5
		表格清晰，无涂改	5
	现金流量表的制作并填写	表格规范，包含标题、表头、填表人与审核人签名等内容	5
		表格设计合理、美观，格式规范	5
		表格内容填写完整，无缺项，数据计算准确，无错误	5
		表格清晰，无涂改	4
创新点		能发现问题、提出问题、分析问题、解决问题、创新问题	5

互评打分

评价组	被评价组		团队表现（20分）	任务描述、接受任务（5分）	任务分析、分工情况（5分）	制订计划（5分）	计划实施（60分）	创新点（5分）
第1组	第2组	30%						
	第3组							
	第4组							
	第5组							
教师评价		70%						

最后总分：

简要评述：

备注：本评价表用于小组完成任务情况评价，小组互评占30%，教师评价占70%

项目相关知识点

一、旅行社财务管理中的三大报表

旅行社当前的资产负债、收益表和现金流等内容，是旅行社进行财务分析的重要基础，更是旅行社管理者进行重要决策的参考依据，因此资产负债表、收益表和现金流量表是旅行社财务管理中的三大报表。

（一）资产负债表

资产负债表是反映旅行社在某一特定时期（如月份、季度或年度）财务状况的报表。它以会计基本理论为依据，运用“资产=负债+所有者权益”等式，反映在某段时间内旅行社资产、负债和所有者权益的基本状况。

通常资产负债表包括表头、填写单位、填写日期、单位、项目内容、年末数、年初数、填表人、审核人等内容。其中表格的重点是填写项目内容，主要包括资产、负债、所有者权益、资产总计、所有者权益合计、负债与所有者权益合计六部分。

旅行社财务人员需要填写编制单位、日期等表格基本内容，并根据旅行社的实际运营情况填写旅行社资产、负债与所有者权益的具体流动资金情况，经反复核对无误后签名、并加盖旅行社印章。××旅行社2019年度资产负债表见下表。

××旅行社2019年度资产负债表

编制单位：××旅行社××分社　　日期：2020年1月5日　　单位：元

项 目	年末数	年初数	项 目	年末数	年初数
资产			负债与所有者权益		
流动资产	402 986	369 372	流动负债	248 765	227 896
货币资金	168 358	183 947	非流动负债	167 269	182 837
应收账款	129 387	140 273	负债合计	416 034	410 733
预付款项	238 903	248 273	所有者权益		
在建项目	271 647	297 482	实收资本	582 765	602 878
固定资产	102 839	98 638	资本公积	256 783	265 830
无形资产	67 354	64 921	盈余公积	183 728	184 292
其他非流动资产	57 836	60 827	所有者权益合计	1 023 276	1 053 000
资产总计	1 439 310	1 463 733	负债与所有者权益合计	1 439 310	1 463 733
填表人签名（盖章）	张欣		审核人签名（盖章）	田一	

（二）收益表

收益表是以会计等式（利润=收入-成本）来反映旅行社在一定时期内（如月份、季度或年度）经营成果的报表，又称损益表、利润表。收益表项目包括主要营业收入、主要经营利润、营业利润、利润总额和净利润等内容，通过对上述数据的统计与计算，可以直观地反映出旅行社的获利能力和利润变化，从而为旅行社今后的经营方向提供重要的依据。××旅行社2019年2月份收益表见下表。

××旅行社2019年2月份收益表

编制单位：××旅行社××分社　　日期：2019年3月5日　　单位：元

项目	本月金额		本年度累积金额	
一、主要营业收入	291 761		291 761	
减：主要营业成本	190 751		190 751	
主营业务税金及其他	0		0	
二、主要营业利润	101 010		101 010	
加：其他业务利润	75 432		75 432	
减：营业费用	36 561		36 561	
管理费用	12 271		12 271	
三、营业利润	127 610		127 610	
加：营业外收入	0		0	
减：营业外支出	0		0	
四、利润总额	127 610		127 610	
五、净利润	127 610		127 610	
填表人签名（盖章）	张欣	审核人签名（盖章）		田一

（三）现金流量表

现金流量表是反应一定时期内（如月份、季度或年度）旅行社的经营、投资活动对其现金及现金等价物所产生影响的财务报表。作为一个分析的工具，现金流量表的主要作用是判断旅行社的生存能力，特别是缴付账单的能力，它是一家旅行社在一定时期现金流入和现金流出的动态报表。××旅行社2019年2月份收益表见下表。

××旅行社2019年2月份收益表

编制单位：××旅行社××分社　　日期：2019年3月6日　　单位：元

项目	金额
现金收入	
现金销售额	283 948
应收账款回收额	182 749
现金收入小计	466 697
现金支出	
主营业务成本	212 761

员工工资及相关费用		87 203	
应付其他营业费用		12 843	
应付所得税		10 293	
支出小计		323 100	
现金净流量		143 597	
填表人签名（盖章）	张欣	审核人签名（盖章）	田一

二、旅行社的财务分析方法

为了了解旅行社近期的财务状况、经营成果，预期未来旅行社的经营方向，通常管理者会对旅行社的某一段时间的各类财务数据进行定量分析，这种分析可以清晰直观地反映出旅行社经营过程中存在的问题及不足，常见的财务分析方法包括：比较分析法、比率分析法、趋势分析法三种。

（一）比较分析法

比较分析法是指通过对两个及以上旅行社相关的财务指标进行对比，对其数据之间的差异进行分析的方法。比较分析法是旅行社财务管理中最基本、最常用的一种分析方法。具体又可以分为绝对额比较、百分数比较等。旅行社通过比较分析能够清晰地发现哪些地方存在差距及差距的大小，从而分析出产生差异的原因，并制定出有效的解决办法，使旅行社可以持续不断的发展。

（1）绝对额比较。通过对不同时期绝对数比较并分析出其差额存在的原因，从而发现旅行社经营中存在的问题。主要包括对营业收入、营业成本、利润等项目的比较。

（2）百分数比较。通过对业绩完成率、增长率等指标进行百分数的比较，了解旅行社经营情况的一种分析方法。

（二）比率分析法

比率分析法是旅行社财务分析中最重要的方法，是通过对财务相对数指标进行比较，对旅行社经济活动变动程度进行分析和考察，借以评价旅行社的财务状况和经营成果的一种方法。

（三）趋势分析法

趋势分析法又称水平分析法，是指将旅行社两期或连续数期的财务会计报表中的相同指标或比率相比较，以确定其增减变动的方向、数额和幅度，揭示旅行社财务状况和经营成果增减变化的性质和变动趋势的一种分析方法。需要注意的是，只有以下条件同时满足的情况下，趋势分析法分析出的结论才真实有效。第一，每次对比的指标必须是在统一口径下得出来的；第二，在统计过程中，没有发生如国家相关政策的调整、旅行社经营方向的变革等重大企业内外变故。

趋势分析法主要包括绝对数趋势分析法、相对数趋势分析法两种。

（1）绝对数趋势分析法。通过将旅行社营业收入、营业利润等某些重要的数据指标编制成连续报表的形式，比较相同指标不同时期的变化幅度，从而分析出旅行社经营过程中的发展变化。

（2）相对数趋势分析法。通过对不同时期旅行社财务报表中一些重要百分比指标的罗列，发现其变化情况，分析出其发展的趋势。

知识拓展

一、旅行社财务管理的概念

旅行社财务管理是指依照国家方针、政策和企业决策要求，利用货币形式对旅行社资金运用、业务收支活动进行全方面、全过程的管理活动。通过对旅行社资金筹集、资金运用、资产分配等方面的管理，实现旅行社利润最大化和所有者权益最大化的目标，使其财务状况保持最优的状态。

二、旅行社财务管理的目标

1. 利润最大化

企业经营最重要的一个目标就是赚取更多的利润，旅行社也是如此，几乎所有旅行社管理者都会把利润看作评价经营成果最重要的指标之一。另一方面，旅行社员工的利益也与旅行社的利润密切相关。因此，追求利润最大化是无可厚非的，但是如果只关注旅行社的短期利益，而忽视其经营过程中的决策风险，不顾及旅行社的长远利润，则会给旅行社的发展带来非常不利的影响，甚至是“灭顶之灾”。同时，在财务管理中旅行社的利润只是一段时期内经营业务的收入与经营成本的差额，只是一个数字，并不能完全反应出旅行社的发展状况。因而，也就无法科学地说明企业经营的好坏，还需要旅行社管理者结合内外部发展变化进行全面分析才能得出最后的结论。

2. 财富最大化

企业财富最大化也就是说要达到旅行社股东财富或所有者利益的最大化，这就需要旅行社管理者考虑如何快速收回投入资金，从而降低经营过程中的财务风险。一方面，旅行社所得的利益越多，实现收益的时间越快，此时旅行社的财富也就越大。另一方面，旅行社资产的保值增值是旅行社不断发展的基本物质条件，也是增强旅行社发展速度，使旅行社长盛不衰的物质基础。因此，就必须要形成一种出资者对旅行社管理者的选择机制，保障出资者的利益不受损害。

3. 企业财富兼顾社会效益最大化

旅行社的发展，离不开社会的支持，更离不开国家政策的引导。因此，旅行社在经营过程中除了获得合理的利润以外，还需担负起企业应有的社会责任。不能只考虑营业利润而不考虑员工、旅游者的合理利益，企业必须要在国家的法律法规和社会、商业道德的约束下，实现企业财富兼顾社会效益的最大化。

三、旅行社财务管理的内容

（一）筹资管理

为了保证旅行社正常的经营运作和快速发展的需要，必须有一定的资金作为保障。在筹集资金时，不同的筹资渠道筹集的资金数量、使用时间的长短，给企业带来的成本也各不相同，这时就需要旅行社的财务人员能够科学分析，考虑哪种筹资方式给企业带来的财务风险最小，以便获得最大的收益。

（二）投资管理

旅行社可以将募集的或暂时不用的资金用于投资其他方面的经营，从而获得更多的额外收益，但任何一个投资项目都有一定的风险性。因此，不要轻易做出决策，在进行投资前需要运用科学的方法对所投资的项目进行充分的分析，并作出应对投资风险的解决方案，从而降低风险，更好地提高旅行社的价值。

（三）运营成本管理

旅行社运营成本又称旅行社经营成本，是指旅行社在经营过程中提供旅游产品或服务所需的所有成本之和。旅行社运营成本管理是指旅行社在生产经营过程中对运营成本的核算、分析、决策和控制等一系列管理行为的总称。在旅行社的运营过程中每项活动均涉及运营资金，因此，旅行社在财务管理过程中应对运营成本管理格外重视。

（四）利润管理

在经营过程中，旅行社的管理者往往过分关心旅行社的收入，而忽略了对旅游利润的管理，甚至有些管理者认为旅行社收入就等于利润，这种想法显然是不对的。旅行社利润的大小除了取决于旅行社的收入，还与成本有着至关重要的作用。因此，要加强对旅行社利润的管理，在不断增加旅游收入的同时，尽量降低不必要的经营成本。

（五）财务评价

提高经济效益是旅行社创建经营的出发点和归宿，财务评价是旅行社财务管理过程中必不可少的一项工作内容。旅行社财务评价是根据现行财税制度，计算分析出旅行社的财务效益和费用并编制旅行社财务报表，判断旅行社一定时间内的盈利能力、清偿能力等财务状况。

项目二　旅行社风险处理

学习目标

知识目标：了解旅行社风险的含义；

理解旅行社风险对旅行社发展的作用。

能力目标：能够独立应对旅行社风险的能力。

素质目标：培养学生遵循准则、恪尽职守的工作品质。

任务书

旅行社风险管理工作任务单

专业班组		组长		完成日期	
任务描述：旅行社营业过程中都会存在一定的风险，特别是新冠肺炎疫情暴发期间给旅行社带来了前所未有的经营风险，请走访几家旅行社，了解其在新冠肺炎疫情暴发期间存在的风险，并选择一家旅行社，结合其经营现状绘制一份旅行社风险管理流程图。					
检查意见：					

任务分组

学生任务分配表

专业班组		组长		指导教师	
小组成员					
任务分工					

获取资讯

- 引导问题1：旅行社会存在哪些筹资风险？

- 引导问题2：如何避免资金的回收风险？

- 引导问题3：旅行社风险管理的程序是什么？

- 引导问题4：如何进行旅行社风险的预测和评价？

- 引导问题5：应该怎样规范财务运作的程序？

- 引导问题6：谈谈有哪些办法可以提升旅行社的抗风险能力？

工作计划

旅行社风险管理工作方案

步骤	工作内容	工作方式	负责人
1			
2			
3			
4			
5			
6			

进行决策

（1）各组派代表阐述本小组团队组织情况及工作安排。
（2）各组对其他组的汇报内容提出自己不同的观点和看法。
（3）结合大家的建议，选出最优方案。

工作实施

以工作汇报的形式，分组向大家一一展示并详细阐述旅行社风险管理流程图的各项内容。

评价反馈

学生自我检视表

任务	完成情况	未完成内容	未按时完成原因
获取资讯模块下的引导问题是否认真完成			
引导问题涉及的知识是否完全掌握			
项目中所涉及的基本技能是否完全掌握			
实施过程中交代的任务是否按时完成			
项目实施过程中涉及的材料上交是否及时			
项目完成过程中是否有创新点			
收获：			
备注：本自我检视表，主要目的是总结、回顾本项目知识，了解同学们对知识的了解、掌握和运用情况。同学们根据个人学习实际情况如实填写，可起到查缺补漏，完全掌握和熟练运用本项目知识的学习目标。此环节与引导问题填写也可按学生填写表格和引导问题完成情况、查缺补漏的实际行动进行打分			

学生评价表

<table>
<tr><td>班级</td><td></td><td>组别</td><td></td><td>任务名称</td><td colspan="2"></td></tr>
<tr><td>评价指标</td><td colspan="5">评价标准</td><td>分值</td></tr>
<tr><td>参与状态</td><td colspan="5">不迟到、不早退，不无故缺课；
与老师、同学之间是否互相尊重、理解、平等；
与老师、同学之间是否能够保持多向、丰富、恰当的信息交流；
遵守团队纪律，认真倾听团队成员意见，积极协作分享；
善于多角度思考问题，能主动提出有价值的问题，发表个人见解；
探究学习、自主学习，不流于形式，做到有效学习</td><td>20</td></tr>
<tr><td>信息咨询</td><td colspan="5">能有效利用教材、网络资源查找有效信息；能够认真研讨信息内容进行知识转化，转化成自己的认知；能将学到的理论知识应用于实际工作中</td><td>10</td></tr>
<tr><td>感知工作</td><td colspan="5">熟悉自己的工作岗位，认同工作的价值；在工作中获得满足感</td><td>10</td></tr>
<tr><td>工作方法</td><td colspan="5">工作计划、工作方法符合规范要求；获得了进一步发展的能力</td><td>10</td></tr>
<tr><td>工作过程</td><td colspan="5">遵守团队纪律，工作过程中符合旅行社员工规范要求；平时上课的出勤情况和每天完成工作任务情况；善于多角度思考问题，能主动发现、提出有价值的问题</td><td>15</td></tr>
<tr><td>任务完成</td><td colspan="5">较好地掌握了专业知识点；具有较强的信息分析能力和理解能力；具有较为全面严谨的思维能力并能条理明晰地表述成文，按时按质完成工作任务</td><td>25</td></tr>
<tr><td>思维状态</td><td colspan="5">能发现问题、提出问题、分析问题、解决问题、创新问题</td><td>10</td></tr>
</table>

<table>
<tr><td colspan="10">互评打分</td></tr>
<tr><td>评价人</td><td colspan="2">被评价人</td><td>参与状态（20分）</td><td>信息咨询（10分）</td><td>感知工作（10分）</td><td>工作方法（10分）</td><td>工作过程（15分）</td><td>任务完成（25分）</td><td>思维状态（10分）</td></tr>
<tr><td rowspan="4">学生A</td><td>学生B</td><td rowspan="4">（30%）</td><td></td><td></td><td></td><td></td><td></td><td></td><td></td></tr>
<tr><td>学生C</td><td></td><td></td><td></td><td></td><td></td><td></td><td></td></tr>
<tr><td>学生D</td><td></td><td></td><td></td><td></td><td></td><td></td><td></td></tr>
<tr><td>学生E</td><td></td><td></td><td></td><td></td><td></td><td></td><td></td></tr>
<tr><td colspan="2">授课教师</td><td>（70%）</td><td></td><td></td><td></td><td></td><td></td><td></td><td></td></tr>
<tr><td colspan="10">**最后总分：**</td></tr>
<tr><td colspan="10">**备注：**本评价表用于评价学生任务完成情况，学生互评占30%，教师评价占70%</td></tr>
</table>

团队评价表

班级		组别		任务名称	

评价指标		评价标准	分值
团队表现		团队成员不迟到、不早退，不无故缺课，工作的状态积极，按时完成工作任务	5
		团队成员遵守团队纪律，团队成员之间互相尊重、认真倾听、协作分享	5
		团队成员善于多角度思考问题，能主动提出有价值的问题，发表个人见解	5
		团队成员能够认真倾听其他组同学工作汇报，虚心好学，乐于思考，提出合理的建议	5
任务描述、接受任务		对任务的理解正确，工作思路清晰	5
任务分析、分工情况		能够对任务内容进行全面、具体分析，小组成员分工明确	5
制订计划		计划内容全面，具有条理性，制订的内容符合工作要求	5
计划实施	旅行社风险管理流程图的制作	流程图具有针对性，符合旅行社的实际情况	10
		思路清晰，流程完整	5
		具有一定的可操作性	10
		图表整洁，无明显修改	5
	阐述风险管理流程图的主要内容	介绍全面，能将每一个步骤表述清楚	10
		对旅行社风险管理有一定见解	10
		语言流畅，无卡顿	5
		语音适量，有一定的感染性	5
创新点		能发现问题、提出问题、分析问题、解决问题、创新问题	5

互评打分

评价组	被评价组		团队表现（20分）	任务描述、接受任务（5分）	任务分析、分工情况（5分）	制订计划（5分）	计划实施（60分）	创新点（5分）
第1组	第2组	30%						
	第3组							
	第4组							
	第5组							
教师评价		70%						

最后总分：

简要评述：

备注：本评价表用于小组完成任务情况评价，小组互评占30%，教师评价占70%

项目相关知识点

一、旅行社风险的种类

旅行社在经营过程中会面临着各种各样的风险，通过总结大体可以分为筹资风险、投资风险、资金回收风险和收益分配风险四类。

（一）筹资风险

筹资风险是由于旅行社通过负债筹资的形式筹集资金，在到期时无法偿还债务的可能性。主要包括现金性风险和收支性风险两类，现金性风险是指由于企业资本结构不合理、理财不当等原因引起的风险；收支风险则是由于企业市场竞争能力差，管理水平不高等原因引起的筹资风险。因此，在发生筹资风险时，只有加强旅行社的财务管理能力，才能最大限度地降低旅行社发生财务危机的可能性。

（二）投资风险

投资风险指旅行社在投资某些项目后，没有达到预期的经济效益，从而给旅行社日后的经营管理带来一定的风险。为了增加旅行社的利润，在经营过程中进行一定的投资是十分必要的。然而，在进行项目投资时，由于旅游行业具有波动性和季节性等特点，导致旅行社资金回收的时间较长，投资风险也比较大。

（三）资金回收风险

旅行社的资金回收风险通常又称旅行社应收账款风险。旅行社在流动资金的投放过程中，由于回收资金的时间过长，速度过慢，导致旅行社会出现一定的资金回收风险。这一风险可能会影响其收益的质量，甚至会制约旅行社正常的财务运作，从而给旅行社带来更大的经营风险。

（四）收益分配风险

收益分配是旅行社财务循环流程的最后一个环节，主要包括留存收益、分配收益两个方面。收益分配风险是指由于不当的收益分配可能给旅行社的后续经营和管理带来不利影响的可能性。如在经营过程中由于会计人员专业能力不足，操作方法不够合理等原因，造成的不当收益分配，使得旅行社的资金过早流出，最终给旅行社带来一些不必要的风险。

案例分析：

2020年，由于疫情的快速发展和异常严格的防疫措施，旅游业几乎处于停滞状态。2020年1月24日，文化和旅游部办公厅下发《文化和旅游部办公厅关于全力做好新型冠状病毒感染的肺炎疫情防控工作暂停旅游企业经营活动的紧急通知》（以下简称《通知》），要求全国旅行社及在线旅游企业暂停经营团队旅游及“机票+酒店”旅游产品。此外，全国各地的景区、文化娱乐场所相继暂停运营。以2020年春节黄金周数据为例，参照2019年春节期间全国旅游接待总人数约4.15亿人次、旅游收入约5 140亿元，结合近3年增速测算，正常状态下2020年春节期间旅游接待总人数、旅游收入预计达到4.5亿人次、5 500亿元，而受疫情影响，这部分收入将损失绝大部分。

受影响程度最大的当属旅行社和在线旅游企业。《通知》明确要求全国旅行社及在线旅游企业暂停经营团队旅游及“机票+酒店”旅游产品，导致这两类企业业务完全停止。春节黄金周对于旅行社来说非常重要，前期投入都损失严重，并且未来三个月可能都没有收入，但人员工资、租金等均需要正常支出；携程、马蜂窝、驴妈妈、同程等在线旅游企业影响也较大，近期都在忙着给游客办理退订业务，几乎每家企业都需要为这场疫情提供巨额的垫资保障金，据报道至1月30日马蜂窝已为消费者退款垫资5亿多元。

分析：作为旅行社的经理，谈谈如何才能降低疫情带来的财务风险？

二、旅行社风险管理的步骤

（一）风险识别

风险识别是旅行社风险管理的第一步，也是旅行社进行风险管理的基础。只有及时准确地识别出企业所面临的风险，才能选择出适合有效的应对方法。旅行社风险识别过程中可以根据企业自身的性质、经营方式、经营环境几个方面进行综合分析。找出旅行社面临的风险并加以判断和归类，从而为旅行社后续的风险管理工作提供一定帮助。

（二）风险预测和评价

当旅行社识别出财务管理过程中存在的风险之后，就要对风险进行科学的预测与评价，以便找出控制风险的方法。通常风险预测和分析可以采用定性分析与定量分析相结合的方法，对风险出现的概率、影响程度、影响范围、持续时间及频度等内容进行预估，从而找出企业出现风险的原因、影响因素并对风险进行排序。旅行社在进行风险预测与评价的过程中，要通过对行业与企业自身过去发生过的损失、投诉和赔偿情况进行分析，运用相关的数理统计知识，对旅行社可能发生风险的概率与幅度进行预测，从而得到真实有效的评价结果。

（三）风险控制与处理

旅行社通过自身对风险的识别、预测、评价和处理等内容进行全过程的有效控制，从而实现企业风险管理的预期目标。在现实工作中，没有哪一套工作方法能有效的解决所有旅行社出现的风险，要根据风险的类型选择针对性的方法。如为预防财务危机，管理者可以准备一定的流动资金；为防止坏账的出现，要选择信誉较高的合作企业。

（四）风险总结与改进

风险控制与处理并不是风险管理工作的最终环节，管理者还要对处理风险的整个过程进行详细的分析，找出风险出现的真正原因及最优的解决办法，以便为今后旅行社的风险管理工作提供一定的帮助。

三、提升旅行社抗风险能力的措施

（一）加强管理者的财务风险意识

财务风险是客观存在的，风险的出现通常也会为旅行社带来额外的收益。旅行社管理者在规避财务风险的同时，也就无法实现企业利润最大化的目标。因此，作为旅行社的管理者要增强风险意识，正确认识财务风险对旅行社发展的重要意义。首先，要了解旅行社财务风险的基本概念、产生的原因和种类等理论知识；其次，要在实践的角度明确旅行社资金运作的各个环节和流程特点。从而掌握财务风险的规律及解决方法，最终提升旅行社的抗风险能力。

（二）规范财务运作程序

旅行社财务工作是一项细致、严谨的工作，为了降低工作失误的发生，必须要制定一套科学的财务运作流程，从而严格地控制财务工作，从旅游运作的源头开始加强财务控制和管理。具体运作程序如下：

（1）旅行社经营的每一个旅游项目，必须要有明确的收费标准。

（2）必须按照财务要求编制出各项费用的标准计价，确保整个财务运作能够严格执行。

（3）根据旅行社经营规模进行科学分工，形成相互监督和制约的财务控制机制。

（4）在经营过程中对旅行社各项费用的支出有严格的管控措施，并实施全过程的监督。

（5）旅行社在为旅游者提供服务结束之后，要严格按照规定程序对财务支出单据进行报销。

（三）建立健全的财务预警系统

旅行社财务预警系统是以旅行社信息化为基础，对企业在经营管理活动中的潜在风险进行实时的监控系统。它贯穿于旅行社经营活动的全过程，以企业的财务报表、经营计划及其他相关的财务资料为依据，利用财会、金融、企业管理、市场营销等理论，通过比较分析，数学模型等方法，发现旅行社经营中存在的风险，并向管理者示警。所以，旅行社建立健全的财务风险预警系统，可以有效地预测和规避财务风险。

（四）不断完善风险管理机制

风险管理机制是指旅行社在财务风险管理中形成的相关要素相互联系、相互制约的功能体系，是规避和降低旅行社财务风险的关键所在。建立并不断完善财务风险管理机制是现代旅行社财务管理工作的客观要求。要全面加强财务基础工作，确保相关信息的真实性、及时性与有效性。如建立必要的旅行社财务原始记录簿，加强有效的定额管理制度，对于旅行社的资金运作要严格控制事前、事中的资金支出，事后要进行充分分析，对存在的问题要及时改正，从而减少人为因素造成的财务风险。

（五）提高财务人员的专业技能和基本素质

通常情况下，旅行社并不会专门设立抗风险部门，这一工作主要由旅行社财务部承担，旅行社能否准确地识别风险、处理或规避风险，主要靠财务人员的专业技能和基本素质。如果财务人员的专业能力不强、基本素质不高，那么必定会给旅行社的投资和运营带来一定的风险。因此，作为旅行社的管理者，在招聘财务人员时要着重考核应聘者的专业技能和基本素质，对于已经聘任的财务人员要提供不断学习的机会，定期进行技能考核，从而提高旅行社财务部整体的抗风险能力。

知识拓展

一、旅行社风险的概念

对于旅行社风险的概念学术界还没有统一的界定，但是，旅行社风险却广泛地存在于旅行社财务管理的过程当中，并且对旅行社实现财务目标产生着重要的影响，一直受到旅行社管理者的重视。

1. 风险

风险，一般是指在一定条件下和一定时期内，可能发生的各种结果的变动程度。例如在计算一个投资项目的预算时，没有办法做到百分之百的精确，因为有些事情的发展并没有办法提前预料，如价格、销量、成本等都可能发生预想不到的变化。同时，风险事件自身具有不确定性、客观性等特点，也就是说在做一个决策时，你是否敢于冒险且冒多大的风险，都是由个人主观选择决定的。

2. 旅行社风险

旅行社风险，是指由于旅游产品较强的综合性及旅游业高度敏感性等特点的影响下，导致旅行社在经营过程中发生的不确定性因素给旅行社带来损失的可能性。随着国内外宏观环境的不断变化和旅游行业的高速发展，旅行社在经营过程中存在着越来越多的未知风险。与一般企业相比，旅行社对外部环境和内部条件的依赖性更高。因此，旅行社只有不断强化自身的财务风险管理能力，才能保证在遇到各种风险时可以化险为夷，做到将风险变为其发展的机遇。

二、风险和旅行社收益的关系

风险和旅行社收益的基本关系是风险越大，要求的收益率就越高。如果每个投资项目的风险大小各不相同，在投资报酬率相同的情况下，管理者都会选择风险小的项目进行投资，这种结果会使高风险低报酬率的项目逐渐被市场淘汰。最终形成项目高风险必有高收益，低收益的项目必有低风险的情况，这也是市场竞争的必然结果。

旅行社将筹集来的资金进行投资时，必然会承担一定风险，因此，旅行社的管理者要求期望的报酬率与其风险成正比。风险和期望投资报酬率的关系如下：

期望投资报酬率=无风险报酬率+风险报酬率

无风险报酬是指到期后本息肯定可以收回，如将资金存入银行。这个无风险报酬率是最低的社会平均报酬率。而风险报酬率与风险的大小有关，风险越大则要求收益率也就越高。通过这一公式可以发现，如果旅行社仅销售无风险旅游产品，虽然收入可以保障，但利润过低；如果仅销售高风险的旅游产品，虽然可能会有足够的利润，但会承受较大的风险。因此，目前，旅行社通常采用多元的经营策略来分散经营中存在的风险。

模块八 旅行社信息技术运用

项目一 旅游信息技术认知

学习目标

知识目标：掌握信息技术在旅游服务中的应用；
了解传统旅行社与信息技术的关系。

能力目标：具备通过运用互联网技术为旅游者提供便利服务的能力。

素质目标：培养学生中国特色社会主义共同理想，坚定“四个自信”；
培养学生的创新思维，提高学生的创新能力，弘扬时代精神。

任务书

旅游信息技术分享会工作任务单

专业班组		组长		完成日期	
任务描述：随着互联网技术的不断发展，传统旅行社的业务受到了很大的影响，作为某传统旅行社的经理，你发现本旅行社收入不断下滑的同时，员工们的士气也与之前有着天壤之别，因此，决定以“信息技术让旅行社更智慧”为主题，举办一次旅游信息技术学习分享会，并让每位员工谈谈自己的学习心得，请你筹备并召开此次会议。					
检查意见：					

任务分组

学生任务分配表

专业班组		组长		指导教师	
小组成员					
任务分工					

获取资讯

● 引导问题1：请总结旅游企业对信息技术应用的各个阶段，并绘制成逻辑思维图。

● 引导问题2：信息技术在旅游企业的应用范围有哪些，并举例说明。

● 引导问题3：请找到3个以上提供在线咨询服务的旅游企业，并进行对比分析。

- **引导问题4：**旅游者常用的在线订购旅游服务平台有哪些，请列举5个以上。

- **引导问题5：**在线支付服务为什么得到了旅游者的认可？

- **引导问题6：**旅游信息技术的发展给旅行社带来了哪些挑战，该如何解决？

- **引导问题7：**旅游信息技术的发展给传统旅行社带来了哪些机遇？

工作计划

旅游信息技术分享会工作方案

步骤	工作内容	工作方式	负责人
1			
2			
3			
4			
5			
6			

进行决策

（1）各组派代表阐述本小组团队组织情况及相应的工作安排。
（2）各组对其他组的汇报内容提出自己不同的观点和看法。
（3）结合大家的建议，适当修改。

工作实施

以情景表演的形式，向大家一一展示。

评价反馈

学生自我检视表

任务	完成情况	未完成内容	未按时完成原因
获取资讯模块下的引导问题是否认真完成			
引导问题涉及的知识是否完全掌握			
项目中所涉及的基本技能是否完全掌握			
实施过程中交代的任务是否按时完成			
项目实施过程中涉及的材料上交是否及时			
项目完成过程中是否有创新点			
收获：			
备注： 本自我检视表，主要目的是总结、回顾本项目知识，了解同学们对知识的了解、掌握和运用情况。同学们根据个人学习实际情况如实填写，可起到查缺补漏，完全掌握和熟练运用本项目知识的学习目标。此环节与引导问题填写也可按学生填写表格和引导问题完成情况、查缺补漏的实际行动进行打分			

学生评价表

班级		组别		任务名称	

评价指标	评价标准	分值
参与状态	不迟到、不早退，不无故缺课； 与老师、同学之间是否互相尊重、理解、平等； 与老师、同学之间是否能够保持多向、丰富、恰当的信息交流； 遵守团队纪律，认真倾听团队成员意见，积极协作分享； 善于多角度思考问题，能主动提出有价值的问题，发表个人见解； 探究学习、自主学习，不流于形式，做到有效学习	20
信息咨询	能有效利用教材、网络资源查找有效信息；能够认真研讨信息内容进行知识转化，转化成自己的认知；能将学到的理论知识应用于实际工作中	10
感知工作	熟悉自己的工作岗位，认同工作的价值；在工作中获得满足感	10
工作方法	工作计划、工作方法符合规范要求；获得了进一步发展的能力	10
工作过程	遵守团队纪律，工作过程中符合旅行社员工规范要求；平时上课的出勤情况和每天完成工作任务情况；善于多角度思考问题，能主动发现、提出有价值的问题	15
任务完成	较好地掌握了专业知识点；具有较强的信息分析能力和理解能力；具有较为全面严谨的思维能力并能条理明晰地表述成文，按时按质完成工作任务	25
思维状态	能发现问题、提出问题、分析问题、解决问题、创新问题	10

互评打分

评价人	被评价人		参与状态（20分）	信息咨询（10分）	感知工作（10分）	工作方法（10分）	工作过程（15分）	任务完成（25分）	思维状态（10分）
学生A	学生B	（30%）							
	学生C								
	学生D								
	学生E								
授课教师		（70%）							

最后总分：

备注：本评价表用于评价学生任务完成情况，学生互评占30%，教师评价占70%

团队评价表

班级		组别		任务名称	

评价指标	评价标准	分值
团队表现	团队成员不迟到、不早退，不无故缺课，工作的状态积极，按时完成工作任务	5
	团队成员遵守团队纪律，团队成员之间互相尊重、认真倾听、协作分享	5
	团队成员善于多角度思考问题，能主动提出有价值的问题，发表个人见解	5
	团队成员能够认真倾听其他组同学工作汇报，虚心好学，乐于思考，提出合理的建议	5
任务描述、接受任务	对任务的理解正确，工作思路清晰	5
任务分析、分工情况	能够对任务内容进行全面、具体分析，小组成员分工明确	5
制订计划	计划内容全面，具有条理性，制订的内容符合工作要求	5
计划实施	发言正式、有序	5
	流程完整，贴合实际	15
	内容丰富，观点多样	10
	具有独到见解，有一定深度	15
	充满热情，感染力强	10
	着装得体，举止大方	5
创新点	能发现问题、提出问题、分析问题、解决问题、创新问题	5

互评打分

评价组	被评价组		团队表现（20分）	任务描述、接受任务（5分）	任务分析、分工情况（5分）	制订计划（5分）	计划实施（60分）	创新点（5分）
第1组	第2组	30%						
	第3组							
	第4组							
	第5组							
教师评价		70%						

最后总分：

简要评述：

备注：本评价表用于小组完成任务情况评价，小组互评占30%，教师评价占70%

项目相关知识点

一、信息技术在旅游企业的应用阶段

信息技术在旅游企业的应用大体可以分为数据处理、信息管理、战略信息管理、网络技术应用等四个阶段，每个阶段都为旅游企业的战略及运营发展做出了巨大的贡献。

1. 数据处理阶段

数据处理阶段始于20世纪60年代，这也是运用在旅游企业的最初阶段，主要采用的设备是大型计算机和微机。由于所需硬件和编程非常昂贵，因此只适用于交易量非常大的旅游企业，如航空公司。这个阶段技术的主要目的是通过自动化的信息处理提高旅游企业的经营效率。

2. 信息管理阶段

信息管理阶段指的是管理信息系统（MIS）应用在旅游企业的阶段，始于20世纪70年代，通过当地的数据处理系统与信息源相连接支持旅游企业的决策程序。信息系统主要用于满足旅游企业内部管理和协调的需要。增加了信息技术处理旅游行政事务和文员事务的效率，至于为旅游者提供服务方面应用的范围还比较窄。信息管理阶段技术的主要应用是通过满足旅游企业对信息的需求达到提高旅游企业管理效率的作用。

3. 战略信息管理阶段

战略信息系统（SIS）在旅游企业管理过程中的应用阶段始于20世纪80年代。通过利用互联的信息技术网络实现旅游企业的战略目标，提高旅游企业的经营业绩。同时，战略信息管理系统还支持旅游企业与外部相关企业的互动，使旅游企业获得了一定的竞争优势。通过转变旅游企业经营机制提高旅游企业竞争能力，是战略信息管理阶段的主要目标。

4. 网络技术应用阶段

网络阶段始于20世纪90年代。局域网（LAN）和广域网（WAN）以及互联网、内部网和外部网给旅游企业的沟通领域带来了一次革命。随着PC和手机的普及，微信、微博等新媒体平台的发展，旅游企业在全球市场上的竞争能力发生了巨大改变，旅游企业占地规模、地理位置变得越来越不重要了。这个阶段的特征是企业内部和企业间网络的大量涌现。

二、旅行社信息技术的应用范围

信息技术尤其是以互联网为代表的在线旅游服务方式逐渐改变了旅游者传统的消费习惯，携程、去哪儿、飞猪、途牛、艺龙等在线旅行社应运而生，传统旅行社也纷纷借助网络优化自己的各项业务。本书从对客服务的角度，将旅行社信息技术的应用分为以下三个方面。

（一）在线咨询服务

在线咨询服务是信息技术应用在旅行社管理过程中的一个重要方面，如英国旅行社曾广泛使用的“视频信息系统”。最初该系统是由英国电信公司应用计算机技术和通信技术建立的数据信息系统，它通过电话公用网把终端设备与计算机中心联系起来，用户利用终端可以检索计算机中心数据库中的信息资料，然后将结果在终端屏幕上显示出来。经过不断完善，目前，通过该系统可以查看到包括旅游风光、旅游路线、特色餐饮民宿、当地特色旅游商品等旅游出行的相关信息，为旅游者的出行提供了很大的便利。同时，国内外各大航空、铁路、海运、旅游汽车等运输公司均为该系统提供最新的时刻表和服务项目介绍。旅行社只要在其营业场所安置一台与该系统相连接的显示终端，便可查询旅游方面的

相关信息，从而及时答复旅游者的各种出行疑问，这在提升旅游者便利的同时，也促进了旅游产品的销售。

案例分析：

飞常准（VariFlight）是一款专业的航班出行服务App，于2011年正式上线，致力于为用户提供“省时、省心”的一站式多元化航班出行解决方案。目前，飞常准累计向超过3亿人提供过航班延误预警、分析和行程规划服务，是国内知名度最高的旅行类应用。

飞常准为乘机旅客和民航业内人士提供全球航班实时动态信息、机场雷达信息和出行交通住宿推荐等完整信息服务，为旅客提前做好出行计划。目前，飞常准航班数据已覆盖全球，可以做到全球化无差异服务。

分析：除了飞常准你还知道哪些App，请对比一下它们的利弊。

（二）在线订购服务

随着带薪假期的增加和人民收入的提升，人们的休闲意愿也在不断攀升，休闲旅游已经成为旅游业的重要组成部分。休闲时代背景下，国民的旅游消费呈现出个性化和散客化趋势，人们不再满足于“套餐式”旅游产品，而是越来越接受自助游形式。在线旅游订购因其便捷性、选择范围广等特点受到旅游者的欢迎，出游前人们更倾向于通过OTA（在线旅游）的方式预先了解旅游景点、住宿、餐饮、交通和娱乐等信息，并在线订购酒店、机票、旅行行程等，在线旅游订购已经成为一大主流出行选择方式。

（三）在线支付服务

信息技术使支付方式实现了货币支付向在线支付的转变，旅游在线支付因其方便、快捷、节省成本等特点受到越来越多年轻旅游者的青睐。随着在线支付功能的不断完善，在线支付安全性的提升，越来越多的旅游消费者将体验旅游在线支付带来的便利和乐趣。这也在一定程度上促进了旅游业的发展。

三、旅游信息技术发展带来的机遇与挑战

（一）旅游信息技术发展带来的机遇

1. 提高工作效率和管理水平

互联网的使用有利于提高旅行社的管理水平和员工的工作效率。一方面，旅行社管理者可以通过内部管理系统、微信、钉钉、QQ等通信软件及时发布工作任务，时时对员工进行管理，不受地域和时间的约束。另一方面，旅行社销售人员可以借助旅游管理软件进行旅游产品的购买与销售，财务人员通过财务管理系统有效地控制经营收入与成本支出，这不仅节约了时间也提升了工作效率。

2. 有助于提升旅游服务质量

在传统旅游过程中，旅游者只有通过旅行社销售人员的介绍或旅游地图才能了解旅游目的地的情况。随着信息技术的不断发展，现在，旅游者可以通过旅行社在网络上发布的有关旅游目的地的图片、视频、游客的评价等内容，更加全面直观地了解旅游目的地的信息。旅游者还可以在网上定制专属的旅游线路，并通过第三方支付平台完成旅游产品的订购。同时，信息技术也有助于完善旅行社的售后服务功能。

3. 提供了现代化的旅游市场营销手段

目前，在线旅游的营销手段越来越多样化，旅行社可以通过网站、微信、公众号、抖音、

快手等网络平台进行灵活多样的营销活动。旅游者可以随时在线上提出疑问，并能得到在线客服人员的及时解答，提升了旅游者的服务体验，在一定程度上促进了旅行社产品的销售。

（二）旅游信息技术发展带来的挑战

1. 旅行社的安全管理问题

随着信息技术在旅行社中的普及，计算机网络的安全管理问题也日益突显。例如，为了赚取更多的收入，个别员工将旅游者的信息倒卖给不法分子；黑客非法入侵旅行社的管理系统，窃取企业机密。这些都对信息技术的应用造成了威胁。

2. 对旅行社业务的威胁

信息技术的应用正在威胁着旅行社赖以生存的基础，传统旅行社的职能日益淡化。随着信息技术的发展，旅游者通过手机或计算机就可以了解旅游目的地的景点和相关服务信息，设计出适合自己的旅游线路，并通过微信小程序、手机App、景区网站等方式进行在线订购，这对旅行社产品的生产和销售带来了更为严峻的挑战。

3. 对旅游代理商的影响

信息技术的发展给旅游者出行带来便利的同时，也让旅游的价格越来越透明化，仅靠赚取差价的旅游代理商很难再有市场。要想有新的发展空间，传统的旅游代理商必须转变身份，开拓新的市场，如为旅游者提供专业的旅游咨询服务，帮助旅游者选择恰当的目的地，最佳的出行时间和出行方式，帮助旅游者或客户控制和节省开支，并从为客户的服务中取得报酬。

知识拓展

一、在线旅游的定义

在线旅游（Online Travel Agency）是指依托网络，为旅游者提供在线咨询、在线订购等服务，从而使旅游企业达到产品营销或销售的目的。在线旅游囊括了航空公司、酒店、景区、租车公司、海内外旅游局等旅游服务供应商。在线旅游方式降低了旅游者与旅游企业由于距离较远而产生的时间和花费成本，极大地改善了用户的消费体验，因其主要借助于网络，与传统旅游产业形成了巨大的差异。

二、在线旅游的分类

随着在线旅游市场的不断发展，网络上不断涌现出新的在线旅游企业，同时，一批传统的旅游企业也在不断地改造升级，希望借在线的“东风”让自己也能“火起来”。虽然目前在线旅游企业众多，但究其经营方式和利润来源，在线旅游企业仅有以下三类：

（1）综合型。综合型的在线旅游企业主要是提供一站式在线服务，主要经营酒店、餐饮、车票（机票）、特色旅游线路等旅游产品，旅游消费者无论是希望跟团旅游还是自助旅行，都能够得到很好的满足。如携程、艺龙、同程等。

（2）媒体平台型。媒体平台型旅游企业往往只是提供搜索引擎服务，甚至并不一定是单纯从事旅游产品销售的企业，如美团、淘宝。旅游消费者可以去查找喜欢的旅游产品，并根据其他旅游者的评价、判断是否需要购买。这种类型的旅游企业除了靠销售旅游产品赚取利润以外，还有一定的广告收入。

（3）垂直领域型。垂直领域型在线旅游企业定位鲜明，主要包括两类。一类是线下旅游产品在线上服务的延伸，如哈尔滨极地馆景区官网，其只提供包括景区介绍、活动资讯、景区服务、在线订票等有关自己景区的在线服务；另一类是只针对旅游者的某种需要而提供旅游产品，在细分领域有较大的用户黏性，如途牛网，主要制作独家的旅游产品。

三、部分在线旅游网站介绍

1．携程

携程旅行网（网址：www.ctrip.com）创立于1999年，总部设在中国上海，公司已在北京、广州、深圳、成都、杭州、南京、厦门等95个境内城市以及新加坡、首尔等22个境外城市设立分支机构，在中国南通、苏格兰爱丁堡设立服务联络中心。目前主要提供无线应用、酒店预订、机票预订、旅游度假、商旅管理及旅游资讯在内的全方位旅行服务，注册会员已超过3亿人。携程旅行网首页如下图所示。

携程旅行网首页

2．去哪儿网

去哪儿网（网址：www.qunar.com）创立于2005年5月，通过网站的全平台覆盖，以自有技术为驱动，为旅游服务供应商和旅行者提供专业的产品与服务。凭借其便捷、先进的智能搜索技术对互联网上的旅行信息进行整合，去哪儿网的产品与服务覆盖国内外机票、酒店、度假、门票、租车、接送机、火车票、汽车票和团购等多个领域。

作为一家在线旅游行业的产品技术公司，去哪儿网拥有海量的用户出行数据、业内领先的产品开发能力及强大的资本实力。目前，去哪儿网搜索覆盖全球68万余条航线、580家航空公司、147万家酒店、9 000家旅游代理商、120万余条度假线路、1万余个旅游景点，并与国内外超100家航空公司进行了深度合作，构建了一个融合线上、线下全价值链的在线旅游服务生态系统，持续提升用户的旅行品质。去哪儿旅行网首页如下图所示。

3．穷游

穷游网（网址：www.qyer.com）于2004年在德国汉堡的学生宿舍内创立，主要提供的服务包括：兴趣社交产品“Biu!”、穷游锦囊、攻略社区、旅行问答等，旅游者可以获得旅行灵感，分享旅游体验，并利用行程助手、穷游折扣等智能工具轻松制订并完成出行计划，满足自由行用户全方位的旅行需求。自2020年8月起，穷游网正式成为JNE Group核心品牌。穷游网首页如下图所示。

去哪儿旅行网首页

穷游网首页

4．途牛

途牛旅游网（网址：www.tuniu.com）于2006年10月创立于南京，以“让旅游更简单”为使命，为消费者提供由北京、上海、广州等64个城市出发的旅游产品预订服务，旅游项目涵盖跟团、自助、自驾、邮轮、酒店、签证、景区门票以及公司旅游等，全年365天24小时400电话预订，并提供丰富的后续服务和保障。途牛旅游网首页如下图所示。

途牛旅游网首页

项目二　旅游在线咨询

学习目标

知识目标： 掌握旅行社在线咨询服务的流程；

了解旅游在线消费者的类型。

能力目标： 能够在线开展对客服务；

具有产品在线销售能力。

素质目标： 培养学生强烈的社会责任和服务意识。

任务书

在线客服工作任务单

专业班组		组长		完成日期	
任务描述： 寒假刚刚到来，哈尔滨就进入了旅游旺季，某旅行社陆续接到了游客在网上提出的各类咨询。一天早上，刚刚打开计算机，页面上就显示有一名游客正向你提出了咨询，作为一名在线旅游客服人员，请你完成相关的工作任务。					
检查意见：					

任务分组

学生任务分配表

专业班组		组长		指导教师	
小组成员					
任务分工					

获取资讯

- 引导问题1：请绘制旅游在线咨询服务的工作流程。

- 引导问题2：提供旅游在线咨询服务前应该做好哪些准备？

● 引导问题3：为旅游者提供在线咨询服务需要具备哪些相关专业知识？

● 引导问题4：当旅游者提出咨询的问题时，应如何回应？

● 引导问题5：在线推荐旅游产品的技巧有哪些？

● 引导问题6：旅游者未及时在线支付购买旅游产品该如何处理？

工作计划

在线客服工作方案

步骤	工作内容	工作方式	负责人
1			
2			
3			
4			
5			
6			

进行决策

（1）各组派代表阐述本小组团队组织情况及相应的工作安排。

（2）各组对其他组的汇报内容提出自己不同的观点和看法。

（3）结合大家的建议，进行适当修改。

工作实施

以工作汇报和情景表演的形式，按照本组设定的工作流程，向大家一一展示在线咨询服务工作的各个环节。

评价反馈

学生自我检视表

任务	完成情况	未完成内容	未按时完成原因
获取资讯模块下的引导问题是否认真完成			
引导问题涉及的知识是否完全掌握			
项目中所涉及的基本技能是否完全掌握			
实施过程中交代的任务是否按时完成			
项目实施过程中涉及的材料上交是否及时			
项目完成过程中是否有创新点			
收获：			
备注：本自我检视表，主要目的是总结、回顾本项目知识，了解同学们对知识的了解、掌握和运用情况。同学们根据个人学习实际情况如实填写，可起到查缺补漏，完全掌握和熟练运用本项目知识的学习目标。此环节与引导问题填写也可按学生填写表格和引导问题完成情况、查缺补漏的实际行动进行打分			

学生评价表

班级		组别		任务名称	

评价指标	评价标准	分值
参与状态	不迟到、不早退，不无故缺课； 与老师、同学之间是否互相尊重、理解、平等； 与老师、同学之间是否能够保持多向、丰富、恰当的信息交流； 遵守团队纪律，认真倾听团队成员意见，积极协作分享； 善于多角度思考问题，能主动提出有价值的问题，发表个人见解； 探究学习、自主学习，不流于形式，做到有效学习	20
信息咨询	能有效利用教材、网络资源查找有效信息；能够认真研讨信息内容进行知识转化，转化成自己的认知；能将学到的理论知识应用于实际工作中	10
感知工作	熟悉自己的工作岗位，认同工作的价值；在工作中获得满足感	10
工作方法	工作计划、工作方法符合规范要求；获得了进一步发展的能力	10
工作过程	遵守团队纪律，工作过程中符合旅行社员工规范要求；平时上课的出勤情况和每天完成工作任务情况；善于多角度思考问题，能主动发现、提出有价值的问题	15
任务完成	较好地掌握了专业知识点；具有较强的信息分析能力和理解能力；具有较为全面严谨的思维能力并能条理明晰地表述成文，按时按质完成工作任务	25
思维状态	能发现问题、提出问题、分析问题、解决问题、创新问题	10

互评打分

评价人	被评价人		参与状态（20分）	信息咨询（10分）	感知工作（10分）	工作方法（10分）	工作过程（15分）	任务完成（25分）	思维状态（10分）
学生A	学生B	（30%）							
	学生C								
	学生D								
	学生E								
授课教师		（70%）							

最后总分：

备注：本评价表用于评价学生任务完成情况，学生互评占30%，教师评价占70%

团队评价表

班级		组别		任务名称	

评价指标		评价标准	分值
团队表现		团队成员不迟到、不早退，不无故缺课，工作的状态积极，按时完成工作任务	5
		团队成员遵守团队纪律，团队成员之间互相尊重、认真倾听、协作分享	5
		团队成员善于多角度思考问题，能主动提出有价值的问题，发表个人见解	5
		团队成员能够认真倾听其他组同学工作汇报，虚心好学，乐于思考，提出合理的建议	5
任务描述、接受任务		对任务的理解正确，工作思路清晰	5
任务分析、分工情况		能够对任务内容进行全面、具体分析，小组成员分工明确	5
制订计划		计划内容全面，具有条理性，制订的内容符合工作要求	5
计划实施	服务前的准备	专业知识准备充足	5
		对在线支付的相关知识有一定的了解	5
		办公用品准备齐全	5
	在线咨询的接待服务	能够及时回复旅游者提出的问题	5
		回答问题全面、准确、专业	10
		服务热情，掌握一定服务技巧	5
		具有销售意识，能够灵活运用销售技巧	5
		能够做好详细的记录	5
	服务后的跟进	售后服务跟踪及时，沟通方式得当	5
		能够及时跟进并处理旅游者的其他疑问	5
		了解未购买旅游产品的原因并提供协助	5
创新点		能发现问题、提出问题、分析问题、解决问题、创新问题	5

互评打分

评价组	被评价组		团队表现（20分）	任务描述、接受任务（5分）	任务分析、分工情况（5分）	制订计划（5分）	计划实施（60分）	创新点（5分）
第1组	第2组	30%						
	第3组							
	第4组							
	第5组							
教师评价		70%						

最后总分：

简要评述：

备注：本评价表用于小组完成任务情况评价，小组互评占30%，教师评价占70%

项目相关知识点

一、服务前的准备工作

旅游在线咨询服务可以真实地了解旅游者的需求，通过及时的回复，可以提升在线旅游企业的口碑，促进旅游产品的销售。为了能够更好地为旅游者提供在线服务，在线客服人员在对客服务开始之前就要做好充足的专业知识准备、相关专业知识准备以及心理准备。

（一）做好专业知识准备

首先，旅游在线客服人员应熟悉主要线路旅游目的地的有关情况。

（1）主要旅游景点的名称、开放时间、门票价格与优惠。

（2）酒店、民宿、餐馆、市内交通等旅游服务设施的类型、价格。

（3）旅游目的地往返交通的类型、价格及有关规定。

（4）旅游目的地国家（或地区）的有关法律、法规。

（5）旅游目的地的民俗风情、居民习惯、宗教信仰。

（6）接待旅行社的相关情况。如拥有哪些语种的导游、接待旅游者的基本价格、提供哪些特色服务等。

其次，应掌握本旅行社主要的旅游产品情况，主要包括以下几方面：

（1）旅游产品的种类、价格及促销活动。

（2）办理单项旅游服务的手续及费用。

（3）本地旅游服务设施的基本概况，如酒店、民宿的客房种类与价格，特色风味餐馆的菜肴特点及其价格，主要市内交通的营运时间及票价等。

（4）本地主要旅游景区的基本情况，如所在位置、开放时间、景区特色、门票价格及优惠等。

（5）本地主要娱乐购物场所的相关情况。

（二）做好相关知识的准备

作为旅游在线客服人员，除了要具备旅游专业知识以外，还要做好一定相关知识的准备。当旅游者在查询旅游信息、进行在线支付时出现任何问题，旅游在线客服人员都要及时、耐心地为旅游者提供帮助。除此之外，还要了解微信、支付宝等第三方交易平台的交易规定，确保旅游者顺利完成在线交易。

（三）做好思想准备

旅游在线客服人员要做好面临艰苦复杂工作的心理准备，在工作过程中会遇到各种各样的旅游者，有些旅游者提出的咨询问题较多，甚至会问到很多细节，如旅游目的地所下榻饭店的具体位置，个别景点不随团活动费用是否退还。这时就需要旅游在线客服人员进行耐心细致的解答，打消旅游者的疑虑，满足旅游者的需要。

二、旅游在线咨询服务的接待工作

这一阶段是在线客服人员正式开始为旅游者提供咨询服务的阶段，服务的好坏不仅影响到个人的业绩，还会影响到旅游企业的经营收入及形象。因此，就需要旅游在线客服人员对这一阶段的工作格外的加以重视。

（一）进行及时回应

1．礼貌热情、主动沟通

（1）当第一次收到旅游者发送的消息时，在线客服人员应该快速回复并表示欢迎。一般情况下，在线客服人员第一次回复旅游者的消息应该控制在6秒之内，否则会给旅游者不被重视的印象，如回复信息较晚时，一定要表示歉意并寻求旅游者的原谅。

（2）在线客服人员在与旅游者沟通时，不要频繁地使用自动回复，使用过多会让旅游者感觉在和机器人对话，从而给旅游者造成厌烦感。同时，在与旅游者沟通过程中，语言要亲切，应合理运用表情符号，避免过于官方，增加距离感。

2. 适时询问、判断偏好

在沟通的过程中，要避免向旅游者提出过多不必要的问题，不要一直询问旅游者对旅游产品的看法，这样会增加旅游者的厌烦感，可以间接地询问与旅游产品属性相关的问题，如询问旅游者之前有过哪些旅游经历，从旅游者的回答中了解旅游者的消费偏好，为下一步推荐旅游产品提供一定的帮助。

（二）全面准确地回答旅游者提出的问题

通常情况下，旅游者咨询的问题可以分为两类，一类是有关旅游产品具体内容的咨询，另一类是希望在线客服人员能够为自己推荐适合的旅游产品。

1. 介绍旅游产品

在给旅游者介绍旅游产品时，要运用FAB原则，即Feature（旅游产品特点）、Advantage（旅游产品优势）、Benefit（旅游者利益），要向旅游者重点介绍本旅行社旅游产品的优势及特色，如该旅游线路全程无强制消费、行程没有任何购物店、赠送海鲜自助、限时价格优惠等，以最终促进旅游产品的销售。

2. 旅游产品推荐

为了更好地达成交易，在线客服人员可以为旅游者推荐下面三类旅游产品：第一类，旅行社网站、公众号、手机App主推的旅游产品；第二类，旅游者曾经浏览过的旅游产品或相似的旅游产品；第三类，利润比较高的旅游产品。具体推荐旅游产品时可以参照以下方法。

（1）示范法。示范法就是展示旅游产品。可以将之前旅游者去访时拍的实景照片、小视频发给咨询者，进一步激发旅游兴趣、打消旅游者的疑虑。

（2）感知法。感知法就是尽可能地让旅游者想象、感受、体验旅游产品，比如通过发送旅游论坛中旅游者评论、旅游产品评分等内容的截图，使其实际感知旅行社产品的优点，以消除疑虑。

（3）类比法。类比法适用于旅游者对具体购买某种旅行社产品还不确定时，在线客服可为旅游者提供几种行程相似或价格相近的旅行社产品供其选择，但提供的旅游产品不宜过多。

（三）做好记录工作

当回答完旅游者提出的疑问后，在线客服人员要认真记录并保存好旅游者相关的联络方式，以便之后进行回访等跟踪服务。

三、及时进行服务跟进

为旅游者提供在线咨询服务工作之后，在线客服人员要及时进行服务跟进工作，了解旅游者对咨询过的旅游产品是否还存在疑问，并对未及时支付费用的旅游者进行催付。通常情况，造成旅游者未能及时付款的原因如下：

1. 客观原因

（1）余额不足。在遇到旅游者余额不足的情况时，要先了解旅游者方便充值的时间，提前再次催付。

（2）新手客户。当旅游者在支付过程中遇见问题时，旅游在线客服人员应该截图说明，截图的方式要直观简便，从而有效地解决旅游者的支付问题。

（3）忘记密码。帮助旅游者了解找回密码的方法，并以截图的方式说明，要主动热情，跟踪催付。

2. 主观原因

（1）对旅游产品存在疑虑。当旅游者对旅游产品并不100%满意时，在可能的情况下对旅游产品进行完善，并着重突出旅游产品的特色优势。

（2）议价不成功。首先要了解旅游者的心理预期值，然后强调旅游产品的性价比，最后以赠送旅游攻略、特色服务等方式满足旅游者的心理。

知识拓展

一、不同类型旅游消费者的沟通技巧

在线旅游服务质量最关键的一个因素就是旅游客服的沟通技巧。如果客服人员与旅游消费者沟通顺畅，不仅可以提升旅游消费者的服务体验，同时还会增加其购买旅游产品的概率。因此，每一位旅游在线客服人员都需要掌握不同类型旅游消费者的沟通技巧。

1. 理智型

理智型旅游消费者的购买行为是在理性购买动机的支配下形成的，其头脑冷静、清醒，很少受外界环境的干扰。因此，旅游客服人员面对这些比较理智的消费者，最忌讳的就是把自己的想法强加在他们身上，需要做的就是帮助其理性分析各旅游产品的特点，用最中肯的态度回答其提出的问题，从最根本的服务上打动旅游消费者。需要特别注意的是，在咨询过程中不要过分吹嘘，否则会给这类旅游者带来厌烦的感觉。

2. 占便宜型

这类旅游消费者最大的特征就是爱占便宜，只有获得额外的利益他们才会购买旅游产品，面对这样的旅游消费者，要告知其目前旅行社主打优惠的旅游产品，以及旅游产品的特点与优势。还可以通过购买旅游产品赠送优惠券的形式，在满足旅游者“占便宜”的同时，增加旅游者的黏性。

3. 稳重型

个性稳重的旅游消费者比较精明，他们注意细节，思考缜密，决定迟缓并且个性沉稳、不急躁。对于这种类型的消费者，旅游客服人员一定要想办法引导其自己说服自己，否则他们便不会做出购买决定。旅游客服人员如果遇到这样的消费者，不用担心，最好的解决办法就是先建立友谊，和他们成为朋友，使其成为忠诚的客人。

4. 从众型

这类旅游消费者有一个鲜明的特点，就是喜欢猜测别人的想法。他们不仅关心旅游产品本身，还关心有多少人购买过该旅游产品，关心别人的想法。在咨询前可能已经看过了网上很多人的评价。面对这样的旅游者，旅游客服人员就要用积极的态度，给予其强有力的正面暗示，并把旅游产品的销售和好评记录展示出来就可以了。

5. 冲动型

冲动型旅游者购买旅游产品时比较随性，他们不考虑是否适合自己，只是看到广告比较

吸引人，图片拍摄得漂亮，就迅速下单购买。面对这样的旅游者，旅游客服人员要做到充分的提醒，要对旅游产品的细节充分说明，不能有欺骗旅游者的成分，以避免购买纠纷的发生。

6．挑剔型

喜欢挑剔的旅游消费者，往往对于旅游企业介绍的旅游产品真实情况有所顾虑，认为都是言过其实，总是持不信任的态度。对待这种旅游消费者，旅游客服人员不能带“气”反驳，而是要耐心地倾听，并运用专业知识进行解释和说明，从而使其对旅游产品产生信赖。

二、催付的注意事项

旅游消费者咨询完相关的旅游产品后，虽然有一定的购买意向，但在一定时间内都没有购买或再次进行询问，此时旅游在线客服人员可以有针对性地进行催付。

1．催付时间

催付的时间并不是越早越好，而是要看具体情况而定，如果没有注意催付时间的话，则很有可能会造成不好的影响。如旅游者在前一晚23:00咨询并表示要购买该旅游产品，而到了第二天依然没有购买，早上旅游在线客服人员进行催付，很可能会打扰其正常的工作或休息，从而抱怨并投诉该旅游客服人员。通常情况下，催付的时间尽量选择在中午午休结束前或晚上18:00～21:00。

2．催付的频率

不要通过一种方法反复催付，要把握分寸，如果旅游者实在不想购买该旅游产品，那么至少要保持一个良好的形象，等待下一次机会。

三、在线旅游经营服务管理暂行规定

请扫码阅读。

在线旅游经营服务管理暂行规定

项目三　旅游在线订购

学习目标

知识目标： 掌握主要旅游产品的订购流程方式；
熟悉在线退订流程及要求。

能力目标： 能够为旅游者提供在线订购服务。

素质目标： 具备旅游在线服务人员崇高的责任感与自豪感；
培养学生善于钻研、不畏困难的工匠精神。

任务书

在线订购工作任务单

专业班组		组长		完成日期	
任务描述： 旅游在线订购服务逐渐成为了一种时尚，各大旅行社纷纷在线上推出了自己的旅游产品，旅游客服人员只有了解了旅游者在线订购的整体流程，才能为旅游者提供更加快捷的服务。作为一名旅游在线客服人员，请整理出酒店客房、飞机票、火车票、景区门票等主要旅游产品的在线订购流程，并以情景模拟的方式展现如何为旅游者提供在线订购的协助服务。					
检查意见：					

任务分组

学生任务分配表

专业班组		组长		指导教师	
小组成员					
任务分工					

获取资讯

- 引导问题1：请分别设计出旅行社主要旅游产品的订购流程图。

- **引导问题2**：在线订购哈尔滨松北香格里拉大酒店的方式有哪些，并选择一种详细介绍。

- **引导问题3**：注册中国铁路12306网站时，需要填写哪些信息？

- **引导问题4**：怎样订购哈尔滨—北京的机票，请以携程网为例。

- **引导问题5**：如何在线订购北京故宫景区的门票？

工作计划

在线订购服务工作方案

步骤	工作内容	工作方式	负责人
1			
2			
3			
4			
5			
6			

进行决策

（1）各组派代表阐述本小组团队组织情况及相应的工作任务安排。

（2）各组对其他组的汇报内容提出自己不同的观点和看法。

（3）结合大家的建议进行修改。

工作实施

以工作汇报和情景表演的形式，向大家一一展示主要旅游产品的订购流程。

评价反馈

学生自我检视表

<table>
<tr><th>任务</th><th>完成情况</th><th>未完成内容</th><th>未按时完成原因</th></tr>
<tr><td>获取资讯模块下的引导问题是否认真完成</td><td></td><td></td><td></td></tr>
<tr><td>引导问题涉及的知识是否完全掌握</td><td></td><td></td><td></td></tr>
<tr><td>项目中所涉及的基本技能是否完全掌握</td><td></td><td></td><td></td></tr>
<tr><td>实施过程中交代的任务是否按时完成</td><td></td><td></td><td></td></tr>
<tr><td>项目实施过程中涉及的材料上交是否及时</td><td></td><td></td><td></td></tr>
<tr><td>项目完成过程中是否有创新点</td><td></td><td></td><td></td></tr>
<tr><td colspan="4">收获：</td></tr>
<tr><td colspan="4">备注：本自我检视表，主要目的是总结、回顾本项目知识，了解同学们对知识的了解、掌握和运用情况。同学们根据个人学习实际情况如实填写，可起到查缺补漏，完全掌握和熟练运用本项目知识的学习目标。此环节与引导问题填写也可按学生填写表格和引导问题完成情况、查缺补漏的实际行动进行打分</td></tr>
</table>

学生评价表

班级		组别		任务名称	

评价指标	评价标准	分值
参与状态	不迟到、不早退，不无故缺课； 与老师、同学之间是否互相尊重、理解、平等； 与老师、同学之间是否能够保持多向、丰富、恰当的信息交流； 遵守团队纪律，认真倾听团队成员意见，积极协作分享； 善于多角度思考问题，能主动提出有价值的问题，发表个人见解； 探究学习、自主学习，不流于形式，做到有效学习	20
信息咨询	能有效利用教材、网络资源查找有效信息；能够认真研讨信息内容进行知识转化，转化成自己的认知；能将学到的理论知识应用于实际工作中	10
感知工作	熟悉自己的工作岗位，认同工作的价值；在工作中获得满足感	10
工作方法	工作计划、工作方法符合规范要求；获得了进一步发展的能力	10
工作过程	遵守团队纪律，工作过程中符合旅行社员工规范要求；平时上课的出勤情况和每天完成工作任务情况；善于多角度思考问题，能主动发现、提出有价值的问题	15
任务完成	较好地掌握了专业知识点；具有较强的信息分析能力和理解能力；具有较为全面严谨的思维能力并能条理明晰地表述成文，按时按质完成工作任务	25
思维状态	能发现问题、提出问题、分析问题、解决问题、创新问题	10

互评打分

评价人	被评价人		参与状态（20分）	信息咨询（10分）	感知工作（10分）	工作方法（10分）	工作过程（15分）	任务完成（25分）	思维状态（10分）
学生A	学生B	（30%）							
	学生C								
	学生D								
	学生E								
授课教师		（70%）							

最后总分：

备注：本评价表用于评价学生任务完成情况，学生互评占30%，教师评价占70%

团队评价表

班级		组别		任务名称	

评价指标	评价标准	分值
团队表现	团队成员不迟到、不早退，不无故缺课，工作的状态积极，按时完成工作任务	5
	团队成员遵守团队纪律，团队成员之间互相尊重、认真倾听、协作分享	5
	团队成员善于多角度思考问题，能主动提出有价值的问题，发表个人见解	5
	团队成员能够认真倾听其他组同学工作汇报，虚心好学，乐于思考，提出合理的建议	5
任务描述、接受任务	对任务的理解正确，工作思路清晰	5
任务分析、分工情况	能够对任务内容进行全面、具体分析，小组成员分工明确	5
制订计划	计划内容全面，具有条理性，制订的内容符合工作要求	5
计划实施	熟悉酒店客房、火车票、机票、景区门票等主要旅游产品的订购流程	15
	熟悉各酒店、火车站、机场、景区的在线订购要求及规定	15
	介绍内容翔实准确，逻辑思路清晰	10
	服务热情、周到，能够结合旅游者的类型，有针对性地提供服务	10
	情景编排合理，内容完整	10
创新点	能发现问题、提出问题、分析问题、解决问题、创新问题	5

互评打分

评价组	被评价组		团队表现（20分）	任务描述、接受任务（5分）	任务分析、分工情况（5分）	制订计划（5分）	计划实施（60分）	创新点（5分）
第1组	第2组	30%						
	第3组							
	第4组							
	第5组							
教师评价		70%						

最后总分：

简要评述：

备注： 本评价表用于小组完成任务情况评价，小组互评占30%，教师评价占70%

项目相关知识点

一、酒店客房在线订购流程

1. 查找酒店

登录酒店（携程网、去哪网等）预订网站，找到酒店预订页面，选择需要预定酒店的所在城市、入住日期、离店时间、价格范围后，点击“查询”按钮，系统将显示出满足查询条件的酒店信息。

2. 选择房型与日期

确定酒店后，选择旅游者入住的日期、房型与间数，点击“预订”按钮，然后填写旅游者的订单信息。

3. 填写订单信息

确定预定的酒店、房型、日期等信息是否正确，填写姓名、电话等旅游者入住的详细信息，点击“提交”按钮，然后选择支付方式进行支付。

4. 网上银行支付

选择支付的方式与银行，提交订单并及时进行支付。支付成功后会收到预订成功的手机短信。

5. 入住酒店

酒店预订成功后，待入住当天，旅游者凭借手机收到的预订通知及有效证件到酒店前台办理入住手续。

二、火车票在线订购流程

1. 登录网站

登录（中国铁路12306官网：www.12306.cn）网站，特别注意的是，首次登录要在首页面下载并安装“根证书”，安装完毕后重新返回首页，才可以进行下一步操作。

2. 用户注册

首次进行网上购票，需要按照页面提示逐一填写用户名、密码、语音查询密码、姓名、有效证件类型、身份证号码、电话号码、电子邮件等基本信息。提交信息后，再依照系统提示登录邮箱完成注册激活。

3. 车票查询

账号激活后，再登录网站，输入用户名和密码，进行相关车次、票价的查询。

4. 确认订单及支付

在页面中选择始发站、终点站、发车日期等信息后，系统会随之列出满足条件的车次、票价、余票等信息。选择好要购买的车次后，输入旅游者姓名、证件号码、电话号码等相关信息进行确认，选择支付方式并及时支付。

5. 预订成功

支付成功后即完成了火车票在线订购流程，旅游者即可凭有效证件取票乘车，部分城市凭借本人身份证即可，无须取票。

三、在线机票订购流程

1. 进入机票预订页面

打开浏览器，输入网址，进入机票预订网站首页。根据需要选择国内或国际机票选项。

2. 机票查询

选择“航程类型”“出发城市”“到达城市”“出发日期”“舱位等级”各项信息，其中，出发城市、到达城市和出发日期是必填项。填写完成之后，点击“搜索机票”按钮即可进入“机票列表”页面。这里要注意的是，为了方便在机票查询时还可以根据需要，以舱位等级以及航程类型为条件进行查询，从而缩小查询的范围。

3. 机票订购

选择好航班及舱位等级之后，点击“预订”按钮，填写“机票预订单”，保证各项信息的准确性并点击“提交订单”按钮，在规定时间内进行支付即可完成机票订购。

4. 预订成功

预定成功后，旅游者可凭身份证、护照等有效身份证件，到机场办理乘机手续。

四、在线景区门票订购流程

虽然不同景区所选用的购票系统不同，但具体的操作流程却基本一致，因此，仅以秦始皇帝陵博物院景区门票的购买流程为例，对在线景区门票的购买流程进行介绍。

1. 进入门票预订页面

打开浏览器，输入网址：bmy.com.cn，进入景区门票预订网站首页。

2. 用户注册

首次进行网上购票，需要按照页面提示进行注册，分别填写手机号、密码和手机验证码。

3. 查询门票

登录后，进入景区门票的销售系统，选择参观的日期和具体时间，进行门票查询。

4. 门票预订

选择购买门票的具体时间及门票类型（全价票、学生票），点击“确定”按钮，然后依照页面提示，填写旅游者的姓名、身份证号、手机号码等相关信息。

5. 购买门票

填好相关信息后，选择支付方式并及时付款。景区门票购买成功后，无须打印纸质门票，旅游者持有效证件即可进入景区。

作为一名在线旅游服务人员，除了要了解上述主要旅游产品的购买流程以外，还需要掌握各旅游企业对特殊旅客购买旅游产品的具体要求，由于在前面已经进行了介绍，此处不再赘述。

知识拓展

一、在线退订的流程

无论购买哪种旅游产品，只要在规定的退订时限内没有打印纸质票据，均可以在线完成退款流程。在线退订流程如下：

（1）进入网站；
（2）登录账号；
（3）查看已购买的旅游产品；
（4）选择退款（票）；
（5）点击“确定”按钮；
（6）取消成功，退款会从原路径返回账户中。

二、主要旅游产品退改签的相关规定

（一）火车票

1．退票的规定

使用电子支付方式通过车站售票窗口、自动售票机、铁路代售点和12306网站购买的铁路电子客票，均可通过12306网站在开车前办理退票手续。在12306网站注册且通过手机App完成人脸身份核验的旅客，也可通过12306网站办理其他人使用电子支付方式通过车站售票窗口、自动售票机、铁路代售点和12306网站为其购买的铁路电子客票退票手续。

使用现金方式购买或已打印报销凭证的铁路电子客票，可到车站指定窗口办理改签、退票手续；或通过12306网站先行办理人脸核验后办理退票，自网上办理退票成功之日起180天（含当日），凭乘车人身份证原件到铁路车站窗口办理退款手续。已打印报销凭证的铁路电子客票办理改签、退票手续时，旅客须交回报销凭证。

2．退票费的收取

开车前8天（含）以上退票不收取退票费；票面乘车站开车时间前48小时以上的按票价5%收取；24小时以上，不足48小时的按票价10%收取；不足24小时的按票价20%收取。开车前48小时～8天期间内，改签或变更到站至距开车8天以上的其他列车，又在距开车8天前退票的，仍核收5%的退票费。办理车票改签或“变更到站”时，新车票票价低于原车票的，退还差额，对差额部分核收退票费并执行现行退票费标准。

3．改签的规定

（1）使用电子支付方式通过车站售票窗口、自动售票机、铁路代售点购买的铁路电子客票，均可通过车站指定窗口办理改签手续。在12306网站注册且通过手机App完成人脸身份核验的旅客，也可通过12306网站办理其他人的改签手续。已打印报销凭证的铁路电子客票办理改签时，旅客须交回报销凭证。

（2）在有运输能力的前提下，开车前48小时（不含）以上，可改签预售期内的其他列车；开车前48小时以内，仅可改签开车前的其他列车，或开车后至票面日期24:00之间的其他列车；开车之后，旅客仍可改签当日其他列车。已经办理“变更到站”的车票，不再办理改签。

（二）机票

由于各航空公司对于退改签机票的规定并不完全一致。因此，仅以中国国际航空为例对国内客票退改签的标准进行介绍。

1．团队机票退改签的规定

团队机票退改签的收费标准按照购票时签订的合同执行。

2．散客退票的规定

（1）正常票价情况下，自愿退票手续费的收费标准见下表。

自愿退票（正常票价）手续费收费标准统计表

服务等级	舱位代码	航班起飞前30天（720小时）（含）之前	航班起飞前30天（不含）至14天（336小时）（含）	航班起飞前14天（336小时）（不含）至4小时（含）	航班起飞前4小时（不含）至航班起飞后
头等舱	F	免费	5%	5%	10%
	A	5%	5%	10%	20%
公务舱	J	免费	5%	5%	10%
	C/D/Z/R	5%	5%	10%	20%
超级经济舱	G	免费	5%	10%	20%
	E	10%	15%	20%	30%
经济舱	Y	免费	5%	10%	20%
	B/M/U	10%	15%	20%	30%
	H/Q/V	10%	25%	30%	40%
	W/S	20%	45%	50%	100%
	T/L/P/N/K	30%	60%	90%	100%

（2）其他情况的退票标准：

通常情况下，如购买的是特价机票，收取退票费为购票价格的100%，在非自愿情况下退票，免收退票手续费。

3．散客变更行程的规定

（1）正常票价情况下，自愿变更行程的手续费收费标准见下表。

自愿变更行程（正常票价）手续费收费标准统计表

服务等级	舱位代码	航班起飞前30天（720小时）（含）之前	航班起飞前30天（不含）至14天（336小时）（含）	航班起飞前14天（336小时）（不含）至4小时（含）	航班起飞前4小时（不含）至航班起飞后
头等舱	F	免费	免费	免费	10%
	A	免费	免费	5%	10%
公务舱	J	免费	免费	免费	10%
	C/D/Z/R	免费	免费	5%	10%
超级经济舱	G	免费	累计免费三次，第四次起每次收5%		10%
	E	免费	5%	10%	20%

续表

服务等级	舱位代码	航班起飞前30天（720小时）（含）之前	航班起飞前30天（不含）至14天（336小时）（含）	航班起飞前14天（336小时）（不含）至4小时（含）	航班起飞前4小时（不含）至航班起飞后
经济舱	Y	免费	累计免费三次，第四次起每次收5%		10%
	B/M/U	免费	5%	10%	20%
	H/Q/V	免费	15%	20%	30%
	W/S	10%	25%	30%	40%
	T/L/P/N/K	20%	35%	40%	50%

说明：G舱和Y舱在“航班起飞前30天（不含）至14 天（336小时）（含）”和“航班起飞前14天（336 小时）（不含）至4小时（含）” 两个时间段内的自愿变更次数需合并计算，即两个时间段内累计 “免费变更三次、第四次起每次收5%”。

（2）其他情况的退票标准：如购买的是特价机票一般不允许变更行程。同时，在非自愿情况下变更行程，免收变更手续费。

（三）酒店客房

一般情况下，在旅游者入住酒店的前一天晚上18：00之前可免费在线办理取消预订手续，费用将原路径返还。如需改期入住，则需退订后再重新预订。若超过上述时间则无法办理。

（四）景区门票

通常各景区对在线退票的截至时间规定为：门票使用日期当天景区下班之前。同时，目前我国各景区均不接受门票改期的办理，旅游者需要将原有门票退订再重新购买。

项目四 旅游在线支付

学习目标

知识目标： 了解在线支付的特点和功能；
理解在线支付的概念；
掌握在线支付的方式、流程。

能力目标： 能够协助旅游者完成旅游产品的在线支付。

素质目标： 培养学生爱岗敬业、勇于奉献的精神；
培养学生以爱国主义为核心的民族精神。

任务书

"在线支付"培训工作任务单

专业班组		组长		完成日期	
任务描述： 在线支付已经成为越来越多旅游者的首选方式，一名优秀的旅游在线客服人员，只有了解在线支付的特点与功能，熟悉在线支付的方式与流程才能更好地为旅游者提供服务。如果你是某旅行社的在线客服部门经理，请整理有关旅游在线支付的资料并制作课件，对员工开展一次培训工作。					
检查意见：					

任务分组

学生任务分配表

专业班组		组长		指导教师	
小组成员					
任务分工					

获取资讯

- **引导问题1：**在线支付有哪些特点？

______

______

______

______

- **引导问题2：**在线支付有哪些基本功能？

______

______

______

______

- **引导问题3：**主要的第三方支付平台有哪些，请选择一个进行详细介绍。

______

______

______

______

● **引导问题4：** 旅游在线支付的流程是什么？

● **引导问题5：** 在线支付对旅游业有哪些消极影响，该如何解决？

工作计划

"在线支付"培训工作方案

步骤	工作内容	工作方式	负责人
1			
2			
3			
4			
5			
6			

进行决策

（1）各组派代表阐述本小组团队组织情况及相应的工作安排。

（2）各组对其他组的汇报内容提出自己不同的观点和看法。

（3）结合大家的建议进行适当的完善。

工作实施

以情景表演的形式，向大家一一展示小组工作成果。

评价反馈

学生自我检视表

任务	完成情况	未完成内容	未按时完成原因
获取资讯模块下的引导问题是否认真完成			
引导问题涉及的知识是否完全掌握			
项目中所涉及的基本技能是否完全掌握			
实施过程中交代的任务是否按时完成			
项目实施过程中涉及的材料上交是否及时			
项目完成过程中是否有创新点			
收获：			
备注：本自我检视表，主要目的是总结、回顾本项目知识，了解同学们对知识的了解、掌握和运用情况。同学们根据个人学习实际情况如实填写，可起到查缺补漏，完全掌握和熟练运用本项目知识的学习目标。此环节与引导问题填写也可按学生填写表格和引导问题完成情况、查缺补漏的实际行动进行打分			

学生评价表

班级		组别		任务名称	

评价指标	评价标准	分值
参与状态	不迟到、不早退，不无故缺课； 与老师、同学之间是否互相尊重、理解、平等； 与老师、同学之间是否能够保持多向、丰富、恰当的信息交流； 遵守团队纪律，认真倾听团队成员意见，积极协作分享； 善于多角度思考问题，能主动提出有价值的问题，发表个人见解； 探究学习、自主学习，不流于形式，做到有效学习	20
信息咨询	能有效利用教材、网络资源查找有效信息；能够认真研讨信息内容进行知识转化，转化成自己的认知；能将学到的理论知识应用于实际工作中	10
感知工作	熟悉自己的工作岗位，认同工作的价值；在工作中获得满足感	10
工作方法	工作计划、工作方法符合规范要求；获得了进一步发展的能力	10
工作过程	遵守团队纪律，工作过程中符合旅行社员工规范要求；平时上课的出勤情况和每天完成工作任务情况；善于多角度思考问题，能主动发现、提出有价值的问题	15
任务完成	较好地掌握了专业知识点；具有较强的信息分析能力和理解能力；具有较为全面严谨的思维能力并能条理明晰地表述成文，按时按质完成工作任务	25
思维状态	能发现问题、提出问题、分析问题、解决问题、创新问题	10

互评打分

评价人	被评价人		参与状态（20分）	信息咨询（10分）	感知工作（10分）	工作方法（10分）	工作过程（15分）	任务完成（25分）	思维状态（10分）
学生A	学生B	（30 %）							
	学生C								
	学生D								
	学生E								
授课教师		（70 %）							

最后总分：

备注：本评价表用于评价学生任务完成情况，学生互评占30%，教师评价占70%

团队评价表

班级		组别		任务名称	

评价指标		评价标准	分值
团队表现		团队成员不迟到、不早退，不无故缺课，工作的状态积极，按时完成工作任务	5
		团队成员遵守团队纪律，团队成员之间互相尊重、认真倾听、协作分享	5
		团队成员善于多角度思考问题，能主动提出有价值的问题，发表个人见解	5
		团队成员能够认真倾听其他组同学工作汇报，虚心好学，乐于思考，提出合理的建议	5
任务描述、接受任务		对任务的理解正确，工作思路清晰	5
任务分析、分工情况		能够对任务内容进行全面、具体分析，小组成员分工明确	5
制订计划		计划内容全面，具有条理性，制订的内容符合工作要求	5
计划实施	培训课件内容	内容完整，重点突出	8
		结构合理，各内容间较为连贯	8
		页面布局合理，文字清晰，较为美观	5
	培训整体效果	讲解内容完整，应包含在线支付的特点、功能、方式、流程等基本内容；还应包括对在线支付相关内容的介绍，如主要的第三方支付平台	12
		培训内容较为贴近旅行社的实际工作	10
		语音适中，语言连贯，思路清晰	7
		培训过程气氛活跃，有一定互动	10
创新点		能发现问题、提出问题、分析问题、解决问题、创新问题	5

互评打分

评价组	被评价组		团队表现（20分）	任务描述、接受任务（5分）	任务分析、分工情况（5分）	制订计划（5分）	计划实施（60分）	创新点（5分）
第1组	第2组	30%						
	第3组							
	第4组							
	第5组							
教师评价		70%						

最后总分：
简要评述：
备注：本评价表用于小组完成任务情况评价，小组互评占30%，教师评价占70%

项目相关知识点

一、在线支付的概念和特点

（一）在线支付的概念

在线支付又称网络支付、网上支付，是指通过第三方提供的与合作银行之间建立的支付接口，完成消费者的即时支付的方式。在线支付是电子支付的一种形式，它的优势在于能够在没有人工确认的情况下，完成资金从消费者的账户瞬间转移到企业的账户中，减少了在传统交易过程中消费者需要花费的时间成本和经济成本。

在线支付可采用网上银行和第三方支付平台的方式进行网上交易。这种支付方式，不仅提高了企业的收入，使企业快速回收资金，还为消费者提供了跨地域消费的体验。随着在线支付的不断完善以及在线旅游的不断发展，未来的旅游者将会体验到更加安全、便利、快捷的旅游在线支付体验。

（二）在线支付的特点

1．信息流代替现金流

在线支付是运用数字化方式自动完成交易款项支付的一种形式，其实质就是通过信息流传输代替现金的交换。

2．具有较高的安全性

在线支付可保护交易双方不被非法支付和抵赖，也可避免被冒名顶替。而且支付的全过程使用的都是数字货币，这也有效地防止了假币的产生。

案例分析：

扫码购买是在景区购买门票常见和常用的方式。应用场景包括售票窗口扫码购买、自助机扫码购票。景区售票员通过收银员背景设置支付金额，用扫码枪、POS机等设备扫描用户支付条码完成支付。

刷脸支付可以促进旅游行业服务质量的提升。刷脸支付不仅能让游客感受到购票效率，还能在购票的价格上给予一定优惠。旅游行业的本质是为服务顾客，服务带给顾客的心灵感受影响景区的整体满意度，分析景区满意度指标数量可以在宣传、评价和景区建设等方面做出改良措施。率先开启刷脸支付的景区，在安装刷脸设备后，所产生的收入增长，为刷脸支付应用于景区的可行性提供了必要依据，间接表明全网刷脸是支付行业的必然趋势。

分析：刷脸支付安全吗？说说你的看法。

3．依托网络技术的支持

由于在线支付是一种电子支付，因此传统的货币防伪技术无法有效地对其安全进行监管，此时就需要依托互联网技术，通过用户密码、软硬件加密、防火墙等方式保护交易双方的财产安全。

4．支付方式快捷方便

与传统的支付方式相比，在线支付解决了交易双方由于地域、时间等问题造成无法交易的难题。客户只需要有计算机、手机等设备，通过互联网技术即可进行在线支付。

（三）在线支付的基本功能

1. 认证交易双方、防止支付欺诈

通过注册、认证机构向参与网上交易的各方发放数字证书的形式，证实其身份的合法性，防止支付欺诈行为的发生。

2. 加密信息流

可以采用单密钥体制或双密钥体制进行信息的加密和解密，通过数字信封、支付者数字签名等技术加强数据传输的保密性和完整性，防止未被授权的第三方获取信息的真正含义而进行违法犯罪活动。

3. 数字摘要算法确认支付电子信息的真伪

为了保护数据不被未授权者建立、嵌入、删除、篡改、重放等，完整无缺地到达接收者一方，可以采用数据杂凑技术。

4. 保证交易行为和业务的不可抵赖性

当网上交易双方发生纠纷，特别是有关支付结算的纠纷时，系统能够保证对相关行为或业务的不可否认性。网络支付系统必须在交易的过程中生成或提供足够充分的证据，来迅速辨别谁是纠纷中的过错方。

5. 处理网络贸易业务的多边支付问题

支付结算涉及消费者、商家和银行等多方，传送的购买信息与支付指令信息还必须连接在一起。这是因为商家只有确认了某些支付信息后才会继续交易，银行也只有确认支付才会提供支付凭证。为了保证安全，商家不能读取客户的支付指令，银行不能读取商家的卖货信息，这种多边支付的关系能够借用系统提供的诸如双重数字签名等技术来实现。

6. 提高支付效率

在线支付的手续和过程非常简单，支付效率较高。

二、旅游在线支付方式及流程

1. 旅游在线支付方式

旅游在线支付的手续和过程并不复杂，主要包括：网银支付和第三方支付平台支付两种。

（1）网银支付。直接通过登录网上银行进行旅游在线支付的方式。开通网上银行之后才能进行网银支付，可实现银联在线支付和信用卡网上支付，这种支付方式是直接从银行卡进行的支付。

（2）第三方支付平台支付。目前我国第三方支付平台众多，包括：财付通（微信）、支付宝、银联商务、壹钱包、快钱、苏宁金融等，其中在购买旅游产品时使用最多的主要是财付通（微信）、支付宝、银联商务、壹钱包等四家平台。

2. 旅游在线支付流程

（1）旅游者接入因特网（Internet），通过浏览器、App等方式在线浏览并选择旅游产品，填写网络订单，选择应用的在线支付结算工具，并且得到银行的授权使用，如银行卡、电子钱包、电子现金、电子支票或网络银行账号等。

（2）客户机对相关订单信息（如支付信息）进行加密后提交。

（3）旅游企业服务器对旅游者的订购信息进行检查、确认，并把经过加密的客户相关支付信息转发给支付网关，直到银行后台业务服务器确认。

（4）银行验证确认后，通过建立起来的经由支付网关的加密通信通道，给旅游企业服务

器回送确认及支付结算信息。

（5）银行得到旅游者传来的进一步授权结算信息后，把资金从旅游者账户上转拨至开展在线支付的旅游企业银行账号上，借助金融专用网进行结算，并分别给旅游企业、旅游者发送支付结算成功信息。

（6）旅游企业服务器收到银行发来的结算成功信息后，给旅游者发送网络付款成功信息。

三、主要第三方支付平台介绍

1．财付通

财付通（Tenpay）是腾讯公司于2005年9月正式推出的在线支付平台，财付通公司是中国最早的领先支付平台，是首批获得中国人民银行《支付业务许可证》的专业第三方支付大型企业，其核心业务是帮助在互联网上进行交易的双方完成支付和收款，为互联网用户和企业提供安全、便捷、专业的在线支付服务。2019年9月，理财通平台运营主体由财付通迁移至腾讯全资子公司上海腾富金融信息服务有限公司。目前，财付通公司的支付业务类型包括网络支付、银行卡收单及跨境支付，客户类型包括个人客户及商户，业务范围覆盖全国。财付通公司网络支付以微信支付钱包、手机QQ钱包为入口，具体业务类型包括网关支付、快捷支付、余额支付，应用产品包括微信转账、条码支付、理财通等；财付通公司银行卡收单业务以微信支付和QQ钱包支付为主，包括收款扫码与付款扫码等；财付通公司跨境支付及国际业务的主要应用场景为跨境电子商务外汇支付业务。

2．支付宝

支付宝（中国）网络技术有限公司是国内的第三方支付平台，致力于提供"简单、安全、快速"的支付解决方案。支付宝公司从2004年建立开始，旗下有"支付宝"与"支付宝钱包"两个独立品牌。支付宝与国内外180多家银行以及VISA、MasterCard国际组织等机构建立战略合作关系，成为金融机构在电子支付领域最为信任的合作伙伴。截至2021年1月，支付宝全球用户数已超过10亿。支付宝已发展成为融合了支付、生活服务、政务服务、社交、理财、保险、公益等多个场景与行业的开放性平台。

3．银联商务

银联商务股份有限公司是中国银联控股的从事银行卡收单专业化服务的全国性公司，成立于2002年12月，总部设在上海。截至2013年6月底，银联商务已在全国（除台湾以外地区）所有省级行政区设立机构，市场网络覆盖全国337个地级以上城市，覆盖率100%。2018年1月10日，在澎湃新闻主办的"2018金融发展高峰论坛暨中国TOP金融榜评选"中，银联商务荣膺"年度支付机构"大奖。2020年1月8日，胡润百富发布"2020胡润新金融百强榜"中，银联商务上榜"2020胡润新金融50强"。

4．壹钱包

壹钱包是中国平安旗下平安付推出的移动支付客户端。壹钱包以个人创新金融为核心，以支付为基础，支持理财、购物、生活、信贷、航旅等多样化场景，提供安全、高效、便捷的金融理财与消费支付体验。理财频道引入合作金融机构的理财产品，提供活期T+0、定期理财、活期管家等多样化金融服务；购物商城与电商平台合作，汇聚超过12 000个品牌，总入驻商家数超1 000家，热销单品超70万。

知识拓展

一、在线支付方式对旅游业的影响

1. 对旅游业发展的积极作用

（1）增加经营收入。一方面，在线支付可以一站式解决旅游者购买旅游产品时出现的各种问题，这不仅提升了旅游者的消费体验，也增强了其购买旅游产品的欲望。另一方面，旅行社通过网络将企业所经营的旅游线路、行程安排等信息发布在旅游网站、手机App和微信公众号上，旅游者无须前往线下旅行社进行咨询，这降低了对旅行社位置、规模的要求，在一定程度上节约了企业的运营成本。

（2）提高服务效率。由于在线支付系统的不断升级，旅游者在线购买旅游产品时无论发生任何支付问题，都可以通过线上的方式进行解决。这种方式使旅游者在极少的时间和费用成本下得到可靠、即时的旅游支付信息。一对一的销售，使其在较短时间内得到满意的旅游体验，让旅游者成为真正的上帝。

（3）扩大业务来源。O2O模式作为一种新的商业模式，引导着旅游业发展的新方向。其最重要的特点是推广效果可查，每笔交易可跟踪。该模式对旅游者的消费体验产生重要的影响，为企业赢得好的市场口碑，有利于提高知名度。

2. 对旅游业发展的消极影响

（1）传统旅行社客源流失。旅游在线支付的出现，使得旅行社的作用逐渐降低。旅游者已经不再需要通过旅行社购买往返车票、酒店客房、景区门票等旅游产品。同时随着人们旅游观念的发展，越来越多的人选择自助旅游，这使得旅行社受到了前所未有的挑战。

（2）忽略了特殊游客的需求。旅游在线支付方式虽然有很多优势，但还存在一定的不足，如忽略了老年人、残疾人等特殊游客群体的需求。在某些景区仅提供在线支付购票这一种支付方式，而一些老年旅游者并不了解如何才能进行支付，只能四处寻求帮助，这极大降低了中老年游客的旅游体验。

（3）存在一定的安全隐患。一方面，在支付过程中由于支付密码、付款二维码被盗取，导致旅游者财务损失的风险；另一方面，不法分子通过倒卖旅游者的支付信息而获取私利，这严重侵犯了旅游者的隐私，造成不必要的损失。

二、旅游在线支付发展的策略

1. 树立在线支付的信任度和市场口碑

在线支付虽然方便快捷，但在安全方面仍然受到很多旅游者的质疑。因此，提供在线支付服务的银行和第三方平台要加大宣传力度，让旅游者了解在线支付的安全性。同时，旅行社、酒店、景区等主要旅游者的接待企业应不断规范支付流程，并引导游客放心支付。

2. 不断完善旅游在线支付的安全保障体系

要逐渐完善在线旅游支付的法律保障体系，明确旅游者、旅游企业、银行或第三方支付平台之间的关系及所要承担的法律责任。同时，通过技术加密手段建立旅游在线支付的安全屏障，提升旅游在线支付的安全性。

3. 向旅游者普及旅游在线支付安全知识

旅游者在线支付过程中识别欺诈行为的能力较薄弱，保护个人隐私信息的意识不足。因此，在线支付平台、旅游企业、媒体和政府相关部门应加大对旅游者有关在线支付安全知识和反诈骗技能的宣传力度。

4. 不断完善在线支付的配套服务

随着信息技术的不断发展，在线支付的方式越来越完善，如陆续出现了指纹密码支付、人脸识别支付、声纹识别支付、声波支付、AR/VR支付等新型的支付方式，但在这一过程中，企业只注重了科技的提升却忽略了相关的配套服务，以咨询服务为例，大多数企业仅开通了在线智能咨询服务，并没有开通人工咨询热线，在表面提升效率的同时，却给一些老年旅游者增加了无形的障碍。因此，相关企业需要不断完善相关的配套服务，提升旅游者的消费体验。

模块九 旅行社发展趋势

项目一 旅行社的未来发展

学习目标

知识目标：掌握现阶段旅行社发展特点；
了解旅行社发展趋势。

能力目标：能够对旅行社发展情况进行调研分析；
能够根据旅行社发展状况提出未来发展建议。

素质目标：培养改革创新精神，培养胸怀全局意识，培养责任与担当意识。

任务书

旅行社发展状况调研任务单

专业班组		指导教师		完成日期	
任务描述：调研一家旅行社，了解其发展规划，并对照我国旅行社行业未来发展趋势进行分析，撰写调研报告，提出发展建议。					
任务清单： 1. 小组分工设计调查问卷或调查提纲，调研一家旅行社，了解他们的经营现状及发展计划。 2. 对照我国旅行社行业未来发展趋势进行分析，撰写调研报告，结合该旅行社实际情况，提出发展建议。 3. 制作PPT汇报展示调研过程、结果及发展建议					

任务分组

学生根据项目导入情境进行模拟任务分配，按照旅行社发展规划调研报告撰写的基本程序和组员能力特长分配任务，在规定时间内完成任务清单。

学生任务分配表

专业班组		组长		指导教师	
小组成员					
任务分工					

获取资讯

- 引导问题1：被调研旅行社的规模如何？

- 引导问题2：被调研旅行社近三年的利润大约是多少？

- 引导问题3：被调研旅行社主要经营什么旅游产品？

- **引导问题4：**被调研旅行社是否为集团化企业？是或不是的主要原因是什么？

- **引导问题5：**被调研旅行社电子商务发展情况如何？

- **引导问题6：**被调研旅行社未来有何发展规划？

工作计划

旅行社发展调研报告撰写工作分配参照表

任务	工作内容	提交结果	合作方式
1	选定一家旅行社，设计调研问卷或调研提纲	调研问卷	小组例会
2	旅行社调研	调研问卷结果	团体或分配
3	旅行社发展调研报告撰写	撰写调研报告	小组例会
4	制作PPT并展示汇报	汇报演说	团体或分配

进行决策

（1）各组组长首先根据任务决定团队分工安排；

（2）各组按照工作进度安排例会时间，进行事务性讨论和阶段性汇报；

（3）可以通过互联网、实地考察、专家访谈等方式进行调研和决策咨询。

工作实施

按照本组设定工作计划完成任务书中的项目任务，并将成果向大家做汇报总结。

评价反馈

学生自我检视表

任务	完成情况	未完成内容	未按时完成原因
获取资讯模块下的引导问题是否认真完成			
引导问题涉及的知识是否完全掌握			
项目中所涉及的基本技能是否完全掌握			
实施过程中交代的任务是否按时完成			
项目实施过程中涉及的材料上交是否及时			
项目完成过程中是否有创新点			
收获：			
备注： 本自我检视表，主要目的是总结、回顾本项目知识，了解同学们对知识的了解、掌握和运用情况。同学们根据个人学习实际情况如实填写，可起到查缺补漏，完全掌握和熟练运用本项目知识的学习目标。此环节与引导问题填写也可按学生填写表格和引导问题完成情况、查缺补漏的实际行动进行打分			

学生评价表

班级		组别		任务名称	

评价指标	评价标准	分值
参与状态	不迟到、不早退，不无故缺课； 与老师、同学之间是否互相尊重、理解、平等； 与老师、同学之间是否能够保持多向、丰富、恰当的信息交流； 遵守团队纪律，认真倾听团队成员意见，积极协作分享； 善于多角度思考问题，能主动提出有价值的问题，发表个人见解； 探究学习、自主学习，不流于形式，做到有效学习	20
信息咨询	能有效利用教材、网络资源查找有效信息；能够认真研讨信息内容进行知识转化，转化成自己的认知；能将学到的理论知识应用于实际工作中	10
感知工作	熟悉自己的工作岗位，认同工作的价值；在工作中获得满足感	10
工作方法	工作计划、工作方法符合规范要求；获得了进一步发展的能力	10
工作过程	遵守团队纪律，工作过程中符合旅行社员工规范要求；平时上课的出勤情况和每天完成工作任务情况；善于多角度思考问题，能主动发现、提出有价值的问题	15
任务完成	较好地掌握了专业知识点；具有较强的信息分析能力和理解能力；具有较为全面严谨的思维能力并能条理明晰地表述成文，按时按质完成工作任务	25
思维状态	能发现问题、提出问题、分析问题、解决问题、创新问题	10

互评打分

评价人	被评价人		参与状态（20分）	信息咨询（10分）	感知工作（10分）	工作方法（10分）	工作过程（15分）	任务完成（25分）	思维状态（10分）
学生A	学生B	（30%）							
	学生C								
	学生D								
	学生E								
授课教师		（70%）							

最后总分：

备注：本评价表用于评价学生任务完成情况，学生互评占30%，教师评价占70%

团队评价表

班级		组别		任务名称	

评价指标		评价标准	分值
团队表现		团队成员不迟到、不早退，不无故缺课，工作的状态积极，按时完成工作任务	5
		团队成员遵守团队纪律，团队成员之间互相尊重、认真倾听、协作分享	5
		团队成员善于多角度思考问题，能主动提出有价值的问题，发表个人见解	5
		团队成员能够认真倾听其他组同学工作汇报，虚心好学，乐于思考，提出合理化建议	5
任务描述、接受任务		对任务的理解正确，工作思路清晰	5
任务分析、分工情况		能够对任务内容进行全面、具体分析，小组成员分工明确	5
制订计划		计划内容全面，具有条理性，制订的内容符合工作要求	5
计划实施	任务成果验收	调研问卷	10
		调研报告	10
		汇报演说PPT	10
	任务成果汇报	汇报思路清晰，语言表述流畅	10
		调研报告撰写各项资料呈现清晰	10
		汇报过程井然有序，礼仪规范，表述有感染力	10
创新点		能发现问题、提出问题、分析问题、解决问题、创新问题	5

互评打分

评价组	被评价组		团队表现（20分）	任务描述、接受任务（5分）	任务分析、分工情况（5分）	制订计划（5分）	计划实施（60分）	创新点（5分）
第1组	第2组	30%						
	第3组							
	第4组							
	第5组							
教师评价		70%						

最后总分：

简要评述：

备注： 本评价表用于小组完成任务情况评价，小组互评占30%，教师评价占70%

项目相关知识点

一、我国旅行社经营情况

（一）旅行社规模小、利润低

1．旅行社规模小

我国旅行社与其他行业的企业相比规模普遍偏小，绝大多数属于中小企业。

2．旅行社的总体利润偏低

旅行社利润是企业一定时期经营成果的体现。自20世纪90年代以来，我国旅行社行业的平均利润始终徘徊在较低的水平。

（二）旅行社发展不平衡

1．数量分布不平衡

从旅行社的数量分布上看，我国的旅行社主要分布在东部地区，尤其是沿海经济发达地区，如江苏、浙江、广东、山东等。

2．旅行社经营业绩不平衡

从旅行社的经营业绩来看，业绩较突出的仍然是位于东部沿海地区的旅行社和中西部旅游资源丰富地区的旅行社。

（三）旅行社在经营秩序上存在不同程度的混乱

经过多年的发展，我国在旅行社管理方面已经建立了一套完备的管理制度。但在经营秩序上仍然存在着不同程度的混乱局面，其中最突出的表现就是恶性价格竞争，“零团费”“负团费”等现象屡禁不止。

（四）旅行社尚未形成合理的分工体系

从世界范围来看，旅行社的分工体系经历了一个长期的演变过程。首先是旅游批发商逐渐从零售代理中分化出来，旅行社初步实现了批发经营和零售代理之间的垂直分工；与此同时，各旅游批发商和零售代理商又往往根据自身的特点和市场状况在各自的领域参与了水平分工，形成一种混合型的分工体系。

我国旅行社的分工体系是以水平分工为主要特征的体系，这很容易导致旅行社的低水平竞争。大大小小的旅行社一哄而上，以同样的方式争抢同样一块蛋糕，涉猎相同的领域，经营相同的业务，大大浪费了资源，还造成了经营秩序的混乱。因此，调整旅行社的行业分工体系已成当务之急。

（五）旅行社面临激烈的外部竞争环境

旅游业务涉及范围很广，除了招徕旅游者，为旅游者代办出境、入境和签证手续，为旅游者安排食宿外，还为旅游者安排交通、游览、考察、度假、疗养、购物、娱乐代购代订交通客票、提供行李服务、提供导游讲解服务等。但上述业务并非是旅行社专有的。如一些订房公司、票务公司和许许多多的将互联网作为旅游产品销售平台的公司，实际上都在从事旅行社业务。一些培训机构、各类“中心”组织人员旅游、考察、学习，“户外旅游微信群”实际上也是在做旅行社业务，但目前无法对这些公司和机构实施与旅行社一样的严格管理，这显然损害了旅行社的公平竞争环境。

此外，“自助游”“自驾游”的兴起和普及对旅行社业务也构成了极大的冲击。近几年来，国内游人数的激增并没有导致旅行社接待国内游人数激增，相反，旅行社接待的国内游人数占旅游总人数的比例呈下降趋势。随着网络的普及和网络预订的便捷化，游客获得旅游信息的渠道更畅通，预订景点门票、客房、交通票据会变得越来越方便，旅行社面临的挑战将更大。

二、我国旅行社的未来发展趋势

面对激烈的市场竞争环境，旅行社应适时调整经营模式和经营策略，迎接市场挑战。在这一过程中，旅行社业务分工的专业化、组织结构的集团化、经营布局上的网络化、旅游产品的多样化、经营方式的智慧化等将是我国旅行社的未来发展趋势。

（一）业务分工的专业化

旅行社之间之所以会有恶性价格竞争，最直接的原因是旅行社产品的同质化。旅行社产品与一般产品不同，既没有商标权、专利权等的进入限制，又没有太多技术优势可供保留和垄断。一个新的旅游产品出现之时，很可能就是众多旅行社一哄而上、竞相模仿之时。正是因为众多的、大大小小的旅行社都提供大致相同的旅游产品，旅行社间的竞争就很容易演化成单纯的价格竞争。要避免出现这一情况，旅行社之间实现业务的专业化分工就显得非常重要。

首先，专业化分工能节约资源，提高效率。专业化分工的出现是人类社会进步的标志，人类社会的进步始终伴随着分工的一再细化。畜牧业与农业的分离是人类社会的第一次社会大分工，手工业的出现是人类社会的第二次社会大分工，这两次大分工对人类有着里程碑的意义。随后，社会生活中的分工越来越多，越来越细。旅行社的出现本身也是社会分工进一步深化的结果，它符合社会的需要，提高了社会运转的效率。同样，在旅行社行业中，明确而具体的专业分工也能提高各旅行社的运转效率。因为合理的分工能最大限度地整合资源，实现优势互补，使各旅行社都能专注于自己的特色经营上，而不是像以往一样面面俱到，但又面面不到位，比如，有的旅行社发挥自身在探险旅游方面的优势，专门做探险旅游产品，各个地方的探险产品都做，很快做出了影响力；有的旅行社专门做一条出境游线路产品，很快就做得熟门熟路，其他旅行社也纷纷把客人转过来，出现了规模效益。

其次，专业化分工能最大限度地满足旅游者多样化的需求。旅行社的发展离不开旅游业的发展，旅行社的经营方式也必须根据旅游业的发展变化而变化。我国已经当之无愧地成为世界旅游大国，旅游日益大众化和多样化，旅游者的旅游需求也日益多样化，旅行社只有适时地调整经营策略、细化经营品种，才能更好地满足旅游者的需要。

最后，专业化分工也能最大限度地维护旅行社经营的正常秩序。当前，旅行社在经营秩序上存在的低价竞争基本都源于各旅行社提供产品的同一化。如果各旅行社都走专业化道路，提供各具特色的产品，价格战自然就打不起来了。

（二）组织结构的集团化

旅行社行业自出现以来，一直是一个典型的分散型行业，缺少能够对市场发挥重大影响的大型旅行社。但这种情况在20世纪90年代以来开始改变，一批跨国经营的大型旅行社集团出现在欧美地区，在旅行社行业中占据了举足轻重的地位。

旅行社集团是以旅行社为主体，通过协议、组织联合、生产经营协作等多种方式由众多的企业共同组成的经济联合体。该联合体既可以是由多个旅行社组成的，也可以是由各类旅游企业组成的，但以旅行社为主。

相对于单一企业，企业集团有人、财、物方面的诸多优势，能实现资源共享、优势互补，因而生命力强、发展潜力很大。正因为如此，实现旅行社经营的集团化应该是具备条件的旅行社的发展方向。一些有实力的旅行社可以通过自我积累、自我扩张发展成旅行社集团；其他数量更多的旅行社可以通过合并、兼并或其他方式重新组合形成旅行社集团。旅行社集团的各个组成部分在经营上应是连成一体的，这样才能充分发挥集团在采购、预订、营销、资金、人才等方面的优势，实现规模效益。同时，旅行社集团的存在也可以引导和稳定市场，克服旅行社因市场分散和规模较小带来的问题。

在旅行社的集团化经营上存在一个误区，即认为集团化经营是大企业的事，与中小企业无关。其实，中小旅行社也可以实现旅行社的集团化经营，只要两家或多家旅行社之间相互协商，实现信息资源与市场资源共享，在经营上取长补短，就可以结成集团化经营的旅行社联合体。此外，旅行社的集团化经营也不一定要限定在旅行社之间进行。具备条件的旅行社完全可以进行多元化发展，通过投资、合作等方式进入交通、景区景点、饭店等关联企业，形成多元化企业集团。

（三）经营布局上的网络化

与旅行社企业集团化同时进行的，应是旅行社的网络化趋势。在目前旅行社的单体经营规模难以快速壮大的情形下，网络化经营实际上是旅行社实现规模化的一条便捷通道，能有效地提高旅行社的经营效益，扩大旅行社影响，增强旅行社实力。

旅行社实现网络化经营有两条渠道：一条渠道是旅行社广设营业网点，通过自身积累、扩张的方式实现网络化，这种方式虽然稳妥，但很可能会发展缓慢；另一条渠道是通过加盟连锁的方式实现网络化，这能大大提高网络化的进程，但发展质量可能难以把握。

对较小规模的旅行社来说，实现经营的网络化则更多的是要跟着大旅行社、跟着大集团走，成为大旅行社的一个网点。这并不意味着小旅行社失去了自我，而是小旅行社积极参与旅行社分工体系的表现，无论是对大旅行社还是对小旅行社来说都是有利的。大旅行社无须广泛布点，通过现存的小旅行社就轻易实现了经营的网络化，一方面节省了大笔费用，另一方面可集中精力致力于产品开发、促销和旅游接待业务；小旅行社则无须再走“小而全”的老路，依托大旅行社的资源优势，专门从事旅游产品的代理销售。

（四）旅游产品的多样化

随着社会经济的发展和人们生活水平的提高，人们的旅游需求呈现多样化、个性化的趋势。面对这一趋势，旅行社必须调整经营战略，及时更新旅游产品，满足游客日趋多变的旅游需求。

1. 大力开发自由行产品

近年来，随着游客旅游知识和旅游经验的增多，自助游成为越来越热门的一种旅游方式，分流了旅行社的客源。

自助游可以满足游客对吃、住、行、游、购、娱的个性化要求，时间上灵活自由，优势非常突出。但自助游也有劣势，如需要游客花费大量时间和精力进行筹备，因没有批量采购的优势，机票、酒店的价格较高，等等。旅行社可充分发挥自己在旅游专业知识方面的专长，利用批量采购带来的价格优势，为游客提供菜单选择式销售，比如为游客设计线路，为游客订机票、订酒店，为游客购买景区门票，为游客提供导游讲解，为游客提供当地的一日游服务，等等。这些服务虽然单个的利润空间较小，但市场规模很大，容易给旅行社带来规模效益。

2. 大力开发出境游产品

改革开放之初，出境游对很多中国人来说是可望而不可及的事情。但现在，我国已经成为全球增长速度最快、影响力最为广泛的客源输出国，不仅出境游人数世界第一而且海外旅游消费也是全球第一。目前，这一快速增长势头仍然在延续。

受语言和繁杂的出境手续等方面的限制，游客在出境旅游时选择跟团游的比例远远大于国内旅游的跟团游比例。2019年度，全国旅行社国内旅游接待18 472.66万人次，约占当年国内游客的3.08%；全国旅行社出境旅游组织6 288.06万人次，约占当年国内居民出境人数的40.57%。而且，出境游一般时间较长、开支较大，游客的消费能力一般也较强，因此，出境游历来是旅行社的主要利润来源之一。旅行社应抓住目前出境游大发展的时机，发展多样化的出境游产品，吸引出境游客源。

3. 为自驾车旅游者提供服务

随着我国经济社会的持续快速发展，人们的购车意愿越来越强烈，这使得我国汽车保有量急剧增加。截至2019年底，全国民用汽车保有量已达26 150万辆，其中私人轿车保有量达到13 701万辆，可以说，小汽车已经走入了我们的日常生活。与之伴随而来的是，越来越多的人开始自驾车旅游，并渐成一种时尚。据有关统计，我国游客选择自驾游出行的比例已超过70%。

自驾车旅游对旅行社的业务量会有一些影响，但旅行社可以采取一些积极的应对措施，变被动为主动。比如，旅行社在酒店预订、景区门票预订、餐饮预订等方面具有优势，也有在自驾游线路设计、活动组织和导游讲解方面的优势，这些完全可以成为吸引自驾车旅游者的因素。旅行社如果针对自驾车旅游者的实际需要设计一些旅游产品，完全可以开拓自驾车旅游市场，扩大旅行社的业务范围。

4. 提供“定制”服务

旅游产品的核心是服务，这种服务必须满足游客的真实需求。在大众旅游需求日益多样化的今天，旅行社能否提供“定制”服务也是旅行社能否赢得市场的一个关键因素。这种“定制”服务指的是旅行社按照游客的要求设计旅游产品，或者旅行社设计的旅游产品允许游客进行修改，以最大限度地满足游客的需求。“定制”服务这种产品显然对吸引客源是有利的，但因这种产品是高度个性化的产品，很可能难以形成规模效应，从而增加旅行社的服务成本和服务难度，这的确是旅行社推行“定制”服务面临的最大问题。因此，旅行社在提供“定制”服务时，要想办法控制成本，尽量使“定制”的产品能满足更多人的需求，同时也可借鉴国外流行的“导游兼司机”的经营模式，使用小型、中型旅游车辆，尽量降低成本，这样也可满足部分游客不愿意参团旅游的心理。

5. 加大休闲度假产品的开发力度

过去，以游览自然风光、观赏名胜古迹、领略民俗风情为主要内容的观光旅游是我国最常见、最普遍的旅游活动类型，观光游产品也长期成为旅行社产品设计的主体。随着我国人民生活水平的进一步提高，带薪假期的延长，旅游经历的丰富，以休养、娱乐、健身、疗养等消遣性活动为主要内容的休闲度假旅游日益受旅游者青睐。中国旅游研究院调查显示，2016年，持休闲度假旅游动机的游客比例已超过七成。旅行社应适应这一变化，加大休闲度假产品的开发力度，推出更多的海滨游、山地游、森林游、湖滨游、温泉游、冰雪游、海岛游、避暑游、乡村游、邮轮游等产品，满足游客的消费需求。

三、经营方式的智慧化

近年来，网络的普及、信息技术的进步给旅游业带来了重大影响。越来越多的计算机和智能手机、平板电脑等智能移动设备不仅能实时查询旅游信息，并且能够在极短时间内完成机（车）票预订、酒店预订、景区预订甚至旅游线路预订。可以说，我们已进入“智慧旅游”时代，“智慧旅游”不仅成了一种时尚，也成了未来的趋势。

智慧旅游指的是利用物联网、云计算、高性能信息处理、智能数据挖掘等技术，借助互联网和便携的终端上网设备，主动感知旅游信息，并以此进行管理和安排调整旅游计划。“智慧旅游”的出现对旅行社经营的影响可以说是前所未有的。在“智慧旅游”时代，游客对旅游信息的感知变得异常容易，对旅游信息的利用也从来没有这么便捷。这一情况的出现对传统旅行社等客上门的经营模式造成了巨大冲击。旅行社员工再也不能守着一部传真机、两部电话来接业务了。要想不被市场淘汰，旅行社的经营方式也必须实现智慧化。

（一）对经营信息的智慧化处理

旅游市场信息繁杂，旅行社要实现有效经营，必须掌握大量的经营信息。过去，这些信息靠手工操作处理，效率低下。现在，互联网和信息处理技术能帮助旅行社实现旅游信息资源的有效整合，使旅行社不仅能及时获取信息，还能获取这些信息的准确分析数据，从而提高旅行社招徕旅游者、开拓市场的能力。因此，在“智慧旅游”时代，旅行社不能置身事外，而是要积极推进企业经营管理的信息化、智慧化建设，提高企业的经营效益。

比如，旅行社可将海量的旅游信息存放于云计算中心，通过云计算，搭建旅游信息平台，使旅游者可以直接在平台上查询各种旅游产品信息。这样，旅行社既不需要自己购买服务器和建立网站，又可方便地对旅游产品信息进行管理和发布，大大降低了成本。

（二）大力发展旅行社电子商务

开展旅行社电子商务是旅行社实现经营智慧化的重要组成部分，也是信息化背景下旅行社的必然选择。

旅行社电子商务指的是旅行社以网络、通信、电子支付等现代技术手段为依托，通过在网上发布旅游产品信息进行促销活动，实现旅游产品交易的电子商务活动。通过电子商务平台，旅行社可以不间断地向各地的旅游者提供旅游产品信息，突破了产品信息的时空限制，大大方便了旅游者预订，同时方便了旅行社组合产品，并且减少了企业的运行成本。

近年来，随着移动支付的普及和移动端应用的拓展，电子商务向移动端的偏移趋势越来越明显，移动端购物已超越PC端成为网络购物的主流。旅行社应审时度势，充分认识互联网和移动通信相结合的商业应用对旅游消费模式的影响，适应市场变化，着眼于满足旅游者在旅游过程中的核心诉求，开发、应用电子商务平台、实现信息化条件下的服务模式和旅行社产品的创新，拓展产品销售渠道。

知识拓展

旅游业发展面临的挑战与机遇

新冠肺炎疫情对全球旅游业造成了冲击和影响，许多企业面临诸多困难和挑战。然而，在旅游已成为人民群众美好生活不可或缺的一部分的背景下，旅游业发展长期向好的趋势未曾改变。

（一）新冠肺炎疫情对旅游业造成前所未有的冲击和影响

新冠肺炎疫情暴发以来，全球游客数量锐减，全球旅游业开始进入冰封期。文化和旅游部数据显示，2019年春节假期实现旅游收入5 139亿元，按照平均增长的预测，2020年春节假期若不受疫情影响将达到接近5 500亿元。

受疫情影响，大量旅游订单取消和退款，此前预定的旅游订单退改率超过80%。企业的现金流受到“退改潮”的考验，全行业出现资金链吃紧的现象，旅行社、航空公司、酒店、餐馆、景点面临现金流压力。疫情期间86.8%的旅游企业处于暂停经营的状态，旅游业停摆期间日均损失估算超过170亿元。

2020年4月底之后，全国疫情基本结束，旅游业迎来一波强增长。旅游业成为战“疫”后恢复较快的行业，特别是开放型自然景区与虚拟景区成为热点。考虑到疫情影响面较大、时间较长，国际旅游影响较大等因素，我国旅游主要以国内旅游为重，同时，强大的出境旅游客流将部分转化为国内旅游。

旅游业具有很强的综合带动作用，反之也意味着旅游业对其他行业具有很强的依赖性，因此旅游业对外部环境的变化尤为敏感。社会稳定、公共安全、突发公共卫生事件等都会影响旅游业的发展，由此，待危机事件过后，旅游业也将浴火重生、韧性增长，并持续发展。

（二）旅游产业链分成上、中、下三段，从投资角度看，疫情对不同企业影响程度不同

上游的主体是大投资带动的资源开发和运营，尽管影响较大，但并无想象中悲观，稳定性和安全性较强。2020年5月，从几十个景区的历年月度数据抽样来看，1月—5月的收入总和仅占全年收入不足30%，甚至部分北方景区不足20%。对大部分景区而言，损失的是春节黄金周和五一小长假，其余时间原本就是淡季，因而影响并没有想象中的那么大。从景区行业的收入利润水平来看，一般维持在40%以上的毛利率和20%以上的净利率。大部分景区可能损失掉的仅仅是今年的利润，尚不至于达到亏损的地步。因此，旅游产业链的上游基本较为稳定，投资上具有较高的安全性。

中游的主体是渠道建设和交易促进，基本上是以旅行社和在线旅游（OTA）为代表的旅游交易服务。中游渠道竞争激烈，旅行社和OTA之间的竞争已经进入到后充分竞争时代，一些企业甚至不惜成本倒挂，企业都在细分领域内深耕，寻找各自的生存土壤。

下游的主体是旅游服务行业，包括酒店、旅游交通、餐饮、购物等。产品类型多样、分化严重，但现金流仍是衡量安全与否的重要标准。近年来，旅游民宿、旅游纪念品、旅游新媒体营销、创新游乐项目层出不穷。由于投资额度小，进入门槛低，吸纳了大量的社会零散性投资行为，快速进入了不断涌现、迭代、沉淀的过程。从这次疫情的影响来看，以民宿为例，虽然退单剧增，但其可以通过成本的控制、运营的赋能达到一定的风险规避，再加上资本的容纳量有限，因此，这类投资相对安全。对个别业态而言，比如邮轮旅游受到的冲击较大，多家邮轮业绩受到剧烈影响。2020年3月2日，日本神户夜光邮轮公司宣告破产，成为日本首个因新冠肺炎疫情破产的邮轮公司。

（三）疫情常态化情况下，旅游行业转变思路，做好工作复苏

疫情常态化情况下，旅游企业要按照中央整体部署和要求，严控因为人员流动和聚集增加带来的疫情传播风险，对疫情的警惕性不降低，继续抓紧抓实抓细防控措施。同时，主动作为、创新作为，尽量缩短恢复周期，尽可能快地走出行业发展低谷，要通过产品预售、有序复工、加快回款等方式千方百计获得现金流的保障。更重要的是旅游业要从这次危机中认真总结经验教训，在建立运营预警机制、危机应对机制和灾备减损机制等方面真正扎实做好工作。

2020年2月25日，文化和旅游部资源开发司印发《旅游景区恢复开放疫情防控措施指南》，提出坚持分区分级原则，不搞“一刀切”，健全疫情防控应急机制。旅游景区会是较早分区分类复工的行业。

（四）主动出击，转变经营思想，拓宽发展渠道

1．经营模式转变

首旅集团涉及几千家经营门店终端，疫情防控工作尤为重要，在严格落实各项防疫要求的同时，有序推动复工复产，确保经营“不停摆”，稳定经营提早走出“困局”。全聚德、东来顺、国际饭店、民族饭店等餐饮、酒店企业积极研发外卖产品，开通“线上订餐+零接触”服务模式；首旅酒店提供1 800余家经济型酒店，为复工复产返岗需隔离人员提供安全食宿服务，中高端酒店也推出“暖心套房”，为客人提供放心住、安心睡的舒适体验；进一步加快数字化转型，首旅集团首客首享助力线下应用门店“云消费”，实现了全程数字化运营，取得了良好效果；确保重点工程项目复工复产，北京环球度假区在加强各项防控措施的前提下，安全有序抢工期、提前谋划后续发展。

2．新科技手段应用

旅游企业的数字化转型是新冠肺炎疫情暴发后给旅游行业带来的最重要的启发和信号。2020年3月1日，布达拉宫在淘宝直播上进行了史上首次直播，100多万人涌入淘宝直播间；全国上百家民宿开通飞猪直播；中国国家博物馆、三星堆博物馆等知名博物馆开通淘宝直播，游客可以在线云游博物馆。

（五）旅游企业要抢抓机遇，推动国内旅游更好发展，力争占据一部分出境旅游市场

目前，国外新冠肺炎疫情蔓延，国人出境游和外国人入境游皆受到明显影响。在此背景下应加快推动国内游更好地发展。

当前，国内疫情逐步得到有效控制，积极态势正在持续。然而，境外国家和地区疫情蔓延较快。在我国疫情结束后，国内旅游市场得到了快速复苏，但因受全球旅游业影响，出入境旅游市场的恢复期还无法预知。

我国出境旅游市场规模较大、消费较高，造成巨大的旅游贸易逆差。出境旅游全面恢复可能需要很长时间。国内优质旅游目的地和优质旅游企业，要利用这个宝贵的时间窗口期，提升服务品质，优化旅游发展环境，充分运用新媒体大力宣传推介，力争将部分出境游转化为国内游。

我国文化旅游资源丰富，历史文化深厚，民族风情独特，令人心驰神往。各级政府和旅游企业应坚持“以人为本”，更好地满足人民群众对美好生活的向往。

（六）疫情催生新的生活方式、消费方向和消费方式

由于新冠肺炎疫情影响，预计乡村将成为市民的第二生活空间，到乡村旅居或将成为市民较为喜爱的生活方式。一些乡村旅游经营企业受新冠肺炎疫情影响较小，甚至出现业务增长的情况。这些企业的共同特点是生产与农事体验并举、在地采摘与网上销售并重，开发或运用了成熟的电商平台，建立了快捷的物流配送体系，培养了较为稳定的黏性用户，“线下线上”相得益彰，很好地满足了疫情催生的“宅经济”、互联网时代催生的“云经济”和新生代催生的“萌宠经济”等新经济需求。

随着人们生活品质化意识的提高，乡村旅游亟待加强健康农品、功能食宿、公共安全等方面的品牌化供给创新。乡村旅游的项目主题、产品品质和消费市场应实现精准对接，以农业生产、农村生活为产业根基，打造出系列化、综合性的多元服务产品，实现从卖产品到卖体验再到卖生活方式、从线下到线上的全系增长。

乡村旅游必须与时俱进、满足人们新的旅游需求。乡村旅游应该成为具有生产、生活、生态、生命和生意特性的“五生”产业。

（七）疫情促使旅游业发展模式演变

此次新冠肺炎疫情驱动旅游市场环境变革，带来旅游产业商业模式转型，旅游业要切忌重回过去的商业模式老路，需要改变思维模式，主动转变旅游产业商业模式。

一是5G技术升级改变了旅游体验的生产方式。VR、AR、3D、5G技术日益成熟、应用广泛，旅游业结合这些新技术，能够满足因疫情影响而不能出游的消费者的需求。结合新技术，可以实现“云旅游”“云观展”。旅游景区运用360度VR全景导览系统，也能够为游客提供美景的欣赏。

二是旅行方式转变改变了旅游体验的市场需求，安全、健康、亲情成为未来旅游需求的新方向。个人独立空间需求增大，人们对参团旅游会更加慎重。自驾游市场将得到进一步发展，将成为境内短途及境外自助旅游交通方式的第一选择。开放型景区受到青睐，合理控制人流、加强卫生防疫、减少人员接触成为趋势。低密度无景点旅游、全域休闲可能成为风尚。康养旅游休闲必然成为重要的市场增长点，亲情显得更加重要，家庭式的旅游将有所增加。

三是“短视频+旅游”的组合可能孕育出新产品与新模式，专业化的虚拟旅游空间将出现。首先，虚拟旅游体验工厂。模拟城市、乡村、景区的专业化旅游空间将成为旅游行业的新业态，可以是主题公园，或城市中心的娱乐工厂，或旅游景区的辅助设施。其次，家庭化的虚拟旅游体验设施。再次，虚拟会展。互联网3D商务时代将颠覆传统B2B模式，突破原先地域等诸多条件限制，因自主性、专业性、体验性、一站性、社区性与虚拟性，使会展减少对地域和资金的依赖，真正实现永不落幕的会展平台。第四，“旅游直播间”。目前直播市场的繁荣催生了“旅游+直播”的营销和观看模式，通过“网红”网络直播，满足大量的旅游体验需求。

四是“云旅游”成为企业新的尝试，同时也带给用户另外一种体验。携程联合驴迹导游、E景游等8家供应商共同上线了语音导览服务，涵盖了全球48个国家832个城市共计3 000多家景区。同程艺龙近日也发起成立了城市“方舟联盟”，向所有加入联盟的旅游目的地免费提供旅游推广服务，展示形式包括VR及高清视频资料等。途牛旅游网凭借成熟的旅游特产频道、苔客等平台以及社群渠道和遍布全国的地接社网络，深入产地源头，采购优质特产进行线上售卖，以探寻新机会。许多企业正在酝酿新一轮革新与突围，依托已经成熟的企业平台，新业务的培育和发展或将成为新的投资热点。

（八）旅游业要坚持“以人为本”“坚持人与自然和谐共生”的价值回归，更好地满足人民群众对美好生活的向往

高质量的旅游发展需要回归初心和创新突破。无论景区还是旅行社，都是做产品的，散客化、个性化出游是近些年持续的发展趋势，在这次新冠肺炎疫情影响下，小规模、自组织、家庭型、开放性的旅游模式将成为下一步新的发展潮流。

为了更好适应旅游业发展的新趋势，亟待从以下几个方面改进和完善。

一是需要完善服务和设施，提高旅游者的欣赏体验水平。

二是需要改革当前导游体系，提升导游队伍的专业化水平。

三是需要用科技手段，发现更多新的资源。

四是旅游产业是充分竞争行业，线下实体需要不断适应市场，深度挖掘并实现新消费、新经济、新模式和新价值。一是聚焦主业。优化资本投向，向重点领域、关键资源、优势企业集中，提高投资回报率，增强企业抗风险能力。二是调整结构。细分旅游市场，以用户需求为核心，打造目的地消费场景，创新消费产品，提供有温度的服务。三是退出低效资产，提升资产质量，尽快回笼货币资金。

项目二　旅行社品牌塑造

学习目标

知识目标：了解旅行社品牌；
熟悉管理、营销旅行社品牌。
能力目标：能够塑造旅行社品牌。
素质目标：培养学生创新意识。

任 务 书

制定品牌策略任务单

专业班组		组长		完成日期	
任务描述：品牌是企业与产品深入人心，得到顾客认可的标志。旅行社由于提供的是信息性产品，更需要，甚至只能通过品牌来确立企业与产品的独一无二的地位。如果你所在旅行社要加强品牌建设，此项工作由你负责，你将怎么做呢？					
完成意见：					

任务分组

学生任务分配表

专业班组		组长		指导教师	
小组成员					
任务分工					

获取资讯

- 引导问题1：简述旅行社的品牌。

- 引导问题2：列出旅行社品牌的特征。

- 引导问题3：旅行社品牌如何塑造？

- 引导问题4：如何管理、营销旅行社品牌？

工作计划

制定品牌策略工作方案

步骤	工作内容	工作方式	负责人
1			
2			
3			
4			
5			
6			

进行决策

（1）各组派代表阐述本小组团队组织情况及相应的品牌建设安排。

（2）各组对其他组的汇报内容提出自己不同的观点和看法。

（3）结合大家的建议，选出最优方案。

工作实施

以工作汇报和情景表演的形式，按照本组设定的品牌建设流程，向大家一一展示品牌建设的工作过程。

评价反馈

学生自我检视表

任务	完成情况	未完成内容	未按时完成原因
获取资讯模块下的引导问题是否认真完成			
引导问题涉及的知识是否完全掌握			
项目中所涉及的基本技能是否完全掌握			
实施过程中交代的任务是否按时完成			
项目实施过程中涉及的材料上交是否及时			
项目完成过程中是否有创新点			
收获：			
备注： 本自我检视表，主要目的是总结、回顾本项目知识，了解同学们对知识的了解、掌握和运用情况。同学们根据个人学习实际情况如实填写，可起到查缺补漏，完全掌握和熟练运用本项目知识的学习目标。此环节与引导问题填写也可按学生填写表格和引导问题完成情况、查缺补漏的实际行动进行打分			

学生评价表

班级		组别		任务名称	

评价指标	评价标准	分值
参与状态	不迟到、不早退，不无故缺课； 与老师、同学之间是否互相尊重、理解、平等； 与老师、同学之间是否能够保持多向、丰富、恰当的信息交流； 遵守团队纪律，认真倾听团队成员意见，积极协作分享； 善于多角度思考问题，能主动提出有价值的问题，发表个人见解； 探究学习、自主学习，不流于形式，做到有效学习	20
信息咨询	能有效利用教材、网络资源查找有效信息；能够认真研讨信息内容进行知识转化，转化成自己的认知；能将学到的理论知识应用于实际工作中	10
感知工作	熟悉自己的工作岗位，认同工作的价值；在工作中获得满足感	10
工作方法	工作计划、工作方法符合规范要求；获得了进一步发展的能力	10
工作过程	遵守团队纪律，工作过程中符合旅行社员工规范要求；平时上课的出勤情况和每天完成工作任务情况；善于多角度思考问题，能主动发现、提出有价值的问题	15
任务完成	较好地掌握了专业知识点；具有较强的信息分析能力和理解能力；具有较为全面严谨的思维能力并能条理明晰地表述成文，按时按质完成工作任务	25
思维状态	能发现问题、提出问题、分析问题、解决问题、创新问题	10

互评打分

评价人	被评价人		参与状态（20分）	信息咨询（10分）	感知工作（10分）	工作方法（10分）	工作过程（15分）	任务完成（25分）	思维状态（10分）
学生A	学生B	（30 %）							
	学生C								
	学生D								
	学生E								
授课教师		（70 %）							

最后总分：

备注： 本评价表用于评价学生任务完成情况，学生互评占30%，教师评价占70%

团队评价表

<table>
<tr><td>班级</td><td colspan="2"></td><td>组别</td><td></td><td colspan="2">任务名称</td><td colspan="2"></td></tr>
<tr><td colspan="3">评价指标</td><td colspan="5">评价标准</td><td>分值</td></tr>
<tr><td colspan="3" rowspan="4">团队表现</td><td colspan="5">团队成员不迟到、不早退，不无故缺课，工作的状态积极，按时完成工作任务</td><td>5</td></tr>
<tr><td colspan="5">团队成员遵守团队纪律，团队成员之间互相尊重、认真倾听、协作分享</td><td>5</td></tr>
<tr><td colspan="5">团队成员善于多角度思考问题，能主动提出有价值的问题，发表个人见解</td><td>5</td></tr>
<tr><td colspan="5">团队成员能够认真倾听其他组同学工作汇报，虚心好学，乐于思考，提出合理的建议</td><td>5</td></tr>
<tr><td colspan="3">任务描述、接受任务</td><td colspan="5">对任务的理解正确，工作思路清晰</td><td>5</td></tr>
<tr><td colspan="3">任务分析、分工情况</td><td colspan="5">能够对任务内容进行全面、具体分析，小组成员分工明确</td><td>5</td></tr>
<tr><td colspan="3">制订计划</td><td colspan="5">计划内容全面，具有条理性，制订的内容符合工作要求</td><td>5</td></tr>
<tr><td colspan="3" rowspan="6">计划实施</td><td colspan="5">品牌建设方案合理</td><td>10</td></tr>
<tr><td colspan="5">品牌创建方法多样</td><td>10</td></tr>
<tr><td colspan="5">品牌名称是否有特色、品牌内涵是否丰富</td><td>10</td></tr>
<tr><td colspan="5">品牌宣传是否有效</td><td>10</td></tr>
<tr><td colspan="5">旅行社失信原因分析是否透彻</td><td>10</td></tr>
<tr><td colspan="5">推动旅行社诚信经营</td><td>10</td></tr>
<tr><td colspan="3">创新点</td><td colspan="5">发现问题、提出问题、分析问题、解决问题、创新问题</td><td>5</td></tr>
<tr><td colspan="9">互评打分</td></tr>
<tr><td>评价组</td><td colspan="2">被评价组</td><td>团队表现
（20分）</td><td>任务描述、
接受任务
（5分）</td><td>任务分析、
分工情况
（5分）</td><td>制订计划
（5分）</td><td>计划实施
（60分）</td><td>创新点
（5分）</td></tr>
<tr><td rowspan="4">第
1
组</td><td>第2组</td><td rowspan="4">30%</td><td></td><td></td><td></td><td></td><td></td><td></td></tr>
<tr><td>第3组</td><td></td><td></td><td></td><td></td><td></td><td></td></tr>
<tr><td>第4组</td><td></td><td></td><td></td><td></td><td></td><td></td></tr>
<tr><td>第5组</td><td></td><td></td><td></td><td></td><td></td><td></td></tr>
<tr><td colspan="2">教师评价</td><td>70%</td><td></td><td></td><td></td><td></td><td></td><td></td></tr>
<tr><td colspan="9">最后总分：</td></tr>
<tr><td colspan="9">简要评述：</td></tr>
<tr><td colspan="9">备注：本评价表用于小组完成任务情况评价，小组互评占30%，教师评价占70%</td></tr>
</table>

项目相关知识点

一、了解旅行社品牌

（一）什么是旅行社品牌

旅行社品牌，一般是指旅行社为了使旅游消费者识别其或其产品并区别于其他竞争者所用的一种具有显著特征的标记，是指旅行社以名牌导游、名牌服务、名牌商标、名牌商号的创立、保护和发展为中心目标，以提高旅游市场竞争力和经济效益为目的的一种标记和组合。

作为服务产业，就不得不用服务质量来赢得游客的认同和肯定。然而由于旅游行业的进入门槛低，大量素质高低不一的导游充斥着旅游市场，导游行业已经趋于饱和状态。即使如此，高素质有修养的导游人员还是供不应求。这也就是说，不管是从服务态度、服务过程还是从服务质量来说，名牌导游在服务质量以及满足游客需求方面都有着很高的保障。因而名牌导游和名牌服务成为旅行社品牌的标志之一。

从顾客的心理来说，人们对名牌商标和名牌商号的认同感比较强，即使是同样的产品也愿意选择品牌。一方面会有一种满足感，另一方面还有一种放心感。当听到国旅、中旅这些旅行社名称时，不管它的旅游线路是哪一条，旅游者总有一种对质量的放心感。由此可以看出，旅行社品牌为旅行社和旅游行业的发展点亮了一盏灯。

（二）旅行社品牌的特征

1．独特性

具有特色和个性的旅行社能够立即将自己与竞争对手区别开来。但是一个独特的企业品牌很难通过被频繁使用的普通名词建立起来，因为过于普通的名词必然在业内广为使用，这会使旅游者将不同的旅行社混为一谈。

2．恰当性

旅行社的品牌要表达旅行社服务的特点和优点，这样可以帮助旅游者辨认、识别不同旅行社，并帮助确立旅行社在旅游者心目中的形象。

3．可记性

旅行社的品牌应该易于理解、使用和记忆。冗长复杂的名称是无法在旅游者中广泛流传开的。因此，在为品牌命名时，简洁是基本要求，也会使标志语生动有效，容易发音、增加可记性。事实上，使用长名称的旅行社经常会被迫缩减名称，以便更好地适应视觉展示的需要。

4．灵活性

旅行社的品牌应该能够适应企业不可避免的策略调整，因为旅行社提供的服务的特性和范围不是固定不变的。旅行社在命名时应该避免使用地理名称，而且任何描述性和限制性的术语都不利于旅行社业务的扩张，如在名称中使用“国内”字样的旅行社在未来拓展国际旅游业务时必然面临名称带来的限制。

二、塑造旅行社品牌

（一）提高产品和服务的质量

消费者对品牌的认可必须要落到实实在在的产品和服务中，只有产品和服务具有与众不同的特色才能使消费者明确感知，这至关重要。这就需要经营者去发现、开发、设计具有特色的旅游产品，强化其特色，并将该特色通过服务带给消费者。只有这样，才能使消费者明确区分不同的服务，才能获得消费者的品牌信仰。

"质量是生命"是服务从业人员的共识，而绝大多数客人也视质量为他们进行旅游消费的首要因素。旅行社所提供的服务是细微而多方面的，一件小事往往体现服务质量的高低。质量是面镜子，游客只是从这些具体服务中感知旅行社的企业形象。不难想象，客人购买一次产品伪劣、服务不周的旅行后，其抱怨情绪会多么严重。因此，旅行社人员的质量意识不可缺少。时刻把握质量，提高客人的满意程度，这样既赢得了客人，又维护了本旅行社形象。

（二）细分业务流程，从横向和纵向两个方面建立品牌体系

品牌信仰的建立需要明确的品牌载体，这一点在旅行社行业中较难建立，需要将旅行社的运作体系逐一分解，通过截取横向和纵向的逐个项目阶段性地建立该载体。横向方面，可以开发出针对不同群体（如儿童、老人、残疾人等）的旅游项目，给予针对性的服务。纵向方面、可以将旅行社行业运作的各方面进行特性化，比如设计不同特色的产品、形成销售网络的品牌等，如国旅"环球行"，逐步发展并建立"环球行"旅游代理商网络。

旅行社只有在业务环节的方方面面都形成自身的特色并被消费者感知，才能形成自身独一无二的品牌形象，才能让消费者记住该品牌的特点。

（三）维护好旅行社品牌信誉度

信誉度是企业形象的支点之一，良好的信誉是维持老客人、吸引新客人、刺激潜在旅游者的经营法宝，一个信誉很好的旅行社容易提高知名度和得到客人的信赖，也易与交通、饭店等供应方建立融洽的业务关系，增加合作机会。当今不少旅行社以承诺方式推销包价旅游路线，而承诺往往得不到完美兑现；更有甚者，诱迫客人买高价门票。受害者虽然是旅游者，可是这种急功近利的做法使那些旅行社的信誉受到极大的破坏。一旦在客人中失去信誉，其他任何因素都将难以挽回其企业形象。

（四）发挥人才动力因素

旅行社的员工是本企业品牌传播中一个非常重要的因素，员工素质的高低直接影响企业品牌传播的效果，高素质的员工会在为旅游消费者服务的过程中积极主动地向对方宣传本旅行社的品牌，并通过自身形象的塑造提升本旅行社的品牌形象，因此，旅行社在秉承"顾客是上帝"的同时也要有"员工第一"的理念，通过薪酬制度改革使员工看到自己未来的发展方向；重视对员工个人素质的培养，使员工真诚地为旅游者服务，忠心地为旅行社工作。

（五）突显品牌特色

生产差异化产品是突显品牌特色的重要途径，差异化产品的生产离不开创新，在创新中提升品牌的含金量应是旅行社的不懈追求，产品的不断创新是企业铸造、保持品牌的源泉。当然，旅游产品的创新不是无边际的，而是以旅游消费者的需求为导向，在遵循市场细分原则基础上，引导本旅行社生产出个性化、多元化的旅游产品，彰显本旅行社的品牌优势。例如，为适应旅游者追新求异和增长知识的需求，巧妙地融合各种自然和人文旅游资源，深入挖掘旅游目的地的特色和文化内涵、充分调动旅游者的旅游积极性；适应国际旅游市场的新需求，创新旅游项目，积极开发参与性强的旅游产品和绿色旅游产品等。同时，旅行社产品品牌的突显还可以通过提高科学技术含量来实现，这就需要包括全球网络化、预订国际化、产品标准化、办公自动化和战略实施的全面化等一系列条件配备。这样，一方面可以降低企业运营成本，将资金投入到其他更需要的地方；另一方面，又可以运用本企业的技术优势搜集到更多更全面的顾客信息，了解顾客的心理需求，及时进行品牌结构调整，提高旅游消费者的品牌忠诚度。

（六）企业精神和经营风格完美结合

企业精神是企业思想作风、道德情操、群体意识、行为规范的总和，它主要起着凝聚作用、使企业成员共同为企业目标奋斗。经营风格一方面作为服务原则，另一方面让客人了解、接受和传播。“宾客至上，服务至上”“一切为客人着想”是众多旅行社的经营风格。客人只有从员工服务中感受到这种风格，才能留下难忘的印象。

旅行社品牌形象是一个由多种要素构成的有机系统，每一个要素都为其构成的有机系统起了重要的作用，如旅行社的地理位置、资金实力、设备条件、管理水平、经营策略等诸多要素。其中一个或几个要素出现问题，其企业形象将毁于一旦。相反，一个旅行社的美好形象一旦树立起来，并能很好地维护，那么它将得到更多客人的青睐，从而提高经济效益。

三、管理、营销旅行社品牌

品牌对企业有非常关键的作用，旅行社的品牌在某种意义上讲就是它的名称，一个知名度很高、公众形象良好的旅行社的品牌效应会为企业带来丰厚的利润回报。品牌的建立不仅要有良好的硬件、软件及丰富、高品质的产品，还要有一整套企业宣传计划，把优势的产品、良好的软件服务传达给准客户。

（一）树立强烈的品牌化经营意识

旅行社的经营者要通过学习现代旅游业知识和了解国内与国际旅游业发展的形势，审时度势，及时抓住机遇，实施和推进本旅行社的主要旅游线路品牌化经营。深刻认识实施品牌化经营是现阶段争夺旅游市场份额，求得旅行社生存与发展的根本手段之一。在日益发展完善的旅游市场上，紧紧依靠产品本身已不足以保证旅行社的生存和发展，只有不断地创造并保持品牌，旅行社才能获得可持续发展，提高竞争力。经营者应从这样的理念高度，树立起强烈的品牌化经营意识，以高度的责任心和紧迫感实施和推进本旅行社的发展。

（二）寻求品牌差异性，确立品牌核心价值

旅行社品牌定位必须寻求产品和服务的特色，只有产品和服务具有与众不同的特色，才能使消费者明确感知。虽然这一点在旅游行业中很难做到，但至关重要，这就需要旅行社经营者去发现、开发、设计具有特色的旅游产品，并强化特色，将其通过自身的服务传递给消费者。品牌定位还要结合自身特点和竞争对手的具体情况，选择能反映企业形象的品牌为目标，在品牌传播过程中能持续反映企业特色和形象差异，使品牌融合成为旅行社形象的一部分，最终确立品牌的核心价值。

（三）强化品牌管理，提高品牌忠诚度

品牌管理贯穿品牌营销实践的全过程。旅行社应通过广告、营销、公关、服务等途径将品牌核心价值传达给旅游者，以形成旅游者对品牌在精神上的高度认同，进而形成品牌忠诚。品牌文化的传播在客观上存在着接触、认知、记忆、理解、认同、归属直到忠诚的形成过程。

（四）通过法律手段加强对自身品牌的保护

受传统的水平分工体制以及惯性思维的影响，我国旅行社的品牌名称普遍缺乏个性，众多的旅行社都在其名称中加人了“中国”“国际”等称谓，这在事实上造成了旅行社品牌名称的混乱以及对中旅和国旅等知名品牌的侵权，再加上近年来发生的众多品牌纠纷案，要求我国旅行社在市场经济环境中要有强烈的品牌自我保护意识，要依法注册并依法保护旅行社

自身的品牌。

将产品中独特的地方以文字予以抽象表达并注册商标，以保护产品的文字描述来保护产品的独创性思维和独特的运作方法。以《商标法》来保护旅游产品的独特性，虽然有不可避免的漏洞，但也是现有法律体系下唯一可采取的方法。

（五）建立有效的品牌传播控制系统

品牌传播方法多种多样，包括过程控制系统（销售过程、消费过程）、传播工具（媒体广告、公关、网络、节事活动）等。

1．广告宣传

旅行社在广告投放上比较保守，普遍选择平面媒体，很少使用成本较高的广告宣传，如电视广告。网络广告在成本上具有明显优势，并且网络营销的形式多种多样，与消费者的接触也更广泛、更全面。可以通过网络营销与消费者展开互动，这对提高旅行社的服务质量和游客的满意度具有非常重要的作用。旅行社在传播品牌形象时，应充分利用网络渠道，开展网络营销。

2．事件营销

事件营销是指通过策划、组织和利用具有名人效应、新闻价值以及社会影响的人物或事件，吸引媒体、社会团体和消费者的兴趣与关注，以求提高旅行社的知名度与美誉度，树立旅行社的良好品牌形象，并最终促成产品或服务的销售目的的手段和方式，事件营销集新闻效应、广告效应、公关效应、形象传播于一体，具有很强的传播能力，能达到事半功倍的效果。

3．服务接触

服务接触是指顾客同一项服务直接相互作用的一段时间。旅行社作为服务行业，游客对品牌文化的感知在很大程度上来源于服务，游客通过服务接触对品牌核心价值的感受比媒体宣传更切实。在服务期间，旅游者亲身参与产品和服务的传递过程，并通过旅行社的环境、产品、服务以及服务人员等元素接触到品牌文化。与其他途径相比，服务接触更能让游客产生对品牌文化的归属和忠诚。

4．口碑传播

旅行社口碑传播是指旅游者以口口相传的方式将主题公园的信息传递给亲朋好友，从而影响其购买决策的形成。这种传播方式可进行深度信息交流，具有互动性强、可信度高、传播内容丰富、传播形式生动等特点，消费者往往对这类信息深信不疑。对于传播群体，应该选择来过的游客、导游、公司员工、旅游专家等相关人员。

知识拓展

旅行社的品牌名称

1．中旅（中国中旅）

（1）中旅的标志。由China、Travel、Service首字母CTS及“中旅”组成。C字画出椭圆形，象征地球；T和S组成一只神似的鸿雁，寓意中旅是友好的使者。底色蓝色是大海与天空的颜色，象征着中旅庄重博大，前程高远。如下图所示。

中旅标志

（2）中旅的吉祥物。名字为“旅行者”，由人的眼睛、耳朵、双脚组成一个旅行者的形象，寓意为“耳闻、目睹、走天下”，极具亲和力。

（3）中旅的口号。满足顾客需求，经营诚实守信，品质凝聚人心。

2. 中国国旅

下图所示为中国国旅的新标志，它是企业形象的核心，引领中国国旅人走向光明的未来。标志图形为地球形状，上下左右呈经纬线分布，象征着国旅事业遍布全球；球形上部是“中国国旅”四个中文弧形分布；球形零度线上分布着CITS四个英文字母，是中国国际旅行社英文名称的缩写；在球形零度经纬线处，自左至右分布着三条弧形箭头，象征着中国国旅事业腾飞。

中国国旅标志

下图所示为企业的品牌标志组合，主要应用范围有宣传媒介、标志系统等一切可能出现的地方。企业主要通过这个组合向大众传达企业形象和文化。

中国国旅品牌标志组合

3. 中国青旅

中国青旅标志的意思：图标中的“中国青旅”四个字，是“中国青年旅行社”的简称；CYTS是中国青年旅行社的英文首字母（缩写）。地球形状的图标表示中国青年旅行社活动范围遍及全球，整个图标的形状又像一只飞翔的凤凰，表示中国青年旅行社与众不同、必能振翅高飞、事业兴旺发达。

中国青旅标志

参 考 文 献

[1] 李娌．旅行社经营管理[M]．北京：高等教育出版社，2017.

[2] 戴斌，张杨．旅行社管理[M]．北京：高等教育出版社，2018.

[3] 熊晓敏．旅行社OP计调手册[M]．北京：中国旅游出版社，2007.

[4] 孙娈．旅行社计调业务[M]．上海：上海交通大学出版社，2011.

[5] 陈启跃．旅游线路设计[M]．上海：上海交通大学出版社，2011.

[6] 魏凯，方颖．导游基础知识应用[M]．上海：上海交通大学出版社，2018.

[7] 陈永发．旅行社经营管理[M]．北京：高等教育出版社，2017.

[8] 刘莉萍，俞洋洋，葛存山．网店运营与推广[M]. 北京：人民邮电出版社，2019.

[9] 于成国．论旅行社风险管理[J]．企业管理，2009（11）.

[10] 许梦颖，剑宇．在线支付对旅游业发展影响研究[J]．现代营销：学苑版，2018（3）.

[11] 王继红.基于用户感知的我国在线旅游预订网站服务质量提升研究[D]. 北京：北京第二外国语学院，2014.